Das Verhältnis von Gesetz und Tarifvertrag

AF819559

Schriften zum Arbeitsrecht und Wirtschaftsrecht

Herausgegeben von Abbo Junker

Band 39

PETER LANG
Frankfurt am Main · Berlin · Bern · Bruxelles · New York · Oxford · Wien

Julia V. C. Bartlog

Das Verhältnis von Gesetz und Tarifvertrag

PETER LANG
Europäischer Verlag der Wissenschaften

Bibliografische Information Der Deutschen Bibliothek
Die Deutsche Bibliothek verzeichnet diese Publikation in der Deutschen Nationalbibliografie; detaillierte bibliografische Daten sind im Internet über <http://dnb.ddb.de> abrufbar.

Zugl.: Bielefeld, Univ., Diss., 2005

D 361
ISSN 1433-4666
ISBN 3-631-55168-1

© Peter Lang GmbH
Europäischer Verlag der Wissenschaften
Frankfurt am Main 2006
Alle Rechte vorbehalten.

Das Werk einschließlich aller seiner Teile ist urheberrechtlich geschützt. Jede Verwertung außerhalb der engen Grenzen des Urheberrechtsgesetzes ist ohne Zustimmung des Verlages unzulässig und strafbar. Das gilt insbesondere für Vervielfältigungen, Übersetzungen, Mikroverfilmungen und die Einspeicherung und Verarbeitung in elektronischen Systemen.

www.peterlang.de

Meinen Eltern

Vorwort

Die vorliegende Arbeit wurde im Wintersemester 2005/2006 vom Fachbereich Rechtswissenschaft der Universität Bielefeld als Dissertation angenommen. Sie war im Wesentlichen bereits im Oktober 2004 fertiggestellt. Danken möchte ich meinem Doktorvater, Herrn Prof. Dr. Johannes Hellermann, für die Betreuung des Themas. Frau Prof. Dr. Sudabeh Kamanabrou bin ich für die Erstellung des Zweitgutachtens verbunden.

Mehr als Dank gebührt Frau Tanja Stahlhuth für ihre unermüdliche Unterstützung und einige hilfreiche inhaltliche Anregungen. Bei der Erstellung der Druckvorlage hat mir Herr Jure Zakotnik mit viel Geduld zur Seite gestanden. Beiden gilt mein herzlicher Dank.

Krefeld, im Dezember 2005 *Julia V. C. Bartlog*

Inhaltsverzeichnis

Einleitung

A. Problemstellung

Die koalitionsmäßig gestaltete Arbeitsordnung beherrscht das moderne Arbeitsleben. Es gibt mehr als 57.000 registrierte Tarifverträge in Deutschland, sie erfassen immer noch die Mehrzahl der Beschäftigungsverhältnisse. Akteure des Tarifvertragsrechts sind auf der einen Seite Gewerkschaften, auf der anderen Seite Arbeitgeber bzw. Arbeitgeberverbände. Die Gewerkschaften als Arbeitnehmerorganisationen sind Kartelle zur Ausschaltung eines Lohnunterbietungswettbewerbs der Arbeitnehmer im Wettstreit um knappe Arbeitsplätze. Obwohl die Mehrheit der deutschen Arbeitnehmer nicht gewerkschaftlich organisiert ist, begreifen sich die Gewerkschaften doch als repräsentative Interessenvertretung des gesamten Arbeitnehmertums[1]. Die Arbeitgeberverbände sind Kartelle zur Bildung von Gegenmacht, mit der sich die Macht streikbereiter Gewerkschaften egalisieren lässt. Neben der Solidarität in Streikfällen ist die Ausschaltung des Interesses einzelner Unternehmer, sich Wettbewerbsvorteile zu verschaffen, indem sie Arbeitskräfte zu niedrigeren Löhnen gewinnen als ihre Konkurrenten, der zweite ein Arbeitgeberkartell tragende Pfeiler.

Diese beiden Kartelle schließen Verträge, in denen sie neben ihren eigenen Rechtsbeziehungen die Rechte und Pflichten ihrer Mitglieder in Bezug auf deren Arbeitsverhältnisse und betriebliche Rahmenbedingungen regeln. In dieser typisch privatautonomen Gestaltungsform wollen die Gewerkschaften die strukturelle Vertragsunterlegenheit der einzelnen Arbeitnehmer durch kollektives Handeln kompensieren[2]. Diese Schutzwirkung erreichen die tarifvertraglichen Regelungen aber nur dann, wenn sie die Arbeitsverhältnisse der Arbeitgeber und Arbeitnehmer im persönlichen Geltungsbereich des Tarifvertrages unmittelbar erfassen und individualvertraglich nicht ausgehebelt oder umgan-

[1] *Scholz*, Koalitionsfreiheit, S. 16.
[2] BVerfGE 84, S. 212 (229).

gen werden können[3]. Aus diesem Grunde wirken Tarifverträge gegenüber den Mitgliedern der vertragsschließenden Verbände gem. §§ 1 Abs. 1, 4 Abs. 1 TVG unmittelbar und zwingend. Ihre materielle Wirkung entspricht damit der von Gesetzen. Ihr Regelungsanspruch durchdringt fast alle Berufssparten und erfasst das Arbeitsverhältnis in nahezu allen Komponenten. Die Tarifhoheit hebt damit das Koalitionswesen aus dem Bereich des privaten Vertragsrechts heraus.

Aus dieser gesetzesgleichen Wirkung der Tarifverträge und der verfassungsrechtlich aus Art. 9 Abs. 3 S. 1 GG abgeleiteten Tarifautonomie einerseits und der Gesetzgebungszuständigkeit des Staates gem. Art. 74 Abs. 1 Nr. 11, 12 GG andererseits ergibt sich ein erhebliches Spannungspotential, das sich auch in aktuellen Diskussionen immer wieder zeigt. Zwar regeln die Kompetenzzuweisungen der Art. 70 ff. GG unmittelbar allein das Verhältnis zwischen Bundes- und Landesgesetzgeber. Mit der Norm des Art. 74 Abs. 1 Nr. 11, 12 GG setzt die Verfassung aber mittelbar gerade die Zulässigkeit von gesetzgeberischen Regelungen auf dem Gebiet der Arbeits- und Wirtschaftsbedingungen voraus. Zum Vorschein tritt das Spannungspotential zwischen Koalitionsfreiheit und Regelungskompetenz des staatlichen Gesetzgebers bei einseitig-zwingenden, also zu Gunsten der Arbeitnehmer abänderbaren gesetzlichen Normen und zweiseitig-zwingenden, weder zu Gunsten noch zu Lasten der Arbeitnehmer abänderbaren gesetzlichen Normen. Unproblematisch sind dagegen tarifdispositive Gesetze[4].

Das Problem des Verhältnisses von Gesetz und Tarifvertrag liegt maßgeblich darin begründet, dass eine klare Aufgabentrennung dieser beiden Ordnungsfaktoren im Arbeits- und Verfassungsrecht fehlt[5]. Ausgehend von der verfassungsrechtlich durch Art. 74 Abs. 1 Nr. 12 GG begründeten Zuständigkeit des Gesetzgebers für den Bereich des Arbeitsrechts und der den Gesetzgeber zur Schaffung einer gesellschaftlichen Ordnung mit dem Ziel des Schutzes sozial Schwächerer verpflichtenden Sozialstaatsklausel des Art. 20 Abs. 1 GG liegt es nahe, eine Regelungsbefugnis des Gesetzgebers im Rahmen des Arbeitsrechts zu bejahen[6]. Eine Verpflichtung des staatlichen Gesetzgebers zur Regelung kommt zudem vor dem Hintergrund in Betracht, dass die Berufstätigkeit eine besondere persönlichkeitsprägende Bedeutung hat. Damit könnte der Gesetzgeber sogar eine sich aus Art. 1 Abs. 1 S. 2 GG ergebende Schutzpflicht haben, sicherzustellen,

[3] *Dieterich*, RdA 2002, S. 1 (2).

[4] Anderer, im Ergebnis jedoch zu weitreichender Auffassung *Kamanabrou*, RdA 1997, S. 22 (29): „Jede Tarifvertragspartei kann bei den Verhandlungen nur eine begrenzte Anzahl von Forderungen durchsetzen, so dass die Partei, die eine vom Gesetz abweichende Regelung wünscht, an anderer Stelle Abstriche machen muss... Werden also in mehreren Bereichen tarifdispositive Normen geschaffen, die eine Seite benachteiligen, könnte es zu einem Verlust der Verhandlungsparität kommen“.

[5] *Hiersemann*, BB 1963, S. 1301 (1301).

[6] Vgl. auch *Stein*, AuR 1998, S. 1 (3).

dass auch die abhängig Beschäftigten ihre Berufsfreiheit unter angemessenen Bedingungen ausüben können[7]. Das Gesetz wäre dann nach unvoreingenommener, flüchtiger Betrachtung auf Grund der Stellung der Tarifbestimmungen in der Normenhierarchie die höherrangige Norm.

Einer solchen Beurteilung könnte jedoch die aus Art. 9 Abs. 3 S. 1 GG abgeleitete Tarifautonomie der Tarifvertragsparteien entgegenstehen. Dementsprechend wurde geäußert, die Koalitionen seien in ihrer Zuständigkeit und Normengestaltung frei; der staatliche Gesetzgeber könne und dürfe sie nicht tangieren[8]. Die Argumentation unter Rückgriff auf die Tarifautonomie bringt zwei Probleme mit sich: Erstens wird sie aus der Koalitionsfreiheit des Art. 9 Abs. 3 S. 1 GG abgeleitet und diese ist vorbehaltslos gewährleistet. Zweitens hat die Koalitionsfreiheit einen Schutzbereich, der teilweise rechts- oder normgeprägt ist. Der Einzelne ist zum Grundrechtsgebrauch also nicht schon von Natur aus, sondern erst durch die Rechtsordnung imstande, die insbesondere Regeln für den Abschluss von Tarifverträgen bereitstellt. Insoweit besteht der Konflikt, dass der Staat solche Regeln für die Freiheitsausübung schaffen muss, zugleich aber durch diese Freiheit gebunden ist[9]. Gelöst werden kann ein solcher Konflikt zwischen gesetzlicher und tarifvertraglicher Regelung also nur über eine genaue Festlegung und gegebenenfalls auch Begrenzung des Schutzbereichs der Tarifautonomie.

Es wird sich also zeigen, ob sich die Ansicht *Isensees* bestätigt, dass die Tarifautonomie - in der Form, wie sie größtenteils interpretiert wird - sich den Systemprinzipien der allgemeinen Verfassungsdogmatik widersetzt; an ihr breche oder biege sich das juristische Konsequenzdenken. Es sehe so aus, als sei die Verfassung dazu verurteilt, auf Biegen oder Brechen die Tarifautonomie, so wie sie stehe und liege, zu akzeptieren, und als dürfe die Frage niemals lauten, ob die Tarifautonomie den Maßstäben der Verfassung standhalte, sondern nur, ob die Verfassung dem Erhaltungsbedarf der Tarifautonomie Rechnung trage, gegebenenfalls auch auf Kosten kollidierender staatlicher und privater Belange[10]. Die Autonomie der Tarifvertragsparteien scheint demnach unbegrenzt und unbegrenzbar. Dem Staat setzen sie ihr Recht als Private, den Privaten ihre Befugnisse als Gesetzgeber entgegen: in Wirklichkeit jedoch sind sie von beidem etwas und keines ganz[11].

---

[7] *Säcker/Oetker*, S. 170 Fn. 2.

[8] *Thon*, Verhandlungen des 46. DJT, Diskussion, S. 49.

[9] *Pieroth*, S. 293 (303).

[10] *Isensee*, Die verfassungsrechtliche Verankerung der Tarifautonomie, S. 159.

[11] *Biedenkopf*, Tarifautonomie, S. 2; diese Sicht der Dinge drängt sich zumindest bei der Lektüre einiger Abhandlungen auf. Jedoch führt nicht jede Behandlung der Tarifautonomie zwangsläufig zu dieser Einsicht. Fragwürdig ist jedoch die in diesem Zusammenhang geäußerte These, die Koalitionen könnten ihre Aufgabe selbst bestimmen, so aber *Herschel*, Verhand-

Vorliegend wird ein Ansatz entwickelt, der sowohl die verfassungsrechtlichen als auch die arbeitsrechtlichen Aspekte des Problems berücksichtigt. Bisher differieren die Ansichten von Arbeitsrechtlern und Verfassungsrechtlern großteils erheblich, was jedoch insofern kaum verwunderlich ist, „als dem Verfassungsrechtler meist nicht das Arsenal arbeitsrechtlicher Erfahrung und dem Arbeitsrechtler nur selten die volle Beherrschung verfassungsrechtlicher Methoden und Zusammenhänge zu Verfügung steht“[12]. Eine allgemein konsentierte, dogmatisch befriedigende Erklärung haben sie demnach noch nicht gefunden. Wenn *Scholz* meint, der kompetenzrechtliche Zusammenhang zwischen Rechtsetzung durch Tarifvertrag und förmlichem Gesetz sei bisher kaum näher betrachtet worden[13], so soll dies mit der vorliegenden Arbeit geändert werden. Dabei soll gerade nicht zu der politisch brisanten Frage Stellung bezogen werden, ob der Gesetzgeber verbindliche Regelungen, die von bestehenden Tarifverträgen abweichen, erlassen *soll*, sondern nur dazu, ob er dies vor dem Hintergrund der Koalitionsfreiheit, der Tarifautonomie und des Tarifvertragsgesetzes rechtlich überhaupt *darf*. Ob und inwieweit gesetzgeberische Regelungen in Angelegenheiten, die (auch) die Tarifvertragsparteien betreffen, politisch vertretbar oder gegebenenfalls sogar erstrebenswert sind, soll mit dieser Arbeit nicht beantwortet werden.

B. Historischer Hintergrund

Der grundsätliche Konflikt zwischen Tarifvertrag und (Arbeits-) Gesetzgebung besteht in einem weiteren Sinne schon seit langer Zeit. Die Tarifverträge in ihrer heutigen Gestalt sind dadurch entstanden, dass sich die Arbeitnehmer im 19. Jahrhundert zunehmend zu Koalitionen zusammenschlossen, um den Arbeitgebern, die sich später ihrerseits in Verbänden organisierten, bessere Arbeitsbedingungen abzuringen[14]. Das moderne Industriezeitalter formte mit dem freiwilligen Zusammenschluss von Arbeitnehmern jenen Koalitionstypus, der bis in die Gegenwart gültig blieb. Seinen Ursprung fand dieses Koalitionswesen in der sozialen Notlage des neu entstandenen Industriearbeitertums[15]. Als Formation gesellschaftlicher Autonomie wurde das Koalitionswesen zur Verkörperung

lungen des 46. DJT, S. 7 (33). Dann wären die Tarifpartner imstande, dem Staat einseitig und veränderlich Grenzen für seine Betätigung zu setzen. Würde man jedoch ein gesellschaftliches Gebilde mit der Fähigkeit einseitiger Entscheidung mit Verbindlichkeit für den Staat ausstatten, würde man das Verhältnis von Staat und Gesellschaft auf den Kopf stellen, vgl. *Krüger*, Verhandlungen des 46. DJT, Diskussion, S. 65.

[12] *Zöllner*, AöR 98 (1973), S. 71 (73).

[13] *Scholz*, ZfA 1981, S. 265 (293).

[14] *Waltermann*, FS für Söllner, S. 1251 (1252).

[15] *Scholz*, Koalitionsfreiheit, S. 23.

der organisierten Selbsthilfe[16]. Dementsprechend wird die Koalitionsfreiheit als ein liberal verfasstes Freiheitsrecht mit sozialer Zwecksetzung angesehen[17].

Das Recht des koalitionsmäßigen Zusammenschlusses hatte in seiner Geschichte eine Vielzahl von Höhen und Tiefen zu verzeichnen[18]. Im folgenden werden kurz die wichtigsten Etappen der geschichtlichen Entwicklung der Koalitionsfreiheit über die Weimarer Reichsverfassung bis zu ihrer Festschreibung in Art. 9 Abs. 3 GG dargestellt.

I. Entwicklung bis zum Jahre 1918

Die Koalitionen in ihrer heutigen Gestalt sind zwar nicht viel älter als ca. 150 Jahre. Doch schon das frühe Mittelalter kannte Verbände von Gewerbetreibenden, zunächst vor allem die Zünfte. Diese waren noch keine Koalitionen im heutigen Sinne, denn ihnen fehlte es insbesondere am Kampfgedanken[19]. Als das Handwerk immer mehr an Bedeutung verlor, versuchten die Zünfte unter Mißbrauch ihrer stark gestiegenen Macht und Verschärfung des Zunftzwangs den allgemeinen Auftragsmangel zu bekämpfen. Sie unterdrückten die Konkurrenz des Nachwuchses, erschwerten die Möglichkeit eines selbständigen Gewerbebetriebes und deshalb die Zulassung zur Zunft. Dadurch verschlechterten sie die Lebensbedingungen der Gesellen, die daraufhin die zunächst zu repräsentativen und geselligen Zwecken entstandenen Gesellenbünde, die sog. „Bruderschaften", erstarken ließen zu organisierten Kampfverbänden gegen die Zünfte der Meister[20]. Arbeitseinstellungen und Streiks sowie Boykotts wurden häufiger. Der Niedergang der Stände und das Aufkommen von Landeshoheit, die Klagen über „Mißbräuche" der Gesellen sowie die Entwicklung zum Polizeistaat führten mit Ende des Mittelalters zu einer koalitionsfeindlichen Gesetzgebung. Die Reichspolizeiordnung von 1530[21] versuchte, ihnen jeden Einfluss auf die Gestaltung der Arbeitsverhältnisse zu nehmen. Der Kampf der Hoheitsgewalt richtete sich nunmehr gegen jede Art von Vereinigungen, also auch gegen die Zünfte selbst.

Die Koalitionsverbote blieben durchgängig sowohl bis zur als auch nach der Einführung der Gewerbefreiheit durch die preußische Gewerbeordung von 1845 bestehen. Nicht verboten waren dort jedoch Vereine mit anderen Zielsetzungen,

---

[16] *Krüger*, Verhandlungen des 46. DJT, S. 7 (19 f.); *Müller*, Die gesellschafts- und staatspolitische Problematik, S. 45 (49, 55).

[17] Vgl. *Scholz*, Koalitionsfreiheit, S. 32.

[18] Vgl. zur geschichtlichen Entwicklung umfassend *Gamillscheg*, Arbeitsrecht I, S. 79 ff.; *Scholz*, Koalitionsfreiheit, S. 32 ff; *Giesen*, S. 7 ff.

[19] *Hueck/Nipperdey*, S. 113.

[20] *Hueck/Nipperdey*, S. 114.

[21] Abgedruckt bei *Ritscher*, Koalitionen und Koalitionsrecht in Deutschland bis zur RGewO, 1917, S. 273 f.

für Arbeiter ebensowenig wie für andere Volkskreise. Vor dem Hintergrund des mit der Industrialisierung einhergehenden Überangebots an Arbeitskräften[22] und der Erkenntnis, dass der einzelne Arbeitnehmer in der modernen Wirtschaftsverfassung seine Interessen nicht durchsetzen konnte, wurde das Koalitionsverbot schließlich durch die Bestimmungen der §§ 152, 153 ReichsGewO vom 29. Mai 1869 aufgehoben. § 152 Abs. 1 ReichsGewO normierte die Koalitionsfreiheit[23], indem die Verbote und Strafbestimmungen gegen Verabredungen und Vereinigungen zu gewerblich-sozialen Zwecken aufgehoben wurden. § 152 Abs. 2 ReichsGewO versagte jedoch den Koalitionen jeglichen Rechtsschutz. Durch § 153 ReichsGewO wurde der Einzelne weitgehend dadurch vor den Koalitionen geschützt, dass jeder mit Strafe bedroht wurde, der einen anderen durch Gewalt oder Drohung zum Anschluss an die Koalition zu bestimmen oder seinen Austritt aus der Koalition zu verhindern suchte. Die Vorschriften brachten damit ungeachtet der enthaltenen Beschränkungen (Klaglosigkeit und Schutz vor der Koalition) insgesamt zunächst die Freigabe der Koalitionsbildung für Berufe, die der Gewerbeordnung unterfielen. Für alle anderen Berufe bestanden dagegen die alten Beschränkungen weiter. 1878 wurde kurzfristig die der Koalitionsfreiheit entgegengesetzt wirkende Sozialistengesetzgebung wirksam, die aber im Jahre 1890 wieder aufgehoben wurde.

Durch Gesetz vom 26. Juni 1916[24] wurden die Koalitionen von den seit 1908 für politische Vereine geltenden Beschränkungen befreit. Bis dahin waren die sozialpolitisch engagierten Koalitionen wie jeder „Verein, der eine Einwirkung auf politische Angelegenheiten bezweckt (politischer Verein)" gem. § 3 VereinsG vom 19. April 1908[25] verpflichtet, ihre Satzung sowie ein Verzeichnis der Vorstandsmitglieder und ggf. deren Änderungen der „zuständigen Polizeibehörde einzureichen". Jugendlichen unter 18 Jahren war gem. § 17 VereinsG die Teilnahme an solchen Vereinigungen untersagt.

Mit Aufhebung der Koalitionsverbote und Bildung von Gewerkschaften seit etwa dem Jahre 1860 wurden schließlich auch Tarifverträge geschlossen, die schnell zum Mittel dauerhafter und allgemeiner Regelung wurden. Erste wichtige reichsweite Tarifverträge waren der Buchdruckertarifvertrag von 1873 und der Bauarbeitertarifvertrag von 1899. Als Rechtsgrundlage für den Tarifvertrag stand bis 1918 nur das allgemeine Zivilrecht - seit 1900 in der Form des Bürgerlichen Gesetzbuches - zur Verfügung, das dem Tarifvertrag mit seiner Nähe zu öffentlich-rechtlichen Vorstellungen und Grundsätzen hilflos gegenüber stand. Der Gedanke jedoch, dass zwischen staatlicher und tarifvertraglicher Schutz-

[22] *Volkmann*, S. 1 (4).
[23] Vgl. *Hueck/Nipperdey*, S. 116.
[24] RGBl. I, S. 635.
[25] RGBl. I, S. 151.

regelung ein Konflikt bestehen könnte, weil letztere zugleich ein Ausdruck eigenverantwortlichen Handelns sein und deshalb den Vorzug verdienen könnte, spielte in dieser Zeit noch keine Rolle[26].

II. Weimarer Zeit

Die letzten Schranken der Koalitionsfreiheit fielen, als der Rat der Volksbeauftragten in seiner Erklärung vom 12. November 1918 mit Gesetzeskraft verkündete: „Das Vereins- und Versammlungsrecht unterliegt keiner Beschränkung; auch nicht für Beamte und Staatsarbeiter“[27]. Damit war gegenüber dem bisherigen Recht für jedermann die Koalitionsfreiheit reichsrechtlich gesichert. Am 15. November 1918 wurde dann das Arbeitsgemeinschaftsabkommen der Spitzenverbände von Arbeitnehmern und Arbeitgebern abgeschlossen, mit dem die ausdrückliche Anerkennung der Gewerkschaften als der berufenen Vertreter der Arbeiterschaft begann; die Arbeitgeber verzichteten auf alle Maßnahmen gegen die Koalitionsfreiheit. Auf der Grundlage der Einigung innerhalb der Zentralarbeitsgemeinschaft wurde dann am 23. Dezember 1918 die zunächst lediglich als Provisorium gedachte Verordnung über Tarifverträge, Arbeiter- und Angestelltenausschüsse und Schlichtung von Arbeitsstreitigkeiten (Tarifvertragsverordnung) erlassen, die das Tarifvertragswesen zum ersten Mal gesetzlich regelte[28]. Die Tarifvertragsverordnung ordnete in ihrem § 1 die normative Wirkung des schriftlich abzuschließenden Tarifvertrages an, der zwischen Arbeitervereinigungen einerseits und Arbeitgebern oder Arbeitgebervereinigungen andererseits geschlossen wurde. Die Arbeitgeberseite lehnte zunächst noch den Abschluss von Tarifverträgen ab. Ihre Verbände verstanden sich aber nur relativ kurze Zeit ausschließlich als Anti-Gewerkschaftsvereine[29]. Sie waren vielmehr - ob mit oder ohne den Druck von Gewerkschaftsseite durch Streiks - bald zum Abschluss von Tarifverträgen bereit.

Die erste verfassungsrechtliche Gewährleistung der Koalitionsfreiheit in Deutschland erfolgte durch Art. 159, 165 der Weimarer Reichsverfassung vom 11. August 1919. Art. 159 WRV erhob die Koalitionsfreiheit in einer Formulierung, an die sich schließlich auch Art. 9 Abs. 3 S. 1 GG angelehnt hat, zum Grundrecht:

„Die Vereinigungsfreiheit zur Wahrung und Förderung der Arbeits- und Wirtschaftsbedingungen ist für jedermann und alle Berufe gewährleistet. Alle

---

[26] *Biedenkopf*, Tarifautonomie, S. 130.
[27] Vgl. *Hueck/Nipperdey*, S. 118.
[28] *Biedenkopf*, Tarifautonomie, S. 131; *Giesen*, S. 41.
[29] *Müller*, Arbeitskampf und Recht, S. 19.

Abreden und Maßnahmen, welche diese Freiheit einschränken oder zu behindern suchen, sind rechtswidrig."

Eine Art Gewährleistung der Tarifautonomie enthielt Art. 165 Abs. 1 WRV:

„Die Arbeiter und Angestellten sind dazu berufen, gleichberechtigt in Gemeinschaft mit den Unternehmern an der Regelung der Lohn- und Arbeitsbedingungen sowie an der gesamten wirtschaftlichen Entwicklung der produktiven Kräfte mitzuwirken. Die beiderseitigen Organisationen und ihre Vereinbarungen werden anerkannt."

Grundsätzlich wurde dadurch auch die Freiheit der Ergreifung von Arbeitskampfmaßnahmen gewährleistet, die auch in hohem Maße wahrgenommen wurde. Jedoch hatten die die Krisenjahre von 1919 bis 1923 prägenden Arbeitskämpfe neben der Gestaltung der Arbeitsbedingungen vielfach auch politischen Charakter. Aus diesem Grunde wurden die Arbeitskämpfe in der Folgezeit in wachsendem Maße auf Grund von Zwangsschlichtungen durch Verbindlicherklärung von Schiedssprüchen der Schlichtungsbehörden beendet[30]. Nach § 5 der Schlichtungsverordnung[31] konnte eine Tarifvertragspartei, soweit eine eigenständige Regelung nicht zustande kam, Schlichtungsausschüsse bzw. Schlichter anrufen. Bei Scheitern des Schlichtungsverfahrens kam es gem. § 6 Schlichtungsverordnung zur Zwangsschlichtung durch den Schlichter bzw. den Reichsarbeitsminister. Diese Zwangsschlichtung erfolgte in der Weise, dass der Schiedsspruch einer staatlich gebildeten Schlichtungskommission für verbindlich erklärt wurde. Materielle Voraussetzung war gem. § 6 Abs. 1 Schlichtungsverordnung die „Billigkeit" der Entscheidung „bei gerechter Abwägung der Interessen beider Teile" und die Erforderlichkeit „aus wirtschaftlichen und sozialen Gründen". So wurden 1928/1929 die Löhne von mehr als der Hälfte der Industriearbeiter durch Schiedssprüche bestimmt. Auf diese Weise wurde letztlich die Staatsgewalt massiv in die Kämpfe zwischen den Koalitionen hineingezogen. Gleichzeitig behielt sie ihren Einfluss auf die Gestaltung der Arbeits- und Wirtschaftsbedingungen. Zwar waren auch die auf diese Weise zustande gekommenen „Vereinbarungen" Tarifverträge, denn die Verbindlicherklärung sollte lediglich die Annahme des staatlichen Schiedsspruches durch die Parteien ersetzen. Gleichwohl hatte diese Art der Zwangsregelung wenig gemeinsam mit der Idee eines kollektivrechtlichen Selbstschutzes der Arbeitnehmer. Das die Gesamtvereinbarung kennzeichnende

[30] *Gamillscheg*, Arbeitsrecht I, S. 119; *Biedenkopf*, Tarifautonomie, S. 132.

[31] Verordnung über das Schlichtungswesen vom 30.10.1923, RGBl. I 1923, S. 1043 ff.; Rechtsgrundlage für die Verordnung war das Ermächtigungsgesetz vom 13.10.1923, RGBl. I 1923, S. 1043.

Element der selbstverantwortlichen Einigung fehlte gänzlich[32]. All diese Umstände führten im Ergebnis zu einer staatlichen Festsetzung der Arbeits- und Wirtschaftsbedingungen, die eine Tarifvertragspartei auch gegen den Willen der anderen durchsetzen konnte[33].

III. Nationalsozialismus

Diese für das Koalitionsrecht bedrohliche Entwicklung fand ihren absoluten Tiefpunkt im Nationalsozialismus. In der Folge der „Machtergreifung" durch Hitler und die NSDAP am 30. Januar 1933 sowie der Festigung der nationalsozialistischen Herrschaft nach der Reichstagswahl vom 5. März 1933 gingen die neuen Machthaber systematisch gegen die Gewerkschaften vor. Unmittelbar nach dem 1. Mai 1933 wurden die freien Gewerkschaften in einer Welle von Verfolgungen teilweise regelrecht terrorisiert. Die Organisationen, die sich zu Anfang des Nationalsozialismus vergeblich anzupassen versucht hatten, wurden aufgelöst bzw. durch „Gleichschaltung" liquidiert, ihr Vermögen wurde beschlagnahmt und schließlich wurden die Gewerkschaften in die NS-geführte „Deutsche Arbeitsfront" überführt[34]. Gewerkschaftler, die sich nicht anpassten, wurden verhaftet. Auch auf der Seite der Industrieverbände erfolgte eine Umgestaltung zu Zwangseinrichtungen, welche unter staatliche Aufsicht gestellt wurden[35]. Eine Koalitionsfreiheit existierte damit nicht mehr.

Die Tarifvertragsverordnung wurde aufgehoben. Mit Gesetz vom 19. Mai 1933[36] fielen Tariffragen in die alleinige Zuständigkeit der vom Reichsarbeitsminister eingesetzten und überwachten „Treuhänder der Arbeit". Dies stellte das Ende der Tarifautonomie dar[37]. Das kollektive Arbeitsrecht, das seine Entstehung dem Schutzbedürfnis der Arbeitnehmer gegen antagonistische soziale Gewalten verdankte, wurde insgesamt beseitigt, ohne dass die Koalitionen dieser Tatsache spürbaren Widerstand entgegengesetzt hätten[38].

IV. Bundesrepublik Deutschland

Mit dem Ende des Nationalsozialismus und dem Entstehen der Bundesrepublik Deutschland bestand kein Zweifel daran, dass die Koalitionsfreiheit im Sinne des Art. 159 WRV möglichst rasch wiederhergestellt werden musste[39]. Das

---

[32] *Biedenkopf*, Tarifautonomie, S. 132.
[33] *Bähr*, S. 72 ff.
[34] Vgl. *Hueck/Nipperdey*, S. 120.
[35] Vgl. *Hueck/Nipperdey*, S. 120.
[36] Gesetz über Treuhänder der Arbeit vom 19.5.1933, RGBl. I, S. 285.
[37] Vgl. *Däubler/Hege*, Koalitionsfreiheit: ein Kommentar, S. 29 ff.; *Gamillscheg*, Arbeitsrecht I, S. 124 f.
[38] Vgl. *Gamillscheg*, Arbeitsrecht I, S. 124; *Hueck/Nipperdey*, S. 119.
[39] *Hueck/Nipperdey*, S. 121.

kam bereits kurz nach Kriegsende in zahlreichen Vorschriften der Besatzungsmächte zum Ausdruck, auch ohne dass zunächst eine gesetzliche Anerkennung der Koalitionsfreiheit erfolgte. Jedoch hinderten der föderalistische Charakter des besetzten Deutschlands und die ausgesprochen zusammenschluss- und monopolfeindliche Einstellung der Besatzungsmächte, die anfänglich auch auf die Arbeitgeberverbände ausgedehnt wurde, die volle Entfaltung der Koalitionsfreiheit[40].

Die Entwicklung der Koalitionsfreiheit fand dann jedoch letztlich ihren „rettenden" Abschluss in der recht offen gehaltenen Bestimmung des Art. 9 Abs. 3 des Grundgesetzes vom 24. Mai 1949, die positiv die Koalitionsfreiheit gewährleistet. An der Offenheit dieser Verfassungsnorm zeigt sich, dass der Verfassungsgeber in der Frage der Koalitionsfreiheit bewußt keine abschließende Stellung beziehen wollte. Die Bedeutung des verbandsförmigen Koalitionsrechts und seine besondere Problematik waren ihm zwar geläufig. Dessen verfassungspolitische Enwicklung schien ihm aber für eine definitive Entscheidung noch nicht reif zu sein[41]. Der Verfassungsgeber nahm vor dem Hintergrund der negativen Erfahrungen im Zusammenhang mit der Koalitionsfreiheit vielmehr eine bewusst reservierte und abwartende Haltung ein.

Es lässt sich lediglich feststellen, dass durch die Garantie der Koalitionsfreiheit in Art. 9 Abs. 3 GG dieser auch unter der Geltung des Grundgesetzes die Eigenschaft als liberales Freiheitsrecht eingeräumt wurde[42]. Die Koalitionsfunktion soll sich auch unter der Geltung des Grundgesetzes in der Auseinandersetzung und im Zusammenwirken von organisierter Arbeitnehmerschaft und Arbeitgeberschaft erfüllen. Die Arbeitnehmer erlangen dabei durch ihr verbandsförmiges Auftreten als Koalition die Stellung eines gleichberechtigten Partners und Gegenspielers. Art. 9 Abs. 3 GG nimmt diesen sozialen Sachverhalt auf und verpflichtet die koalitionsrechtliche Ordnung des Arbeitslebens einem grundsätzlich kontradiktorischen und kooperativen, auf der Grundlage der gegenseitigen Parität geführten Verfahren[43].

---

[40] *Hueck/Nipperdey*, S. 121.

[41] *Scholz*, Koalitionsfreiheit, S. 36.

[42] *Scholz*, Koalitionsfreiheit, S. 34; die geschichtliche Entwicklung sowie der Wortlaut des Art. 9 Abs. 3 GG lassen auch das BVerfG davon ausgehen, die Koalitionsfreiheit sei in erster Linie ein liberales Freiheitsrecht, vgl. BVerfGE 50, S. 290 (367); anderer Ansicht *Volkmann*, S. 1 (5): Tarifautonomie und Tarifvertrag seien ein einziges Mißtrauensvotum gegen den individuellen Arbeitsvertrag, gingen also zu Markt und Wettbewerb auf Distanz. Man könne deshalb nicht von „Fortsetzung des Liberalismus", sondern allenfalls von einer „marktfreundlichen Variante zum Staatssozialismus" sprechen.

[43] *Scholz*, Koalitionsfreiheit, S. 13.

Erster Teil: Das Verhältnis von Gesetz und Tarifvertrag in Rechtsprechung und Literatur

Kapitel 1

Rechtsprechung

Obwohl die Zuständigkeit des Gesetzgebers zur Ausgestaltung der gemeinsamen (Arbeits-) Ordnung zunächst unbestritten blieb, machte der Gesetzgeber davon nur einen äußerst zurückhaltenden Gebrauch. Die dem Staat obliegende Rechtsverantwortung wurde stattdessen von Beginn an durch die Gerichte wahrgenommen. Da es an einer gesetzlichen Regelung fehlte, argumentierten die Gerichte auf Grundlage der Verfassung. Diese unmittelbar verfassungsgestützte Ausgestaltung einer Rechtsordnung durch Richterrecht hat jedoch eigentümliche Konsequenzen. Da sie sich in Einzelfallentscheidungen vollzieht, geht sie unmittelbar ins Detail. Das gilt nicht nur für die Spezialität der entschiedenen Fragen, sondern auch für die Verhältnisse, von denen her die Auseinandersetzungen geführt wurden. So entstand mit der Zeit ein in besonderem Maße konkretes Recht, das gleichwohl den Anspruch erhebt, verfassungsrechtlich geboten zu sein. Vor dem Hintergrund dieser ganz konkreten Einzelfallentscheidungen ist auch das grundsätzliche Verhältnis von gesetzlichen Regelungen zu Tarifverträgen in der Rechtsprechung des BVerfG und des BAG noch nicht voll ausgeleuchtet. Dementsprechend schreibt *Wiedemann*: „Die Voraussetzungen und Grenzen der staatlichen Regelungsbefugnis sind trotz einer reichen Rechtsprechung des BVerfG nach wie vor nicht abschließend geklärt“[1].

A. Rechtsprechung des Bundesverfassungsgerichts

Das BVerfG hatte des öfteren Gelegenheit, auf das Grundrecht der Koalitionsfreiheit aus Art. 9 Abs. 3 S. 1 GG einzugehen und dieses Grundrecht näher zu konkretisieren. Durch eine Vielzahl von Entscheidungen entwickelte sich daher

[1] *Wiedemann*, Tarifvertragsgesetz, Rn. 103.

in der Rechtsprechung des BVerfG eine eigenständige „Linie" für die Interpretation und Handhabung von Schutzbereich und Schranken der Koalitionsfreiheit. Obwohl sich viele Entscheidungen mit der Koalitionsfreiheit beschäftigen, hatte das BVerfG bisher nur insgesamt vier Mal die Gelegenheit, konkret zu dem Konkurrenzverhältnis von staatlichem Gesetzgeber und Tarifvertragsparteien Stellung zu nehmen. Diese Entscheidungen stammen sämtlich aus dem Zeitraum von 1995 bis 2001, gehören also der neueren Rechtsprechung des BVerfG an.

Nachfolgend wird zunächst kurz die maßgebliche grundsätzliche Rechtsprechung des BVerfG zur Interpretation der Koalitionsfreiheit dargelegt. Dies ist notwendig, da diese Rechtsprechung die Grundage bildet, auf der sowohl die übrige höchst- bzw. untergerichtliche Rechtsprechung als auch die Literatur ihre Argumentation aufbauen. Daran anschließend werden die Entscheidungen dargestellt, bei denen Streitgegenstand eine gesetzgeberische Entscheidung und ihre Auswirkung auf Tarifverträge war.

I. Grundsätzliche Ausführungen des BVerfG

Ausgangspunkt der Argumentation ist das Individualgrundrecht aus Art. 9 Abs. 3 S. 1 GG. Dieses garantiert nach Auffassung des BVerfG das positive Recht, sich einer Koalition anzuschließen sowie das negative Recht, einer Koalition fernzubleiben oder auszutreten. Das BVerfG erweitert jedoch in Übereinstimung mit der Literatur[2] den Schutzumfang des Art. 9 Abs. 3 S. 1 GG, indem nicht nur der Einzelne als geschützt angesehen wird, sondern auch die Koalition selbst. Diese Anerkennung der kollektiven Koalitionsfreiheit neben der individuellen Koalitionsfreiheit durch das BVerfG ist seit der Entscheidung des BVerfG vom 18. November 1954[3] ständige Rechtsprechung[4]; aus ihr folgt die Qualifizierung des Art. 9 Abs. 3 S. 1 GG als „Doppelgrundrecht"[5]. Die Grundrechtsträgerschaft

---

[2] Vgl. *Andelewski*, S. 49: „Das Recht zur Koalitionsbildung wäre unvollständig und ginge ins Leere, wenn nicht mit der gleichen Verfassungskraft das geschützt wäre, um dessentwillen die Koalitionsfreiheit besteht".

[3] BVerfGE 4, 96 ff.

[4] BVerfGE 17, S. 319 (333); 18, S. 18 (26); 19, S. 303 (312); 28, S. 295 (304); 38, S. 281 (305); 50, S. 290 (367); 57, S. 220 (245); 58, S. 233 (247); 84, S. 212 (224); 88, S. 103 (114); 92, S. 26 (38); 92, S. 365 (393); dieser Rspr. ist auch das BAG gefolgt, vgl. BAGE 14, S. 282 (288); 17, S. 218 (221); 19, S. 217 (221); kritisch zu der Auslegungspraxis im Rahmen des Art. 9 Abs. 3 S. 1 GG *Gamillscheg*, Arbeitsrecht I, S. 302 ff.

[5] Vgl. *Dieterich*, Erfurter Kommentar, Art. 9 GG, Rn. 38 m.w.N. zu Rechtsprechung und Literatur; Bedenken gegen die Lehre vom Doppelgrundrecht hat *Picker*, NZA 2002, S. 761 (S. 764 f.) m.w.N.; *Picker*, Konflikt, S. 11 (20 f.) wegen der Gefahr einer Verdrängung der individualen Autonomie; gegen die Lehre vom Doppelgrundrecht auch *Scholz*, Koalitionsfreiheit, 135, der wegen der Befürchtung, bei kollektiver Sicht des Art. 9 Abs. 3 S. 1 GG könnten eigene selbständige Verbandsinteressen mit den Individualinteressen in Konflikt geraten und ihnen

der Koalitionen selbst begründete das BVerfG seitdem unter Rückgriff auf das Sozialstaatsprinzip des Art. 20 GG im Wesentlichen historisch[6]. Auf Grund Art. 165 WRV habe sich in der Weimarer Zeit die Ansicht durchgesetzt, dass auch die Koalitionen selbst in den Schutzbereich der Koalitionsfreiheit einzubeziehen seien. Auch wenn eine dem Art. 165 WRV vergleichbare Norm im Grundgesetz fehle, folge aus der Entscheidung des Verfassungsgebers für den sozialen Rechtsstaat in Art. 20 Abs. 1, 28 Abs. 1 S. 1 GG, dass der Verfassungsgeber nicht hinter den Rechtszustand der Weimarer Zeit habe zurückfallen wollen[7].

Weiterhin sieht das Gericht nicht nur den Bestand, sondern auch die Betätigung der Koalitionen als kollektive Zusammenschlüsse zum Zweck der Wahrung und Förderung der Arbeits- und Wirtschaftsbedingungen als geschützt an. So formulierte das BVerfG im Jahr 1964: „Die durch Art. 9 Abs. 3 GG gewährleistete Koalitionsfreiheit ist nur dann sinnvoll, wenn die Rechtsordnung den Koalitionen die Möglichkeit gibt, durch spezifisch koalitionsmäßige Betätigung die in Art. 9 Abs. 3 GG genannten Zwecke zu verfolgen, nämlich die Arbeits- und Wirtschaftsbedingungen zu wahren und zu fördern“[8]. Welche Betätigungsrechte der Berufsverbände im Einzelnen verfassungsrechtlich gewährleistet sein sollen, ist jedoch lebhaft umstritten[9].

Einschränkend sah das BVerfG zunächst nur solche Betätigungen als geschützt an, die unerlässlich für die Erhaltung und Sicherung der Existenz der Koalition waren[10]. Wurde die Unerlässlichkeit bejaht, sollten einerseits entgegenstehende Gesetze und richterliche Rechtsbildungen, andererseits Gegenrecht und -interessen des sozialen Gegenspielers und Dritter zurücktreten[11]. Dieses Unerlässlichkeitskriterium führte schließlich zu der vom BVerfG vertretenen

---

möglicherweise vorgehen, der Koalition selbst den Grundrechtsschutz des Art. 9 Abs. 3 S. 1 GG erst unter Rückgriff auf Art. 19 Abs. 3 GG zuerkennt; *Scholz*, HdbStR, Rn. 73 f.; so auch *Reuter*, RdA 1994, S. 152 (162); *Bleckmann*, § 30 Rn. 53; *Höfling*, FS für Friauf, S. 377 (380); *Höfling*, Art. 9 GG, Rn. 70; das Problem erkennend und offenlassend: *Zöllner*, AöR 98 (1973), S. 71 (78 ff.), der außerdem die Gefahr betont, dass die Formulierung „Doppelgrundrecht“ zu einer Ablösung des kollektiven Koalitionsrechts von der individualrechtlichen Grundlage führt und darüber hinaus meint, den Formulierungen aus den Entscheidungen des BVerfG sei eine Anerkennung als Doppelgrundrecht kaum zu entnehmen; vgl. dazu auch *Brock*, S. 98 m.w.N.; gegen die Notwendigkeit eines Rückgriffs auf Art. 19 Abs. 3 GG argumentiert *Dietz*, Die Koalitionsfreiheit, S. 417 (458 f.).

[6] BVerfGE 4, S. 96 ff; in der späteren Rechtsprechung ist das historische Argument jedoch erkennbar zurückgetreten, vgl. *Pieroth*, S. 293 (296).

[7] Kritisch gegenüber dieser „schmalen“ Begründung *Zöllner*, AöR 98 (1973), S. 71 (77 f.).

[8] BVerfGE 17, S. 319 (333); so auch BVerfGE 18, S. 18 (26); 58, S. 233 (246).

[9] Dazu näher unten in Kapitel 4 und 5; vgl. auch *Scholz*, HdbStR, Rn. 101 ff.; *Säcker*, Grundprobleme, S. 39 ff.

[10] BVerfGE 17, S. 319 (333); 28, S. 295 (304); kritisch dazu *Hanau*, AuR 1983, S. 257 (257 ff.).

[11] *Gamillscheg*, Arbeitsrecht I, S. 228 f.

Kernbereichslehre[12]. Im Sinne der Kernbereichslehre entschied das BVerfG, der Staat habe im Bereich der Arbeitsbedingungen seine Regelungszuständigkeit zu Gunsten der Koalitionen weit zurückgenommen[13]; die Regelung der Arbeitsbedingungen solle im wesentlichen ohne staatliche Einflussnahme erfolgen[14] und der Staat besitze lediglich eine subsidiäre Regelungszuständigkeit[15]. Neben der „Unerlässlichkeitsformel" benutzte das BVerfG zur Konkretisierung der Kernbereichslehre auch die „Abwägungsformel", derzufolge dem Betätigungsrecht der Koalitionen nur solche Schranken gezogen werden dürfen, die zum Schutz anderer Rechtsgüter von der Sache her geboten seien[16]. Der Kernbereichslehre zufolge garantiert die Verfassung die Betätigung der Koalitionen nicht schrankenlos. Das Grundrecht räume den geschützten Vereinigungen und Personen keinen inhaltlich unbegrenzten und unbegrenzbaren Handlungsspielraum ein[17]; vielmehr sei die Koalitionsfreiheit des Art. 9 Abs. 3 GG und damit auch das Betätigungsrecht der Koalitionen nur in einem Kernbereich geschützt[18].

Die Formulierungen des BVerfG zur Unerlässlichkeitsformel legten die Interpretation nahe, schon der Schutzbereich der Koalitionsfreiheit sei im Rahmen der Betätigungsfreiheit auf einen Kreis existenziell notwendiger Betätigungen beschränkt. Der Kernbereich wäre dann gleichzusetzen mit einem auf unerlässliche Betätigungen eingeschränkten Schutzbereich[19].

Weiterhin formulierte das Gericht jedoch, der Gesetzgeber sei berufen, die Tragweite der Koalitionsfreiheit dadurch zu bestimmen, dass er die Befugnisse der Koalitionen im Einzelnen gestalte und näher regele[20]. Das BVerfG sprach dem Gesetzgeber damit eine Befugnis zur Ausgestaltung der Koalitionsfreiheit zu. Dem Betätigungsrecht der Koalitionen dürften dabei aber nur solche Schran-

---

[12] Die Kernbereichslehre wurde auch in der Literatur - in Anlehnung an das BVerfG - stark vertreten, vgl. *Scheuner*, RdA 1971, S. 327 (330); *Säcker*, Grundprobleme, S. 58 ff.; zustimmend auch *Zöllner*, AöR 98 (1973), S. 71 (88), demzufolge dem Gesetzgeber durch die Gewährleistung lediglich eines Kernbereichs ein Spielraum für nähere Ausgestaltung und Eingrenzung eingeräumt ist; ablehnend *Herschel*, AuR 1981, S. 265 (266 ff.); zur Kritik an der Kernbereichslehre vgl. *Gamillscheg*, Arbeitsrecht I, S. 229 ff. m.w.N.

[13] BVerfGE 34, S. 307 (316); 44, S. 322 (340 ff.); 50, S. 290 (367); 56, S. 155 (169); dazu kritisch *Heise*, S. 174 f.: die faktische Zurückhaltung des Gesetzgebers werde in eine existente rechtliche Verpflichtung transformiert.

[14] BVerfGE 44, S. 322 (340 f.); 50, S. 290 (367).

[15] BVerfGE 44, S. 322 (341).

[16] BVerfGE 19, S. 303 (322); 28, S. 295 (306).

[17] BVerfGE 58, S. 233 (246).

[18] BVerfGE 37, S. 281 (306); 50, S. 290 (369); 57, S. 220 (245).

[19] *Pieroth*, S. 293 (305); *Hanau*, AuR 1983, S. 257.

[20] Diese Aussage wird in der Literatur teilweise dahingehend gedeutet, das BVerfG habe für das Tarifvertragssystem eine Institutsgarantie anerkannt, vgl. *Wiedemann*, FS für Stahlhacke, S. 675 (680); *Reuss*, AuR 1958, S. 321 (325) versteht die Ausführungen des BVerfG dagegen im Sinne der Gewährleistung einer instutionellen Garantie.

ken gezogen werden, die zum Schutz anderer Rechtsgüter von der Sache her geboten seien (Abwägungsformel). Regelungen, die nicht in dieser Weise gerechtfertigt seien, würden den durch Art. 9 Abs. 3 GG geschützten Kernbereich der Koalitionsbetätigung antasten[21]. Diese Ausführungen ließen eher auf die Annahme schließen, der Schutzbereich der Koalitionsfreiheit sei nicht auf einen Kernbereich begrenzt; vielmehr handele es sich bei der Kernbereichslehre um eine Schranken-Schranke, die der Gesetzgeber im Rahmen der verfassungsrechtlichen Rechtfertigung zu beachten habe.

Mit seinem Beschluss vom 14. November 1995[22] stellte das BVerfG nunmehr klar, dass die koalitionsmäßige Betätigung nicht von vornherein nur auf das Unerlässliche beschränkt sei, sondern die Kernbereichsformel nur die Grenze umschreibe, die der Gesetzgeber bei der Ausgestaltung zu beachten habe; insoweit gelte für Art. 9 Abs. 3 GG nichts anderes als für die übrigen Grundrechte. Diese Aussage des BVerfG wird in der Literatur größtenteils als Aufgabe der Kernbereichslehre gedeutet[23].

Zu der koalitionsmäßigen Betätigung soll nach der gefestigten Rechtsprechung des BVerfG insbesondere der Abschluss von Tarifverträgen für die Mitglieder gehören[24]. So entschied das BVerfG in seiner Aussperrungsentscheidung, ein wesentlicher Zweck der von Art. 9 Abs. 3 GG geschützten Koalitionen sei der Abschluss von Tarifverträgen[25]. Darin sollten die Vereinigungen nach dem Willen des Grundgesetzes frei sein. Die Wahl der Mittel, die sie zur Erreichung dieses Zwecks für geeignet hielten, überlasse Art. 9 Abs. 3 GG grundsätzlich den Koalitionen. Insoweit wird die sogenannte Tarifautonomie als von der Koalitionsfreiheit mitgarantiert angesehen. Die in Art. 9 Abs. 3 GG genannten wirtschaftlichen Interessen der Arbeitnehmer und Arbeitgeber könnten auch

---

[21] BVerfGE 58, S. 233 (247).

[22] BVerfGE 93, S. 352 (358 f.).

[23] Vgl. *Jarass*, Art. 9 GG, Rn. 26; *Otto* in: *Richardi/ Wlotzke*, Münchener Handbuch Bd. 3, § 284 Rn. 6; *Dieterich*, Erfurter Kommentar, Art. 9 GG, Rn. 30; *Wolter*, RdA 2002, S. 218 (219); *Höfling*, Anmerkung zu BVerfG, Beschluss vom 27.4.1999, JZ 2000, S. 44; *Höfling*, FS für Friauf, S. 377 ff.; *Scholz*, MD, Art. 9 GG, Rn. 249; *Henssler*, ZfA 1998, S. 1 (9); *Giesen*, S. 152 f.; *Wiedemann*, Tarifvertragsgesetz, Rn. 104 ff.; *Oetker*, ZG 1998, S. 155 (156); *Adomeit* in: *Hanau/ Adomeit*, Rn. 67; so auch *Heilmann*, AuR 1996, S. 121: „Art. 9 Abs. 3 GG unterscheidet sich daher nicht von den übrigen Grundrechten"; *Pieroth*, S. 293 (305) wertet diese Klarstellung als Aufgabe der Kernbereichslehre zumindest in der Variante der Unerlässlichkeitsformel; Bundesverfassungsrichter a.D. *Kühling*, AuR 1994, S. 126 (131 f.) meint, es sei verfrüht, aus dieser Entscheidung zu schließen, das BVerfG habe innerlich Abstand von der Kernbereichslehre genommen. Nicht zu übersehen sei aber, dass es sich um eine Klarstellung der Struktur des Art. 9 Abs. 3 GG bemühe und dabei auch die Kernbereichslehre neu überdenke; zu dieser Entscheidung und zur Bedeutung des Unerlässlichkeitskriteriums in der Rechtsprechung des BVerfG vgl. *Brock*, S. 101 ff.

[24] BVerfGE 18, S. 18 (26); 19, S. 303 (313); 50, S. 290 (367); 92, S. 26 (38).

[25] BVerfGE 84, S. 212 (224).

durch die Betätigung der Koalitionen gegenüber dem Staat und insbesondere dem Gesetzgeber gefördert werden, wenn der Staat die Arbeitsbedingungen selbst regeln würde[26]. Die Tarifautonomie verfolge den im öffentlichen Interesse liegenden Zweck, in dem von der staatlichen Rechtsetzung freigelassenen Raum das Arbeitsleben im Einzelnen durch Tarifvertrag sinnvoll zu ordnen[27]. Schon 1954 hatte das BVerfG entschieden: „Die historische Entwicklung hat dazu geführt, dass solche (Gesamt-) Vereinbarungen in Gestalt geschützter Tarifverträge mit Normativcharakter und Unabdingbarkeit abgeschlossen werden. Wenn also die in Art. 9 Abs. 3 GG garantierte Koalitionsfreiheit nicht ihres historisch gewordenen Sinnes beraubt werden soll, so muss im Grundrecht des Art. 9 Abs. 3 GG ein verfassungsrechtlich geschützter Kernbereich auch in der Richtung liegen, dass ein Tarifvertragssystem im Sinne des modernen Arbeitsrechts staatlicherseits überhaupt bereitzustellen ist und dass Partner dieser Tarifverträge notwendig frei gebildete Koalitionen sind“[28]. Der Tarifvertrag enthält nach Auffassung des BVerfG in seinem normativen Teil Rechtsregeln, d.h. generell-abstrakte, nach Maßgabe des § 4 Abs. 3 TVG zwingende Bestimmungen für den Inhalt der von ihm erfassten Arbeitsverhältnisse. Bei der Normsetzung durch die Tarifvertragsparteien handele es sich dabei um Gesetzgebung im materiellen Sinne, die Normen im rechtstechnischen Sinne erzeugten[29].

II. Urteil vom 10. Januar 1995 zum „Flaggenzweitregister“

In seiner ersten einschlägigen Entscheidung hatte das BVerfG am 10. Januar 1995 auf Grund der Normenkontrollanträge des Senats der Freien Hansestadt Bremen und der Landesregierung Schleswig-Holstein und der Verfassungsbeschwerden der Gewerkschaft Öffentliche Dienste, Transport und Verkehr sowie der Deutschen Angestellten-Gewerkschaft über die Verfassungsmäßigkeit des § 21 Abs. 4 S. 1 bis 3 des Flaggenrechtsgesetzes (FlRG)[30] zu entscheiden.

1. Tatbestand

Die Verfassungsbeschwerden richteten sich unmittelbar gegen die Regelung des § 21 Abs. 4 S. 1 bis 3 FlRG selbst. Ziel des Gesetzes war es, dem jahrzehntelangen Ausflaggungstrend in der deutschen Seeschifffahrt Einhalt zu gebieten[31]. In Anlehnung an ähnliche Regelungen im westeuropäischen Ausland sollte den deutschen Reedern eine Minderung der Personalkostennachteile bei

[26] BVerfGE 18, S. 18 (27).
[27] BVerfGE 18, S. 18 (27).
[28] BVerfGE 4, S. 96 (106); so auch BVerfGE 38, S. 281 (306).
[29] BVerfGE 44, S. 322 (341).
[30] FlRG v. 8.2.1951 (BGBl I, 79), neu bekannt gemacht am 4.7.1990 (BGBl I, 1342), in der Neufassung vom 26.10.1994 (BGBl I, 140).
[31] Vgl. die Begründung des Gesetzesentwurfs, BT-Drs. 11/2161.

Betrieb unter deutscher Flagge durch Anheuern ausländischer Matrosen zu Heimattarifen nahegelegt werden.

§ 21 Abs. 4 FlRG hat folgenden Wortlaut:

„Arbeitsverhältnisse von Besatzungsmitgliedern eines im Internationalen Seeschiffahrtsregister eingetragenen Kauffahrteischiffes, die im Inland keinen Wohnsitz oder ständigen Aufenthalt haben, unterliegen bei der Anwendung des Artikels 30 des Einführungsgesetzes zum Bürgerlichen Gesetzbuch vorbehaltlich der Rechtsvorschriften der Europäischen Gemeinschaft nicht schon auf Grund der Tatsache, daß das Schiff die Bundesflagge führt, dem deutschen Recht. Werden für die in Satz 1 genannten Arbeitsverhältnisse von ausländischen Gewerkschaften Tarifverträge abgeschlossen, so haben diese nur dann die im Tarifvertragsgesetz genannten Wirkungen, wenn für sie die Anwendung des im Geltungsbereich des Grundgesetzes geltenden Tarifrechts sowie die Zuständigkeit der deutschen Gerichte vereinbart worden ist. Nach Inkrafttreten dieses Absatzes abgeschlossene Tarifverträge beziehen sich auf die in Satz 1 genannten Arbeitsverhältnisse im Zweifel nur, wenn sie dies ausdrücklich vorsehen. Die Vorschriften des deutschen Sozialversicherungsrechts bleiben unberührt.“

§ 21 Abs. 4 S. 1 FlRG schreibt eine bestimmte Auslegung des Art. 30 EGBGB vor. Der Gesetzgeber wollte damit lediglich die bisherige Rechtslage klarstellen[32]. Die Regelung erschwert den deutschen Tarifpartnern insofern (mittelbar) die Regelung der Arbeitsverhältnisse ausländischer Seeleute auf deutschen Handelsschiffen, als sie für diese Arbeitsverhältnisse die automatische Geltung deutschen Rechts beseitigt. Ergänzend lässt § 21 Abs. 4 S. 2 FlRG deutsches Tarifrecht nur kraft ausdrücklicher Vereinbarung zwischen den Tarifvertragsparteien gelten. So können Reeder verhindern, dass Kollektivvereinbarungen mit ausländischen Arbeitnehmerorganisationen an deutschem Tarifrecht gemessen werden. § 21 Abs. 4 S. 3 FlRG machte das Recht der Gewerkschaften zur Vertretung ihrer ausländischen Mitglieder im Zweifel von der Existenz einer entsprechenden Erstreckungsklausel im jeweiligen Tarifvertrag abhängig.

Die Antragsteller und Beschwerdeführer stützten sich unter anderem auf einen Verstoß gegen Art. 9 Abs. 3 GG[33]. Sie waren der Meinung, die Funktionsfähigkeit des deutschen Tarifsystems werde beeinträchtigt, weil das Gesetz

[32] BT-Drucksache 11/2161, S. 6; BT-Drucksache 11/3679, S. 6; nach Auffassung von *Wank*, Anm. zu BVerfG, AP Nr. 76 zu Art. 9 GG, Bl. 183, ist ihm das nur teilweise gelungen.

[33] Weiterhin rügten die Landesregierungen eine Verletzung von Art. 3 Abs. 1 in Verbindung mit Art. 1 Abs. 1 GG und Art. 12 Abs. 1 GG; die Gewerkschaft Öffentliche Dienste, Transport und Verkehr rügte über Art. 9 Abs. 3 GG hinaus eine Verletzung von Art. 3 Abs. 1 GG.

den deutschen Arbeitgebern erstmals die Möglichkeit des Ausweichens auf ausländische Tarifverträge unter Wahrung des guten Namens ihres Heimathafens und finanzieller Vorteile eröffne. Das Gesetz greife damit in den Kernbereich der Tarifautonomie ein, indem es ein Tarifvertragssystem zweiter Klasse errichte. Weiterhin werde der personelle Anwendungsbereich deutscher Tarifverträge durch die Neuregelung verkürzt. Die Gewerkschaften würden in ihrer Tarifmacht erheblich beeinträchtigt, weil ihre Tarifverträge nicht mehr automatisch die Arbeitsverhältnisse der Seeleute im Sinne von § 21 Abs. 4 S. 1 FlRG erfassten und weil die Arbeitgeber auf Verhandlungen mit ausländischen Gewerkschaften ausweichen könnten, die nicht tariffähig nach deutschem Recht zu sein brauchten. Weiterhin setze das System der Tarifautonomie eine gewisse Geschlossenheit voraus. Eine Öffnung durch den Gesetzgeber sei nur begrenzt zulässig.

2. Analyse der Entscheidungsgründe

Das BVerfG hielt die Verfassungsbeschwerden auch ohne Erschöpfung des fachgerichtlichen Rechtsweges für zulässig[34]. Es kam sodann zu dem Ergebnis, § 21 Abs. 4 S. 3 FlRG sei mit Art. 9 Abs. 3 GG unvereinbar und daher nichtig, § 21 Abs. 4 S. 1 und 2 FlRG seien dagegen mit dem Grundgesetz vereinbar. Die Prüfung der Vereinbarkeit des § 21 Abs. 4 FlRG mit der Koalitionsfreiheit begann das BVerfG mit einigen einleitenden Bemerkungen zu Art. 9 Abs. 3 GG. Dieser schütze nicht nur den Einzelnen, sondern auch die Koalition selbst[35]. Geschützt seien Bestand und Betätigung der Koalitionen als kollektive Zusammenschlüsse zum Zweck der Wahrung und Förderung der Arbeits- und Wirtschaftsbedingungen. Dazu gehöre insbesondere der Abschluss von Tarifverträgen für ihre Mitglieder[36].

a) Zu § 21 Abs. 4 S. 1 und 2 FlRG

§ 21 Abs. 4 S. 1 und 2 FlRG berühren nach der Auffassung des Ersten Senats den Schutzbereich der Koalitionsfreiheit. Den deutschen Gewerkschaften werde dadurch zwar nicht das Recht entzogen, ausländische Seeleute aufzunehmen oder zu vertreten. Doch ermögliche das durch die Norm zur Geltung gebrachte ausländische Arbeits- und Tarifvertragsstatut Vertragsgestaltungen, die die koalitionsmäßige Betätigung der deutschen Gewerkschaften erheblich erschwerten. Das gelte insbesondere für Kollektivvereinbarungen mit unter anderem auf den Philippinen üblichen sogenannten closed-shop-Klauseln, durch die der Arbeitgeber verpflichtet werde, ausschließlich Mitglieder einer bestimmten

[34] BVerfGE 92, 26 (38).
[35] BVerfGE 92, S. 26 (38).
[36] BVerfGE 92, S. 26 (38).

Arbeitnehmerorganisation zu beschäftigen. Gestützt auf derartige Kollektivvereinbarungen sähen die Einzelarbeitsverträge regelmäßig die fristlose Kündigung für den Fall des Austritts aus der Organisation oder des Eintritts in eine andere Arbeitnehmerorganisation vor. Es liege auf der Hand, dass den deutschen Gewerkschaften damit praktisch die Chance genommen werde, unter den ausländischen Seeleuten Mitglieder zu gewinnen und sich für die Verbesserung ihrer Arbeitsbedingungen wirksam einzusetzen. Darüber hinaus hindere das ausländische Tarifvertragsrecht die Reeder regelmäßig nicht daran, Kollektivverträge mit ausländischen Organsiationen abzuschließen, die nach deutschem Recht nicht tariffähig seien; gegenüber solchen Organisationen seinen deutsche Gewerkschaften jedoch von vornherein im Nachteil[37].

Diese Beeinträchtigung der Koalitionsfreiheit sei jedoch angesichts der Besonderheit der geregelten Materie verfassungsrechtlich nicht zu beanstanden. Die Koalitionsfreiheit sei ein vorbehaltslos gewährleistetes Grundrecht. Grundsätzlich könnten ihr daher nur zur Wahrung verfassungsrechtlich geschützter Güter Schranken gesetzt werden[38]. Das schließe jedoch eine Ausgestaltungsbefugnis des Gesetzgebers nicht aus, soweit er Regelungen treffe, die erst die Voraussetzungen für eine Wahrnehmung des Freiheitsrechts bildete. Dies gelte insbesondere dort, wo es um die Regelung der Beziehungen zwischen Trägern widerstreitender Interessen gehe[39]. Die Ausgestaltung habe sich jedoch am Normziel von Art. 9 Abs. 3 GG zu orientieren und dürfe die Parität der Tarifpartner nicht verfälschen[40]. Berühre die Ausübung der Koalitionsfreiheit zwangsläufig die Rechtsordnung anderer Staaten und würden widerstreitende Interessen von Trägern dieses Grundrechts in einem Raum ausgetragen, der von der deutschen Rechtsordnung nicht mit alleinigem Gültigkeitsanspruch beherrscht werde, sei die Gestaltungsbefugnis des Gesetzgebers größer als bei Regelungen von Rechtsbeziehungen mit inländischen Schwerpunkt[41]. Jedoch bleibe der Gesetzgeber verpflichtet, dem Grundrecht die unter den obwaltenden und von ihm nicht beeinflussbaren Bedingungen größtmögliche Anwendung zu sichern.

Soweit das deutsche Recht den Betreibern der Handelsschiffe Bedingungen auferlege, die ihre Wettbewerbsfähigkeit erheblich mindern würden, hätten sie die Möglichkeit, sich der Geltung des deutschen Rechts durch das Ausflaggen ihrer Schiffe gänzlich zu entziehen. Der deutsche Gesetzgeber stehe deshalb vor der Alternative, den deutschen Grundrechtsstandard entweder ungeschmälert zu wahren, ihm damit aber im Bereich der Hochseeschifffahrt praktisch das

[37]BVerfGE 92, S. 26 (40).
[38]So schon BVerfGE 84, S. 212 (228).
[39]So schon BVerfGE 84, S. 212 (228); 88, S. 103 (115).
[40]BVerfGE 92, S. 26 (41).
[41]BVerfGE 92, S. 26 (41).

Anwendungsfeld zu entziehen, oder ihm ein Anwendungsfeld zu erhalten, dann aber eine Minderung des Grundrechtsstandards in Kauf zu nehmen. Unter diesen Umständen sei es dem Gesetzgeber von Verfassungs wegen nicht verwehrt, den zweiten Weg zu wählen und Positionen von Koalitionen aufzugeben, die sich in der internationalen Rechtswirklichkeit ohnehin nicht behaupten ließen. Dies gelte jedenfalls, wenn der Gesetzgeber dadurch zugleich hinreichende Anreize für deutsche Reeder schaffe, ihre Schiffe weiter unter deutscher Flagge und damit wenigstens teilweise im Rahmen deutschen Rechts zu betreiben.

Anschließend an diese Ausführungen prüfte der Erste Senat, ob eine Minderung des Grundrechtsstandards auch verhältnismäßig war[42]. In diesem Rahmen stellte er fest, die angegriffene Regelung diene dem Schutz wichtiger Gemeinschaftsgüter. Es gehe darum, deutsche Reeder zu veranlassen, ihre Schiffe unter deutscher Flagge zu betreiben. Außerdem trage die Sicherheit des Schiffsverkehrs bei zum Schutz von Leben und Gesundheit der Menschen an Bord, zur Erhaltung der in Schiff und Ladung verkörperten Sachgüter sowie zur Verminderung von Risiken für andere Schiffe. Zugleich werde der Verschmutzung der Weltmeere und anderen Umweltschäden entgegengewirkt. Mit der Sicherung qualifizierter Arbeitsplätze werde der Gefahr vorgebeugt, dass die deutsche Ausbildung in seemännischen Berufen weiter zurückgehe. Zudem komme der Erhaltung der deutschen Handelsflotte in einer exportorientierten Volkswirtschaft wie der deutschen erhebliche außenwirtschaftliche Bedeutung zu.

Die Regelung in § 21 Abs. 4 S. 1 und 2 FlRG sei geeignet, diese Zwecke zu erfüllen. Sie trage dazu bei, den Ausflaggungstrend zumindest abzuschwächen. Auf die Erforderlichkeit ging der Erste Senat nicht gesondert ein, sondern wand sich sofort der Frage nach der Zumutbarkeit für die Gewerkschaften zu, die schließlich bejaht wurde. Denn die Reeder würden ohne die erleichterte Möglichkeit, Verträge auf der Grundlage fremder Rechtsordnungen abzuschließen, ihre Schiffe verstärkt ausflaggen. Der Einfluss der deutschen Gewerkschaften wäre damit noch weiter zurückgedrängt.

b) Zu § 21 Abs. 4 S. 3 FlRG

Auch die für nichtig erklärte Regelung des § 21 Abs. 4 S. 3 FlRG schränkte nach Auffassung des BVerfG die Koalitionsfreiheit der deutschen Gewerkschaften ein. Sie verhindere, dass der Gewerkschaft zugehörige Seeleute mit ausländischem Wohnsitz ohne weiteres von deutschen Tarifverträgen erfasst werden. Die deutschen Gewerkschaften seien daher gezwungen, in den Tarifverhandlungen eine Erstreckungsklausel gesondert durchzusetzen, um ihre eigenen Mitglieder unter den Seeleuten im Sinne des § 21 Abs. 4 S. 1 und 2 FlRG in den Genuss der

[42] BVerfGE 92, S. 26 (42 ff.).

im Tarifvertrag vereinbarten Leistung zu bringen. Ihre Verhandlungsposition werde geschwächt, weil sie zu diesem Zweck zusätzlichen Druck ausüben oder an anderer Stelle Entgegenkommen zeigen müssten.

Diese Beeinträchtigung sei nicht gerechtfertigt. Sie diene zwar denselben legitimen Zielen wie § 21 Abs. 4 S. 1 und 2 FlRG, sei den Gewerkschaften aber nicht zumutbar. Der Abschluss von Tarifverträgen für alle in einer Gewerkschaft organisierten Arbeitnehmer sei nämlich zentraler Bestandteil der Koalitionsfreiheit dieser Gewerkschaft[43]. Andererseits werde das Ziel des Gesetzes, die Personalkosten auf Zweitregisterschiffen zu senken, durch § 21 Abs. 4 S. 3 FlRG nur geringfügig gefördert. Das könne es nicht rechtfertigen, zu Lasten der Gewerkschaften ein Regel-Ausnahme-Verhältnis zu begründen und damit die Parität der Tarifvertragsparteien zu verändern.

3. Anmerkungen

Auffällig ist, dass das BVerfG weder die Kernbereichslehre erwähnt, noch das Wort „Eingriff" benutzt. Terminologisch spricht das BVerfG von einer „Beeinträchtigung" bzw. „erheblichen Erschwerung" der Koalitionsfreiheit, die verfassungsrechtlich nicht zu beanstanden sei. Auf Grund der in der Rechtsprechung gängigen Unterscheidung zwischen Ausgestaltungsgesetz und Eingriffsgesetz qualifiziert das BVerfG den § 21 Abs. 4 FlRG als Ausgestaltung der Koalitionsfreiheit, weil dieser die Voraussetzungen der Ausübung der Tarifautonomie betreffe und das Verhältnis der Tarifpartner zueinander regele[44]. In diesem Zusammenhang gibt das BVerfG Leitlinien für die Ausgestaltungsgesetzgebung vor, indem es feststellt, die Ausgestaltung müsse sich am Normziel von Art. 9 Abs. 3 GG orientieren und dürfe die Parität der Tarifpartner nicht verfälschen[45]. Darüber hinaus führt es eine neue Abstufung im Rahmen der Ausgestaltung ein: für „besondere Gegebenheiten" bestünden besondere Befugnisse für den Gesetzgeber.

Nach der Bejahung einer Beeinträchtigung des Schutzbereichs der Koalitionsfreiheit war dann im Folgenden einziger Prüfungsmaßstab für die Verfassungsmäßigkeit der angegriffenen Regelungen der Grundsatz der Verhältnismäßigkeit, der alleine der (im vorliegenden Fall als sehr weitreichend anerkannten) Ausgestaltungsbefugnis des Gesetzgebers Schranken ziehen soll[46]. Demnach soll eine Begrenzung der Grundrechtsbetätigung im Rahmen der Ausgestaltung zum

---

[43] BVerfGE 92, S. 26 (45).

[44] Vgl. *Wiedemann*, Tarifvertragsgesetz, Rn. 111; *Wank*, Anm. zu BVerfG, AP Nr. 76 zu Art. 9 GG.

[45] BVerfGE 92, S. 26 (41).

[46] *Pieroth/Schlink*, Rn. 756; *Wank*, Anm. zu BVerfG, AP Nr. 76 zu Art. 9 GG, Bl. 182 ff.; *Brock*, S. 78 f. hält die Entscheidung aber für der Sache nach der Kernbereichslehre entsprechend.

Schutz jeden Rechtsgutes erfolgen können, soweit der Grundsatz der Verhältnismäßigkeit beachtet werde. Das gesetzgeberische Ziel, deutsche Reeder zu veranlassen, ihre Schiffe unter deutscher Flagge zu betreiben, sei ein wichtiges Gemeinschaftsgut. Weiterhin stellt das BVerfG auf die Sicherheit des Schiffsverkehrs und die Entgegenwirkung der Verschmutzung der Weltmeere und anderer Umweltschäden ab. Auch wenn die Aufzählung solcher Unterziele den Eindruck erweckt, als müsse eine Grundrechtskollision entschieden werden[47], stellt das BVerfG im Ergebnis keine hohen Anforderungen an den zur Rechtfertigung eines Ausgestaltungsgesetzes erforderlichen Zweck des Gesetzgebers. Insbesondere wird zur Rechtfertigung im Rahmen der Verhältnismäßigkeit nicht der Schutz eines Rechtsgutes mit Verfassungsrang gefordert.

Im Schrifttum stieß bereits die Bejahung der Schutzbereichsbeeinträchtigung der Koalitionsfreiheit durch § 21 Abs. 4 S. 1 und 2 FlRG auf Kritik[48]. Durch § 21 Abs. 4 S. 1, 2 FlRG werde die Koalitionsfreiheit der Gewerkschaften nicht berührt, da die Koalitionsfreiheit die deutschen Gewerkschaften überhaupt nicht vor einer „Erschwerung" ihrer Betätigung infolge der Anwendung ausländischen Tarifrechts schützen solle[49]. Die Norm des § 21 Abs. 4 S. 1 FlRG enthalte abgesehen davon lediglich eine Aussage zum internationalen Privatrecht des Individualarbeitsrechts, das zwar eine Beeinträchtigung des Art. 12 GG, nicht jedoch des Art. 9 Abs. 3 S. 1 GG mit sich bringen könne[50]. Der § 21 Abs. 4 S. 2 FlRG dagegen betreffe das internationale Tarifvertragsrecht. Er beziehe sich auf Tarifverträge, die von ausländischen Gewerkschaften geschlossen worden seien. Danach gelte die normative Wirkung nach deutschem Tarifvertragsrecht für ausländische Tarifverträge im Hinblick auf ausländische Seeleute nur dann, wenn dies im Tarifvertrag vereinbart worden sei. Dass für ausländische Verträge grundsätzlich ausländisches Recht gelte, sei allerdings keine Neuregelung des Flaggenrechtsgesetzes. Das Grundrecht der deutschen Gewerkschaften werde jedoch nicht dadurch berührt, ob ausländische Gewerkschaften ihre Tarifverträge nach deutschem Tarifvertragsrecht schließen könnten[51].

Das BVerfG spreche zwar für alle drei angegriffenen Sätze des § 21 Abs. 4 FlRG von einer Beeinträchtigung, die dadurch zustande komme, dass das zur Geltung gebrachte ausländische Arbeits- und Tarifvertragsstatut eine erhebliche Behinderung deutscher Gewerkschaften ermögliche und damit deutschen Gewerkschaften praktisch die Möglichkeit nehme, die Interessen der ausländischen Matrosen zu organisieren. Die Behinderung der Gewerkschaften bei der

---

[47] *Wank*, Anm. zu BVerfG, AP Nr. 76 zu Art. 9 GG, Bl. 182.

[48] *Wimmer*, NZA 1995, S. 250 (254); *Lagoni*, JZ 1995, S. 499 (500 f.); *Wank*, Anm. zu BVerfG, AP Nr. 76 zu Art. 9 GG, Bl. 184 f.

[49] *Lagoni*, JZ 1995, S. 499 (500 f.).

[50] Mit näherer Begründung *Wank*, Anm. zu BVerfG, AP Nr. 76 zu Art. 9 GG, Bl. 183.

[51] *Wank*, Anm. zu BVerfG, AP Nr. 76 zu Art. 9 GG, Bl. 183.

Organisation der ausländischen Matrosen gehe jedoch nicht auf § 21 Abs. 4 FlRG zurück, sondern resultiere eher aus sachlichen Schwierigkeiten[52]. Es komme nämlich entscheidend nicht darauf an, ob das TVG auf deutschen Kauffahrteischiffen gelte, sondern ob der ausländische Seemann Mitglied einer deutschen Gewerkschaft sei[53]. Im Sinne der letzteren Alternative hatten auch die Beschwerdeführerinnen vorgetragen, sie hätten bereits gegenwärtig kaum eine Möglichkeit, die ausländischen Matrosen zu organisieren[54]. Es sei auch nicht bekannt, wie viele Filipinos und andere ausländische Seeleute die beschwerdeführende Gewerkschaft vor Inkrafttreten des Flaggenrechtsgesetzes zu ihren Mitgliedern zählte[55].

Grundsätzliche Bedenken tatsächlicher sowie rechtlicher Art werden in der Literatur auch im Hinblick auf die vom BVerfG mit dieser Entscheidung statuierte Möglichkeit einer Minderung des Grundrechtsschutzes vorgebracht. Als Prämisse gehe das BVerfG davon aus, deutsche Reeder hätten die Möglichkeit, sich der Geltung des deutschen Rechts durch das Ausflaggen ihrer Schiffe zu entziehen, ohne dass dem deutschen Gesetzgeber wirksame Mittel zu Gebote stünden, diesen Schritt zu verhindern. Schon diese Prämisse, unter der eine Verminderung des Grundrechtsschutzes anerkannt werde, sei falsch. Dem deutschen Gesetzgeber stünden andere wirksame Mittel zu Gebote, eine Ausflaggung zu verhindern, beispielsweise ein Ausflaggungsverbot[56]. Darüber hinaus sei es sehr bedenklich, den Grundrechtsschutz unter einen „Machbarkeits-Vorbehalt" zu stellen und so zu relativieren[57]. Würde man die bloße Möglichkeit beispielsweise einer Produktionsverlagerung - ebenso wie die des Ausflaggens - ausreichen lassen, Grundrechtspositionen der Koalitionen aufzugeben, wenn man damit zugleich Anreize für deutsche Unternehmer schaffen würde, weiterhin in Deutschland zu produzieren, würde die Koalitionsfreiheit leerlaufen. Der Gesetzgeber könnte so den Schutz von Grundrechtspositionen mit dem Maß ihrer Bedrohung relativieren[58].

Das Gesetz hätte also nach verbreiteter Meinung im Schrifttum im Hinblick auf Art. 9 Abs. 3 GG und die Verhältnismäßigkeit insgesamt für verfassungsmäßig erklärt werden müssen. Insgesamt würden dem Gesetzgeber mit dieser Entscheidung Fesseln angelegt, die in der bisherigen Rechtsprechung keine Ent-

---

[52] *Wimmer*, NZA 1995, S. 250 (253).
[53] *Wank*, Anm. zu BVerfG, AP Nr. 76 zu Art. 9 GG, Bl. 183.
[54] *Wimmer*, NZA 1995, S. 250 (253).
[55] *Wank*, Anm. zu BVerfG, AP Nr. 76 zu Art. 9 GG, Bl. 184.
[56] *Geffken*, NZA 1995, S. 504 (505 f.) unter Hinweis auf Art. 27 GG und die in der Literatur dazu vertretene Auffassung, dass Schiffseigentümer verpflichtet seien, die deutsche Flagge zu führen.
[57] Vgl. *Geffken*, NZA 1995, S. 504 (505 f.)
[58] *Wolff*, S. 95.

sprechung haben und, würde man diese Standards auch in anderen Fällen anwenden, manches zu Fall bringen müssten[59].

III. Urteil vom 24. April 1996 zum Hochschulfristvertragsgesetz

Vom Ansatz her in die gleiche Richtung gehend entschied der Erste Senat des BVerfG am 24. April 1996 auf Grund der Verfassungsbeschwerden der Gewerkschaft Öffentliche Dienste, Transport und Verkehr (ÖTV) und der Gewerkschaft Erziehung und Wissenschaft (GEW) über die Verfassungsmäßigkeit des Gesetzes über befristete Arbeitsverträge mit wissenschaftlichem Personal an Hochschulen und Forschungseinrichtungen vom 14. Juni 1985 (Hochschulfristvertragsgesetz)[60].

1. Tatbestand

Das Gesetz über befristete Arbeitsverhältnisse mit wissenschaftlichem Personal an Hochschulen und Forschungseinrichtungen wurde als Änderungsgesetz des Hochschulrahmengesetzes am 19. April 1985 in dritter Lesung vom Bundestag mit den Stimmen der Koalitionsfraktionen CDU/CSU und FDP verabschiedet[61]. Bis zum Erlass dieses Gesetzes durften wissenschaftliche Angestellte nur dann befristet angestellt werden, wenn hierfür sachliche oder in der Person des Angestellten liegende Gründe vorlagen[62]. Der nicht näher ausgeführte Rechtsbegriff des „sachlichen Grundes“ bezog sich auf die durch die Rechtsprechung des BAG zu befristeten Arbeitsverhältnissen entwickelten Einzelgründe. Die durch diese tarifvertragliche Regelung normierten Zulässigkeitsvoraussetzungen für befristete Arbeitsverträge an Hochschulen und Forschungseinrichtungen wurden jedoch immer mehr als zu eng angesehen. Es wurde eine speziell auf Hochschulbedürfnisse abgestimmte erleichterte Befristungsmöglichkeit gefordert[63].

Dem Erlass des Hochschulfristvertragsgesetzes zeitlich vorgelagert waren Bemühungen um eine tarifvertragliche Regelung (insbesondere im Bundesangestelltentarifvertrag) erleichterter Befristungsmöglichkeiten für Arbeitsverhältnisse mit wissenschaftlichen Mitarbeitern. Die Bundesregierung kündigte einen

[59] *Gamillscheg*, Arbeitsrecht I, S. 229.

[60] BVerfGE 94, S. 268 ff.; zur Unvereinbarkeit von § 57 b Abs. 3 HRG mit Art. 48 Abs. 2 EGV hinsichtlich der Befristung von Arbeitsverträgen mit Lektoren vgl. EuGH, NZA 1994, S. 115 f. (Maria Chiara Spotti), der Rechtsprechung des EuGH folgt auch das BAG, vgl. NZA 1995, S. 1169 (1171), sie wurde aber in der vorliegenden Entscheidung vom BVerfG abgelehnt, vgl. BVerfGE 94, S. 268 (292).

[61] BT-Stenographische Protokolle 10/Band 132/1, S. 9868 ff. (9893).

[62] Protokollnotiz Nr. 1 zu SR 2y BAT.

[63] *Lieb*, S. 409 (426).

Gesetzentwurf über die Befristung von Arbeitsverhältnissen aller wissenschaftlicher Mitarbeiter für den Fall an, dass in absehbarer Zeit keine tarifvertragliche Regelung der Probleme erreichbar sei[64]. Die Bundesregierung präferierte also grundsätzlich eine Problemlösung auf tarifautonomem Wege[65]. Die Tarifverhandlungen scheiterten jedoch jeweils an der Ablehnung der Befristungsöffnung seitens der Gewerkschaften. Diese hatten die Befürchtung, die Regelung würde eine Umgehung besonderen Kündigungsschutzes ermöglichen. Aus diesem Grund brachte die Bundesregierung am 8. November 1984 den Gesetzentwurf zur Änderung des Hochschulrahmengesetzes und damit eine arbeitsrechtliche Lösung des Befristungsproblems an Hochschulen im Bundestag ein[66]. Dieser Entwurf führte zum Hochschulfristvertragsgesetz vom 14. Juni 1985[67], mit dem der Gesetzgeber im wesentlichen das HRG novellierte (§§ 57 a ff. HRG) und dabei eine Reihe von Vorschriften einfügte, die es öffentlichen Arbeitgebern erleichtern sollten, Arbeitsverträge mit den in § 57 a S. 1 HRG bezeichneten Angestellten der Hochschulen zu befristen. Die Sicherung und Erweiterung befristeter Arbeitsverhältnisse bei wissenschaftlichem Hochschulpersonal sollte nach den Überlegungen des Gesetzgebers vor allem die Leistungsfähigkeit der Forschung und den wissenschaftlichen Nachwuchs fördern, eine funktionsfähige Personalstruktur erhalten und zudem den drittmittelfinanzierten Forschungsarbeiten Vorschub leisten, indem arbeitsrechtliche Befristungshindernisse, die in der Vergangenheit zu einer zögerlichen Beteiligung von Drittmittelgebern führte, ausgeräumt würden[68]. § 57 a S. 2 HRG bestimmt in diesem Zusammenhang: *„Die arbeitsrechtlichen Vorschriften und Grundsätze über befristete Arbeitsverträge sind nur insoweit entsprechend anzuwenden, als sie den Vorschriften dieses Gesetzes nicht widersprechen.“* Zu den durch das Gesetz verdrängten arbeitsrechtlichen Vorschriften gehören dabei, wie die Begründung des Regierungsentwurfs hervorhebt, auch entgegenstehende tarifvertragliche Regelungen[69] sowie die Rechtsprechung des BAG als arbeitsrechtliche Grundsätze[70]. Betroffen ist daher insbesondere ein Teil des BAT und dessen Sonderregelung 2y. Als Folge kann durch Tarifvertrag weder eine Erleichterung noch eine Erschwerung der Befristung vereinbart werden.

Die Beschwerdeführerinnen brachten vor, durch das Hochschulfristvertragsgesetz u.a. in ihrem Grundrecht aus Art. 9 Abs. 3 GG verletzt zu sein. Die Koalitionen hätten im Bereich der Arbeits- und Wirtschaftsbedingungen eine

---

[64] BT-Drs. 10/225, S. 21.
[65] *Heise*, S. 101.
[66] Kritisch zu diesem Gesetzentwurf vgl. *Buchner*, MittHV 1984, S. 230 (S. 230 ff.).
[67] BGBl. I, S. 1065.
[68] BT-Drs. 10/2283, S. 6 f.
[69] BT-Drs. 10/2283, S. 9.
[70] *Heise*, S. 103.

Normsetzungsprärogative. Deswegen hätte das Hochschulfristvertragsgesetz allenfalls als tarifdispositives Recht erlassen werden dürfen[71]. Außerdem sei der Staat während der Auseinandersetzungen mit den Gewerkschaften über die Vertragsbedingungen der wissenschaftlichen Mitarbeiter bewusst aus der Position des Tarifpartners in die des Gesetzgebers ausgewichen. Insofern sei gegen eine aus Art. 9 Abs. 3 GG folgende Verfahrenspflicht verstoßen worden[72].

2. Analyse der Entscheidungsgründe

Der Erste Senat hielt die Verfassungsbeschwerden für nicht begründet. Zwar liege ein Eingriff in die Koalitionsfreiheit der Beschwerdeführerinnen vor, der Eingriff sei aber im Interesse der von Art. 5 Abs. 3 GG geschützten Wissenschaftsfreiheit gerechtfertigt[73].

In seinen einleitenden Bemerkungen zu Art. 9 Abs. 3 GG führte das BVerfG aus, den Schutz von Art. 9 Abs. 3 GG würden auch Betätigungen der Koalitionen genießen, soweit sie den dort genannten Zwecken dienten. Der Schutz sei jedoch nicht von vornherein auf einen Kernbereich koalitionsmäßiger Betätigung gerichtet. Er erstrecke sich vielmehr auf alle koalitionsspezifischen Verhaltensweisen[74]. Dies gelte auch, soweit Art. 9 Abs. 3 GG den Koalitionen einen spezifischen Wirkungsbereich für den Abschluss von Tarifverträgen gewährleiste. Die Aushandlung von Tarifverträgen gehöre zu den wesentlichen Zwecken der Koalitionen. Hierin sollten sie nach dem Willen des Grundgesetzes frei sein. Der Staat enthalte sich in diesem Betätigungsfeld grundsätzlich einer Einflussnahme und überlasse die erforderlichen Regelungen der Arbeits- und Wirtschaftsbedingungen zum großen Teil den Koalitionen, die sie autonom durch Vereinbarung träfen[75]. Der den Koalitionen überlassene Teil der Regelungen beziehe sich auf solche Materien, die sie in eigener Verantwortung zu ordnen vermögen, vor allem das Arbeitsentgelt und die anderen materiellen Arbeitsbedingungen.

In diese Grundrechtsposition der Beschwerdeführerinnen greife die gesetzliche Regelung ein. Der Eingriff werde durch § 57 a S. 2 HRG erheblich verstärkt, da die Koalitionen danach keine abweichenden tariflichen Regelungen mehr treffen könnten. Dieser Eingriff sei jedoch durch hinreichend gewichtige, grundrechtlich geschützte Belange gerechtfertigt[76]. Die Koalitionsfreiheit sei

[71] Vgl. BVerfGE 94, S. 268 (276).
[72] Vgl. BVerfGE 94, S. 268 (276).
[73] BVerfGE 94, S. 268 (282).
[74] BVerfGE 94, S. 268 (283); so schon BVerfGE 93, S. 352 ff.
[75] BVerfGE 94, S. 268 (283); so auch schon BVerfGE 38, S. 281 (305 f.).
[76] So auch *Dallinger*, NZA 1985, S. 648 (S. 648 ff.); *Löwisch/Rieble*, Grundlagen, Rn. 29: Zweck der Regelung sei die Verwirklichung des Rechts anderer Bewerber, ihr Ausbildungsziel zu erreichen (Art. 12 Abs. 1 S. 1 GG), und im Falle der Hochschule auch deren Recht, durch laufende Erneuerung des wissenschaftlichen Personals ihrem Auftrag in Forschung und Lehre

zwar vorbehaltslos gewährleistet, dem Gesetzgeber sei jedoch nicht jede Regelung im Schutzbereich dieses Grundrechts verwehrt[77]. Soweit das Verhältnis der Tarifvertragsparteien zueinander berührt werde, die beide den Schutz des Art. 9 Abs. 3 GG genießen, bedürfe die Koalitionsfreiheit der gesetzlichen Ausgestaltung[78]. Aber auch im Übrigen sei dem Gesetzgeber die Regelung von Fragen, die Gegenstand von Tarifverträgen sein könnten, nicht von vornherein entzogen. Art. 9 Abs. 3 GG verleihe den Tarifvertragsparteien in diesem Bereich zwar ein Normsetzungsrecht, aber kein Normsetzungsmonopol. Das ergebe sich bereits aus der Gesetzgebungszuständigkeit des Art. 74 Abs. 1 Nr. 12 GG. Eine gesetzliche Regelung in dem Bereich, der auch Tarifverträgen offenstehe, komme jedenfalls dann in Betracht, wenn der Gesetzgeber sich dabei auf Grundrechte Dritter oder andere mit Verfassungsrang ausgestattete Rechte stützen könne und den Grundsatz der Verhältnismäßigkeit wahre.

Weiterhin führte das BVerfG aus, im Rahmen der Verhältnismäßigkeitsprüfung komme es wesentlich auf den Gegenstand der gesetzlichen Regelung an. Der Grundrechtsschutz sei nicht für alle koalitionsmäßigen Betätigungen gleich intensiv. Die Wirkkraft des Grundrechts nehme vielmehr in dem Maße zu, in dem eine Materie aus Sachgründen am besten von den Tarifvertragsparteien geregelt werden könne, weil sie nach der dem Art. 9 Abs. 3 GG zugrundeliegenden Vorstellung des Verfassungsgebers die gegenseitigen Interessen angemessener zum Ausgleich bringen können als der Staat[79]. Das gelte vor allem für die Festsetzung der Löhne und der anderen materiellen Arbeitsbedingungen. Bestehende tarifvertragliche Regelungen würden grundsätzlich einen stärkeren Schutz genießen als die Tarifautonomie in Bereichen, die die Koalitionen ungeregelt gelassen hätten. Die Abstufung des Schutzes, den Art. 9 Abs. 3 GG gewähre, wirke sich auf die Anforderungen aus, die an die Rechtfertigung von Eingriffen zu stellen seien. Je gewichtiger der Schutz, den Art. 9 Abs. 3 GG insofern verleihe, desto schwerwiegender müssten die Gründe sein, die einen Eingriff rechtfertigen sollten. Danach soll also der Rechtfertigungsbedarf um so höher sein, je tarifüblicher die betroffene Regelung ist.

Gemessen an diesen Voraussetzungen sei die angegriffene Regelung nicht zu beanstanden. Sie solle die Leistungs- und Funktionsfähigkeit der Hochschulen und Forschungseinrichtungen erhalten und verbessern. Dieses Ziel sei prinzipiell geeignet, auch eine Regelung im Bereich der Koalitionsfreiheit zu rechtfertigen,

gerecht zu werden (Art. 5 Abs. 3 GG); *Schwerdtner*, NZA 1985, S. 577 (S. 580); für Verfassungsmäßigkeit, wenn auch auf Grund anderer Argumentation *Kemper*, Koalitionsfreiheit, S. 131 f.

[77] BVerfGE 94, S. 268 (284); so auch BVerfGE 93, S. 352 (359).

[78] So schon BVerfGE 92, S. 365 (394).

[79] BVerfGE 94, S. 268 (285).

denn der Gesetzgeber könne sich dabei auf die objektive Wertentscheidung des Art. 5 Abs. 3 GG stützen.

Nachfolgend sprach der Erste Senat die einzelnen Befristungstatbestände des § 57 b HRG sowie § 57 d HRG gesondert an und erklärte sie für verhältnismäßig[80]. Zuletzt stellte der Erste Senat fest, die arbeitsvertragsrechtlichen Einzelregelungen der §§ 57 a ff. HRG verletzten die Beschwerdeführerinnen auch in Verbindung mit der Tarifsperre des § 57 a S. 2 HRG nicht in ihrer Koalitionsfreiheit[81]. Die vom Gesetzgeber verfolgten Ziele rechtfertigten es, durch diese Regelung sicherzustellen, dass die Vorschriften des Gesetzes über die Befristung von Arbeitsverträgen des betroffenen Personenkreises nicht zur Disposition zukünftiger Tarifvertragsverhandlungen stünden. Im Rahmen der Verhältnismäßigkeitsprüfung führte das BVerfG aus, zwar sei mit der Regelung des § 57 a S. 2 HRG eine erhebliche Beeinträchtigung der Tarifautonomie verbunden, dieser Eingriff sei jedoch zumutbar[82]. Die mit dem Hochschulfristvertragsgesetz verfolgten Ziele, die Leistungs- und Funktionsfähigkeit der Forschung zu sichern und den wissenschaftlichen und akademischen Nachwuchs zu fördern, hätten ein höheres Gewicht. Die Errichtung einer Tarifsperre unterscheidet sich nach Auffassung des Ersten Senats von einem „einfachen“ Eingriff in laufende Tarifverträge nur in der Intensität des dadurch bewirkten Eingriffs[83]. Für ihre Rechtfertigung gelten daher keine abweichenden Regelungen.

3. Sondervotum Kühling

Das Sondervotum des Berichterstatters *Kühling* bezog sich auf die Tarifsperre des § 57 a S. 2 HRG. *Kühling* hielt diese für verfassungswidrig, soweit dadurch die Wirksamkeit künftiger Tarifnormen ausgeschlossen wird. Dieser schwerwiegende Eingriff sei wegen Unverhältnismäßigkeit nicht gerechtfertigt[84]. Der Wunsch des Gesetzgebers, die Regelung möge unangefochten bestehen bleiben, könne nicht allein für die Zulässigkeit einer Tarifsperre ausreichen. Anderenfalls ließe sich eine Tarifsperre bei jedem gesetzgeberischen Eingriff in eine durch Art. 9 Abs. 3 GG geschützte Materie rechtfertigen. Anlass für eine Tarifsperre bestehe im Allgemeinen nur dann, wenn zu befürchten sei, dass die Tarifvertragsparteien sich einvernehmlich über die Ziele des Gesetzes hinwegsetzen

---

[80] Bei seinen Ausführungen zur Befristung von Lektorenverträgen setzt sich der Erste Senat ausdrücklich in Gegensatz zur Rechtsprechung des EuGH und des BAG, vgl. BVerfGE 94, S. 268 (292).

[81] So schon BAG, NZA 1995, S. 1169 (1171): „Die Vorschriften der §§ 57 a ff. HRG sind zweiseitig zwingend, können also auch nicht durch den Arbeitnehmer begünstigende Normen abbedungen werden. Ein Verstoß gegen Art. 9 Abs. 3 GG liegt hierin nicht“.

[82] BVerfGE 94, S. 268 (293).

[83] *Wiedemann*, Tarifvertragsgesetz, Rn. 117.

[84] BVerfGE 94, S. 268 (294 ff.); so auch *Plander*, DB 1986, S. 2180 (S. 2186).

würden. Diese Sorge sei hier jedoch gerade unbegründet[85]. Vielmehr sei eine tarifdispositive Ausgestaltung der Zeitvertragsregelung den Zielen des Gesetzes nicht abträglich, sondern eher förderlich gewesen.

4. Anmerkungen

Das BVerfG lehnte ausdrücklich eine Schutzbereichsbegrenzung auf Grund der Kernbereichslehre ab[86]. Der Schutz erstrecke sich vielmehr auf alle koalitionsspezifischen Verhaltensweisen und damit auch auf den Abschluss von Tarifverträgen. In diesem Betätigungsfeld enthalte sich der Staat grundsätzlich einer Einflussnahme. Der Schutzbereich wird also weit gezogen. Zwar hob das BVerfG nachfolgend auch in dieser Entscheidung die Ausgestaltungsbefugnis des Gesetzgebers hervor. Da es aber von einem „Eingriff" in die Koalitionsfreiheit sprach, sah es das Hochschulfristvertragsgesetz als „Eingriffsgesetz" an[87]. Dem wird in der Literatur zugestimmt mit der Begründung, Ausgestaltung eröffne Verhaltensmöglichkeiten, während ein Eingriff Verhalten verwehre[88]. Der Erste Senat sprach dem staatlichen Gesetzgeber also neben einer Ausgestaltungsbefugnis grundsätzlich auch eine solche Eingriffsbefugnis zu. Dies ergibt sich aus der Formulierung „Aber auch im übrigen (neben der Ausgestaltungsbefugnis, Anmerkung der Verf'in) ist dem Gesetzgeber die Regelung von Fragen, die Gegenstand von Tarifverträgen sein können, nicht von vornherein entzogen". Eine gesetzliche Regelungen in dem Bereich, der auch Tarifverträgen offen stehe, komme jedenfalls dann in Betracht, wenn der Gesetzgeber sich auf Grundrechte Dritter oder andere mit Verfassungsrang ausgestattete Rechte stützen könne und den Grundsatz der Verhältnismäßigkeit wahre. Letztlich mündete die Prüfung in eine Abwägung.

Im Gegensatz zu einem Ausgestaltungsgesetz, das entsprechend der Entscheidung des BVerfG zum Flaggenzweitregister schon gerechtfertigt sein soll, wenn es dem Schutz wichtiger Gemeinschaftsgüter dient und verhältnismäßig ist, forderte das BVerfG zur Rechtfertigung eines Eingriffsgesetzes im Rahmen der Verhältnismäßigkeitsprüfung einen höheren Zweck. Das BVerfG ließ jedoch im Ergebnis die Frage offen, ob ein Schutzgut mit Verfassungsrang erforderlich ist, oder ob der Schutz anderer Rechtsgüter rechtfertigend wirken kann.

Besonders hervorzuheben ist eine Passage im Rahmen der Verhältnismäßigkeitsprüfung. Dort führte das BVerfG aus, der Grundrechtsschutz sei nicht

[85] BVerfGE 94, S. 268 (295).

[86] *Nagel*, RdA 1997, S. 351 (353): „Den Grundsatz der Verhältnismäßigkeit rückt es als Abwägungskriterium zu Recht an die Stelle der sog. Kernbereichstheorie, da er ein differenzierteres Vorgehen erlaubt als die früher vorgenommene Trennung zwischen dem „Kern" und dem „Rand" der Koalitionsfreiheit".

[87] Vgl. *Wiedemann*, Tarifvertragsgesetz, Rn. 117.

[88] Vgl. *Sodan*, JZ 1998, S. 421 (427).

für alle koalitionsmäßigen Betätigungen gleich intensiv. Indem das BVerfG die Wirkkraft der Koalitionsfreiheit von der Frage abhängig gemacht hat, ob eine Materie aus Sachgründen am Besten von den Tarifvertragsparteien geregelt werden kann, weil diese die gegenseitigen Interessen angemessener zum Ausgleich bringen können als der Staat[89], deutete das BVerfG an, dass die Problemlösung im Konflikt von Gesetzgeber und Tarifvertragsparteien nicht in einer sachlichen oder zeitlichen Prärogative der tarifvertraglichen Normsetzung, sondern in der Frage nach dem Gegenstand der Regelung zu suchen ist. Diesen Ausführungen zu Folge nimmt der Konkurrenzdruck des Staates in dem Maße ab, in dem die Tarifvertragsnormen den „Kern“ des Arbeitsverhältnisses, also Engelt und Arbeitszeit, regeln[90]. In der Literatur wurde als problematisch angesehen, dass die Ziele des Gesetzgebers, die die Verhältnismäßigkeitsprüfung des BVerfG leiteten, sich dem Gesetz nicht entnehmen ließen, das BVerfG diese also unterstellt bzw. ge- oder auch erfunden habe[91].

Die der Entscheidung zustimmende Literatur bemerkte, bei §§ 57 a ff. HRG handele es sich um einen minder schweren Eingriff in den Tarifvertrag im Interesse der Wissenschaftsfreiheit, der aus den Besonderheiten der Arbeit an der Hochschule auch hinsichtlich der Tarifsperre des § 57 a S. 2 HRG gerechtfertigt sei[92]. Verfassungsrechtlich garantiert sei den Koalitionen der Kernbereich eines Tarifvertragssystems, nicht jedoch, dass der Staat nicht zur Sicherstellung öffentlicher Interessen arbeitsrechtliche Rahmenbedingungen durch Gesetz regele[93]. Wo nicht nur wirtschaftliche Interessen von Arbeitnehmern und Arbeitgebern betroffen seien, sondern auch die Sicherstellung der Voraussetzungen der Aufgabenerfüllung durch die Hochschulen, bestehe vielmehr nicht nur die Kompetenz, sondern eine Verpflichtung des Staates zur Festlegung der notwendigen gesetzlichen Grundlagen. Zudem könne auch nicht die Rede davon sein, dass sich die bestehenden tariflichen Regelungen bewährt hätten; sie hätten den Hochschulen weitestgehend eine verlässliche Tarifpolitik unmöglich gemacht[94].

Auf vielerlei Kritik stieß jedoch, dass der Staat „gleichsam aus der Rolle des gleichberechtigten Tarifpartners in die Rolle des diktierenden Gesetzgebers geschlüpft ist, als erkennbar wurde, dass seine Vorstellungen von der Gewerkschaftsseite nicht akzeptiert würden“[95]. Der Rollenwechsel des öffentlichen Arbeitgebers von der Tarifpartei zum Gesetzgeber stelle die teilweise Abschaffung

[89] BVerfGE 94, S. 268 (285).

[90] *Wiedemann*, Tarifvertragsgesetz, Einl. Rn. 138.

[91] *Wolter*, RdA 2002, S. 218 (222).

[92] *Löwisch*, Arbeitsrecht, Rn. 92.

[93] *Buchner*, MittHV 1984, S. 230 (233).

[94] *Schwerdtner*, NZA 1985, S. 577 (580).

[95] *Otto*, NJW 1985, S. 1807 (1810); *Plander*, RiA 1985, S. 54 (55); ablehnend auch *Farthmann/Coen*, Rn. 101.

der Tarifautonomie dar[96] und komme einer verfassungsrechtlich unzulässigen Zwangsschlichtung nahe[97]. Es sei nicht mehr gewährleistet, dass die Gewerkschaften auf den Inhalt von Tarifverträgen mit etwa paritätischem Gewicht Einfluss nehmen könnten. Das Erfordernis hinreichender Mächtigkeit könnte keine Gewerkschaft des öffentlichen Dienstes mehr erfüllen, wenn die Arbeitgeberseite die Kompetenz hätte, Tarifverträge einseitig wieder außer Kraft zu setzen[98].

Auch das für den Staat als Hoheitsträger geltende Neutralitätsgebot werde verletzt[99]. Man komme sonst schnell wieder zu Verhältnissen, wie sie vor der verfassungsrechtlichen Anerkennung von Tarif- und Arbeitskampfautonomie bestanden hätten[100]. In dem Rollenwechsel und dem darauf folgenden Erlass des Gesetzes wurde zudem eine Verletzung der Einschätzungsprärogative der Tarifvertragsparteien gesehen[101].

Gegen diese Kritik am „Rollentausch" wurde jedoch angeführt, dass die Arbeitnehmer im öffentlichen Dienst vielfach gegenüber den Arbeitnehmern der Privatwirtschaft bevorzugt würden und dies gerade in der Doppelrolle des öffentlichen Dienstherrn als Hoheitsträger begründet sei; zudem obliege dem staatlichen Gesetzgeber eine besondere Verpflichtung zum Ausgleich zwischen den Generationen[102]. Darüber hinaus mache es einen Unterschied, ob die „gleiche Rechtsperson" einmal als Exekutive und zum anderen als Legislative tätig werde[103].

Kritikpunkt am Hochschulfristvertragsgesetz und damit auch an der Richtigkeit der Entscheidung des BVerfG war außerdem der Erlass des Gesetzes als

---

[96] *Nagel*, Der Personalrat 1985, S. 42 (43); *Nagel*, RdA 1997, S. 351 (353); auch *Peiseler*, NZA 1985, S. 238 (242) hält das Gesetz für verfassungswidrig: Der Gesetzentwurf greife in unzulässiger Weise in die nach Art. 9 Abs. 3 GG gewährleistete Tarifautonomie und damit in den Kernbereich eines Tarifvertragssystems ein.

[97] *Zachert*, AuR 1985, S. 336 (337).

[98] *Plander*, RiA 1985, S. 54 (59).

[99] *Nagel*, Der Personalrat 1985, S. 42 (43).

[100] *Plander*, AuR 1986, S. 65 (72); mit Art. 9 Abs. 3 GG sind seiner Meinung nach tarifzwingende Gesetze der in Rede stehenden Art - also ein Hinüberwechslen öffentlicher Arbeitgeber ins Hoheitsverfahren - allenfalls unter zwei Voraussetzungen mit Art. 9 Abs. 3 GG vereinbar: Zum einen müssten überragend wichtige Gemeinwohlbelange derartige Gesetze gebieten. Zum anderen müsste sich das durch Art. 9 Abs. 3 GG geschützte Mitbestimmungsverfahren auf Grund greifbarer Tatsachen als ungeeignet erwiesen haben, die maßgeblichen Gemeinwohlbelange ihrerseits zu schützen bzw. zu fördern. Gehe man von diesen Voraussetzungen aus, so habe der Gesetzgeber durch das Hochschulfristvertragsgesetz geltendes Tarifrecht weder außer Kraft setzen, noch Tarifsperren errichten dürfen, vgl. *Plander*, AuR 1986, S. 65 (77 f.).

[101] *Nagel*, RdA 1997, S. 351 (353).

[102] *Wiedemann*, FS für Stahlhacke, S. 675 (692).

[103] *Schwerdtner*, NZA 1985, S. 577 (580).

zweiseitig-zwingendes Gesetz[104]. Das BVerfG verkenne bei seiner Entscheidung den Grundsatz der Verhältnismäßigkeit nach Art. 9 Abs. 3 GG und Art. 20 GG (Rechtsstaatsprinzip), da eine tarifdispositive gesetzliche Regelung aus der Sicht der Tarifvertragsparteien das mildere Mittel gewesen wäre[105]. Durch § 57 a S. 2 HRG werde ein bestimmtes Sachgebiet jeder tariflichen Regelung entzogen. Dies stelle einen übermäßigen Eingriff in die Tarifautonomie dar[106]. Allein das Grundrecht der Hochschullehrer aus Art. 5 Abs. 3 GG reiche zur Rechtfertigung nicht aus, da auch die betroffenen wissenschaftlichen Angestellten Träger dieses Grundrechts seien und es sozialstaatlichen Ansprüchen zuwider laufe, ihre Position, die schon durch die hierarchische Struktur des Wissenschaftsbetriebs und durch das Kündigungsrecht der Forschungseinrichtung vergleichsweise schwach sei, noch weiter zu reduzieren und damit ihre durch Art. 5 Abs. 3 GG geschützte Arbeit noch mehr von fremder Disposition abhängig zu machen. Das BVerfG verkenne, dass die aktuelle Wissenschaftsfreiheit der heutigen wissenschaftlichen Mitarbeiter nicht ohne weiteres unter Berufung auf die potentielle Wissenschaftsfreiheit zukünftiger Wissenschaftler eingeschränkt werden könne[107]. Teilweise wird ein staatlicher Eingriff mit einer kombinierten Wirkung sowohl für die Vergangenheit als auch - durch eine Tarifsperre - für die Zukunft sogar grundsätzlich und schlechthin für unzulässig gehalten[108]. Jede Veränderungsblockade für die Zukunft laufe dem innovativen und dynamischen Charakter der Tarifautonomie zuwider, der den materiellen Ausdruck der Verfahrensgarantie des Art. 9 Abs. 3 S. 1 GG darstelle[109]. Aus Art. 9 Abs. 3 GG folge vielmehr, dass der Gesetzgeber, wenn er schon einen bestehenden Tarifvertrag durchbreche, in der Regel nur Mindeststandards setzen dürfe, von denen die Tarifvertragsparteien dann abweichen könnten[110].

Weiterhin wird vorgebracht, in der Ausweitung der Möglichkeiten, befristete Arbeitsverhältnisse zuzulassen, liege ein Verstoß gegen das Sozialstaatsprinzip[111]. Im Gegensatz zu der höchstrichterlich vom BAG aufgestellten Prämisse, dass ein unbefristetes Arbeitsverhältnis nicht nur die Regel arbeitsrechtlicher Vertragsgestaltung sei, sondern im Gegensatz zu befristeten Arbeitsverhältnis-

---

[104] *Nagel*, RdA 1997, S. 351 (354); vgl. dazu auch *Heise*, S. 105 ff. m.w.N.; *Kempen/Zachert* sind der Auffassung, die Wissenschaftsfreiheit des Art. 5 Abs. 3 GG enthalte nicht den erforderlichen ausdrücklichen Schutzauftrag; deswegen erwiesen sich §§ 57 a ff. HRG mangels entsprechender hinreichender verfassungsrechtlicher Legitimation bloß als einseitig-zwingend, vgl. *Kempen/Zachert*, Grundlagen, Rn. 205 f.

[105] *Nagel*, RdA 1997, S. 351 (354).

[106] *Däubler*, Tarifvertragsrecht, Rn. 496; *Nagel*, RdA 1997, S. 351 (354).

[107] *Nagel*, RdA 1997, S. 351.

[108] *Zachert*, NZA 1994, S. 529 (534).

[109] *Zachert*, NZA 1994, S. 529 (534).

[110] *Nagel*, RdA 1997, S. 351 (354).

[111] *Peiseler*, NZA 1985, S. 238 (242).

sen auch die „sozialrechtliche privilegierte und daher sozialstaatlich gesehen erwünschtere Regelung"[112] darstelle, erfolge durch das Hochschulfristvertragsgesetz eine Umkehr des Regel-Ausnahme-Verhältnisses zu Lasten der unbefristeten Arbeitsverhältnisse[113]. Damit sei das Sozialstaatsprinzip nicht hinreichend beachtet worden und die Regelung des § 57 a S. 2 HRG folglich verfassungswidrig. Dagegen lässt sich jedoch anführen, dass sich aus dem Sozialstaatsprinzip keine Garantie der Bewahrung des sozialen status quo ableiten lässt[114]. Vielmehr lassen andere Aspekte des Sozialstaatsprinzips - Schaffung von Arbeitsplätzen durch vereinfachte Befristungsmöglichkeiten - sowie die Wissenschaftsfreiheit des Art. 5 Abs. 3 GG eine erweiterte Befristungsmöglichkeit als gerechtfertigt erscheinen.

Der abweichenden Meinung *Kühling*s wird von den Kritikern der Entscheidung grundsätzlich zugestimmt[115]. Teilweise wird jedoch ablehnend bemerkt, *Kühling* reduziere die Einschätzungsprärogative der Tarifvertragsarteien zu einem bloßen Reflexschutz, der ihnen dadurch zuteil werde, dass er die Erwägungen des Gesetzgebers auf ihre Plausibilität überprüfen wolle[116]. Dies sei jedoch insoweit zu wenig, als auf die mögliche Konkurrenz der beiden Prärogativen abzustellen sei und differenzierte Kritierien für Eingriffe in bestehende Tarifverträge sowie für in Zukunft wirkende Tarifsperren aufgestellt werden müssten. Hierbei habe dem Gesetzgeber eine Darlegungslast auferlegt werden müssen. Er habe verpflichtet werden müssen, zu begründen, warum er seine Einschätzung des zu regelnden Lebenssachverhaltes an die Stelle der Einschätzung der Tarifvertragsparteien setze.

IV. Beschluss vom 27.4.1999 zu Lohnabstandsklauseln

In seiner dritten einschlägigen Entscheidung führte das BVerfG seine in den bisherigen Entscheidungen entwickelte Linie konsequent fort. Dem Beschluss des Ersten Senats des BVerfG vom 27. April 1999 lagen Verfassungsbeschwerden der Industriegewerkschaft Metall gegen verschiedene Vorschriften des Arbeitsförderungsrechts zugrunde, die gesetzliche Entgeltvorgaben (Lohnabstandsklauseln) bei bestimmten Arbeitsbeschaffungsmaßnahmen enthalten.

1. Tatbestand

Gegenstand der Verfassungsbeschwerden waren die Regelungen der §§ 275 Abs. 2 i.V.m. 265 Abs. 1 S. 1 SGB III sowie Vorgängerregelungen im AFG, die

[112] BAG AP Nr. 14 zu § 1 KSchG 1951.
[113] *Peiseler*, NZA 1985, S. 238 (242).
[114] *Heise*, S. 111.
[115] *Plander*, RiA 1985, S. 54 (57).
[116] *Nagel*, RdA 1997, S. 351 (355).

teilweise noch fortwirkten. Mit diesen Regelungen wollte der Gesetzgeber nach der Wiedervereinigung auf Grund der hohen Arbeitslosigkeit insbesondere im Osten den sog. zweiten Arbeitsmarkt durch Gewährung von Zuschüssen an Träger von Beschäftigungsmaßnahmen fördern. Der Zuschuss zur Finanzierung des Arbeitsentgelts wurde dabei in voller Höhe nur geleistet, wenn das vereinbarte Arbeitsentgelt 80 Prozent der Tarifhöhe für vergleichbare Tätigkeiten auf dem freien Arbeitsmarkt nicht überschritt.

Die beschwerdeführende Gewerkschaft rügte die Verletzung ihres Grundrechts aus Art. 9 Abs. 3 GG[117] durch die in diesen Normen enthaltenen Lohnabstandsklauseln, welche die Höhe des Zuschusses der Bundesanstalt für Arbeit zu Arbeitsbeschaffungsmaßnahmen regelt[118]. Die Gewerkschaft sah sich in ihrer Verhandlungsposition geschwächt und hielt Lohnabstandsklauseln für einen unzulässigen Eingriff in die Lohnfestsetzungskompetenz der Tarifvertragsparteien als Kern der Koalitionsfreiheit, da der Gesetzgeber faktisch Lohnleitlinien aufgestellt habe[119].

2. Entscheidungsgründe

Das BVerfG hielt die Regelungen der §§ 265 Abs. 2 i.V.m. Abs. 1 S. 1 SGB III für mit Art. 9 Abs. 3 GG vereinbar. Es begann seine Entscheidungsgründe mit der Wiederholung allgemeiner Ausführungen zu Art. 9 Abs. 3 GG: geschützt sei neben dem Einzelnen auch die Koalition selbst in ihrem Bestand, ihrer organisatorischen Ausgestaltung und ihren Betätigungen, sofern diese der Förderung der Arbeits- und Wirtschaftsbedingungen dienten. Der Schutz sei nicht von vornherein auf einen Kernbereich koalitionsmäßiger Betätigung beschränkt. Er erstrecke sich vielmehr auf alle koalitionsspezifischen Verhaltensweisen und umfasse insbesondere auch die Tarifautonomie, die im Zentrum der den Koalitionen eingeräumten Möglichkeiten zur Verfolgung ihrer Zwecke stehe[120]. Das Aushandeln von Tarifverträgen sei ein wesentlicher Zweck der Koalitionen. Zu den der Regelungsbefugnis der Koalitionen überlassenen Materien gehörten insbesondere das Arbeitsentgelt und die anderen materiellen Arbeitsbedingungen.

Anschließend stellte der Erste Senat fest, § 275 Abs. 2 SGB III greife in diesen Schutzbereich ein. Diese Norm beeinträchtige die Verhandlungsposition der Beschwerdeführerin bei Tarifverhandlungen über das Entgelt von Arbeit-

[117] Daneben wurde noch eine Verletzung von Art. 3 Abs. 1 GG gerügt, vgl. BVerfGE 100, S. 271 (275).

[118] Kritisch zu dieser Klage *Picker*, Konflikt, S. 11 (22): „Mit Klagen dieser Art wird dem Staat das Recht abgesprochen, die tarifvertraglichen Besitzstände oder -chancen der organisierten Arbeitsplatzbesitzer auch nur geringfügig zu beschränken, um so den faktisch nicht repräsentierten Arbeitslosen mit den Mitteln des Rechts eine Marktchance zu eröffnen".

[119] Vgl. BVerfGE 100, S. 271 (276).

[120] BVerfGE 100, S. 271 (282).

nehmern, die in Strukturanpassungsmaßnahmen beschäftigt seien. Jedoch sei der Eingriff durch verfassungsrechtlich legitimierte, überwiegende Gründe des Gemeinwohls gerechtfertigt. Die in Art. 9 Abs. 3 GG garantierte Koalitionsfreiheit könne, obwohl sie ohne Gesetzesvorbehalt gewährleistet sei, jedenfalls zum Schutz von Gemeinwohlbelangen eingeschränkt werden, denen gleichermaßen verfassungsrechtlicher Rang gebühre[121]. Dem Gesetzgeber sei es, wenn solche Gründe vorliegen, grundsätzlich nicht verwehrt, Fragen zu regeln, die Gegenstand von Tarifverträgen sein könnten[122]. Der Grundrechtsschutz sei nicht für alle koalitionsmäßigen Betätigungen gleich intensiv. Die Wirkkraft des Grundrechts nehme vielmehr in dem Maße zu, in dem eine Materie aus Sachgründen am besten von den Tarifvertragsparteien geregelt werden könne, weil sie nach den Vorstellungen des Verfassungsgebers die gegenseitigen Interessen angemessener zum Ausdruck bringen könne als der Staat. Das gelte vor allem für die Festsetzung der Löhne und anderer materieller Arbeitsbedingungen. Je gewichtiger der Schutz sei, den Art. 9 Abs. 3 GG gewähre, desto schwerwiegender müssten die Gründe sein, die einen Eingriff rechtfertigen sollten[123].

Zur Rechtfertigung des Eingriffs müsste demnach das mit der Regelung verfolgte Ziel des Gesetzgebers verfassungsrechtlich legitimiert sein. Das BVerfG führt aus, das mit der angegriffenen Regelung verfolgte Ziel, Massenarbeitslosigkeit durch Förderung von zusätzlich bereitgestellten Arbeitsplätzen zu bekämpfen, habe Verfassungsrang. Der Gesetzgeber könne sich dabei auf das Sozialstaatsprinzip (Art. 20 Abs. 1 GG) berufen. Außerdem helfe er den einzelnen Arbeitslosen, sich durch Arbeit in ihrer Persönlichkeit zu entfalten und darüber Achtung und Selbstachtung zu erfahren. Insofern werde sein Ziel auch von Art. 1 Abs. 1 und Art. 2 Abs. 1 GG getragen[124]. Weiterhin sollten die Lohnabstandsklauseln bewirken, dass mit den nur begrenzt zur Verfügung stehenden Mitteln einer möglichst großen Zahl von Arbeitslosen ein Arbeitsplatz zur Verfügung gestellt werden könne. Die Regelung diene damit zugleich dem in Art. 109 Abs. 2 GG verankerten Ziel des gesamtwirtschaftlichen Gleichgewichts[125].

Daran anschließend prüfte das BVerfG, ob die angegriffene Regelung im Hinblick auf diese verfolgten Ziele verhältnismäßig war. Bei der Güterabwägung im Rahmen der Zumutbarkeit legte es zunächst dar, Art. 9 Abs. 3 GG entfalte zwar gegenüber Eingriffen in die autonome Festsetzung der Tariflöhne besonders große Wirkkraft. Jedoch würden sich Verhandlungen über Tarife für

[121] Ständige Rspr., vgl. BVerfGE 84, S. 212 (228); 94, S. 268 (284).
[122] So auch schon BVerfGE 94, S. 268 (284 f.).
[123] So auch schon BVerfGE 94, S. 268 (284 f.).
[124] BVerfGE 100, S. 271 (284).
[125] BVerfGE 100, S. 271 (285).

Arbeitnehmer in Strukturanpassungsmaßnahmen von normalen Tarifverhandlungen grundlegend unterscheiden[126]. Ohne die staatlichen Mittel würde der Arbeitgeber die Maßnahme gar nicht oder erst zu einem späteren Zeitpunkt durchführen. Dies gehöre auch zu den unverzichtbaren Voraussetzungen für die Zulässigkeit eines durch Lohnabstandsklauseln bewirkten Eingriffs in die Tarifautonomie.

Der Arbeitgeber könne einem Druck durch kollektive Arbeitsverweigerung ohne existenzielle Einbußen ausweichen, indem er die Maßnahme, an der er kein hinreichendes eigennütziges Interesse habe, unterlasse oder verschiebe. In jedem Fall seien die Folgen seiner Entscheidung vom Arbeitslosen zu tragen. Eine Verhandlungsposition im Sinne der Möglichkeit prinzipiell gleichwertiger Interessenwahrnehmung bestehe daher im Bereich von Arbeitsbeschaffungsmaßnahmen, die vorrangig den Interessen Arbeitsloser dienten, auf seiten der Gewerkschaften nicht. Insoweit relativiere sich die Intensität des mit der Regelung bewirkten Eingriffs in Art. 9 Abs. 3 GG[127]. Der Eingriff in die Tarifautonomie durch Lohnabstandsklauseln sei also verfassungsrechtlich gerechtfertigt.

3. Anmerkungen

Mit dieser Entscheidung bleibt der Erste Senat seiner bisherigen neueren Rechtsprechung zu Art. 9 Abs. 3 GG treu. Der Schutzbereich der Koalitionsfreiheit wird weit gefasst und nicht auf einen Kernbereich koalitionsmäßiger Betätigung beschränkt. Die Entscheidung ähnelt der Entscheidung vom 24. April 1996 zum Hochschulfristvertragsgesetz sehr, teilweise sind Passagen wortgleich.

Das BVerfG sah die §§ 275 Abs. 2 i.V.m. 265 Abs. 1 S. 1 SGB III - wie auch das Hochschulfristvertragsgesetz - als Eingriffsgesetz an. Im Rahmen der verfassungsrechtlichen Rechtfertigung des Eingriffs ließ der Erste Senat wieder die Frage dahinstehen, ob Beschränkungen der Koalitionsfreiheit auch durch Gemeinwohlbelange gerechtfertigt werden können, denen kein verfassungsrechtlicher Rang zukommt. Dies war insofern möglich, als der Erste Senat das mit der Regelung verfolgte Ziel, Massenarbeitslosigkeit durch Förderung von zusätzlich bereitgestellten Arbeitsplätzen zu bekämpfen, als Ziel mit Verfassungsrang anerkannte. Der Gesetzgeber könne sich hierbei auf das Sozialstaatsprinzip berufen. Auch die Grundrechte der Arbeitslosen aus Art. 1 Abs. 1 und Art. 2 Abs. 1 GG sowie das in Art. 109 Abs. 2 GG verankerten Ziel des gesamtwirtschaftlichen Gleichgewichts hielt er als verfassungsrechtliche Gemeinwohlbelange für einschlägig. Auffällig ist hier, dass das BVerfG bei der Suche nach verfassungsrechtlich geschützten Gemeinwohlbelangen sehr großzügig verfährt[128] .

---

[126] BVerfGE 100, S. 271 (286 f.).
[127] BVerfGE 100, S. 271 (287).
[128] So auch *Dieterich*, AR-Blattei ES 1650 Nr. 20, S. 8.

In der Literatur wurde die Beseitigung des Tarifentgelts als maßgebliche Berechnungsgrundlage und die Einführung eines angemessen niedrigeren Entgelts an dessen Stelle als unzulässiger Eingriff des Gesetzgebers in den Kernbereich der verfassungsrechtlich geschützten Tarifautonomie angesehen. Staatliche Subventionsbedingungen, die sich als Lohnleitlinien darstellten und von den Tarifparteien nicht beeinflusst werden könnten, da sie außerhalb ihrer Gestaltungskompetenz liegen, seien verfassungswidrig[129]. Außerdem übe der Gesetzgeber mit den Subventionsvoraussetzungen einen Druck zur Tarifflucht aus, dem die Gewerkschaften wiederum kaum etwas entgegenhalten könnten. Auch in diesem Fall werde also im Hinblick auf den Erhalt der Verhandlungsfähigkeit der Tarifparteien in den Kernbereich der Koalitionsfreiheit eingegriffen[130].

V. Beschluss vom 3. April 2001 zu § 10 BUrlG 1996

In seiner bislang letzten einschlägigen Entscheidung beschloss der Erste Senat des BVerfG am 3. April 2001 über die Verfassungsmäßigkeit des § 10 Abs. 1 S. 1 BUrlG 1996 auf Grund eines Aussetzungs- und Vorlagebeschlusses des Arbeitsgerichts Heilbronn[131].

1. Tatbestand

Das ArbG Heilbronn hatte das Verfahren gem. Art. 100 Abs. 1 S. 1 GG ausgesetzt und die Entscheidung des BVerfG zu der Frage eingeholt, „ob § 10 Abs. 1 S. 1 BUrlG 1996 in der Fassung vom 1. Oktober 1996 insoweit verfassungswidrig ist, als er bestimmt, dass der Arbeitgeber berechtigt ist, von je fünf Tagen, an denen der Arbeitnehmer infolge einer Maßnahme der medizinischen Vorsorge oder Rehabilitation (§ 9 Abs. 1 EFZG) an seiner Arbeitsleistung verhindert ist, die ersten zwei Tage auf den - vorliegend - tarifvertraglichen Erholungsurlaub anzurechnen“[132]. Das vorlegende Gericht hielt die Regelung für unvereinbar mit Art. 9 Abs. 3 GG, weil sie in unzumutbarer Weise in bestehende Tarifverträge eingreife. Die tarifvertragliche Festlegung der Dauer des Erholungsurlaubes werde als Ergebnis koalitionsmäßiger Betätigung durch die gesetzliche Anrechnungsbefugnis einseitig zur Disposition des Arbeitgebers gestellt. Das stehe im Widerspruch zu dem die Tarifautonomie ausgestaltenden § 4 Abs. 1 S. 1 TVG. Die Unabdingbarkeit der Tarifnormen gehöre zum Schutzbereich des Art. 9 Abs. 3 GG. Dieser Eingriff sei nicht gerechtfertigt, da er außer Verhältnis zu dem Gewicht und der Bedeutung von Art. 9 Abs. 3 GG stehe.

[129] *Mayer*, AuR 1993, S. 309 (314).
[130] *Mayer*, AuR 1993, S. 309 (314).
[131] Das Verfahren mit Vorlagebeschluss ausgesetzt hatte ebenfalls das ArbG Arnsberg, vgl. Personalrat 1997, S. 463.
[132] ArbG Heilbronn, DB 1998, S. 830.

Der Eingriff in laufende Tarifverträge stelle die schwerste Form eines Eingriffs in die Tarifautonomie dar. Denn bereits entstandene tarifliche Ansprüche würden damit kraft Gesetzes zur einseitigen Disposition des Arbeitgebers gestellt. Das hebe nicht nur die Ordnungs-, sondern auch die Schutzfunktion des Tarifvertrages faktisch auf. Das durch die Anrechnungsbefugnis herabgesetzte Verhandlungsgleichgewicht führe im Ergebnis zu einer Perpetuierung des Eingriffs.

Auch die zur Vorlage Stellung nehmenden Senate des BAG - Erster und Neunter Senat - hielten § 10 Abs. 1 S. 1 BUrlG für unvereinbar mit Art. 9 Abs. 3 GG. Dieses Gesetz bewirke eine Umgestaltung der durch § 4 Abs. 1 TVG geschützten Tarifautonomie[133].

2. Entscheidungsgründe

Das BVerfG hielt § 10 Abs. 1 S. 1 BUrlG 1996 für die Dauer seiner Geltung (1996 bis 1998) für verfassungsgemäß.

Begonnen wird auch in dieser Entscheidung wieder mit den bekannten, allgemeinen Ausführungen zu Art. 9 Abs. 3 GG. Das Aushandeln von Tarifverträgen sei ein wesentlicher Zweck der Koalitionen. Der Staat enthalte sich in diesem Betätigungsfeld einer Einflussnahme und überlasse die erforderlichen Regelungen der Arbeits- und Wirtschaftsbedingungen zum großen Teil den Koalitionen, die sie autonom durch Vereinbarungen treffen würden.

Dieser Schutzbereich werde durch die zur Prüfung vorgelegte Regelung beeinträchtigt, soweit sie dem Arbeitgeber ermögliche, auf das tarifvertraglich erzielte Ergebnis zuzugreifen. Damit werde das von den Tarifparteien erstrittene Verhandlungsergebnis zu Lasten der Gewerkschaften geändert. Das Gesetz wirke zwar auf den tariflich vereinbarten Urlaubsanspruch nicht automatisch ein. Voraussetzung sei zum einen die Entscheidung des Arbeitnehmers, eine Maßnahme der medizinischen Vorsorge oder Rehabilitation in Anspruch zu nehmen, und zum anderen die des Arbeitgebers, von der Anrechnungsmöglichkeit Gebrauch zu machen. Würden diese Entscheidungen jedoch getroffen, würden die beeinträchtigenden Wirkungen eintreten. Dies sei im Hinblick auf die Tarifautonomie von schwerwiegender Bedeutung, da das Gesetz dem Arbeitgeber eine Dispositionsbefugnis über den tariflichen Urlaubsanspruch einräume[134].

Die Regelung sei aber verfassungsrechtlich gerechtfertigt. Die in Art. 9 Abs. 3 S. 1 GG garantierte Koalitionsfreiheit könne, obwohl sie ohne Gesetzesvorbehalt gewährleistet sei, jedenfalls zum Schutz von Gemeinwohlbelangen eingeschränkt werden, denen gleichermaßen verfassungsrechtlicher Rang gebührten. Dem Gesetzgeber sei es, wenn solche Gründe vorlägen, grundsätzlich

[133] Vgl. BVerfGE 103, S. 293 (300).
[134] BVerfGE 103, S. 293 (306).

nicht verwehrt, Fragen zu regeln, die Gegenstand von Tarifverträgen sein könnten[135]. Art. 9 Abs. 3 GG verleihe den Tarifvertragsparteien in dem für tarifvertragliche Regelungen offenstehenden Bereich zwar ein Normsetzungsrecht, aber kein Normsetzungsmonopol. Der Gesetzgeber bleibe befugt, das Arbeitsrecht zu regeln (Art. 74 Abs. 1 Nr. 12 GG). Damit verbundene Beeinträchtigungen der Tarifautonomie seien verfassungsgemäß, wenn der Gesetzgeber mit ihnen den Schutz der Grundrechte Dritter oder anderer mit Verfassungsrang ausgestatteter Belange bezwecke und wenn sie den Grundsatz der Verhältnismäßigkeit wahren würden.

Diese Voraussetzungen seien beachtet. § 10 Abs. 1 S. 1 BUrlG 1996 diene verfassungsrechtlich legitimierten Gemeinwohlbelangen. Die Vorschrift solle zu einem hohen Beschäftigungsstand und zur finanziellen Stabilität der Sozialversicherung beitragen. Das Ziel, Massenarbeitslosigkeit zu bekämpfen, habe auf Grund des Sozialstaatsprinzips (Art. 20 Abs. 1 GG) Verfassungsrang. Der Abbau von Arbeitslosigkeit ermögliche den zuvor Arbeitslosen, das Grundrecht aus Art. 12 Abs. 1 S. 1 GG zu verwirklichen, sich durch Arbeit in ihrer Persönlichkeit zu entfalten und darüber Achtung und Selbstachtung zu erfahren. Insofern sei das gesetzliche Ziel auch von Art. 1 Abs. 1 und Art. 2 Abs. 1 GG getragen[136].

§ 10 Abs. 1 S. 1 BUrlG 1996 sei geeignet, einen Beitrag zu einem hohen Beschäftigungsstand und zur finanziellen Stabilität der Sozialversicherung zu leisten. Auf dem Gebiet der Arbeitsmarkt-, Sozial- und Wirtschaftsordnung gebühre dem Gesetzgeber ein besonders weitgehender Einschätzungs- und Prognosevorrang[137]. Es sei vornehmlich Sache des Gesetzgebers, auf der Grundlage seiner wirtschafts-, arbeitsmarkt- und sozialpolitischen Vorstellungen und Ziele und unter Beachtung der Sachgesetzlichkeit des betreffenden Sachgebiets zu entscheiden, welche Maßnahmen er im Interesse des Gemeinwohls ergreifen wolle. Hieran gemessen erscheine § 10 Abs. 1 S. 1 BUrlG 1996 nicht grundsätzlich ungeeignet, die gesetzgeberischen Zwecke zu erreichen. Durch die Anrechnung würden die Arbeitgeber von Kosten entlastet, die sie für nicht geleistete Arbeit bisher zu tragen gehabt hätten. Vertretbar seien die Einschätzungen des Gesetzgebers, dass durch verringerte Lohnkosten ein höherer Beschäftigungsstand erreicht werden und die Anrechnung zur Verringerung der Kostenbelastung von Sozialversicherungsträgern beitragen könne. Denn die Regelung wirke auf eine Zurückhaltung der Arbeitnehmer hin, Maßnahmen der medizinischen Vorsor-

---

[135]BVerfGE 103, S. 293 (306); so auch schon BVerfGE 94, S. 268 (284); 100, S. 271 (283).
[136]Gleiches Argument fast wortgleich schon in BVerfGE 100, S. 271 (284).
[137]BVerfGE 103, S. 293 (307) vgl. auch BVerfGE 25, S. 1 (17, 19); 37, S. 1 (20); 50, S. 290 (338); 51, S. 193 (208); 77, S. 84 (106 f.); 87, S. 363 (383).

ge oder Rehabilitation in Anspruch zu nehmen. Der Verlust von Urlaubstagen komme einer relativ hohen Kostenbeteiligung gleich.

Auch hinsichtlich der Erforderlichkeit der Regelung respektiert das BVerfG die Einschätzungsprärogative des Gesetzgebers. Es führt weiterhin aus, die Regelung sei „auch noch" verhältnismäßig im engeren Sinne. Allerdings sei die Tarifautonomie in einem Bereich betroffen, in dem Art. 9 Abs. 3 GG eine besonders große Wirkkraft zukomme. Das stelle höhere Anforderungen an das Gewicht der Gründe, die die Beeinträchtigung rechtfertigen sollen. Maßgeblich für die Beurteilung sei die Position der Partei des Tarifvertrages, zu deren Lasten das Verhandlungsergebnis verändert werde. Auch wenn das Verhandlungsergebnis formal nicht in Frage gestellt werde, würden die Gewerkschaften dennoch dadurch getroffen, dass dessen positive Wirkungen durch Entscheidungen des Arbeitgebers abgeschwächt werden könnten. Bei der Gesamtabwägung seien aber auch die konkreten Auswirkungen der Regelung auf die Arbeitnehmer zu beachten. Hier sei zu berücksichtigen, dass sich die praktische Bedeutung des § 10 Abs. 1 S. 1 BUrlG 1996 auf Grund des Ausnahmekatalogs in § 10 Abs. 1 S. 3 BUrlG und der Mindestsicherung des Urlaubs in § 10 Abs. 2 BUrlG auf einen eingeschränkten Anwendungsbereich bezogen hätten. Außerdem wären die Folgen anderer dem Gesetzgeber zur Verfügung stehender Regelungen mit hoher Wahrscheinlichkeit stärker belastend gewesen.

Demgegenüber stelle die Bekämpfung der Arbeitslosigkeit in Verbindung mit der Gewährleistung der finanziellen Stabilität des Systems der sozialen Sicherung ein besonders wichtiges Ziel dar, bei dessen Verwirklichung dem Gesetzgeber gerade unter den gegebenen schwierigen arbeitsmarktpolitischen und haushaltspolitischen Bedingungen ein relativ großer Entscheidungsspielraum zugestanden habe. Dabei sei zu berücksichtigen, dass die Regelung ein in den praktischen Auswirkungen eher geringfügiger Teil eines verhältnismäßig umfassenden Maßnahmenkatalogs gewesen sei und der Gesetzgeber sie schon nach kurzer Zeit wieder aufgehoben habe.

3. Anmerkungen

Die Entscheidung zu § 10 BUrlG 1996 bildet das vorläufige Ende der neueren Rechtsprechung des BVerfG zum Verhältnis von Gesetz und Tarifvertrag. Sie passt sich ein in die Reihe der vorangegangenen Entscheidungen, mit zum Teil gleichen Ausführungen und gleicher Herangehensweise. Wie in der Entscheidung zu § 21 Abs. 4 FlRG sprach das BVerfG auch in dieser Entscheidung nur von einer „Beeinträchtigung" der Tarifautonomie, nicht dagegen von einem Eingriff. Auf Grund der Terminologie entsteht der Eindruck, als sehe das BVerfG den

§ 10 BUrlG 1996 - zweifelhafterweise[138] - als Ausgestaltungsgesetz an. Dann ist aber vor dem Hintergrund der Zweitregisterentscheidung die weitere Prüfung der verfassungsrechtlichen Rechtfertigung inkonsequent. Diese behandelt das Gesetz nämlich nach den Grundsätzen der Rechtfertigung eines Eingriffsgesetzes. Insofern stellt sich die Frage, warum das BVerfG die Bezeichnung „Eingriff" vermieden hat. Auch in dieser Entscheidung ließ das BVerfG eine umfassende Begründung für eine Schutzbereichsbeeinträchtigung der Tarifautonomie vermissen, sondern begnügte sich mit wenig mehr als einer bloßen Feststellung, gefolgt von einer dann umfassend diskutierten und abwägenden verfassungsrechtlichen Rechtfertigung.

Im Rahmen der verfassungsrechtlichen Rechtfertigung räumte der Erste Senat dem Gesetzgeber im Bereich des Arbeitsrechts einen sehr weiten Prognosespielraum ein. Bei der Verhältnismäßigkeitsprüfung stellte er fest, die Beeinträchtigung könne jedenfalls dann gerechtfertigt werden, wenn sie zum Schutz verfassungsrechtlich geschützter Rechtsgüter erfolge. Es wird also wieder offen gelassen, ob auch nicht mit Verfassungsrang ausgestattete Gemeinwohlbelange Beeinträchtigungen der Tarifautonomie rechtfertigen können. Auffällig ist im Rahmen der Verhältnismäßigkeitsprüfung eine starke Distanzierung des BVerfG, die durch die Formulierungen „nicht grundsätzlich ungeeignet", „keine durchgreifenden Bedenken gegen Erforderlichkeit" und „noch verhältnismäßig im engeren Sinne" jeweils unter Hinweis auf den großen Einschätzungsspielraum des Gesetzgebers, erkennbar wird. Den Bedenken des Gerichts in Bezug auf Eignung und Erforderlichkeit wird in der Literatur beigetreten. Der von dem Anrechnungsrecht betroffene Personenkreis dürfe so klein sein, dass selbst unter Berücksichtigung der Einschätzungsprärogative des Gesetzgebers fraglich sei, dass mit der Aufgabe des tarifvertraglichen Grundsatzes der Unabdingbarkeit die finanzielle Stabilisierung der Sozialversicherungsträger erreicht werden könne[139]. Zweifel bestünden auch hinsichtlich der Erforderlichkeit der Regelung. Die Stärkung der finanziellen Stabilität der Sozialversicherungsträger könne durch eine Vielzahl von Maßnahmen erreicht werden, die weniger beeinträchtigend auf Tarifverträge einwirkten.

Bei der Verhältnismäßigkeit im engeren Sinne berücksichtigte das Gericht in erster Linie die Regelungsmaterie. Wesentlich sei, inwieweit und wie intensiv eine Materie von den Tarifvertragsparteien üblicherweise geregelt werde. Weiterhin stellte das BVerfG auf das Ausmaß der Einwirkung auf die Position der Tarifvertragspartei ab, zu deren Lasten das Verhandlungsergebnis durch den

[138] Auch *Dörner* qualifiziert § 10 BUrlG als Eingriffsgesetz, vgl. *Dörner*, NZA 1998, S. 561 (565).

[139] Vgl. dazu näher *Dörner*, FS für Schaub, S. 135 (154), der den § 10 BUrlG als nicht geeigneten, nicht erforderlichen und unzumutbaren Eingriff in Art. 9 Abs. 3 GG ansieht.

Gesetzgeber geändert wird[140]. Letztendlich endete es mit einer recht kurzen Abwägung.

Die Tendenz des BVerfG, den Schutzbereich der Koalitionsfreiheit weit zu fassen, dafür aber auch großzügig im Rahmen der verfassungsrechtlichen Rechtfertigung bei der Anerkennung von verfassungsrechtlich geschützten Gemeinwohlbelangen zu verfahren, zeichnete sich schon in der Entscheidung vom 27. April 1999 zu den Lohnabstandsklauseln ab. Doch in der vorliegenden Entscheidung wird diese Tendenz noch deutlicher. So sollen die gesetzgeberischen Ziele eines „hohen Beschäftigungsstandes" und der „finanziellen Stabilität der Sozialversicherung" verfassungsrechtlich geschützte Gemeinschaftsgüter darstellen. Das Ziel, Massenarbeitslosigkeit zu bekämpfen - eine beschäftigungspolitische Initiative[141]-, soll auf Grund des Sozialstaatsprinzips Verfassungsrang haben und außerdem den Arbeitslosen helfen, im Sinne der Art. 1 Abs. 1 und Art. 2 Abs. 1 GG ihre Persönlichkeit zu entfalten sowie ihr Grundrecht aus Art. 12 Abs. 1 S. 1 GG zu verwirklichen.

In der Anmerkungsliteratur wurde aus diesem Grunde zudem die Befürchtung geäußert, die Tarifautonomie könne ihren Grundrechtsschutz dadurch verlieren, dass das BVerfG die Einschätzungsprärogative des Gesetzgebers überbetone und zu kritiklos akzeptiere[142]. Auch sei zweifelhaft, ob der Eingriff mit dem Ziel der Beschäftigungsförderung durch Senkung der Lohnnebenkosten oder der finanziellen Stabilisierung der Sozialversicherungsträger gerechtfertigt werden könne[143]. Es wird vielmehr der Auffassung des vorlegenden Gerichts zugestimmt, der Eingriff in laufende Tarifverträge stelle die schwerste Form eines Eingriffs in die Tarifautonomie dar[144]. Damit bewirke das Gesetz eine Umgestaltung der durch § 4 Abs. 1 TVG geschützten Tarifautonomie[145].

VI. Zusammenfassung und Kritik

Der Erste Senat verfolgt eine durchgängige Rechtsprechung, die - abweichend von älteren Entscheidungen - den Schutzbereich der Koalitionsfreiheit weit fasst und nicht auf einen Kernbereich koalitionsspezifischer Betätigung beschränkt[146]. Obwohl viele Formulierungen des BVerfG sicherlich ohne Bedacht

[140] *Löwisch*, ZIP 2001, S. 1565 (S. 1566).
[141] *Dieterich*, AR-Blattei ES 1650, Nr. 21, S. 7.
[142] *Dieterich*, AR-Blattei ES 1650, Nr. 21, S. 7.
[143] *Wiedemann*, Tarifvertragsgesetz, Rn. 123.
[144] *Buschmann*, AuR 1996, S. 285 (290); so auch *Düwell*, AiB 1996, S. 393 (394).
[145] *Dörner*, NZA 1998, S. 561 (564 f.) m.w.N; *Wiedemann* hält § 10 BUrlG wegen seiner „faktischen Anrechnungsautomatik" für verfassungswidrig, vgl. *Wiedemann*, Tarifvertragsgesetz, Rn. 123 m.w.N.
[146] So auch Oetker, Kommentar zu BVerfG, Beschluss vom 27. 4. 1999, AuA 2000, S. 284 (285).

auf das vorliegend zu untersuchende Problem gewählt wurden[147], beinhalten die angeführten Entscheidungen insgesamt den Grundgedanken, dass Art. 9 Abs. 3 S. 1 GG den Tarifvertragsparteien zwar ein Normsetzungsrecht, aber keine Normsetzungsprärogative garantiert, so dass Einschränkungen zum Schutz von verfassungsrechtlich legitimierten Gemeinwohlbelangen möglich sind[148]. In diesem Sinne sind auch hart wirkende Eingriffe vom BVerfG gerechtfertigt worden[149]. Insbesondere wurden auch Eingriffe in materielle Arbeitsbedingungen (Lohnhöhe und Urlaub) unter Hinweis auf das Sozialstaatsprinzip[150] gerechtfertigt, auch wenn korrigierend in bestehende Tarifverträge eingegriffen wurde[151]. Für zentrale konkrete Problembereiche wird die Vorstellung von der Überlegenheit der Verbände deutlich widerlegt durch die Fälle einer vom Sozialstaatsprinzip gedecketen - und geforderten - staatlichen Intervention[152].

Zur Rechtfertigung von Eingriffen in die Tarifautonomie durch Gesetz fordert das BVerfG zumindest ein verfassungsrechtlich legitimiertes Ziel. Als solches zieht das Gericht das Sozialstaatsprinzip, das gesamtwirtschaftliche Gleichgewicht[153], das allgemeine Persönlichkeitsrecht, die Berufsfreiheit sowie die Menschenwürde der Arbeitnehmer bzw. Arbeitslosen oder die Wissenschaftsfreiheit des Art. 5 Abs. 3 GG heran. Bei unvoreingenommener Betrachtung dieser Auflistung drängt sich der Eindruck auf, dass das BVerfG zur Rechtfertigung jedes arbeitsrechtlichen Gesetzes einen verfassungsrechtlich legitimierten Gemeinwohlbelang finden könnte[154]. Bei einer solchen Handhabung hätte das Gericht zur Rechtfertigung arbeitsrechtlicher Gesetze auch ausdrücklich sonstige kollidierende Rechtsgüter ausreichen lassen können.

---

[147] So schon *Zöllner*, AöR 98 (1973), S. 71 (94).

[148] Vgl. *Löwisch*, ZIP 2001, S. 1565 (1566).

[149] *Pieroth*, S. 293 (311).

[150] Umfassend zum Rückgriff auf das Sozialstaatsprinzip als Rechtfertigung gesetzgeberischer Eingriffe *Sels*, S. 58 ff.

[151] *Dieterich*, Erfurter Kommentar, Art. 9 GG, Rn. 86.

[152] Vgl. auch *Picker*, NZA 2002, S. 761 (766).

[153] a.A. *Sels*, S. 70 Fn. 201: das BVerfG habe das gesamtwirtschaftliche Gleichgewicht nicht als Rechtsgut von Verfassungsrang berücksichtigt, da es lediglich ausgeführt habe, die Lohnabstandsklausel diene zugleich dem gesamtwirtschaftlichen Gleichgewicht; diese Interpretation dürfte aber auf Grund der Tatsache, dass das BVerfG das gesamtwirtschaftliche Gleichgewicht im Rahmen der Rechtfertigung angeführt hat, nur Wortklauberei sein; im Ergebnis jedoch ablehnend gegen die Heranziehung des gesamtwirtschaftlichen Gleichgewichts zur Rechtfertigung gesetzgeberischer Eingriffe in Tarifverträge jedoch *Sels*, S. 73 ff. m.w.N.

[154] Vgl. auch *Henssler*, ZfA 1998, S. 1 (28); *Kamanabrou*, RdA 1997, S. 22 (31); kritisch zur Praxis des BVerfG auch *Kittner/Schiek*, Rn. 99: „Die erfreuliche Beschränkung des BVerfG in seiner neueren Rechtsprechung zur Koalitionsfreiheit auf die Rechtfertigung von Eingriffen und beschränkenden Ausgestaltungen durch verfassungsrechtliche Normen kann so wieder zu einer weiten Einschränkungsbefugnis uminterpretiert werden, die der Erfindung des nicht vorhandenen allgemeinen Gesetzesvorbehalts gleichkommt".

Nach Feststellung des verfassungsrechtlich legitimierten Ziels nimmt das BVerfG eine in der Regel umfassende Verhältnismäßigkeitsprüfung vor, bei der dann erst entschieden wird, ob der gesetzliche Eingriff in die Tarifautonomie bzw. die „Beschränkung" im Ergebnis gerechtfertigt ist oder nicht. Während in der Zweitregisterentscheidung an die Rechtfertigung eines Ausgestaltungsgesetzes noch geringere Anforderungen hinsichtlich des verfolgten legitimen Zwecks gestellt wurden als an die eines Eingriffsgesetzes, scheint das BVerfG in seiner Entscheidung zu § 10 BUrlG die unterschiedliche Behandlung zwischen Ausgestaltungsgesetz und Eingriffsgesetz im Rahmen der Verhältnismäßigkeit nicht weiter zu verfolgen[155]. Da das BVerfG selbst im Rahmen einer von ihm angenommenen Ausgestaltungsbefugnis des Gesetzgebers jeweils eine Abwägung der kollidierenden Güter vornimmt - wenn auch nicht unter dem Stichwort der verfassungsrechtlichen Rechtfertigung -, kommt es auch hier zu vertretbaren Ergebnissen[156].

Die trotz dieser Annäherung im Ergebnis begrifflich beibehaltene Differenzierung zwischen Ausgestaltungs- und Eingriffsgesetzen lässt auf ein Grundrechtsverständnis des BVerfG bei der Interpretation von Art. 9 Abs. 3 GG auch im Sinne der institutionellen Grundrechtstheorie schließen[157]. Im Gegensatz zur liberalen Grundrechtstheorie, die die Grundrechte allein als Freiheitsrechte des Einzelnen gegenüber dem Staat ansieht und dementsprechend die Befugnis des Staates gegenüber dieser Freiheitssphäre als prinzipiell begrenzt und nur im Hinblick auf Gewährleistungs-, Regulierungs- und Sicherungsaufgaben des Staates für die Freiheit bestehend ansieht, sieht die institutionelle Grundrechtstheorie, die die rechtliche Freiheit selbst zu einem „Institut", einer objektiven Gegebenheit erklärt, das Gesetz nicht primär als Beschränkung und Eingriff in die grundrechtliche Freiheit, sondern eher als Ermöglichung und Verwirklichung dieser Freiheit an[158]. Dementsprechend können Gesetze, die nur den Grundrechtsinhalt bestimmen und ausformen, von grundrechtsbeschränkenden Gesetzen unterschieden werden[159].

Das BVerfG betont im Rahmen der Verhältnismäßigkeitsprüfung durchgängig, die Wirkkraft des Grundrechts nehme in dem Maße zu, in dem eine Materie aus Sachgründen am besten von den Tarifvertragsparteien geregelt werden könne, weil sie nach der dem Art. 9 Abs. 3 GG zugrundeliegenden Vorstellung des Verfassungsgebers die gegenseitigen Interessen angemessener zum Ausgleich

[155] Vgl. dazu *Wiedemann*, Tarifvertragsgesetz, Einl. Rn. 134 ff.
[156] *Pieroth*, S. 293 (307).
[157] *Böckenförde*, NJW 1974, S. 1529 (1533).
[158] *Böckenförde*, NJW 1974, S. 1529 (1530 ff.).
[159] *Böckenförde*, NJW 1974, S. 1529 (1532).

bringen könnten als der Staat[160]. Es deutet damit an, dass die Problemlösung im Konflikt von Gesetzgeber und Tarifvertragsparteien nicht in einer sachlichen oder zeitlichen Prärogative der tarifvertraglichen Normsetzung, sondern in der Frage nach dem Gegenstand der Regelung zu suchen ist.

Letztendlich führt die Argumentation des BVerfG jedoch immer zu einer Abwägung. Mit *Pieroth* gesprochen: „Was es auch immer an tauglichen oder untauglichen Versuchen tatbestandlicher Konturierung der Koalitionsfreiheit und insbesondere der Tarifautonomie in der Rechtsprechung des BVerfG gab, ob Institutsgarantie, Kernbereich oder Unerlässlichkeit koalitionsspezifischer Betätigung - nichts ist davon geblieben, alles hat die Abwägung überrollt... Selbst wenn - was sich abzeichnet - nur Verfassungsgüter zur Eingriffsrechtfertigung taugen, wo liegt der verfassungsdogmatische Gewinn, wenn das „Arbeitsrecht" oder die „Vollbeschäftigung" derartige Güter sind?"[161]. Diese Gefahr erkannte früh auch schon *Böckenförde*. Er äußerte sich kritisch zur Rechtsprechung des BVerfG, das unter Anknüpfung an die liberal-rechtsstaatliche Grundrechtstheorie jede Grundrechtseinschränkung den Anforderungen des Verhältnismäßigkeitsgrundsatzes unterstellte: Darin liege (nur dann) eine dogmatische Ausformung dieser ratio, wenn der Verhältnismäßigkeitsgrundsatz seine Konturen behalte und nicht in ein kriterienloses Abwägen auseinanderfließe[162]. Die Argumentationen sind jedoch mittlerweile mit so vielen unbestimmten Rechtsbegriffen und Ermessensspielräumen ausgepolstert, dass sie nahezu jede, deshalb aber auch die entgegengesetzte, Entscheidung erlauben[163]. In diesem Sinne wurde festgestellt, dass die Erwägungen, an denen das BVerfG die Feststellung der Unvereinbarkeit mit dem Grundrecht der Koalitionsfreiheit trotz Eingriffs scheitern lasse, auf Unsicherheit des BVerfG über den Inhalt des Grundrechts schließen lasse - eine Unsicherheit, die nicht nur beim BVerfG zu beobachten sei[164]. Das Bemühen des BVerfG, viele wichtige Gemeinschaftsgüter vor dem Grundrecht und auf Kosten des Grundrechts zu schützen, begründe die Vermutung, dass die verfassungsrechtliche Vorstellung vom Inhalt des Grundrechts der Überprüfung und gegebenenfalls der Revision bedürfe[165].

Aber nicht nur die Rechtsprechung des BVerfG selbst zeigt Unsicherheiten, sondern auch die Diskussion dieser Rechtsprechung in der Literatur. Vielfach

---

[160] BVerfGE 94, S. 268 (285); 100, S. 271 (283 f.); BVerfG, 1 BvL 32/97 vom 3.4.2001, Absatz 56.

[161] *Pieroth*, S. 293 (316); gegen die weitreichende Praxis der Abwägung auch *Leisner*, NJW 1997, S. 636 (637 ff.).

[162] *Böckenförde*, NJW 1974, S. 1529 (1531).

[163] *Picker*, Konflikt, S. 11 (23).

[164] *Höfft*, NJW 1995, S. 2329 (2330).

[165] Dementsprechend meint *Picker*, die Arbeits- und Sozialgesetzgebung werde für die Legislative zum Glücksspiel, vgl. *Picker*, NZA 2002, S. 761 (766); *Picker*, Konflikt, S. 11 (23).

werden einzelne Entscheidungen ohne dogmatische Stringenz bzw. ohne Verallgemeinerungsfähigkeit der Argumente abgelehnt, indem auf „die Tarifautonomie" verwiesen wird. Eine konsequente Herangehensweise an die Problematik des Verhältnisses von Gesetz und Tarifvertrag lässt sich nicht erkennen.

B. Rechtsprechung des Bundesarbeitsgerichts

Das Bundesarbeitsgericht hat neben konkreten Stellungnahmen viele grundsätzliche Ausführungen gemacht, die sein Verständnis vom Verhältnis kollidierenden Gesetzes- und Tarifvertragsrechts deutlich machen. Aus diesem Grund werden im Folgenden zunächst die grundsätzlichen, sich wiederholenden Ausführungen des BAG dargestellt, um im Anschluss daran konkret auf die einzelnen einschlägigen Entscheidungen einzugehen.

I. Grundsätzliche Ausführungen des BAG

Das BAG sieht - wie auch das BVerfG - die Tarifautonomie als den Koalitionen durch Art. 9 Abs. 3 S. 1 GG garantiert an. Die Tarifautonomie umfasse gegenständlich die Befugnis, Rechtsnormen zu setzen, die den Inhalt, den Abschluss und die Beendigung von Arbeitsverhältnissen regelten (§ 1 Abs. 1 TVG). Diese Rechtssetzungsbefugnis sei den Koalitionen wegen des von ihnen verfolgten Zweckes, die Arbeits- und Wirtschaftsbedingungen zu ordnen und zu fördern, eingeräumt[166]. Mit dem Tarifvertrag solle eine wirtschaftlich sinnvolle und sozial gerechte Ordnung der Arbeitsbedingungen angestrebt werden. Das Grundgesetz habe durch Art. 9 Abs. 3 GG die Regelung dieser Ordnung den Koalitionen überlassen. Darin komme die Wertentscheidung des Grundgesetzgebers zum Ausdruck, dass die Koalitionen die geeigneten Institutionen seien, eine wirtschaftlich sinnvolle und sozial gerechte Ordnung der Arbeitsbedingungen zu schaffen und zu garantieren. Innerhalb des von den Tarifvertragsparteien selbst gewählten und frei bestimmten Geltungsbereichs nähmen sie daher durch die Normsetzung die ihnen vom Grundgesetzgeber zugewiesene Aufgabe wahr[167]. Art. 9 Abs. 3 GG gewährleiste eine Ordnung des Arbeits- und Wirtschaftslebens, bei der der Staat seine Zuständigkeit zur Rechtsetzung weit zurückgenommen und die Bestimmung der regelungsbedürftigen Einzelheiten des Arbeitsvertrages grundsätzlich den Koalitionen überlassen habe[168]. Diesen sei die im öffentlichen Interesse liegende Aufgabe zugewiesen und in einem Kernbereich garantiert, insbesondere die materiellen Arbeitsbedingungen in einem von staatlicher Rechtsetzung freien Raum in eigener Verantwortung und im wesentlichen ohne

[166] BAGE 34, S. 42 (59).
[167] BAGE 34, S. 42 (51).
[168] BAGE 56, S. 155 (169).

staatliche Einflussnahme sinnvoll zu ordnen[169]. Diese Normsetzungsprärogative der Koalitionen gelte jedoch nicht schrankenlos. Der subsidiär für die Ordnung des Arbeitslebens weiterhin zuständige Gesetzgeber könne die Betätigung der Koalitionen in einer den besonderen Erfordernissen des jeweiligen Sachverhalts entsprechenden Weise - in den Grenzen des Kernbereichs der Koalitionsfreiheit - näher regeln[170]. Diese grundsätzlichen Erwägungen des BAG lassen eine starke Anlehnung an die Rechtsprechung des BVerfG erkennen.

Diese Ausführungen relativierend findet sich jedoch in mehreren Entscheidungen des BAG der Passus, innerhalb der bestehenden Rechtsordnung gebe es im Rahmen der Tarifautonomie keine allumfassende Regelungszuständigkeit und keine unbegrenzte Regelungsmöglichkeit[171]. Wie sonst dem staatlichen Gesetzgeber nachgeordnete Rechtsetzungsberechtigte unterlägen vielmehr auch die Tarifvertragsparteien bei ihrer im Rahmen der verfassungsrechtlich garantierten Tarifautonomie möglichen Rechtsetzung dem Vorbehalt des Gesetzes, soweit dieses zwingenden Charakter habe. Da somit der Tarifvertrag schon nach allgemeinen Rechtsgrundsätzen im Verhältnis zum Gesetzesrecht als die schwächere Rechtsquelle anzusehen sei, seien jedenfalls tarifliche Normen insoweit unwirksam, als sie gegen zwingendes staatliches Recht verstoßen, einerlei ob es sich dabei um Verfassungsrecht des Bundes oder der Länder, zwingende bundes- oder landesgesetzliche Bestimmungen oder auch Rechtsverordnungen von Bund und Ländern handelt.

Von der dort gezogenen Schlußfolgerung, tarifliche Normen seien unwirksam, soweit sie gegen zwingendes staatliches Gesetz verstoßen würden, weicht das BAG dagegen in einer späteren Entscheidung ab. Die Situation zwischen Gesetzgeber und Tarifvertragsparteien sei ähnlich wie die Situation im Bereich konkurrierender Gesetzgebung der Art. 72, 74 GG, wenn der Landesgesetzgeber Regelungen erlasse, denen bereits Bundesrecht entgegenstehe[172]. Jedoch bestehe zwischen Gesetzgeber und Tarifvertragsparteien, obwohl letztere nach der ausdrücklichen gesetzlichen Vorschrift des § 1 Abs. 1 TVG Rechtsnormen setzten, nicht unbedingt ein zwischen Bund und Land vergleichbares Verhältnis insoweit, als dort das Bundesgesetz die landesrechtliche Regelung der gleichen Materie ausschließe. Es gehe nicht um die Kompetenz zur Rechtsetzung, sondern um die Wahrung des Vorrangs der höherrangigen zwingenden gesetzlichen Regelung. In diesem Rangverhältnis sei davon auszugehen, dass sich beide Normen nur insoweit ausschließen würden, als sie nicht beide zur gleichen Zeit den gleichen konkreten Sachverhalt regeln könnten. Die Voraussetzungen für eine

[169]BAGE 56, S. 155 (169).
[170]BAGE 56, S. 155 (169).
[171]BAGE 31, S. 381 (388); 46, S. 394 (398 f.); 47, S. 1 (7).
[172]BAGE 53, S. 371 (377).

Anwendung der Tarifnorm seien nicht gegeben, soweit die höherrangige zwingende Gesetzesnorm dem entgegenstehe[173]. Hier sieht das BAG also nur die Anwendbarkeit der dem zwingenden Gesetz widersprechenden Tarifnorm gehindert, hält diese jedoch nicht für unwirksam.

II. Entscheidung vom 28. November 1963 zur Gehaltsfortzahlung

Der Zweite Senat des BAG hatte am 28. November 1963 die Frage zu entscheiden, ob ein nach § 133 c Abs. 2 S. 1 GewO bzw. § 616 Abs. 1 BGB während Krankheit fortbestehender Gehaltsanspruch durch Tarifvertrag abbedungen werden konnte[174]. Dies war problematisch, da die Vorschriften Verbote abdingender Vereinbarungen für den Fall eines „unverschuldeten Unglücks" (§ 133 c GewO) bzw. eines "Krankheitsfalles" (§ 616 Abs. 2 BGB) enthielten; die Voraussetzungen dieser Normen sah der Zweite Senat im vorliegenden Fall als erfüllt an.

In seinen Entscheidungsgründen stellte der Senat fest, diese Abdingungsverbote würden auch tarifliche Regelungen abdingenden Inhalts ausschließen. Dazu führte er aus: „§ 133 c Abs. 2 S. 3 GewO verbietet einen Ausschluss oder eine Beschränkung des Anspruchs durch Vertrag. § 616 Abs. 2 S. 1 BGB besagt inhaltlich das gleiche. Da sonach die Parteien des Einzelarbeitsvertrages den Rechtsanspruch nicht ausschließen oder beschränken können, ist eine solche Beschränkung oder Ausschließung auch nicht durch Tarifvertrag möglich. Nach § 1 TVG können die Tarifpartner Rechtsnormen setzen, die den Inhalt, den Abschluss und die Beendigung von Arbeitsverhältnissen sowie betriebliche und betriebsverfassungsrechtliche Fragen ordnen. Die Tarifpartner können aber grundsätzlich in den von ihnen gesetzten Normen nicht zwingende gesetzliche Vorschriften zum Nachteil des Arbeitnehmers ändern". Wo ihnen dies ausnahmsweise gestattet sei, sei es ausdrücklich im Gesetz hervorgehoben[175].

Diese knappe Entscheidung hob ganz unproblematisch auf das Rangverhältnis von Tarifvertrag und zweiseitig-zwingendem Gesetz ab. Es finden sich keinerlei Ausführungen oder Gedanken zu der Frage, ob der Gesetzgeber im Hinblick auf die Koalitionsfreiheit des Art. 9 Abs. 3 GG in dieser Weise tarifvertragliche Regelungen abbedingen durfte. Insofern fehlt es noch an jeglichem „Problembewusstsein".

III. Entscheidung vom 5. März 1974 zur Mitbestimmung

Streitgegenstand des Verfahrens war eine tarifvertragliche Regelung, die für die Einführung von Kurzarbeit eine Mitberatung des Betriebsrates vorsah, und

[173] BAGE 53, S. 371 (378).
[174] BAGE 15, S. 121 ff., bestätigt durch BAGE 43, S. 348 und BAGE 47, S. 165 (168).
[175] BAGE 15, S. 121 (126 f.).

das Verhältnis dieser tarifvertraglichen Regelung zu dem später eingeführten § 87 Abs. 1 Nr. 3 BetrVG 1972, der für diese Frage ein Mitbestimmungsrecht des Betriebsrates statuierte. Der beschwerdeführende Betriebsrat war der Auffassung, die Tarifbestimmung sei mit dem Inkrafttreten des BetrVG 1972 außer Kraft getreten, weil sie nur eine Mitberatung des Betriebsrates vorgesehen habe und deshalb das Mitbestimmungsrecht des Antragstellers nach § 87 Abs. 1 Nr. 3 BetrVG 1972 verletzt habe[176].

Der Erste Senat des BAG verdeutlichte in seinen Entscheidungsgründen, dass im vorliegenden Fall der Konflikt nicht zwischen Tarifvertrag und Anspruch des Betriebsrates auf Mitbestimmung, sondern zwischen neuem Gesetz und altem Tarifvertrag bestanden habe. Nach den Grundsätzen der Normwertigkeit breche aber Gesetzesrecht Tarifrecht, sofern es eine allgemeine Kernbereichsautonomie für die Tarifvertragsparteien aufrecht erhalte[177]. Dazu führte der Senat aus, § 87 Abs. 1 Nr. 3 BetrVG 1972 verletze nicht das Grundrecht aus Art. 9 Abs. 3 GG. Die Koalitionsfreiheit schütze zwar einen „Kernbereich" der Betätigung auch der Koalitionen selbst, dieser Kernbereich aber werde durch das BetrVG 1972 in keiner Weise berührt[178]. Insbesondere werde die Tarifautonomie nicht berührt, da durch § 77 Abs. 3 und § 87 Eingangssatz BetrVG 1972 der Vorrang des Tarifvertrages noch stärker betont werde als früher. Außerdem seien die Koalitionen allgemein nur zuständig für Fragen, die zumeist überbetrieblich geregelt würden. § 87 Abs. 1 Nr. 3 BetrVG 1972 unterwerfe aber der zwingenden Mitbestimmung des Betriebsrates nur die vorübergehende, d.h. die vom Regelzustand abweichende, zeitlich begrenzte Verkürzung oder Verlängerung der „betriebsüblichen", also nicht etwa der tarifüblichen Arbeitszeit. Auch Kurzarbeit sei eine ausgeprägt betriebsbezogene, betriebseigene Erscheinungsform, die einer kollektivrechtlichen Regelung auf betrieblicher Ebene zugänglich sei und schon deshalb nicht in die herkömmlichen Kompetenzen der Koalitionen eingreifen würden.

In dieser Entscheidung zeigte das BAG erstmals „Problembewusstsein" im Hinblick auf Schwierigkeiten, die sich aus dem Verhältnis von Gesetz und Tarifvertrag ergeben können. Zwar stellte das BAG auch hier wieder auf die Rangordnung von Gesetzesrecht und Tarifrecht ab. Jedoch machte es erstmals eine Einschränkung für den Fall, dass das Gesetz eine allgemeine Kernbereichsautonomie für die Tarifvertragsparteien nicht aufrecht erhalte. Aus diesem Grund prüfte es den § 87 Abs. 1 Nr. 3 BetrVG 1972 auf seine Vereinbarkeit mit Art. 9 Abs. 3 GG und bejahte diese schließlich.

---

[176]BAGE 26, S. 60 (62).
[177]BAGE 26, S. 60 (70).
[178]So schon BAGE 25, S. 93 (102) mit kurzer, aber im Ergebnis gleicher Argumentation bzgl. der Verfassungsmäßigkeit des § 87 Abs. 1 Nr. 9 BetrVG 1972.

IV. Entscheidungen zur Dienstordnung

1. Entscheidung vom 25. April 1979 zur Dienstordnung

In seiner ersten einschlägigen Entscheidung zur Dienstordnung stellte der Vierte Senat des BAG am 25. April 1979 Grundsätze für das Verhältnis von auf Bestimmungen der RVO zurückzuführenden Dienstordnungen und konkurrierenden tariflichen Normen auf[179].

Dienstordnungen müssen von jeder Krankenkasse aufgestellt werden für die von ihr besoldeten Angestellten, die nicht nach Landesrecht staatliche oder gemeindliche Beamte sind (§ 351 RVO n.F.). Die Dienstordnung regelt die Rechts- und die allgemeinen Dienstverhältnisse der Angestellten, insbesondere den Nachweis ihrer fachlichen Befähigung, ihre Zahl, die Art der Anstellung, die Kündigung oder Entlassung und die Folgen der Nichterfüllung von Pflichten (§ 352 RVO n.F.). Sie bedarf der Genehmigung der Aufsichtsbehörde (§ 356 RVO n.F.) und vollzieht die gesetzlichen Bestimmungen der RVO.

a) Tatbestand

Der Kläger - Dienstordnungsangestellter der Beklagten und Mitglied der Gewerkschaft ÖTV - begehrte die Gewährung einer Urlaubsbeihilfe, die unter anderem tarifvertraglich zwischen der Beklagten und der Gewerkschaft ÖTV vereinbart war. Rechtliche Bedenken an der Gewährung der Beihilfe ergaben sich auf Grund von § 17 Abs. 2 der Dienstordnung (DO) der Beklagten, welcher vorsah, dass sich „die Höhe der Dienstbezüge" nach den jeweiligen Vorschriften für die bayerischen Landesbeamten richteten. Den bayerischen Landesbeamten stand nach den entsprechenden landesrechtlichen Bestimmungen ein Anspruch auf Urlaubsbeihilfe nicht zu.

Der Kläger meinte, § 17 Abs. 2 DO stehe seinem Klagebegehren nicht entgegen, da Urlaubsbeihilfen nicht zu „Dienstbezügen" zählten. Sollte sich jedoch im Gegensatz zu seiner Rechtsauffassung aus der DO ein Verbot der Gewährung von Urlaubsbeihilfen ergeben, so gehe insoweit jedenfalls der Tarifvertrag als stärkere Rechtsquelle vor. Einem Vorrang der Dienstordnungen gegenüber Tarifverträgen stehe Art. 9 Abs. 3 GG entgegen, weil andernfalls in unzulässiger Weise in den Kernbereich der Tarifautonomie eingegriffen werde[180].

b) Entscheidungsgründe

Der Vierte Senat hielt die Klageforderung für nicht begründet. Die Dienstordnung qualifizierte er als von der Beklagten auf Grund gesetzlicher Ermächtigung

---

[179] In seiner ersten Entscheidung zu Dienstordnungs-Angestellten ließ der Vierte Senat die Frage, welche Normen im Kollisionsfall Vorrang hätten, ausdrücklich offen, vgl. BAGE 9, S. 257 (262).

[180] BAGE 31, S. 381 (383).

nach den Bestimmungen der RVO erlassenes autonomes, gesetzesvollziehendes Satzungsrecht, das dem öffentlichen Recht angehört[181]. Im Verhältnis zu etwaigen konkurrierenden tariflichen Normen dürften die jeweiligen Dienstordnungen nicht isoliert betrachtet werden, sondern müssten in engem Zusammenhang mit den gesetzlichen Bestimmungen der RVO gesehen werden, deren Vollzug im Bereiche der jeweiligen Krankenkasse Sinn und Aufgabe der Dienstordnung sei[182]. Soweit im Einzelfalle eine Dienstordnung die Dienstordnungsangestellten auf das jeweilige Beamtenrecht verweise, seien damit schon wegen des Rangverhältnisses von Gesetz und Tarifvertrag den Bestimmungen der Dienstordnung zuwiderlaufende tarifliche Normen unwirksam, wobei nicht allein der öffentlichrechtliche Charakter der Dienstordnung den Ausschlag gebe, sondern mehr noch ihre gesetzesvollziehende rechtliche Bedeutung und Funktion im Einzelfall[183].

Auch der Umstand, dass den Tarifverträgen nach dem TVG Normencharakter zukomme, ändere nichts daran, dass der normativ die Arbeitsbedingungen regelnde Inhalt von Tarifverträgen jedenfalls nach der Systematik und Rangfolge des geltenden Rechts dem Vorbehalt des Gesetzes unterliege, so dass tariflich nach wie vor keine Regelung getroffen werden könne, die zwingendem staatlichen Gesetzesrecht wie den Bestimmungen der RVO widerspreche[184]. Anders als der Erste Senat in seiner Entscheidung vom 5. März 1974 machte der Vierte Senat an dieser Stelle keine Ausnahme für eine allgemeine Kernbereichsautonomie der Tarifpartner.

Weiterhin führte der Senat aus, das TVG besitze und beanspruche jedenfalls keine Allgemeinzuständigkeit. Die Rechtsetzungsmöglichkeit der Tarifvertragsparteien finde schon nach allgemeinen Rechtsgrundsätzen ihre Grenze im zwingenden staatlichen Gesetzesrecht, auch soweit es sich dabei um öffentliches Recht handele. Dies gelte jedenfalls auch für das Recht der RVO, soweit es zwingend die Rechtsverhältnisse der Dienstordnungsangestellten regele bzw. in der jeweiligen Dienstordnung für einen konkreten Sozialversicherungsträger aktualisiert werde.

Im Übrigen habe das BVerfG in Anknüpfung an seine ältere Rechtsprechung in seinem sog. Mitbestimmungsurteil zu Art. 9 Abs. 3 GG klarstellend und erläuternd im Einzelnen ausgeführt, hierbei handele es sich nicht um ein klassisches Grundrecht: „Bei der Bestimmung der Tragweite dieser Verfassungsnorm müsse die historische Entwicklung mitberücksichtigt werden, die Verfassungsnorm bedürfe der näheren Ausgestaltung, vielfältige gesetzliche Regelungen un-

[181] BAGE 31, S. 381 (384, 389); so auch *Säcker*, DB 1971, S. 1476.
[182] BAGE 31, S. 381 (390).
[183] BAGE 31, S. 381 (390).
[184] BAGE 31, S. 381 (391).

ter Einschluss von Beschränkungen und Modifizierungen seien notwendig und möglich, Art. 9 Abs. 3 GG schütze die Koalitionsfreiheit nur in ihrem Kernbereich und bei den im einzelnen zu regelnden Sachverhalten sei stets den jeweilig besonderen Erfordernissen Rechnung zu tragen“[185]. Dem entspreche auch die allgemeine Auffassung im verfassungsrechtlichen Schrifttum, wonach dem Gesetzgeber insbesondere bei der Ausgestaltung der Tarifautonomie und ihrer Modalitäten trotz der prinzipiellen Verfassungsgarantie des Art. 9 Abs. 3 GG ein beträchtlicher und sogar notwendiger eigener Gestaltungsspielraum zu belassen sei. Hiernach sei der schon nach allgemeinem Recht bestehende Vorrang von § 17 Abs. 2 DO in Verbindung mit den entsprechenden gesetzlichen Bestimmungen der RVO gegenüber den tariflichen Normen auch mit Art. 9 Abs. 3 GG vereinbar. Der sogenannte Kernbereich der Tarifautonomie werde dadurch weder berührt noch beeinträchtigt[186].

Der Vierte Senat zog - im Gegensatz zum Ersten Senat - im Rahmen seiner Argumentation allein solche Ausführungen des BVerfG heran, die dem Gesetzgeber eine große Gestaltungsbefugnis der Arbeitsbedingungen belassen. Die Anwendung der Kernbereichslehre hatte im Rahmen seiner Argumentation nur eine das gefundene Ergebnis zusätzlich stützende Funktion. Denn der Vierte Senat bemerkte in diesem Zusammenhang relativierend, Art. 9 Abs. 3 GG wolle weder das Rangverhältnis von Gesetzesrecht und Tarifrecht regeln, noch über das TVG hinaus eine Allzuständigkeit und universale Regelungsbefugnis der Tarifvertragsparteien eröffnen[187]. Dies gelte auch im Hinblick auf das vom Kläger vorgelegte Gutachten von *Hanau* sowie die von *Säcker* vertretene Rechtsauffassung, wonach Art. 9 Abs. 3 GG den Tarifvertragsparteien einen spezifischen „Kernbereich verbandsmäßiger Lohngestaltung“ einräume, der „durch zwingende Durchnormierung des Bereichs der Arbeits- und Wirtschaftsbedingungen, namentlich durch Festsetzung der Löhne“ im Wege einer Intervention des Gesetzgebers bei den Dienstordnungsangestellten „mediatisiert werde“[188]. Dabei werde übersehen, dass schon nach der Rechtsprechung des BVerfG der Regelungsauftrag der Koalitionen nur innerhalb des „von der staatlichen Rechtsetzung freigelassenen Raumes“ wirksam werden könne[189].

---

[185] BAGE 31, S. 381 (392).
[186] BAGE 31, S. 381 (392).
[187] BAGE 31, S. 381 (393).
[188] *Säcker*, DB 1971, S. 1476 (1476).
[189] BAGE 31, S. 381 (394); dagegen *Säcker*, DB 1971, S. 1476 (1576), der diese Feststellungen des BVerfG als „obiter dicta“ abqualifiziert, die das konkrete Problem einer Kollision von arbeitsrechtlicher und tariflicher Schutzgesetzgebung nicht ins Auge gefasste hätten.

2. Entscheidung vom 26. September 1984 zur Dienstordnung

Mit der Entscheidung vom 26. September 1984 beschäftigte sich der Vierte Senat erneut mit der Frage nach dem Verhältnis konkurrierender tariflichen Normen und zwingenden Gesetzesrechts der RVO (§ 357 Abs. 3 und § 701 Abs. 2 RVO in der damals geltenden Fassung), wonach sich mit Nichtigkeitsfolge für widersprechende Vereinbarungen die Arbeitsbedingungen von Dienstordnungs-Angestellten innerhalb der jeweiligen Reichweite der Dienstordnung ausschließlich und insoweit erschöpfend nach Beamtenrecht richten sollen[190]. Der Senat gab wiederum den Regelungen der Dienstordnung und der RVO Vorrang vor der tariflichen Regelung und bestätigte damit seine Entscheidung vom 25. April 1979.

In seinen Entscheidungsgründen wiederholte er zunächst den allgemeinen Passus, demzufolge es innerhalb der bestehenden Rechtsordnung im Rahmen der Tarifautonomie keine allumfassende Regelungszuständigkeit und keine unbegrenzte Regelungsmöglichkeit gebe. Wie sonst dem staatlichen Gesetzgeber nachgeordnete Rechtsetzungsberechtigte unterlägen vielmehr auch die Tarifvertragsparteien bei ihrer im Rahmen der verfassungsrechtlich garantierten Tarifautonomie möglichen Rechtsetzung dem Vorbehalt des Gesetzes, soweit dieses zwingenden Charakter habe[191]. Er halte damit auch weiterhin an seiner Rechtsauffassung zum Rangverhältnis vom Recht der Dienstordnungen zum Tarifrecht für den Bereich der Dienstordnungs-Angestellten fest, die im Einklang mit Art. 9 Abs. 3 GG stehe[192]. Anschließend zitierte der Vierte Senat einige Ausführungen aus der Rechtsprechung des BVerfG und der Literatur, die sämtlich bereits die Entscheidungsgrundlage zum Dienstordnungsurteil vom 25. April 1979 darstellten, beinahe wortgleich[193]. Diese Ausführungen stellten - wie oben bereits festgestellt - im wesentlichen auf einen großen Gestaltungsspielraum des Gesetzgebers in Bezug auf die Koalitionsfreiheit einerseits und den lediglichen Kernbereichsschutz des Art. 9 Abs. 3 GG andererseits ab[194]. Im Hinblick darauf stehe zugleich fest, dass Art. 9 Abs. 3 GG weder das Rangverhältnis von Gesetzesrecht und Tarifrecht in einer bestimmten Weise regeln noch über das RVG hinaus eine Allzuständigkeit und universale Regelungsbefugnis der Tarifvertragsparteien eröffnen wolle[195]. Dabei berücksichtige der Senat auch die einschlägige Rechtsprechung des BVerfG, wonach der Regelungsauftrag der Koalitionen nur in-

[190] BAGE 47, S. 1 ff.
[191] BAGE 47, S. 1 (7); so auch BAGE 46, S. 394 (399); 31, S. 381 (388).
[192] BAGE 47, S. 1 (8); Bestätigung von BAGE 31, S. 381 (392).
[193] Vgl. BAGE 31, S. 381 (392).
[194] BAGE 47, S. 1 (8).
[195] BAGE 47, S. 1 (9).

nerhalb des „von der staatlichen Rechtsetzung freigelassenen Raumes" wirksam werden könne.

Der Vierte Senat war also der Meinung, Art. 9 Abs. 3 GG eröffne den Tarifvertragsparteien keine über das TVG hinausgehende Rechtsetzungsbefugnis. Weiterhin führte er aus, er verkenne nicht, dass die Koalitionszweckgarantie des Art. 9 Abs. 3 GG insoweit durch das BVerfG eine Konkretisierung erfahren habe, als von diesem sogenannte „Kernbereichsgarantien" anerkannt worden seien. Bei ihrer Betätigung seien die Koalitionen nämlich gleichwohl der staatlichen Rechtsordnung verpflichtet, so dass sie bei ihrer Betätigung auch die allgemeinen Gesetze beachten müssten, insbesondere insoweit, als diese zwingenden Charakter hätten und die Zuständigkeitsverteilung zwischen staatlichem Gesetzgeber und Tarifvertragsparteien im Bereiche der Regelung von Arbeitsbedingungen beträfen[196]. Im übrigen werde der Kernbereich der Koalitionszweckgarantie des Art. 9 Abs. 3 GG jedenfalls dann nicht beeinträchtigt, wenn für einen verhältnismäßig kleinen Teil der Arbeitnehmerschaft, den die Dienstordnungs-Angestellten ausmachten, im Hinblick auf ihren geschichtlich gewachsenen außergewöhnlichen Rechtsstatus, der sie sehr weitgehend den Beamten gleichstelle, soweit diese Gleichstellung im Wege der Dienstordnung faktisch erfolge, eine darüber hinausgehende weitere Regelung der betreffenden Arbeitsbedingungen durch Einzelvertrag, Gesamtvereinbarung oder Tarifvertrag vom Gesetzgeber nicht gestattet werde[197].

Wie schon in der Entscheidung vom 25. April 1979, so lassen auch diese Ausführungen eine Distanzierung des Vierten Senats von der Kernbereichsrechtsprechung des BVerfG erkennen. Trotz der Garantie eines Kernbereichs sollen die Tarifvertragsparteien zwingendes Gesetzesrecht zu beachten haben - also auch bei gesetzlichen Regelungen „im Kernbereich"? Diese leichte Auflehnung gegen die Rechtsprechung des BVerfG wird jedoch umgehend abgemildert, indem für den vorliegenden Fall eine Beeinträchtigung des Kernbereichs der Koalitionszweckgarantie des Art. 9 Abs. 3 GG abgelehnt wird („im übrigen"). Der Senat relativiert die Rechtsprechung des BVerfG des weiteren durch die Aussage, Art. 9 Abs. 3 GG regele das Rangverhältnis von Gesetzesrecht und Tarifrecht nicht näher und eröffne den Tarifvertragsparteien keine über das TVG hinausgehende Rechtsetzungsbefugnis.

V. Entscheidung vom 13. Oktober 1982 zu Jahressonderleistungen

Der Fünfte Senat des BAG entschied, eine jährlich zu zahlende Jahressonderleistung dürfe wegen Fehlzeiten, die durch die Inanspruchnahme der Mutterschutzfristen (§ 3 Abs. 2 und § 6 Abs. 1 MuSchG) entstünden, nicht anteilig

[196] BAGE 47, S. 1 (10).
[197] BAGE 47, S. 1 (11).

gekürzt werden. Eine in einem Tarifvertrag enthaltene entgegenstehende Regelung sei nichtig[198]. In der Urteilsbegründung führte der Senat aus, auch die Tarifvertragsparteien seien an zwingendes Gesetzesrecht gebunden. Im Rahmen der Schutzgesetzgebung, bei der es sich um einseitig-zwingendes Recht handele, seien sie nur ermächtigt, in dem Tarifvertrag eine Abweichung zugunsten des Arbeitnehmers zu vereinbaren. Tarifverträge, die hiergegen verstießen, seien unwirksam[199].

Diesen Grundsatz habe der Gesetzgeber im Bereich der Schutzgesetzgebung dadurch unterbrochen, dass er Tariföffnungsklauseln in das Bundesurlaubsgesetz und das Lohnfortzahlungsgesetz aufgenommen habe. Da das Mutterschutzgesetz im Gegensatz dazu keine Tariföffnungsklausel enthalte, sei es den Tarifvertragsparteien ebenso wie den Parteien eines Einzelarbeitsvertrages verwehrt, solche zwingenden Schutzgesetze zuungunsten des Arbeitnehmers abzuändern[200].

VI. Entscheidung vom 18. Mai 1983 zur Akkordlohnkolonne

Am 18. Mai 1983 entschied der Vierte Senat über die Unwirksamkeit des damaligen § 12 Bau-Akk TV Hamburg insoweit, als darin abweichend vom zwingenden Verfahrensrecht der ZPO und des ArbGG vorgeschrieben wurde, dass bei Haftungsansprüchen des Arbeitgebers alle Angehörigen der Akkordkolonne gemeinsam zu verklagen seien[201]. Das BAG führt aus, der Tarifvertrag zwischen den Akkordteilnehmern begründe auf der Beklagtenseite eine notwendige Streitgenossenschaft und stelle eine entsprechende Zulässigkeitsvoraussetzung für die Klage des Arbeitgebers auf. § 12 Ziffer I Satz 2 Bau-Akk TV Hamburg sei aber insoweit wegen Verstoßes gegen höherrangiges und zwingendes Gesetzesrecht unwirksam[202]. Die Rechtssätze der ZPO seien zwingend, soweit sie den Parteien nicht gestatteten, das Verfahren abweichend von den gesetzlichen Vorschriften zu regeln. An dieses zwingende Recht seien auch die Tarifvertragsparteien gebunden; zwingendes Gesetzesrecht gehe den Tarifnormen als höherrangiges Recht vor[203]. Eine Rechtssetzungsbefugnis der Tarifvertragsparteien für Verfahrensrecht bestehe - von gewissen Ausnahmen abgesehen - ohnehin nicht (§ 1 Abs. 1 TVG). Hinsichtlich der notwendigen Streitgenossenschaft enthalte die ZPO keine Bestimmung, die den Parteien eines Einzelvertrages oder den Tarifvertragsparteien eine abweichende oder ergänzende Regelung gestatte.

---

[198] BAGE 40, S. 221.
[199] BAGE 40, S. 221 (227).
[200] BAGE 40, S. 221 (227).
[201] BAGE 42, S. 398.
[202] BAGE 42, S. 398 (400).
[203] BAGE 42, S. 398 (401).

VII. Entscheidung vom 26. September 1984 zu Tarifrecht und Haushaltsrecht

Am 26. September 1984 hatte der Vierte Senat des BAG zu beurteilen, ob zwei Tarifverträge, die zum einen die Zahlung von Urlaubsgeld und zum anderen Fahrtkostenzuschüsse an Angestellte der AOK-Krankenkasse regelten, wegen Verstoßes gegen das in § 69 Abs. 2 SGB IV normierte Gebot der Sparsamkeit und Wirtschaftlichkeit und damit wegen Verstoßes gegen vorrangiges zwingendes Gesetzesrecht nichtig waren. Dies verneinte der Vierte Senat im Ergebnis[204].

Zunächst führte er auch in dieser Entscheidung erneut aus, es gebe nach der bestehenden Rechtsordnung keine allumfassende Regelungszuständigkeit und keine unbegrenzte Regelungsmöglichkeit im Rahmen der Tarifautonomie. Der Tarifvertrag sei schon nach allgemeinen Rechtsgrundsätzen im Verhältnis zum Gesetzesrecht als die schwächere Rechtsquelle anzusehen. Damit seien jedenfalls tarifliche Normen insoweit unwirksam, als sie gegen zwingendes staatliches Recht verstoßen würden.

Jedoch handelte es sich nach Auffassung des Senats bei § 69 Abs. 2 SGB IV nicht um zwingendes staatliches Gesetzesrecht, das der Wirksamkeit von Tarifverträgen entgegenstehen könnte, da diese gesetzliche Vorschrift ausschließlich haushaltsrechtlichen Charakter habe[205]. Ein Kollisionsproblem und damit die Frage nach der Unwirksamkeit der tariflichen Regelungen wegen Verstoßes gegen zwingendes Gesetzesrecht wurde folglich vom Vierten Senat verneint.

VIII. Entscheidung vom 20. Oktober 1993 zu tarifvertraglichen Altersgrenzenregelungen

Der Siebte Senat des BAG entschied am 20. Oktober 1993, dass jedenfalls eine generelle tarifliche Altergrenze von 65 Lebensjahren, mit deren Erreichen das Arbeitsverhältnis automatisch enden soll, gegen den damals geltenden § 41 Abs. 4 S. 3 SGB VI verstieß[206]. Die Altersgrenzenregelung des § 60 Abs. 1 BAT-KF sei aus diesem Grund gem. § 134 BGB nichtig.

§ 41 Abs. 4 S. 3 SGB VI lautete[207]:

„Eine Vereinbarung, wonach ein Arbeitsverhältnis zu einem Zeitpunkt enden soll, in dem der Arbeitnehmer Anspruch auf eine Rente wegen Alters hat, ist

---

204 BAGE 46, S. 394 (399).

205 BAGE 46, S. 394 (399).

206 BAGE 74, S. 363 ff.

207 § 41 Abs. 4 Satz 3 SGB VI in der Fassung des Rentenreformgesetzes 1992 vom 18. Dezember 1989 (BGBl I S. 2261).

nur wirksam, wenn die Vereinbarung innerhalb der letzten drei Jahre vor diesem Zeitpunkt geschlossen oder von dem Arbeitnehmer bestätigt worden ist."

Der Siebte Senat vertrat auf Grund rechtslogischer und rechtssystematischer Überlegungen den Standpunkt, „Vereinbarungen" im Sinne dieser Norm seien nur einzelvertragliche Vereinbarungen, nicht dagegen kollektivvertragliche[208]. Eine derartige tarifvertragliche Altersgrenze hätte - unter dementsprechender Einschränkung der tarifvertraglichen Regelungsbefugnis - zudem einer einzelvertraglichen Vereinbarung zwischen Arbeitgeber und Arbeitnehmer bedurft, die innerhalb der letzten drei Jahre vor Erreichen der Altersgrenze hätte geschlossen oder vom Arbeitnehmer hätte bestätigt werden müssen. Würde nämlich die Wirksamkeit kollektivrechtlicher Regelungen von den in § 41 Abs. 4 S. 3 Halbsatz 2 SGB VI enthaltenen Voraussetzungen abhängen, so führe dies zu Systembrüchen und sinnwidrigen Ergebnissen. Kollektivrechtliche Altersgrenzen, die auf den Zeitpunkt des Entstehens sozialversicherungsrechtlicher Ansprüche abstellten, seien damit auch nur unter den in dieser Vorschrift genannten Voraussetzungen wirksam[209]; die Vorschrift sei also auch nicht tarifdispositiv[210]. In diesem Zusammenhang stellte der Siebte Senat fest: „Die Regelung des § 41 Abs. 4 S. 3 SGB VI, die das Normsetzungsrecht der Tarifvertragsparteien beschränkt, verletzt nicht die durch Art. 9 Abs. 3 GG gewährleistete Tarifautonomie"[211].

In seinen Entscheidungsgründen führte der Siebte Senat aus, den frei gebildeten Koalitionen sei durch Art. 9 Abs. 3 GG die Aufgabe zugewiesen und in einem Kernbereich garantiert, insbesondere Löhne und sonstige materielle Arbeitsbedingungen in einem von staatlicher Rechtsetzung frei gelassenen Raum in eigener Verantwortung und im wesentlichen ohne staatliche Einflussnahme durch unabdingbare Kollektivvereinbarungen sinnvoll zu ordnen. Die sogenannte Normsetzungsprärogative der Tarifvertragsparteien gelte jedoch nicht schrankenlos. Das Grundgesetz habe den Koalitionen nicht mit Verfassungsrang einen inhaltlich unbegrenzten und unbegrenzbaren Handlungsspielraum eingeräumt. Vielmehr sei es Sache des Gesetzgebers, die Tragweite der Koalitionsfreiheit

---

[208] BAGE 74, S. 363 (366 ff.).

[209] Daraufhin hat der Gesetzgeber die im Jahre 1992 eingeführte Beschränkung für Vereinbarungen über Altersgrenzen wieder aufgehoben. Nunmehr lautet § 41 Abs. 4 Satz 3 SGB VI: „Eine Vereinbarung, die die Beendigung des Arbeitsverhältnisses eines Arbeitnehmers ohne Kündigung zu einem Zeitpunkt vorsieht, in dem der Arbeitnehmer vor Vollendung des 65. Lebensjahres eine Rente wegen Alters beantragen kann, gilt dem Arbeitnehmer gegenüber als auf die Vollendung des 65. Lebensjahres abgeschlossen, es sei denn, daß die Vereinbarung innerhalb der letzten drei Jahre vor diesem Zeitpunkt abgeschlossen oder von dem Arbeitnehmer bestätigt worden ist".

[210] BAGE 74, S. 363 (372).

[211] BAGE 74, S. 363 (372).

dadurch zu bestimmen, dass er die Befugnisse der Koalitionen im Einzelnen gestalte und dabei den besonderen Erfordernissen des jeweils zu regelnden Sachverhalts Rechnung trage[212]. In den Kernbereich der Koalitionsfreiheit werde zwar eingegriffen, wenn dem Betätigungsrecht der Koalitionen Schranken gesetzt würden, die zum Schutz anderer Rechtsgüter von der Sache her nicht geboten seien. Ein derartiger Verstoß liege hier jedoch nicht vor.

Die Begründung dieser Feststellung fällt recht kurz aus: zu den wesentlichen Aufgaben eines sozialen Staates (Art. 20 Abs. 1 GG) gehöre es, die Finanzierbarkeit der Sozialversicherungsrenten langfristig sicherzustellen und auf ungünstige demographische Entwicklungen frühzeitig zu reagieren. Welcher Weg zur Erreichung dieses Ziels am zweckmäßigsten beschritten werde, sei eine politische Entscheidung. Insoweit verfüge der Gesetzgeber über einen weiten Handlungsspielraum. Außerdem werde mit der Flexibilisierung der Lebensarbeitszeit den Arbeitnehmern die Möglichkeit eröffnet, selbst darüber zu entscheiden, wann sie das Altersruhegeld in Anspruch nähmen und aus dem Arbeitsleben ausschieden. Diese Stärkung der Rechtsstellung der Arbeitnehmer auch gegenüber den Tarifvertragsparteien sei, insbesondere unter Berücksichtigung der Wertentscheidung des Art. 12 Abs. 1 GG, verfassungsrechtlich nicht zu beanstanden.

Zusammenfassend lässt sich feststellen, dass der Siebte Senat bei der Frage nach dem Verhältnis von staatlichem Gesetz und Tarifvertrag im wesentlichen mit der Rechtsprechung des BVerfG übereinstimmte. Er bediente sich dabei der „Kernbereichslehre". Die verfassungsrechtliche Prüfung fiel insgesamt kurz aus. Es mangelte an einer ausführlichen Abwägung im Rahmen der Verhältnismäßigkeitsprüfung, wie sie das BVerfG vornimmt. Dies mag daran gelegen haben, dass der Senat schon den Schutz anderer Rechtsgüter für ausreichend hielt und kein Rechtsgut mit Verfassungsrang forderte.

Als Rechtsfolge des Verstoßes der tarifvertraglichen Norm gegen § 41 Abs. 4 S. 3 SGB VI wurde Nichtigkeit gem. § 134 BGB angenommen[213]. Dies überrascht vor dem Hintergrund der bisherigen Rechtsprechung des BAG, die immer wieder eine Klärung des Rangverhältnisses von Tarifrecht zum Gesetzesrecht nach allgemeinen Rechtsgrundsätzen betont hatte[214]. Dementsprechend sollten jedenfalls tarifvertragliche Regelungen - da sie im Verhältnis zum Gesetz als die schwächere Rechtsquelle anzusehen seien - insoweit unwirksam bzw. nicht anwendbar sein, als sie gegen zwingendes staatliches Recht verstie-

---

[212] BAGE 74, S. 363 (373).

[213] Dies entspricht auch der Praxis der untergerichtlichen Rspr; vgl. ArbG München, DB 1986, S. 1291; ArbG Bonn, AuR 1995, S. 384.

[214] So auch *Stein*, AuR 1998, S. 1: „Die Tarifnormen finden keine Anwendung, wenn sie dem Gesetz widersprechen, nicht weil § 134 BGB ihre Nichtigkeit anordnet, sondern wegen ihres niedrigeren Ranges in der Normenhierarchie".

ßen[215]. Eines Rückgriffs auf § 134 BGB hatten der Erste, Zweite, Vierte und Fünfte Senat bisher für diese Feststellung noch nicht bedurft. Insofern setzte sich der Siebte Senat in Widerspruch zu den übrigen Senaten.

IX. Entscheidung vom 30. März 1994 zu §§ 57 a ff. HRG

Der Siebte Senat des BAG erklärte am 30. März 1994 die Vorschriften über die Befristung von Arbeitsverträgen mit wissenschaftlichem Personal an Hochschulen (§§ 57 a ff. HRG) für verfassungsgemäß[216]. Dieser Meinung schloss sich auch das BVerfG in einer zwei Jahre später erfolgten Entscheidung an, in der es ebenfalls die §§ 57 a ff. HRG für verfassungsmäßig erklärte. Das BAG entschied, die Regelungen der §§ 57 a ff. HRG würden nicht gegen Art. 9 Abs. 3 GG verstoßen.

Die durch Art. 9 Abs. 3 GG geschützte Tarifautonomie gewähre den Tarifvertragsparteien die Möglichkeit autonomer Regelungen des Arbeitslebens. Die Tarifautonomie und damit auch das Betätigungsrecht der Koalitionen werde nach der Rechtsprechung des BVerfG aber nur in einem Kernbereich geschützt. Danach räume das Grundrecht den geschützten Personen und Vereinigungen nicht einen inhaltlich unbegrenzten und unbegrenzbaren Handlungsspielraum ein; es sei vielmehr Sache des Gesetzgebers, die Tragweite der Koalitionsfreiheit zu bestimmen sowie die Befugnisse der Koalitionen im Einzelnen auszugestalten und näher zu regeln. Dies sei vor allem dort unerlässlich, wo gewichtige Belange anderer, auch des Sozialpartners, berührt würden. Dem Betätigungsrecht dürften aber nur solche Schranken gezogen werden, die zum Schutz anderer Rechtsgüter von der Sache her geboten seien. Für die den Koalitionen im Bereich des Arbeitsrechts durch Art. 9 Abs. 3 GG grundsätzlich eingeräumte Normsetzungsprärogative nehme das BVerfG an, dass diese den Koalitionen nicht schrankenlos zustehe, sondern der staatliche Gesetzgeber subsidiär für die Ordnung des Arbeitslebens in den Grenzen des Kernbereichs der Koalitionsfreiheit weiter zuständig sei.

Die §§ 57 a ff. HRG hätten die Zulässigkeit der Befristung von Arbeitsverträgen zum Inhalt. Dies betreffe die Beendigung von Arbeitsverhältnissen im Sinne des § 1 TVG. Aus § 57 a S. 2 HRG sei zu schließen, dass den Tarifvertragsparteien die Möglichkeit genommen sei, dem HRG widersprechende Regelungen über die Befristung von Arbeitsverhältnissen zu treffen[217]. Die angegriffene Regelung greife jedoch nicht in den Kernbereich der durch Art. 9 Abs. 3 GG geschützten Tarifautonomie ein. Für Eingriffe des Gesetzgebers in Befugnisse der Tarifvertragsparteien sei erforderlich, dass dieser Eingriff zum Schutz

[215] Vgl. BAGE 26, S. 60 (70); 31, S. 381 (391); 53, S. 371 (378).
[216] BAGE 76, S. 204 ff. (Leitsatz).
[217] BAGE 76, S. 204 (211).

anderer Rechtsgüter geboten sei. Ein solcher Eingriff sei hier zum Schutz der Wissenschaftsfreiheit geboten.

Diese Entscheidung bestätigte der Siebte Senat des BAG am 14. Februar 1996 ausdrücklich[218].

Sowohl in der vorliegenden Entscheidung als auch in der Bestätigung vom 14. Februar 1996 stellte das BAG auf die Kernbereichslehre ab, obwohl das BVerfG sich von dieser zwischenzeitlich zumindest distanziert hatte. Wie schon in der Entscheidung vom 20. Oktober 1993 bejaht der Siebte Senat einen Eingriff in den Kernbereich der Koalitionsfreiheit, „wenn dem Betätigungsrecht der Koalitionen Schranken gesetzt werden, die zum Schutz anderer Rechtsgüter von der Sache her nicht geboten sind“. Nicht gefordert wird demnach der Schutz von Rechtsgütern mit Verfassungsrang.

X. Zusammenfassung

Die Rechtsprechung des BAG zum Verhältnis von Gesetz und tarifvertraglicher Regelung ist nicht ganz einheitlich. Sie divergiert je nach entscheidendem Senat. Sowohl der zweite als auch der Fünfte Senat stellen in ihrer Entscheidung allein auf das Rangverhältnis zwischen den betroffenen Rechtsquellen ab. Auch der Vierte Senat nimmt grundsätzlich das Rangverhältnis von Gesetz und Tarifvertrag als Maßstab. Ihm zufolge regelt der Art. 9 Abs. 3 GG weder das Rangverhältnis von Gesetzesrecht und Tarifrecht, noch eröffnet er über das TVG hinaus eine Allzuständigkeit und universale Regelungsbefugnis der Tarifvertragsparteien. Außerdem relativiert der Vierte Senat die Kernbereichs-Rechtsprechung des BVerfG, ohne sie jedoch gänzlich abzulehnen. Der Erste Senat dagegen adaptiert die Rechtsprechung des BVerfG zum Kernbereich der Koalitionsfreiheit. Der Siebte Senat stellt bei der Konsequenz des Verstoßes eines Tarifvertrages gegen Gesetzesrecht nicht auf das allgemeine Rangverhältnis dieser Normen ab, sondern zieht zur Lösung des Konkurrenzproblems die Regelung des § 134 BGB heran. Ansonsten zeigt der Siebte Senat in seinen Ausführungen die stärkste Annäherung an die Rechtsprechung des BVerfG zu Art. 9 Abs. 3 GG.

Insgesamt lässt sich feststellen, dass das BAG in Anlehnung an die Rechtsprechung des BVerfG den Gesetzgeber wegen der Normsetzungsprärogative der Tarifvertragsparteien nur für subsidiär regelungsbefugt hält. Grenze der Regelungsbefugnis des Gesetzgebers soll der Kernbereich der Koalitionsfreiheit sein. Auffällig ist jedoch, dass die Ausführungen der Senate hierzu grundsätzlich abstrakt bleiben. Es wird in der Regel lediglich festgestellt, ob ein Tarifvertrag gegen zwingendes Gesetzesrecht verstößt. Ist dies der Fall, stellt das BAG die Unwirksamkeit bzw. Unanwendbarkeit der tariflichen Norm fest. Dagegen wird

---

[218] BAGE 82, S. 173 ff.

- von Ausnahmen abgesehen - nicht geprüft, ob der Gesetzgeber im Hinblick auf das Grundrecht der Koalitionsfreiheit aus Art. 9 Abs. 3 GG eine solche Regelung überhaupt treffen durfte. Und selbst bei einer ausnahmsweisen Prüfung der Verfassungsmäßigkeit eines Gesetzes hat das BAG bislang noch bei keinem Gesetz einen nicht gerechtfertigten Eingriff in den Kernbereich der Koalitionsfreiheit festgestellt und das Verfahren nach Art. 100 Abs. 1 GG ausgesetzt.

Soweit die vorliegenden Entscheidungen des BAG sich bei ihrer Begründung auf die Kernbereichslehre stützen, wird diese größtenteils nicht als Schutzbereichsbegrenzung, sondern als Schranken-Schranke für gesetzgeberisches Handeln verstanden. Für Eingriffe des Gesetzgebers in Befugnisse der Tarifvertragsparteien sei demnach erforderlich, dass dieser Eingriff zum Schutz anderer Rechtsgüter geboten sei (Abwägungsformel). Auffällig ist, dass das BAG in allen einschlägigen Urteilen von „anderen Rechtsgütern" spricht, aber nicht fordert, dass diese Verfassungsrang haben. Insofern siedelt das BAG die Voraussetzungen für ein Tätigwerden des Gesetzgebers niedriger an als das BVerfG.

Kapitel 2

Meinungsstand in der Literatur

Bevor das BVerfG am 18. November 1954[1] erstmals entschied, das Grundgesetz schütze einen Kernbereich der Tarifautonomie, wurde das Verhältnis von Gesetz und Tarifvertrag nicht als problematisch angesehen. Tarifverträge wirken zwar unmittelbar und zwingend gegenüber den Mitgliedern der Verbände der vertragsschließenden Parteien (§§ 3 Abs. 1, 4 Abs. 1 TVG), ihre materielle Wirkung entspricht damit der von Gesetzen. Allgemein wurde aber auf Grund des Rangverhältnisses von Gesetz und Tarifvertrag - die gesetzliche Regelung sei ranghöher als die tarifliche Regelung - von einem Vorrang des staatlichen Rechts ausgegangen[2]. Nach verbreiteter Auffassung hatte der Gesetzgeber überdies ein sog. jus evocandi, also das Recht, jeden denkbaren Gegenstand tariflicher Regelung an sich zu ziehen und nach eigenen Vorstellungen zu gestalten[3]. Diese „Vormachtstellung" des staatlichen Gesetzgebers wurde nur dadurch etwas gemildert, dass man in der Regel das Günstigkeitsprinzip anwandte und einer dem Arbeitnehmer vorteilhafteren Tarifbestimmung den Vorrang gab[4].

Nach der Stellungnahme durch das BVerfG begann die Diskussion um das Rangverhältnis der Regelungszuständigkeiten von Staat und Tarifparteien[5]. Sollte der Aussage des BVerfG überhaupt irgendeine praktische Bedeutung zu-

---

[1] BVerfGE 4, S. 96 ff.

[2] *Nipperdey* in: *Hueck/Nipperdey*, S. 392 f.; *Nikisch*, S. 227; *Hueck*, BB 1952, S. 925 (925 f.); *Söllner*, AuR 1966, S. 257 (262 f.); so auch später noch *Peters/Ossenbühl*, S. 18.

[3] *Däubler*, Mitbestimmung, S. 202 m.w.N.; *Lee*, S. 19.

[4] Vgl. *Däubler*, Mitbestimmung, S. 202 m.w.N.

[5] Vgl. *Andelewski*, S. 54.

kommen, so musste es dem Gesetzgeber zumindest verboten sein, durch abschließende Normierung des Gesamtbereichs der Arbeits- und Wirtschaftsbedingungen die Tarifautonomie im Ergebnis aufzuheben[6]. Die aus diesem Gedanken entwickelten Literaturansichten zu der Frage, wie die Normierungskompetenzen zwischen Gesetzgeber und Tarifvertragsparteien abzugrenzen sind und in welchem Verhältnis Tarifrecht zu Gesetzesrecht steht, haben eine große Bandbreite. Dabei handelt es sich größtenteils um Einzelstellungnahmen. Es fehlt also in der Regel eine umfassende Auseinandersetzung mit der übrigen Literatur und den anderen vertretenen Ansichten, so dass eine geschlossene Dogmatik zu diesem Problem nicht erkennbar ist. Dies mag maßgeblich darin begründet liegen, dass sich sowohl Arbeitsrechtler als auch Verfassungsrechtler mit diesem Thema befassen, dabei jedoch kein dogmatisches Anliegen verfolgen, sondern die Problematik als Vorfrage eines konkreten tatsächlichen Konkurrenzfalles erörtern. Eine Problemerörterung findet damit oft kurz und fallbezogen statt. Dies macht die Systematisierung der Literatur nicht immer leicht.

Das Problem wird zumeist als Zuständigkeitsproblem zweier konkurrierend zuständiger Normsetzungsbefugten gesehen[7]. Oftmals werden die zwingenden gesetzlichen Normen hinsichtlich der an sie gestellten Anforderungen unterschieden in einseitig-zwingendes, also zugunsten der Arbeitnehmer verbesserbares Recht und zweiseitig-zwingendes, also weder zugunsten noch zu Lasten der Arbeitnehmer abänderbares Recht.

A. Zentrale Begriffe

In der Literatur tauchen immer wieder auf die Rechtsprechung des BVerfG zurückzuführende zentrale Begriffe auf. Diese werden von den Vertretern der unterschiedlichsten Meinungen kumulativ oder alternativ zur Argumentation herangezogen. Aus diesem Grund können sie nicht selbständig zur Systematisierung des Meinungsstandes dienen. Sie stellen jedoch einen „Leitfaden" dar, der sich durch die gesamten Stellungnahmen zieht und aus diesem Grund erklärungsbedürftig ist. Nachfolgend sollen diese Begriffe deshalb vorab kurz erörtert werden.

---

[6] *Preis*, ZfA 1972, S. 271 (297); gegen ein ius evocandi daher *Fechner*, RdA 1955, S. 161 (167); *Olbersdorf*, AuR 1955, S. 129 (140); *Rüthers*, Streik und Verfassung, S. 130.

[7] So beispielsweise *Biedenkopf*, Tarifautonomie, S. 153; *Däubler*, Mitbestimmung, S. 207; *Oetker*, ZG 1998, S. 155 (164); dagegen *Scholz*, MD, Art. 9 GG, Rn. 259: „Das Konkurrenzverhältnis zwischen staatlicher Gesetzgebung und Koalitionszweckgarantie basiert auf dem grundsätzlichen Unterschied und Gegensatz zwischen staatlicher Kompetenz und grundrechtlichem Freiheitsschutz; so auch *Wolff*, S. 41.

I. Kernbereichslehre

Auf Grund der Rechtsprechung des BVerfG wurde auch in der Literatur - und wird trotz Aufgabe der Kernbereichslehre durch das BVerfG teilweise noch immer - (pauschal) Rückgriff genommen auf einen verfassungsrechtlich garantierten „Kernbereich" der Tarifautonomie[8]. Bei der Anwendung der Kernbereichslehre tauchen jedoch zwei Probleme auf. Zunächst ist die Funktion der Kernbereichslehre im Bereich der Tarifautonomie nicht eindeutig: Eine Möglichkeit ist, sie dem Bereich der Schranken-Schranken zuzuordnen. Die andere Möglichkeit ist, sie direkt auf den Schutzbereich der Freiheitsgewährung zu beziehen und diesen auf einen Minimalbestand zu reduzieren[9].

Weit größer ist jedoch das Problem der konkreten Bestimmung des Kernbereichs. Der Kernbereich wird sehr unterschiedlich[10] - oder überhaupt nicht[11] - definiert. Zum Teil wird der Kernbereich mit dem Wesensgehalt i.S.v. Art. 19 Abs. 2 GG gleichgesetzt[12], zum Teil wird er unter Berufung auf das BVerfG funktional und damit als verletzt angesehen, wenn das Tarifsystem nicht mehr in der Lage ist, seine „im allgemeinen Interesse liegende Aufgabe der Ordnung und Befriedigung des Arbeitslebens sinnvoll zu erfüllen[13]. Weiterhin wird vertreten, der Kernbereich der Koalitionsfreiheit sei der Wesensgehalt des Grundrechts bezogen auf den objektiven Sinn des Grundrechts als Einrichtungsgarantie und würde durch eine unverhältnismäßige oder sachwidrige Regelung verletzt[14]; *Säcker* bildete zur Konkretisierung des Kernbereichs „Unter-Kernbereiche", die die funktionelle Kernbereichsgarantie verfassungskongruent ausführen sollen[15]; ähnlich dieser funktionellen Kernbereichsgarantie wird vertreten, der Kernbe-

---

[8] *Dietz*, Die Koalitionsfreiheit, S. 417 (462); *Säcker/Oetker*, S. 171; *Wiedemann*, FS für Stahlhacke, S. 675 (682 f.); *Schelp*, DB 1965, S. 1094 (1099); *Müller*, Die Tarifautonomie in der Bundesrepublik Deutschland, S. 341; *Konzen*, NZA 1995, S. 913 (915); kritisch zur Kernbereichslehre *Gellermann*, S. 154 ff.; *Rüfner*, RdA 1997, S. 130 (132); *Kemper*, Koalitionsfreiheit, S. 89 ff.; *Heise*, S. 172 f. sowie *Höfling*, FS für Friauf, S. 377 (380 ff.).

[9] Vgl. *Kemper*, Koalitionsfreiheit, S. 89 ff.; *Jarass*, NZA 1990, S. 505 (506) für eine Deutung im ersten Sinne, da Art. 9 Abs. 3 S. 1 GG keinerlei Anhaltspunkte für eine Verengung bereits des Schutzbereichs auf eine Kernzone erkennen lasse; so auch *Zechlin*, NJW 1985, S. 585 (591): Kein anderes Grundrecht werde in seinem potentiellen Schutzbereich auf die unerlässliche Grundrechtsausübung reduziert; *Giesen*, S. 154 betont, der Kernbereich sei faktisch ein Synonym für den Schutzbereich geworden.

[10] Vgl. *Preis*, ZfA 1972, S. 271 (288).

[11] Z.B. bei *Scheuner*, RdA 1971, S. 327 (330) oder auch in der Rechtsprechung des BVerfG.

[12] *Scholz*, HdbStR, Rn. 78; *Butzer*, RdA 1994, S. 375 (380); *Kittner/Schiek*, Rn. 95; erwägend *Lerche*, S. 41; *Wank*, Anm. zu BVerfG, AP Nr. 76 zu Art. 9 GG; dagegen *Isensee*, Die verfassungsrechtliche Verankerung der Tarifautonomie, S. 159 (172); *Schwarze*, JuS 1994, S. 653 (657).

[13] *Zöllner/Seiter*, ZfA 1970, S. 97 (147).

[14] *Badura*, RdA 1974, S. 129 (132).

[15] *Säcker*, Grundprobleme, S. 45.

reich müsse innerhalb der sachlichen Zuständigkeit der Tarifvertragsparteien für jedes einzelne Sachgebiet besonders ermittelt werden[16]. *Biedenkopf* kombinierte die funktionelle mit einer historischen Eingrenzung des Kernbereichs, wonach Lohn und Arbeitszeit seit Art. 159 WRV zu den essentialia tarifvertraglicher Vereinbarungsbefugnis gehörten[17]; dabei sollte mit dem Begriff des Kernbereichs die normale Zuständigkeitsabgrenzung zwischen Gesetzgeber und Koalition umschrieben werden, d.h. die grundsätzliche Entscheidung des Zuständigkeitskonflikts zwischen beiden normsetzenden „Gewalten"[18] in dem Sinne, dass der Kernbereich der Disposition des Gesetzgebers entzogen war[19]. Der Kernbereich der Tarifautonomie wird weiterhin dann als verletzt angesehen, wenn sich ein Maßnahmegesetz speziell gegen eine tarifrechtliche Gestaltung der Arbeitsbedingungen richtet[20]. Recht konturenlos führt *Rupp* aus, der verfassungsgeschützte Kernbereich der Tarifautonomie sei gegenüber dem Zugriff des Gesetzes um so wahrscheinlicher verletzt, je umfassender und intensiver die gesetzliche Regelung sei und je enger und bedeutungsärmer demgemäß der den Koalitionen verbleibende Normsetzungsbereich werde[21]. *Reuss* meint, da die Institution der Tarifhoheit verfassungsrechtlichen Schutz genieße, könne der Staat durch Gesetz weder die Tarifhoheit entziehen, noch in den „Kernbereich" in der Weise eingreifen, dass er oberhalb der staatlich gezogenen Grenzen von Mindestarbeitsbedingungen die Freiheit der autonomen Regelung der allgemeinen Arbeitsbedingungen beschränke[22]. Teilweise wird vertreten, innerhalb des Kernbereichs der Tarifautonomie sei eine staatliche Regelung schlechterdings unzulässig. Zum Teil wird unter engen Voraussetzungen auch eine Regelung für möglich gehalten, die den Kernbereich tangiert.

Verfassungsrechtliche Bedenken gegen eine Kernbereichslehre bestehen vor allem hinsichtlich des Gewaltenteilungsgrundsatzes. Denn eine Kernbereichslehre beinhaltet die Assoziation einer Verzichtserklärung sowohl zu Lasten des Gesetzgebers als auch zu Lasten der Wissenschaft[23]. Zu Gute kommt ein solcher Verzicht in einem Justizstaat wie der Bundesrepublik Deutschland allein der Rechtspflege. Die Entscheidung, was tatsächlich und konkret zum Kernbereich gehören soll, bleibt dem Richter überlassen. Dieser praktiziert damit die Festlegung und Ausfüllung eines Blanketts. Eine solche Tätigkeit der Rechtspflege ist

---

[16] *Herschel*, Verhandlungen des 46. DJT, S. 7 (31).
[17] *Biedenkopf*, Verhandlungen des 46. DJT, S. 97 (164).
[18] *Biedenkopf*, Verhandlungen des 46. DJT, S. 97 (166).
[19] *Biedenkopf*, Tarifautonomie, S. 104.
[20] *Preis*, ZfA 1972, S. 271 (297); *Nipperdey*, Verhandlungen des 46. DJT, Diskussion, S. 44.
[21] *Rupp*, JZ 1998, S. 919 (924).
[22] *Reuss*, AuR 1958, S. 321 (327).
[23] So auch *Krüger*, Verhandlungen des 46. DJT, Diskussion, S. 64.

streng genommen als Gesetzgebung, wenn nicht sogar als Verfassungsgebung, anzusehen[24].

II. Normsetzungsprärogative

Als weiterer Gesichtspunkt, häufig kombiniert mit der Kernbereichslehre[25], wird angenommen, den Tarifvertragsparteien stehe eine „Normsetzungsprärogative“ zu, also ein Vorrecht zur Gestaltung der Arbeits- und Wirtschaftsbedingungen[26]. Aus der staatlichen Grundrechtsbindung gem. Art. 1 Abs. 3 GG und der Tatsache, dass Art. 9 Abs. 3 S. 1 GG keinen Gesetzesvorbehalt kenne, folge die „Normsetzungsprärogative“ zugunsten der Tarifvertragsparteien als der im Vergleich zum Staat kleineren Einheit[27]. Der Begriff der „Normsetzungsprärogative“ lässt sich damit letztlich auf die Annahme eines zwischen Staat und Tarifvertragsparteien geltenden Subsidiaritätsprinzips zurückführen[28].

Sehr unterschiedlich fallen jedoch die Ansichten aus, unter welchen Voraussetzungen den Tarifvertragsparteien dieses „Normsetzungsvorrecht“ zustehen soll. So wird unter anderem vertreten, die Normsetzungsprärogative bedeute, dass der Gesetzgeber nur, aber auch immer dann tätig werden dürfe, wenn die Tarifvertragsparteien entweder gar keine Regelung getroffen hätten oder aber eine solche, die Interessen Dritter und Gemeinwohlbelange nicht hinreichend berücksichtige[29]. Eine absolute Tabuzone legislativer Tätigkeit kollidiere mit der dem Bundesgesetzgeber für das gesamte Arbeitsrecht in Art. 74 Abs. 1 Nr. 12 GG zugewiesen Gesetzgebungskompetenz. Vielfach wird jedoch das Schlagwort

---

[24] So auch *Krüger*, Verhandlungen des 46. DJT, Diskussion, S. 64.

[25] Vgl. *Wiedemann*, FS für Stahlhacke, S. 675 (678); kritisch dazu *Stein*, AuR 1998, S. 1 (5 f.).

[26] *Kittner/Schiek*, Rn. 136; *Kempen*, AuR 1996, S. 336 (341 ff.); *Kempen*, AuR 1985, S. 374 (383); *Coester*, S. 83 ff.; *Säcker*, Grundprobleme, S. 50; *Säcker/Oetker*, S. 177; *Lee*, S. 30; *Kempen* in: *Kempen/Zachert*, Grundlagen, Rn. 161; *Zachert*, Tarifvertrag, S. 82; so auch *Scheuner*, RdA 1971, S. 327 (330): „Art. 9 Abs. 3 GG gewährt den Koalitionen auch einen gesicherten Kernbereich ihrer Funktion in der Regelung der Arbeitsbedingungen, in dem sie den Vorrang vor dem Gesetzgeber genießen und in den dieser nicht eingreifen darf“; *Farthmann/Coen*, Rn. 97 leiten die Normsetzungsprärogative aus dem Charakter der Koalitionsfreiheit als Freiheitsrecht her; gegen die Normsetzungsprärogative als kompeteniellen Vorrang der Koalitionen *Scholz*, MD, Art. 9 GG, Rn. 259 unter Verweis auf einen „freiheitsrechtlichen Tatbestand koalitionsrechtlicher Regelungsbefugnis“; ablehnend auch *Heise*, S. 209, 220: Eine Normsetzungsprärogative der Koalitionen verbiete sich, da die Koalitionen weder rechtlich noch tatsächlich zur Realisierung des Sozialstaatsprinzips und des Demokratieprinzips auf dem Gebiet der Arbeits- und Wirtschaftsbedingungen verpflichtet und befähigt seien.

[27] *Kempen*, KritV 1994, S. 13 (22).

[28] *Kempen*, KritV 1994, S. 13 (19); zum Subsidiaritätsprinzip ausführlich siehe unten S. 76 ff.

[29] *Henssler*, ZfA 1998, S. 1 (20 f.).

der „Normsetzungsprärogative“ benutzt, um staatliches Handeln als illegitim darzustellen, ohne auf dessen Ableitung oder Analyse näher einzugehen[30].

III. Ausgestaltung

Weiterhin wird in Anlehnung an die Rechtsprechung des BVerfG im Rahmen des Art. 9 Abs. 3 S. 1 GG die Ausgestaltungsbefugnis des Gesetzgebers - teilweise jedoch ohne erkennbare Auswirkungen - betont[31]. Einige Autoren differenzieren zwischen zulässigem, ja sogar notwendigem „Ausgestaltungsgesetz “ und rechtfertigungsbedürftigem „Eingriffsgesetz“[32]. Art. 9 Abs. 3 S. 1 GG fordere vornehmlich hinsichtlich der Koalitionsbetätigungsgarantie eine gesetzgeberische Grundrechtsausgestaltung[33], da es ohne nähere Ausgestaltung die Koalitionen in der Hand hätten, selbständig und ohne jede staatliche Einwirkungsmöglichkeit die grundrechtlich geschützten Betätigungsformen zu bestimmen[34]; hinzu komme, dass beide Tarifvertragsparteien den Schutz von Art. 9 Abs. 3 S. 1 GG genießen würden, bei seiner Ausübung aber soziale Gegenspieler seien und regelmäßig in scharfen Gegensatz zueinander gerieten[35]. Insgesamt bedürften deshalb Art und Weise der koalitionsmäßigen Betätigung zwingend der rechtlichen Ausformung durch den Gesetzgeber, um den objektiv-rechtlichen Bedeutungsgehalt des Grundrechts zum Tragen zu bringen[36].

Im Rahmen der - im Einzelfall recht problematischen[37] - Abgrenzung von Ausgestaltung und Eingriff wird vertreten, bei der Ausgestaltung gehe es um die verfassungsgeleitete Aufgabe, die Voraussetzung für eine effiziente Nutzung der Tarifautonomie zu schaffen[38]. Maßgebend sei das Regelungsziel. Während die

---

[30] Vgl. *Heise*, S. 115.

[31] Vgl. *Löwisch/Rieble* in: *Richardi/ Wlotzke*, Münchener Handbuch Bd. 3, § 246 Rn. 55; *Scholz*, MD, Art. 9 GG, Rn. 167; *Wiedemann*, FS für Stahlhacke, S. 675 (680 f.); *Rüfner*, RdA 1997, S. 130 (132).

[32] *Kamanabrou*, RdA 1997, S. 22 (29); *Höfling*, Art. 9 GG, Rn. 116; *Dörner*, NZA 1998, S. 561 (564); *Jarass*, NZA 1990, S. 505 (507); *Scholz*, MD, Art. 9 GG, Rn. 339; *Schwarze*, JuS 1994, S. 653 (658); *Wank*, Anm. zu BVerfG, AP Nr. 76 zu Art. 9 GG; zum gleichen Ergebnis unter Verwendung einer anderen Terminologie gelangt *Wolff*, S. 74 ff.; kritisch dazu *Henssler*, ZfA 1998, S. 1 (11): Die Praxis habe diesen Ansatz ... längst als künstliches Konstrukt entlarvt, da eine präzise Grenzziehung zwischen normativer Ausgestaltung und Eingriff nicht möglich sei; *Dieterich*, RdA 2002, S. 1 (11).

[33] *Wiedemann*, Tarifvertragsgesetz, Einl. Rn. 103; *Friauf*, RdA 1986, S. 188 (190); *Höfling*, Art. 9 GG, Rn. 82; *Döttger*, S. 112 ff.

[34] *Friauf*, RdA 1986, S. 188 (191).

[35] *Butzer*, RdA 1994, S. 375 (378 f.); so auch BVerfGE 88, S. 103 (114); ähnlich *Wiedemann*, Tarifvertragsgesetz, Einl. Rn. 134.

[36] *Butzer*, RdA 1994, S. 375 (379); so auch *Höfling*, FS für Friauf, S. 377 (385) und *Höfling*, Art. 9 GG, Rn. 77, der jedoch den Ausgestaltungsanspruch wiederum auf einen Kernbereich begrenzt.

[37] Vgl. *Höfling*, FS für Friauf, S. 377 (385).

[38] *Dieterich*, RdA 2002, S. 1 (11).

Ausgestaltung der Tarifautonomie dazu diene, die durch die kollektive Koalitionsfreiheit gewährleistete koalitionsspezifische Betätigung im koalitiven Aufgabenfeld zu sichern, ziele eine Einschränkung der kollektiven Koalitionsfreiheit auf den Schutz anderer Rechtsgüter, etwa Grundrechte Dritter[39]. Die Ausgestaltungsbefugnis des Gesetzgebers umfasse damit solche Regelungen, die erst die Voraussetzungen für die Wahrnehmung der Koalitionsfreiheit bzw. das Verhältnis der Tarifvertragsparteien zueinander beträfen. Ein Gesetz, das die Rechtsstellung der Koalitionen einschränke, könne nur dann als Ausgestaltung der Tarifautonomie gelten, wenn gerade die Funktionsfähigkeit des Systems hergestellt bzw. verbessert werden solle[40]. Als Abgrenzungskriterium lässt sich damit vornehmlich - soweit dies überhaupt möglich ist - herauskristallisieren: Eine Ausgestaltung eröffne Verhaltensmöglichkeiten[41], während ein Eingriff Verhalten verwehre. Charakteristikum der Ausgestaltung soll also letztlich die prinzipielle und umfassende Organisation der Koalitionsfreiheit, Charakteristikum von Eingriffsgesetzen die Konkretisierung und Ausdifferenzierung der Einzelarbeits- oder Tarifverträge sein[42]. Sei eine am Verhältnismäßigkeitsgrundsatz orientierte Abwägung erforderlich, sei ein Eingriff, nicht eine Ausgestaltung anzunehmen; was als Ausgestaltung qualifiziert sei, bedürfe dagegen gegenüber dem Grundrecht keiner Begründung mehr[43].

Demnach werden teilweise Eingriffsgesetze angenommen, wenn das Regelungsziel nicht in der Realisierung eines funktionsgerechten Tarifvertragssystems besteht, sondern anderen Belangen des Gemeinwohls[44] oder Grundrechten Dritter[45] dient, die eine Beschränkung der Tarifautonomie rechtfertigen sollten; eine Abgrenzung erfolgt also nach der gesetzgeberischen Regelungsintention. Zum Teil werden darüber hinaus als Eingriffsgesetze solche Regelungen qualifiziert, die gezielt grundrechtlich geschützte Tätigkeiten verbieten sowie staatliche Gesetze, die allseitig zwingend gelten, denn damit werde eine Tarifsperre für die Zukunft gebildet und der Zuständigkeitsbereich der Tarifvertragsparteien geschmälert. Auch einseitig-zwingende Gesetze werden von Teilen der Literatur als Eingriffsgesetze angesehen, weil und wenn die Behandlung der vom Gesetzgeber besetzten Themen auf höherer Ebene und daher unter erschwerten Bedingungen stattfinden müsse[46]. Es erfolgt eine Abgrenzung neben der gesetz-

[39] *Döttger*, S. 114.
[40] *Dieterich*, RdA 2002, S. 1 (11).
[41] Vgl. *Sodan*, JZ 1998, S. 421 (427).
[42] *Butzer*, RdA 1994, S. 375 (380); ähnlich *Wank*, Anm. zu BVerfG, AP Nr. 76 zu Art. 9 GG.
[43] *Pieroth*, S. 293 (306).
[44] *Dieterich*, RdA 2002, S. 1 (11).
[45] *Döttger*, S. 114.
[46] *Wiedemann*, Tarifvertragsgesetz, Einl. Rn. 133.

geberischen Intention vornehmlich nach der Schwere der Beeinträchtigung der Tarifautonomie durch die gesetzgeberische Regelung.

In einigen Ausführungen wird die Ausgestaltungsbedürftigkeit der Koalitionsfreiheit mit der Kernbereichslehre kombiniert. Eine Bestimmung des Schutzbereichs nach der Kernbereichslehre liege für jene Teile der Koalitionsfreiheit nahe, die auf eine Ausgestaltung durch die Rechtsordnung angewiesen seien[47]. Wo Freiheit erst durch besondere Rechtsinstitute ermöglicht werde, mache es wenig Sinn, den Gesetzgeber an spezifische Eingriffsschranken zu binden. Art. 9 Abs. 3 S. 1 GG gewährleiste insofern zuallererst, dass der Gesetzgeber seiner Aufgabe überhaupt nachkomme und sodann, dass er mit der Regelung nicht den Kern des Grundrechts antaste[48].

Einige Autoren befürworten eine Ausgestaltungsbefugnis des Gesetzgebers, sind aber der Auffassung, die Annahme eines Ausgestaltungsrechtes sowie einer entsprechenden Pflicht des Gesetzgebers sei nicht aus sich heraus zu belegen. Aus diesem Grund wird die Ausgestaltungsbefugnis und -pflicht des Gesetzgebers aus dem Charakter der Tarifautonomie als einer Institutsgarantie hergeleitet[49].

Sogar die vorliegende Fragestellung nach dem Verhältnis von Gesetz und Tarifvertrag wird zum Teil als reines Ausgestaltungsproblem angesehen, nicht dagegen als Kollisionsproblem von gesetzlichen und tariflichen Regelungen[50]. Habe der Gesetzgeber den Tarifvertragsparteien die Befugnis zu autonomer Gestaltung durch den Erlass zwingender Normen vorenthalten, könne dies aus Gründen des Fehlens einer ihm vorausliegenden grundrechtlichen Substanz keinen Eingriff, sondern allenfalls eine defizitäre Erfüllung des ihm durch Art. 9 Abs. 3 S. 1 GG erteilten Regelungsauftrags darstellen[51]. Dies habe selbst dann zu gelten, wenn der Gesetzgeber aus Gründen eines grundrechtlichen Optimierungsgebots gehalten wäre, den Koalitionen in möglichst weitgehendem Maße tarifliche Rechtsetzungsbefugnisse einzuräumen. Bleibe er mit seinen Regelungen dahinter zurück, indem er bestimmte Arbeitsbedingungen einer tariflichen Regelung für unzugänglich erkläre, habe er den Koalitionen unter Umständen ein zu geringes Maß an Tarifmacht eröffnet; mit dem Abwehrgehalt des Art. 9 Abs. 3 S. 1 GG aber habe dies schon deshalb nichts zu tun, weil es ohne gesetzliche Regelung keine rechtliche Fähigkeit der Koalitionen zur Normsetzung gebe, die mit abwehrrechtlichen Sicherungen versehen sein könnten.

---

[47] *Kühling*, AuR 1994, S. 126 (132).

[48] *Kühling*, AuR 1994, S. 126 (132); ähnlich *Löwer*, Rn. 56.

[49] *Kemper*, Koalitionsfreiheit, S. 94 f.; so auch *Wiedemann*, FS für Stahlhacke, S. 675 (680); *Isensee*, Die verfassungsrechtliche Verankerung der Tarifautonomie, S. 159 (166 f.).

[50] Zum folgenden vgl. *Gellermann*, S. 166.

[51] *Gellermann*, S. 166.

B. Systematisierung der Literatur

Bei der Systematisierung der vielfältigen Literatur lassen sich die vertretenen Ansichten zunächst grob in drei Richtungen unterteilen. Die erste Meinungsrichtung hält - jeweils unter verschiedenen Voraussetzungen - entweder die Tarifvertragsparteien oder den staatlichen Gesetzgeber für „zuständig", vertritt also die Exklusivität dieser beiden „Normgeber"[52]. Die zweite Meinungsrichtung wendet auch im Verhältnis von Tarifvertragsparteien und Gesetzgeber das Subsidiaritätsprinzip an, während die dritte Ansicht zur Problemlösung auf das arbeitsrechtliche Günstigkeitsprinzip zurückgreift.

I. Exklusive Kompetenz eines „Normsetzungsbefugten"

Zumindest weitgehend ist Ausgangspunkt der Diskussion die Feststellung geblieben, dass als Folge der lex-superior-Regel Tarifverträge im Verhältnis zu zwingenden Gesetzen die schwächere Rechtsquelle seien[53]. Die höherrangige Norm verdränge abweichende niederrangige Vorschriften, wenn Abweichungen nicht durch das höherrangige Recht gestattet seien[54].

Als problematisch wird in diesem Zusammenhang jedoch die Frage angesehen, ob und unter welchen Voraussetzungen der Staat einen der Tarifautonomie unterfallenden Gegenstand verbindlich regeln darf, und ob bzw. wann dies den Tarifvertragsparteien vorbehalten ist. Einige Autoren stellen dabei höhere Anforderungen an die gesetzgeberische Regelung eines Bereiches, der schon tarifvertraglich geregelt ist, als an die Regelung eines noch nicht durch Tarifvertrag geregelten Bereiches. Teilweise werden auch geringere Anforderungen gestellt an einseitig-zwingende, also zugunsten der Arbeitnehmer dispositive gesetzliche Regelungen, als an zweiseitig-zwingende, also weder zu Gunsten noch zu Lasten der Arbeitnehmer abänderbare Gesetzesvorschriften. Die Exklusivität wird dabei nicht statisch in dem Sinne entschieden, dass für festgeschriebene Bereiche entweder der Gesetzgeber oder die Tarifvertragsparteien regelungsbefugt sind.

---

[52] Dagegen wird kritisch bemerkt, eine Exklusivität der Normgeber setze voraus, dass die dominierende Rechtsquelle gegenüber der unterliegenden Rechtsquelle stärker sei. Die Verfassung verleihe jedoch mit Art. 74 Abs. 1 Nr. 12 GG dem Bund die Gesetzgebungszuständigkeit auf dem Gebiet des Arbeitsrechts und mit Art. 9 Abs. 3 S. 1 GG den Tarifparteien eine Regelungszuständigkeit. Die Verfassung habe somit sowohl den Staat als auch die Tarifparteien zur Normsetzung legitimiert, vgl. *Belling*, Das Günstigkeitsprinzip im Arbeitsrecht, S. 162. Aus der Verfassung ergebe sich demnach kein formales Übergewicht einer der beiden Rechtsquellen, vgl. *Andelewski*, S. 61 f..

[53] *Säcker/Oetker*, S. 172; *Schelp*, DB 1965, S. 1094 (1099); *Söllner*, NZA 1996, S. 897 (899); *Löwisch*, Arbeitsrecht, Rn. 303; *Adomeit* in: *Hanau/Adomeit*, Rn. 29; *Kamanabrou*, RdA 1997, S. 22 (23); *Fieberg*, ZTR 1995, S. 291 (293); *Müller*, Die Tarifautonomie in der Bundesrepublik Deutschland, S. 208.

[54] *Däubler*, Tarifvertragsrecht, Rn. 346 f.

Vielmehr handelt es sich um Einzelfallentscheidungen, die nach je nach Literaturmeinung divergierenden Prämissen entweder dem Gesetzgeber oder den Tarifvertragsparteien die Regelungsbefugnis zusprechen. Aus diesem Grund kann die folgende Systematisierung nicht danach differenzieren, in welchem Grad Gesetzgeber oder Tarifvertragsparteien zuständig sind, sondern die Differenzierung der Meinungen erfolgt anhand der jeweils vertretenen Prämissen, die die Maßstäbe für die Abgrenzung der Rechtsetzungsbefugnis bilden. Die folgende Darstellung der eine Exklusivität der Normgeber vertretenden Literatur beginnt bei einer koalitionsfreundlichen Sichtweise mit hohen (verfassungsrechtlichen) Anforderungen an einseitig-zwingende oder zweiseitig-zwingende gesetzgeberische Regelungen und endet bei einer staatsfreundlichen Sichtweise, die einen weiten Einschätzungs- und Gestaltungsspielraum des Gesetzgebers befürwortet.

Im Wesentlichen anerkannt[55] ist lediglich, dass eine gelegentlich diskutierte Problemlösung auf Grund der direkten Anwendung der Art. 70 ff. GG, Art. 140 GG i.V.m. Art. 137 Abs. 3 S. 1 WRV oder Art. 28 Abs. 2 GG, die sämtlich die Abgrenzung von Normierungskompetenzen zwischen einer kleineren und einer größeren Einheit regeln, nicht möglich ist. Ein Rückgriff auf diese Normen verbietet sich wegen der völlig unterschiedlichen Struktur und Funktion der drei Prinzipien im Vergleich zur Tarifautonomie[56].

1. Kollidierendes Verfassungsrecht

Ein Teil der Literatur sieht allein kollidierendes Verfassungsrecht als Schranke der Koalitionsfreiheit bzw. der Tarifautonomie an. Bei seiner Normsetzung sei der Gesetzgeber seinerseits durch den Grundsatz der Verhältnismäßigkeit begrenzt. Der Staat soll nur dann zu gesetzgeberischen Regelungen legitimiert sein, wenn er sich zur Rechtfertigung auf kollidierendes Verfassungsrecht berufen kann. Ist dies nicht der Fall, so sollen die Koalitionen allein zur verbindlichen Regelung zuständig sein; ein vom Gesetzgeber erlassenes Gesetz wäre wegen Verstoßes gegen Art. 9 Abs. 3 S. 1 GG verfassungswidrig. Insgesamt werden jedoch unterschiedliche Anforderungen an das „kollidierende Verfassungsrecht“ gestellt.

a) Ausdrücklicher verfassungsrechtlicher Schutzauftrag

Zur Rechtfertigung eines zweiseitig-zwingenden Gesetzes, das in einen bestehenden Tarifvertrag eingreift, wird teilweise die Verfolgung eines ausdrücklichen verfassungsrechtlichen Schutzauftrages gefordert[57]. Art. 9 Abs. 3 GG verlei-

---

[55] Vgl. *Andelewski*, S. 52 f. m.w.N.

[56] *Däubler*, Mitbestimmung, S. 208 ff.

[57] Vgl. *Kempen*, AuR 1996, S. 336 (340); *Kempen*, FS für Schaub, S. 357 (362); *Otto*, FS für Zeuner, S. 121 (137).

he den Tarifvertragsparteien zwar kein Normsetzungsmonopol, wohl aber ein grundrechtliches Normsetzungsrecht[58]. Die damit entstehende konkurrierende Kompetenz gegenüber der legislativen Zuständigkeit aus Art. 74 Nr. 12 GG müsse folglich allein nach Art. 1 Abs. 3 GG aufgelöst werden[59]. Da Art. 9 Abs. 3 S. 1 GG keinen Gesetzesvorbehalt kenne, seien zweiseitig-zwingende Gesetze im grundrechtlich geschützten Bereich der Tarifautonomie grundsätzlich unzulässig. Trotz des fehlenden Gesetzesvorbehalts unterliege die Tarifautonomie jedoch verfassungsrechtlichen Einschränkungen, insbesondere durch andere Grundrechte, die der Gesetzgeber ebenfalls zu schützen habe[60]. Soweit die Tarifautonomie die Erfüllung derartiger ausdrücklicher grundrechtlicher Schutzgebote behindere oder konkret gefährde, könne der Gesetzgeber unter Beachtung des Art. 9 Abs. 3 S. 1 GG auch zweiseitig-zwingende Normen unter Beachtung des Verhältnismäßigkeitsgrundsatzes erlassen[61]. Solche ausdrücklich im Grundgesetz vorgesehenen Schutzpflichten seien die Menschenwürde, die Gleichberechtigungsverpflichtung, Ehe und Familie und die Koalitionsfreiheit[62]. Ein absoluter Vorrang gesetzlicher Regelungen im tarifautonomen Regelungssektor der Arbeits- und Wirtschaftsbedingungen sei demnach nur in ausdrücklichen, einschlägigen und akuten staatlichen Gundrechtsschutzpflichten zu bejahen[63].

Daneben werden zum Teil ausnahmsweise auch solche zweiseitig-zwingende Regelungen für legitimiert gehalten, die dem Gemeinwohl dienen, wenn es sich um zwingende Gründe des Gemeinwohls handelt, die die Verfassung vorgibt und zu denen sich der Gesetzgeber durch eine ausdrückliche Regelung des Gesetzesvorrangs bekennt[64]. Verfassungsrechtliche Ansatzpunkte für das Gemeinwohl seien insbesondere das Sozialstaatsprinzip, aber auch das in Art. 109 Abs. 4 GG verankerte Ziel des gesamtwirtschaftlichen Gleichgewichts[65].

Fehle es an der ausdrücklichen verfassungsrechtlichen Schutzpflicht, so könne das Sozialstaatsprinzip in Verbindung mit sonstigen Grundrechten allgemeine Schutzvorschriften im Sinne einseitig-zwingender Schutzgesetze legitimieren. Aus einer solchen Befugnis folge jedoch keine verfassungsunmittelbare Grenze der Tarifautonomie durch das andere Grundrecht. Wohl aber seien im Rahmen des Art. 74 Abs. 1 Nr. 12 GG solche einseitig-zwingenden gesetzlichen Schutzmaßnahmen gestattet, um das Hineinwirken von Tarifnormen in derarti-

[58] So schon *Kempen*, AuR 1985, S. 374 (383).
[59] *Kempen*, FS für Schaub, S. 357 (361).
[60] *Otto*, FS für Zeuner, S. 121 (137).
[61] *Kempen*, FS für Schaub, S. 357 (362).
[62] *Kempen*, AuR 1996, S. 336 (340); *Kempen*, FS für Schaub, S. 357 (362).
[63] *Kempen* in: *Kempen/Zachert*, Grundlagen, Rn. 206.
[64] *Otto*, FS für Zeuner, S. 121 (138).
[65] *Otto*, FS für Zeuner, S. 121 (138).

ge nicht direkt schutzbewehrte Grundrechtssphären abzufangen[66]. Demzufolge sollen auch einseitig-zwingende Gesetze nicht ohne weiteres schon durch die Gesetzgebungszuständigkeit des Bundes aus Art. 74 Nr. 12 GG verfassungsrechtlich legitimiert sein. Die klassische Abwehrfunktion des Grundrechts erlaube gesetzliche Regelungen nicht ohne weiteres[67]. Zur Rechtfertigung des Eingriffs genüge aber die allgemeine sozialstaatliche Schutzaufgabe, die bei allen Grundrechten bestehe, ohne explizit zu einer direkten Handlungsverpflichtung verdichtet worden zu sein[68].

Solange die Tarifvertragsparteien dagegen zu einem bestimmten Regelungsbereich selbst überhaupt noch keine Tarife abgeschlossen hätten und auch nicht konkret darüber verhandelten, bestehe auf Grund Art. 74 Abs. 1 Nr. 12 GG eine abstrakte Normsetzungskonkurrenz gegenüber dem Gesetzgeber. Für eine Regelung müsse dann immer ein soziales und wirtschaftliches Bedürfnis bestehen. Insofern sei die Interessenlage zwischen Gesetzgeber und Tarifvertragsparteien prinzipiell dieselbe wie zwischen Bundes- und Landesgesetzgebung auf den Gebieten der konkurrierenden Zuständigkeit, Art. 72 Abs. 2 GG[69].

b) Schutzgut mit Verfassungsrang

Einige Autoren fordern keine explizite grundrechtliche Schutzpflicht, sondern sehen kollidierendes Verfassungsrecht im allgemeinen Sinne als Schranke der Koalitionsfreiheit an[70]. Notwendige Verfassungsmäßigkeitsvoraussetzung eines nicht tarifdispositiven staatlichen Gesetzes sei der Schutz eines Rechtsguts mit Verfassungsrang[71]. Als Rechtsgüter mit Verfassungsrang sollen in Betracht kommen: kollidierende Grundrechte Dritter, das Sozialstaatsprinzip und die Staatszielbestimmung der Verpflichtung zur Erhaltung des gesamtwirtschaftlichen Gleichgewichts, Art. 109 Abs. 2 und 4, 115 Abs. 1 S. 2 GG, unter dem die gleichzeitige Verwirklichung von Stabilität des Preisniveaus, hohem Beschäfti-

---

[66] *Kempen*, FS für Schaub, S. 357 (362).
[67] *Kempen*, AuR 1996, S. 336 (342).
[68] *Kempen* in: *Kempen/Zachert*, Grundlagen, Rn. 208; *Kempen*, AuR 1996, S. 336 (342).
[69] *Kempen*, AuR 1996, S. 336 (342).
[70] *Pieroth/Schlink*, Rn. 758.
[71] *Butzer*, RdA 1994, S. 375 (380, 384); *Dieterich*, RdA 2002, S. 1 (17); so nun auch *Däubler*, Tarifvertragsrecht, Rn. 349 f. entgegen früherer Bedenken in *Däubler*, Mitbestimmung, S. 207: „Macht man daher mit dem Schrankensystem einigermaßen ernst, so wird der Gesetzgeber auf seltene punktuelle Eingriffe abgedrängt; seine aus Art. 74 Ziff. 11 und Ziff. 12 folgenden Kompetenzen werden nahezu gegenstandslos. Die Kollektivvertragsfreiheit als eine verfahrensmäßige Ausprägung des Selbstbestimmungsprinzips würde gegenüber einer anderen - der Entscheidungsfindung durch das demokratisch gewählte Parlament - verabsolutiert“; *Oppolzer/Zachert*, BB 1993, S. 1353 (1355); *Höfling*, Art. 9 GG, Rn. 128 ff.; *Stein*, AuR 1998, S. 1 (4); *Plander*, AuR 1986, S. 65 (76); *Britz*, Tarifautonomie in der Europäischen Union, S. 34 (38), die als Eingriff schon jede unmittelbare Regelung von Arbeitsbedingungen ansieht.

gungsstand, außenwirtschaftlichem Gewicht und stetigem und angemessenem Wirtschaftswachstum (sog. magisches Quadrat) verstanden wird[72]. Der Gesetzgeber sei jedoch auch bei solchermaßen legitimierten Eingriffen in die Tarifautonomie an den Grundsatz der Verhältnismäßigkeit gebunden[73].

In diesem Zusammenhang wird zugunsten des gesetzgeberischen Normsetzungsrechts ausgeführt, Art. 74 Abs. 1 Nr. 12 GG dürfe nicht ausgehöhlt werden, indem diese Kompetenznorm über das mehr deskriptive denn normative Schlagwort „Normsetzungsprärogative" uminterpretiert und unterlaufen werde[74]. Es könne nicht sein, dass tarifvertragliche Einzelregelungen, die durch Art. 9 Abs. 3 S. 1 GG garantiert würden, gegenüber einem gesetzgeberischen Zugriff immun seien, wenn die gesetzliche Regelung ihrerseits mit Art. 9 Abs. 3 GG vereinbar sei. Die Garantie des Tarifvertragsinhalts könne nicht weiter reichen als die Betätigungsgarantie des Art. 9 Abs. 3 GG, deren konkrete Ausgestaltung gerade der Tarifvertrag sei[75]. Für den Fall, dass es keinen Tarifvertrag gebe, könne der Gesetzgeber in dem sich aus Art. 9 Abs. 3 GG ergebenden Umfang dispositive, einseitig- und zweiseitig-zwingende Regelungen treffen[76]. Ausgestaltungsgesetze seien bereits dann legitim, wenn der Gesetzgeber ein anderes Rechtsgut schützen wolle, das nicht notwendigerweise eines mit Verfassungsrang sein müsse, sofern die Regelung sachlich geboten und nicht unverhältnismäßig sei[77].

Teilweise werden jedoch selbst bei einer Differenzierung zwischen Eingriffs- und Ausgestaltungsgesetz im Rahmen der Verfassungsmäßigkeitsprüfung an beide Formen von Gesetzen hohe Anforderungen gestellt. Im Eingriffsbereich sei es schon bedenklich, Grundrechtsbeschränkungen im Interesse verfassungsrechtlich geschützter Güter zuzulassen, die nicht ihrerseits Grundrechtsqualität hätten[78]. Im Ausgestaltungsbereich müsse zwischen verfassungskräftig geschützten Rechten nach der Schutzrichtung der Koalitionsfreiheit differenziert werden[79]. Wenn und soweit die autonome Regelung der Arbeitsbedingungen nicht in der Lage sei, kollektive Selbstbestimmung der abhängigen Arbeit als strukturell unterlegener Arbeitsmarktpartei zu gewährleisten, sei eine einschränkende Ausgestaltung der Koalitionsfreiheit grundsätzlich zu rechtfertigen. Verfassungsrechte, die mit den

[72] *Butzer*, RdA 1994, S. 375 (382); so auch *Wolff*, S. 79, 196, der für die Rechtfertigung „sachentscheidender" Normen die Herstellung oder Sicherung von Grundrechten Dritter oder anderer mit Verfassungsrang ausgestatteter Rechte fordert.

[73] *Dieterich*, RdA 2002, S. 1 (17); *Oppolzer/Zachert*, BB 1993, S. 1353 (1355); *Plander*, AuR 1986, S. 65 (76); *Däubler*, Tarifvertragsrecht, Rn. 352.

[74] *Butzer*, RdA 1994, S. 375 (379).

[75] *Butzer*, RdA 1994, S. 375 (384).

[76] *Butzer*, RdA 1994, S. 375 (384).

[77] *Dörner*, NZA 1998, S. 561 (564).

[78] *Kittner/Schiek*, Rn. 100; ähnlich *Dörner*, NZA 1998, S. 561 (564).

[79] *Kittner/Schiek*, Rn. 102.

Selbstbestimmungsrechten der abhängigen Arbeit kollidierten, seien grundsätzlich nach dem Prinzip der praktischen Konkordanz mit der Koalitionsfreiheit in Einklang zu bringen; auch im Rahmen der Ausgestaltung unterliege der Gesetzgeber sehr strengen Anforderungen[80].

2. Schutz jeden Rechtsgutes

Ein Teil der Literatur räumt dem Gesetzgeber eine weite Regelungsbefugnis ein, indem er den gesetzgeberischen Schutz jedes - nicht notwendig verfassungsrechtlichen - Rechtsgutes als Schranke der Tarifautonomie ansieht. Maßgebliche Grenze gesetzgeberischer Tätigkeit wird damit der Verhältnismäßigkeitsgrundsatz[81]. Es werden jedoch unterschiedliche Argumentationsansätze vertreten, die zum Ergebnis einer gesetzgeberischen Regelungsbefugnis zum Schutz jeden Rechtsgutes gelangen.

a) Grundsatz der Verhältnismäßigkeit als maßgebliche gesetzgeberische Grenze

Einer Auffassung zufolge schützt das Grundrecht selbst nur einen Kernbereich der Tarifautonomie in dem Sinne, dass der Gesetzgeber im Bereich der Arbeits- und Wirtschaftsbedingungen nur solche, die Tarifparteien bindende Regelungen erlassen darf, die durch einen sachlichen Grund des öffentlichen Interesses gerechtfertigt sind und dem Grundsatz der Verhältnismäßigkeit entsprechen[82]. Die Tarifautonomie sei dabei nicht im Sinne einer Tabuzone bestimmter Arbeits-

[80] *Kittner/Schiek*, Rn. 102.

[81] Dagegen wird kritisch bemerkt, wenn der staatliche Gesetzgeber in den verfassungsrechtlich garantierten autonomen Raum der Koalitionsfreiheit beliebig, also zum Schutz jeden Rechtsgutes eingreifen könne, dann könnte er die Tarifvertragsfreiheit aushöhlen, indem er durch eine Vielzahl staatlicher Regelungen den Tarifpartnern ihre Normsetzungsmöglichkeit nehme, vgl. *Säcker*, Grundprobleme, S. 48; *Däubler*, Mitbestimmung, S. 204; *Schnorr*, JR 1966, S. 327 (334); *Plander*, AuR 1986, S. 65 (70); gleichzeitig würden die Möglichkeiten der Tarifparteien, sich über die ihnen noch verbleibenden Regelungsbereiche zu verständigen, erschwert; die Tarifvertragsautonomie wäre nur noch eine leere Hülle, vgl. *Andelewski*, S. 62.

[82] *Badura*, RdA 1974, S. 129 (135); *Weber*, Koalitionsfreiheit und Tarifautonomie als Verfassungsproblem, S. 37 f.; im Ergebnis misst auch *Fratzky*, der grundsätzlich das Subsidiaritätsprinzip vertritt, die Eingriffsmöglichkeiten des Gesetzgebers lediglich am allgemeinen Verhältnismäßigkeitsgrundsatz. Eine Grenze des Subsidiaritätsprinzips sei nämlich dort gegeben, wo die gesetzliche Regelung der „Befriedigung der notwendigen sozialen und wirtschaftlichen Bedürfnisse der Arbeitnehmer“, d.h. der Sicherung von Existenzminima diene und der Gesetzgeber zum Tätigwerden verpflichtet sei, vgl. *Fratzky*, S. 186; einen ganz anderen Ansatz verfolgt *Sels*, S. 105 ff.. Er sieht alle koalitionsspezifischen Betätigungen und damit auch die Tarifautonomie nicht als von Art. 9 Abs. 3 S. 1 GG, sondern nur als von Art. 2 Abs. 1 i.V.m. 19 Abs. 3 GG geschützt an. Art. 2 Abs. 1 kenne als Schranke die verfassungsmäßige Ordnung, also jedes formell und materiell verfassungsmäßige Gesetz (S. 116). Maßgebliche gesetzgeberische Grenze wird nach dieser Prämisse damit der Verhältnismäßigkeitsgrundsatz.

bedingungen zu verstehen[83]. Gemeint sei vielmehr, dass der Gesetzgeber den Tarifvertragsparteien immer ein ausreichend großes Feld von Arbeitsbedingungen überlassen müsse, auf dem sie sich im Sinne eines Aushandelns von Leistung und Gegenleistung sinnvoll betätigen könnten[84]. Andererseits bedeute die Gestaltungsfreiheit des Gesetzgebers gegenüber dem Tarifvertragssystem nicht die Befugnis, staatliche Arbeitsbedingungen ohne besonderen Grund zu setzen[85]. Der Koalitionsfreiheit als vorbehaltslos gewährleistetem Grundrecht dürften, auch soweit es um die Gewährleistung der Tarifautonomie gehe, zum Schutz jedes - nicht nur verfassungsrechtlichen - Rechtsguts nur solche Schranken gezogen werden, die von der Sache her geboten, insbesondere verhältnismäßig, seien[86]. Allerdings rechtfertige nicht schon jedes öffentliche Interesse die Einschränkung der Tarifautonomie. Der Grundsatz der Verhältnismäßigkeit gebiete eine sorgfältige Untersuchung, welche Regelungsmöglichkeiten den Tarifparteien zu welchem Zweck entzogen werden sollten[87]. Der Gesetzgeber könne also nicht durch Evokation beliebig den Bereich der Tarifautonomie schmälern. Er habe vielmehr die Tarifautonomie zu respektieren und könne in sie nur eingreifen, wenn Erfordernisse des Gemeinwohls dazu nötigten[88]. Außerdem sei stets zu fragen, ob der Gesetzgeber nicht als mildere Einschränkung der Tarifautonomie die Form tarifdispositiven Rechts wählen müsse[89].

Teilweise wird im Rahmen der Verhältnismäßigkeitsprüfung mittels einer der Stufentheorie zu Art. 12 GG vergleichbaren „Stufenprüfung" nach der Intensität des Eingriffs differenziert[90]. Die Berechtigung des Gesetzgebers zur Rechtsetzung soll sich dabei nach drei „Ringzonen" bestimmen, die um den unantastbaren Kernbereich liegen. Je näher die einzelnen Ringzonen dem Kernbereich zugestuft seien, desto mehr sei der Gesetzgeber dort in seiner Regelungszuständigkeit beschränkt, desto mehr werde die Normenkollision zugunsten der Normsetzungsbefugnis der Tarifpartner gelöst[91]. In der äußeren Ringzone sei der Gesetzgeber zu Regelungen berechtigt, wenn hierfür sachliche Gründe bestünden. Bei den hier betroffenen Sekundärgarantien, die erst mittelbar aus Sinn und Zweck der Koalitionsbildungsfreiheit abgeleitet werden müssten, fehle jene von Verfassungs wegen vorgegebene Konturierung, die unabdingbare Voraussetzung

---

[83] *Löwisch/Rieble*, Grundlagen, Rn. 21; *Löwisch/Rieble* in: *Richardi/ Wlotzke*, Münchener Handbuch Bd. 3, § 246 Rn. 56.

[84] *Löwisch*, Arbeitsrecht, Rn. 89.

[85] *Löwisch/Rieble* in: *Richardi/ Wlotzke*, Münchener Handbuch Bd. 3, § 246 Rn. 58.

[86] *Löwisch*, Arbeitsrecht, Rn. 90; *Löwisch/Rieble*, Grundlagen, Rn. 22 f.; *Löwisch/Rieble* in: *Richardi/ Wlotzke*, Münchener Handbuch Bd. 3, § 247 Rn. 58.

[87] *Löwisch/Rieble*, Grundlagen, Rn. 24.

[88] *Weber*, Koalitionsfreiheit und Tarifautonomie als Verfassungsproblem, S. 38.

[89] *Löwisch/Rieble* in: *Richardi/ Wlotzke*, Münchener Handbuch Bd. 3, § 246 Rn. 8.

[90] *Friauf*, RdA 1986, S. 188 (190 f.).

[91] *Fratzky*, S. 187.

einer vorbehaltslosen Gewährleistung sei. Mehr als eine konkretisierungsbedürftige Grundstruktur, ein Kernbereich, lasse sich insoweit dem Art. 9 Abs. 3 S. 1 GG nicht entnehmen. Die Art und Weise der koalitionsmäßigen Betätigung und die Gestaltung der Koalitionsmittel bedürften demnach notwendigerweise der rechtlichen Ausformung[92]. In der zweiten Ringzone könne der Gesetzgeber nur zum zwingend erforderlichen Schutz besonders wichtiger Gemeinschaftsgüter tätig werden. Ein Tätigwerden des Gesetzgebers in der dritten Ringzone sei nur dann gerechtfertigt, wenn es zur Abwehr nachweisbarer oder höchstwahrscheinlicher schwerer Gefahren für ein überragend wichtiges Gemeinschaftsgut erfolge[93].

b) Tarifautonomie unter Gesetzesvorbehalt

Gegen die maßgebliche Anwendung des Verhältnismäßigkeitsgrundsatzes im Rahmen der Kompetenzabgrenzung zwischen Gesetzgebungsmacht und Tarifautonomie wird angeführt, dies stelle im Ergebnis den Art. 9 Abs. 3 S. 1 GG unter Gesetzesvorbehalt[94]. Konsequenterweise nehmen einige Autoren für die Koalitionsfreiheit oder zumindest für die Koalitionsbetätigungsgarantien einen Gesetzesvorbehalt an. Ausgangspunkt dieser Ansicht ist nicht die Gewährleistung des Grundrechts, sondern die gesetzgeberische Betätigung, die nur unter dem Gesichtspunkt der Schrankenziehung im Hinblick auf das Übermaßverbot gewürdigt wird. Die zugrundeliegende Prämisse ist, dass die allgemeinen Gesetze die typische Schranke jeder Kommunikationsfreiheit bilden. Der Schrankenvorbehalt wird also weit gezogen, indem dogmatisch die Schranke der „allgemeinen Gesetze“ aus Art. 5 Abs. 2 GG auf das als Kommunikationsgrundrecht angesehene Grundrecht des Art. 9 Abs. 3 GG übertragen wird[95]. Diese - vor dem Hintergrund des grundsätzlich die Grenze jeder Auslegung bildenden Wortlauts

[92] *Friauf*, RdA 1986, S. 188 (191).

[93] *Fratzky*, S. 189; ähnlich *Friauf*, RdA 1986, S. 188 (190), der in diesem Bereich kollidierende andere Grundrechte und gleichrangige verfassungsrechtliche Anforderungen fordert.

[94] *Stein*, AuR 1998, S. 1 (5).

[95] *Scholz*, Koalitionsfreiheit, S. 335; *Henssler*, ZfA 1998, S. 1 (5); *Lerche*, S. 35; ähnlich: *Wank*, Anm. zu BVerfG, AP Nr. 76 zu Art. 9 GG, unter IV. 1, der nur den Kern der Tarifautonomie als schrankenlos und damit allein durch kollidierendes Verfassungsrecht beschränkbar anerkennt; für die über das Individualgrundrecht hinausgehenden ungeschriebenen Ausdehnungen bestehe ein ungeschriebener Regelungsvorbehalt unter Beachtung des Verhältnismäßigkeitsgrundsatzes; enger sieht dies *Kamanabrou*, RdA 1997, S. 22 (33): die Tarifautonomie sei unter einen qualifizierten Gesetzesvorbehalt in dem Sinne zu stellen, dass der Gesetzgeber sich auf ein Interesse berufen müsse, das außerhalb der Interessen der Tarifunterworfenen liege. Dieses Interesse müsse einen hinreichend großen Personenkreis betreffen. Gesetzgeberische Regelungen seien also nur zum Schutz von Gemeinschaftsinteressen möglich. Stünden solche Interessen nicht zur Verfügung, sei ein Eingriff in die Tarifautonomie nur auf Grund kollidierenden Verfassungsrechts möglich.

von Art. 9 Abs. 3 S. 1 GG[96] - erstaunlich wirkende Einsicht wird folgendermaßen begründet: Es sei zu einer wucherungsartigen Erweiterung des Garantiebereichs über die ursprünglich von Art. 9 Abs. 3 S. 1 GG allein garantierte Koalitionsbildungsgarantie hinaus gekommen, mit der die notwendig parallele Entwicklung einer Schrankendogmatik nicht Schritt gehalten habe[97]. Die redaktionelle Fassung des Art. 9 Abs. 3 S. 1 GG sei nicht als bewusster Verzicht auf einen Gesetzesvorbehalt für alle Betätigungsformen zu verstehen[98]. Eine schrankenlose Betätigungsgarantie liege außerhalb der Schutzzwecke des Art. 9 Abs. 3 S. 1 GG[99]. Wenn die in Art. 9 Abs. 3 S. 1 GG vom Verfassungsgeber allein gemeinte Koalitionsbildungsfreiheit ohne Vorbehalt sei, so bedeute das nicht auch Vorbehaltslosigkeit der in das Grundrecht erst hineininterpretierten Koalitionsbetätigungsfreiheit[100]. Eine ausdrückliche Garantie der Koalitionsmittel bzw. -betätigung sei gerade deshalb unterblieben, weil man sich über die Umschreibung der Grenzen nicht einig werden konnte[101]. Der Gedanke der Übertragung der Verantwortung für die Arbeits- und Wirtschaftsbedingungen auf eine sachnahe und kompetente Entscheidungsinstanz als zweiter Regelungszweck erzwinge nur die Gewährleistung irgendeines funktionsfähigen Tarifsystems, ohne den Interessen der Verbandsmitglieder einen Vorrang vor sonstigen gesellschaftlichen Interessen einzuräumen. Eine schrankenlose Betätigungsgarantie würde der Sache nach ein unbegrenztes Recht auf Eingriff in einen fremden Rechtsbereich darstellen, und zwar in denjenigen von Dritten oder der Allgemeinheit, Gebiete, für welche die Tarifpartner nach der Funktion der Koalitionsfreiheit keine Regelungskompetenz besitzen würden[102]. Dem Gesetzgeber müsse die Regelungskompetenz insoweit erhalten bleiben, als er gegebenenfalls Gesamtinteressen

---

[96] Dazu *Kamanabrou*, RdA 1997, S. 22 (32): „Entscheidend kommt es aber nicht auf den Wortlaut, sondern auf die Regelungsabsicht des Gesetzgebers an. Hat dieser mit dem Normtext einen anderen Sinn verbunden, als es zunächst den Anschein hat, so ist dieser Sinn maßgeblich, wenn er sich mit Hilfe der anderen Auslegungskriterien ermitteln lässt. Die Entstehungsgeschichte des Art. 9 Abs. 3 GG lässt allerdings nicht erkennen, dass das Grundrecht nach dem Willen des Verfassungsgebers eigentlich weiter angelegt sein soll".

[97] *Henssler*, ZfA 1998, S. 1 (4); so auch *Wank*, Anm. zu BVerfG, AP Nr. 76 zu Art. 9 GG; *Hanau*, GMH 1994, S. 129 (131).

[98] *Henssler*, ZfA 1998, S. 1 (5).

[99] *Henssler*, ZfA 1998, S. 1 (5).

[100] *Seiter*, AöR 109 (1984), S. 88 (99 Fn. 24); in diese Richtung argumentiert auch *Friauf*, RdA 1986, S. 188 (190 f.): „Dass in Art. 9 Abs. 3 GG, anders als in Art. 12, 14 GG, ein ausdrücklicher Regelungsvorbehalt fehlt, erklärt sich allein daraus, dass dieser Artikel überhaupt nur die Koalitionsbildung als solche anspricht und damit die Koalitionsbetätigung insgesamt ungeregelt lässt". Jedoch zieht *Friauf* daraus lediglich die Konsequenz der Ausgestaltungsbedürftigkeit der koalitionsmäßigen Betätigung, ohne sie ausdrücklich unter einen Gesetzesvorbehalt zu stellen.

[101] *Seiter*, AöR 109 (1984), S. 88 (99 Fn. 24).

[102] *Henssler*, ZfA 1998, S. 1 (6).

gegen tarifvertraglich gesicherte Gruppeninteressen durchsetzen könne[103]. Der Tarifautonomie sei deshalb eine Schranke zu ziehen, die über die Begrenzung durch kollidierendes Verfassungsrecht hinausgehe. Diese Schranke solle nicht lediglich gewährleisten, dass andere Verfassungsgüter den erforderlichen Schutz erhielten, sondern sie solle dem Gesetzgeber auch ermöglichen, Interessen der Gesamtheit zu wahren, die im Einzelfall keinen Verfassungsrang hätten[104]. Lehne man die These „Betätigungsgarantie unter einem Gesetzesvorbehalt“ ab, so verbleibe nur die Einschränkung des Gewährleistungsbereichs der Koalitionsbetätigung auf eine eng gefasste Schutzzone, die ihrerseits entsprechend der primären Koalitionsbildung vorbehaltslos garantiert sei[105].

Damit bestehe auch gegenüber der grundrechtlich geschützten Tarifautonomie der prinzipielle Regelungsvorbehalt des staatlich-demokratischen Gesetzgebers[106]. Die Tarifvertragsparteien sollten nur den vom staatlichen Gesetzgeber freigelassenen Raum regeln. Die Tarifautonomie verfüge zwar über die Freiheit, die Arbeits- und Wirtschaftsbedingungen im Sinne des Art. 9 Abs. 3 S. 1 GG zu regeln; sie verfüge aber nicht über einen entsprechend ausschließlichen Kompetenzvorbehalt für diesen Regelungsbereich im Verhältnis zum staatlichen Gesetzgeber[107]. Staat und Koalitionen konkurrierten nicht als Träger prinzipiell gleichrangiger Kompetenzen; ihr Verhältnis bestimme sich vielmehr nach den allgemeinen Grundsätzen von grundrechtlich geschützter Freiheit und staatlicher Zuständigkeit[108]. Als Freiheitsrecht gewährleiste Art. 9 Abs. 3 S. 1 GG den Koalitionen die kollektive Privatautonomie[109], aber keine Autonomie im selbstverwaltungsrechtlichen Sinne[110]. Art. 9 Abs. 3 GG sei kein „Grundrecht auf Verletzung des Gemeinwohls“[111]. Für die Abgrenzung von Freiheit und staatlicher Regelungsbefugnis kenne die Verfassung im Rahmen des allgemeinen Rechtsstaatsprinzips als Kriterien insbesondere den Grundsatz des allgemeinen Übermaßverbots bzw. den Grundsatz der Verhältnismäßigkeit[112]. In diesem Sinne sei der Staat im Bereich des Arbeitslebens auch mit einschränkender Wirkung gegenüber den Tarifvertragsparteien dann und insoweit befugt, als dies nach Maßgabe der Grundsätze von Erforderlichkeit, Geeignetheit und Proportionalität gerechtfertigt sei. Der Verhältnismäßigkeitsgrundsatz sei also angesichts der

103 *Kamanabrou*, RdA 1997, S. 22 (33).
104 *Kamanabrou*, RdA 1997, S. 22 (33).
105 *Henssler*, ZfA 1998, S. 1 (6).
106 *Scholz*, FS für Trinkner, S. 377 (384).
107 *Henssler*, ZfA 1998, S. 1 (21).
108 *Scholz*, MD, Art. 9 GG, Rn. 272; *Scholz*, FS für Trinkner, S. 377 (384); *Scholz*, Koalitionsfreiheit, S. 330.
109 *Dieterich*, RdA 2002, S. 1 (2).
110 *Scholz*, MD, Art. 9 GG, Rn. 272.
111 *Henssler*, ZfA 1998, S. 1 (27).
112 *Scholz*, FS für Trinkner, S. 377 (385).

Offenheit der Verfassungsnorm und dem der Betätigungsgarantie beigefügten Gesetzesvorbehalt einziges Rechtmäßigkeitskriterium für zweiseitig-zwingende Gesetze[113]. Außer Frage stehe, dass zum Schutz anderer verfassungsmäßig geschützter Rechtsgüter - jedenfalls im Rahmen des Verhältnismäßigkeitsgrundsatzes mit dem Ziel der Herstellung praktischer Konkordanz - in alle Teilgarantien des Art. 9 Abs. 3 S. 1 GG eingegriffen werden könne. Die Tarifautonomie unterliege so wie auch jedes andere Grundrecht zumindest dieser immanenten Begrenzung[114]. Eine Beschränkung der Eingriffszwecke auf kollidierendes Verfassungsrecht sei aber a priori nicht haltbar, wenn man erkenne, dass die These vom fehlenden Gesetzesvorbehalt angesichts der Entstehungsgeschichte der Betätigungsgarantie methodologisch verfehlt sei[115].

Im Rahmen der Verhältnismäßigkeitsprüfung werden die koalitionsspezifischen Verhaltensweisen in verschiedene Gewährleistungs- und Schrankenstufen unterteilt[116]. Koalitionsspezifische Verhaltensweisen forderten vor allem von der koalitionsrechtlich jeweiligen Gegenseite und damit vom dieses Verhältnis ausgestaltenden Gesetzgeber die prinzipielle, weil verhältnismäßige Rücksichtnahme. Diese erste Gewährleistungs- und Schrankenstufe zum Schutz der mittelbaren Koalitionszwecke rechtfertige staatliche Regelungen durch jeden sachlichen Grund im Sinne einer vernünftigen Gemeinwohlerwägung[117]. Der durch Art. 74 Abs. 1 Nr. 12 GG gesicherte Handlungsspielraum des Gesetzgebers sei hierbei weit. In dieser unteren Eingriffsstufe der üblicherweise nicht tariflich geregelten Arbeitsbedingungen bleibe stets ein funktionssicherndes Betätigungsfeld der Koalitionen, so dass jeder sachliche Grund im Sinne einer vernünftigen Gemeinwohlerwägung die staatliche Regelung rechtfertige[118].

Soweit eine koalitionsspezifische Verhaltensweise dagegen für den Bestand und die Betätigung der Koalition unerlässlich sei, also zum definitiven Kernbereich der Koalitionsfreiheit gehöre, verenge sich der Rahmen der gesetzgeberischen Beschränkungsmöglichkeiten - wiederum nach Maßgabe des Grundsatzes der Verhältnismäßigkeit - auf einen sehr viel engeren Grat, ohne damit aber den Schluss auf eine absolute Unbeschränkbarkeit anzuerkennen; auch insoweit verbleibe es bei dem prinzipiellen Ausgestaltungsrecht des Gesetzgebers[119]. Dieses finde seine Grenzen aber am Erfordernis des Schutzes von verfassungsrecht-

[113] *Henssler*, ZfA 1998, S. 1 (32).
[114] *Henssler*, ZfA 1998, S. 1 (27).
[115] *Henssler*, ZfA 1998, S. 1 (28).
[116] Vgl. zum folgenden *Scholz*, MD, Art. 9 GG, Rn. 266 f.
[117] *Henssler*, ZfA 1998, S. 1 (34).
[118] *Henssler*, ZfA 1998, S. 1 (34).
[119] *Scholz*, MD, Art. 9 GG, Rn. 266; anders *Hanau*, GMH 1994, S. 129 (131), der nur den Kernbereich abgrenzt, in den in der Regel gar nicht eingegriffen werden dürfe; ansonsten bestehe ein ungeschriebener Gesetzesvorbehalt.

lich mit der Koalitionsfreiheit gleichrangigen Schutzgütern[120]. Dabei handele es sich um die zweite Gewährleistungs- und Schrankenstufe, die dem Schutz der unmittelbaren Koalitionszwecke diene.

Das gesetzgeberische Ausgestaltungs- und Beschränkungsrecht ende erst dort, wo der allgemeine Wesensgehalt im Sinne des Art. 19 Abs. 2 GG erreicht sei[121]. Dann greife die dritte Gewährleistungs- und Schrankenstufe, der Schutz des Wesensgehalts, ein[122].

c) Einschätzungs- und Gestaltungsspielraum des Gesetzgebers

Ein weiterer Argumentationsansatz geht davon aus, es bestehe ein Einschätzungs- und Gestaltungsspielraum des einfachen Gesetzgebers[123] Das Gesetzesrecht sei nicht auf Minimalbestimmungen beschränkt[124].

aa) Keine Aushöhlung der Tarifautonomie

Die Normsetzung der Tarifvertragsparteien dürfe ebenso wie die Handlungs- und Vertragsfreiheit einzelner Personen nicht durch staatliche Regelungen ausgehöhlt oder erdrosselt werden[125]. Durch Parlamentsgesetze dürften nicht flächendeckend alle Sachfragen geregelt werden, und ihre Vorschriften dürften nicht durchweg zwingend ausgestalten werden. Es müsse also noch „etwas übrig bleiben“[126]. In gewisser Weise gelte also eine „Substraktionsmethode“[127]. Eine Einschränkung der staatlichen Zuständigkeit könne damit nur aus der Sicht des

---

[120] *Scholz*, MD, Art. 9 GG, Rn. 266; etwas weiter sieht dies *Henssler*, ZfA 1998, S. 1 (34): Die zweite Eingriffsstufe bildeten alle Arbeitsbedingungen, die üblicherweise tariflich geregelt würden; der Gesetzgeber dürfe in diesem Bereich zum Schutze von Rechtsgütern Dritter und wichtigen Gemeinwohlinteressen eingreifen, solange den Tarifpartnern insgesamt ein substantieller Restbereich für eigenverantwortliche Gestaltungen verbleibe; weder bedürfe es der grundrechtlichen Absicherung des vom Gesetzgeber verfolgten Interesses, noch überhaupt einer Absicherung durch Rechtsgüter mit Verfassungsrang.

[121] *Scholz*, MD, Art. 9 GG, Rn. 266.

[122] Anders *Henssler*, der als dritte Eingriffsstufe den Zentralbereich der Arbeitsbedingungen im Sinne originärer Lohnfragen ansieht; der Gesetzgeber dürfe die Regelung des Grundlohns nur bei einem Versagen der Tarifvertragsparteien trotz konkreter und schwerer Gefährung von Gemeinschaftsgütern mit Verfassungsrang vorübergehend an sich ziehen, vgl. *Henssler*, ZfA 1998, S. 1 (33).

[123] *Wiedemann/Stumpf*, Einl. Rn. 90, 107; *Hueck/Nipperdey*, S. 372; *Müller*, Die Tarifautonomie in der Bundesrepublik Deutschland, S. 341.

[124] *Wiedemann/Stumpf*, Einl. Rn. 89, 107.

[125] *Heise*, S. 221 ff.; *Wiedemann/Stumpf*, Einl. Rn. 43, 46.

[126] *Schnorr*, JR 1966, S. 327 (334): Ein Kernbereich der Tarifautonomie müsse erhalten bleiben, wenn der institutionellen Garantie des Art. 9 Abs. 3 S. 1 GG Rechnung getragen werden solle.

[127] *Rupp*, JZ 1998, S. 919 (924).

Art. 9 Abs. 3 S. 1 GG dahin erfolgen, dass der Gesetzgebung Schranken zum Schutze der Tarifautonomie gesetzt werden[128].

Der Gesetzgeber sei jedoch sogar zum Handeln aufgerufen, wenn eine einheitliche umfassende Ordnung dies gebiete[129]. Dem Staat sei also auf Grund seiner Sozialpflichtigkeit das primäre Regelungsrecht zugewiesen. Staatliche Regelungen seien immer dann möglich, wenn die Regelung Teil eines wirtschaftlichen oder arbeitsmarktpolitischen Gesamtkonzepts sei, aus der sozialstaatlichen Verpflichtung resultiere und keinen generellen funktionalen Ausschluss der Tarifvertragsparteien von der Normsetzung bedeute[130]. Bei dieser Frage bestehe ein beachtlicher Beurteilungsspielraum des staatlichen Gesetzgebers[131]. Ob für die Tarifautonomie der erforderliche Spielraum bleibe, hänge dabei maßgeblich vom Verhalten der Tarifvertragsparteien ab[132]. Bei einem kontinuierlichen Einigungswillen werde sogar in zentralen Fragen des Arbeits- und Wirtschaftslebens eine stärkere Zurückhaltung des Staates angebracht sein. Bei einem ausgesprochenen Konfrontationskurs sei die Gesetzgebung dagegen mehr oder weniger betont zum Handeln legitimiert[133]. Wie bei jeder Grundrechtsprüfung sei jedoch als Schranken-Schranke der Grundsatz der Verhältnismäßigkeit zu beachten[134].

bb) Gesetzgeberischer Eingriff nur bei Maßnahmegesetz

Zum Teil wird nicht auf den Gegenstand der Regelung, sondern allein auf die „Geltungsbreite" der kollidierenden Normen abgestellt[135]. Nur gegenüber einem transitorischen oder einem Maßnahmegesetz gehe der Tarifvertrag vor. Er trete jedoch hinter jede generelle und auf Dauer angelegte Regelung zurück. Der Tarifvertrag werde niemals auf Dauer abgeschlossen, sondern sei immer zeitlich begrenzt und trage immer einer bestimmten gegebenen Situation Rechnung. Daher sei er mit Maßnahmegesetzen auf eine Stufe zu stellen, die im Gegensatz zu Rechtsgesetzen transitorische Gesetze seien, also vorübergehend geltende Gesetze, die bestimmte Maßnahmen treffen[136]. Handele es sich bei dem staatlichen Gesetz also um ein auf bestimmten Wertungen beruhendes, der Rechtseinheit dienendes allgemeines Dauergesetz, so könne der Gesetzgeber im sozialen

---

[128] *Wiedemann*, FS für Stahlhacke, S. 675 (691); *Heise*, S. 220 ff.

[129] *Müller*, Die Tarifautonomie in der Bundesrepublik Deutschland, S. 341.

[130] *Heise*, S. 220, 222, die aus diesem Grund dogmatisch bereits den Schutzbereich der Tarifautonomie auf den Bereich beschränkt, der nicht von der staatlichen Gesetzgebung besetzt ist, vgl. S. 222.

[131] *Müller*, Die Tarifautonomie in der Bundesrepublik Deutschland, S. 341.

[132] *Müller*, Die Tarifautonomie in der Bundesrepublik Deutschland, S. 342.

[133] *Müller*, Die Tarifautonomie in der Bundesrepublik Deutschland, S. 342.

[134] *Rupp*, JZ 1998, S. 919 (924); *Heise*, S. 223 f.

[135] *Nipperdey*, Verhandlungen des 46. DJT, S. 44 f.; *Hueck/Nipperdey*, S. 371.

[136] *Nipperdey* in: *Hueck/Nipperdey*, S. 371.

Rechtsstaat auch entsprechende zwingende arbeitsrechtliche Normen im Rahmen des sozialen Interesses und des Verhältnismäßigkeitsgrundsatzes erlassen, an die auch die Tarifverträge gebunden seien[137]. Dagegen verbiete der Schutz des verfassungsrechtlich geschützten Kernbereichs des Tarifvertrages ein transitorisches staatliches Maßnahmegesetz, das sich speziell gegen eine tarifrechtliche Gestaltung der Arbeitsbedingungen richte[138]. Der einschlägige Tarifvertrag gehe dann gem. Art. 9 Abs. 3 S. 1 GG vor.

Auf diese Weise wird folglich eine Diskussion des Konkurrenzproblems auf verfassungsrechtlicher Ebene abgelehnt[139]. Denn die Verlagerung der gesamten Konkurrenzproblematik auf eine verfassungsrechtliche Ebene bringe den Verzicht auf Zwischenlösungen mit sich und führe zu einer Zementierung des Vorrangs des Tarifrechts. Es erscheine angemessener, die Regelung dieser Frage dem einfachen Gesetzgeber zu überlassen. Dieser könne sich seiner eigenen Verantwortung für die Gestaltung sozialer Arbeitsbedingungen jedenfalls nicht unter Hinweis auf die soziale Verpflichtung der Koalitionen befreien. Das Sozialstaatsprinzip gewährleiste, dass auch für die Verwirklichung sozialgerechter Arbeitsbedingungen die letzte Verantwortung beim Staat verbleibe[140]. Die Koalitionsfreiheit bilde zwar eine Grenze für den sozialen Regelungsauftrag des Staates; diese Grenze sei jedoch anders zu bestimmen als durch eine Normsetzungsprärogative der Koalitionen[141].

Speziell gegen diesen Ansatz wird jedoch vorgebracht, durch den unbedingten Vorrang genereller Gesetze könnten die Tarifpartner auf die Regelung absolut sekundärer Fragen abgedrängt werden[142].

cc) Begrenzter Schutz durch Annahme einer Institutsgarantie

Eine weitere Literaturansicht erklärt die Tarifautonomie zwar für vorbehaltslos geschützt, gelangt aber im Ergebnis nur zu einem begrenzten Schutz, indem sie

137 *Nipperdey* in: *Hueck/Nipperdey*, S. 371; so auch *Preis*, ZfA 1972, S. 271 (297).
138 *Nipperdey* in: *Hueck/Nipperdey*, S. 372; *Preis*, ZfA 1972, S. 271 (297).
139 *Preis*, ZfA 1972, S. 271 (292); er bezieht sich damit auf *Säcker* und *Biedenkopf*.
140 *Preis*, ZfA 1972, S. 271 (294).
141 *Preis*, ZfA 1972, S. 271 (295).
142 *Däubler*, Mitbestimmung, S. 205.

den Charakter der Tarifautonomie als Institutsgarantie[143] betont[144]. Grundlegend führte *Ossenbühl* aus, Einrichtungsgarantien seien verfassungsrechtliche Gewährleistungen von Einrichtungen des öffentlichen, staatlichen, politischen, religiösen und privaten Lebens, die der Verfassungsgeber für so wertvoll erachte, dass er sie in ihrem typusbestimmendem Kern auch gegen legislative Veränderungen abschirmen wollte[145]. Eine Institutsgarantie soll anzunehmen sein, wenn die Verfassung zur Garantie eines bestimmten Freiheitsrechts abstrakte Regelungen enthalte, die eine Ausübung des gewährten „rechtlichen Könnens" aber noch nicht konkret ermögliche[146]. Damit das Grundrecht seiner Funktion als Freiheitsgewährleistung gerecht zu werden vermöge, bestehe das Bedürfnis nach konkretisierenden Regelungen[147]. Diese Voraussetzungen seien bei der Tarifautonomie als Teil der Freiheitsgewährleistung des Art. 9 Abs. 3 S. 1 GG erfüllt[148]. Jedoch werde nur ein Kernbereich - im Sinne des Wesensgehalts[149] - der betroffenen Einrichtung geschützt. Bei der Frage nach der Verletzung des Kernbereichs des Art. 9 Abs. 3 S. 1 GG soll systematisch nach einer „Substraktionsmethode" vorgegangen werden. Ausgehend von einem jeweiligen als den Voraussetzungen des Art. 9 Abs. 3 S. 1 GG genügend befundenen Regelungszustand sei zu untersuchen, welche materiellen Fragen dem Bereich koalitionsmäßiger Regelung entzogen werden könnten, ohne die Tarifautonomie zu untergraben[150]. Insofern fragt auch *Kemper* nach der Aushöhlung der Zuständigkeit der Tarifvertrags-

[143] Das Wesen der Koalitionsfreiheit im allgemeinen bzw. der Tarifautonomie im besonderen als Einrichtungsgarantie wird von einigen Autoren vertreten, vgl. *Gamillscheg*, Arbeitsrecht I, S. 302; *Jarass*, Art. 9 GG, Rn. 22; *Wiedemann*, FS für Stahlhacke, S. 675 (681); *Waltermann*, Rechtsetzung, S. 59; *Rüthers*, Streik und Verfassung, S. 33; *Peters/Ossenbühl*, S. 15; *Säcker*, AuR 1994, S. 1 (7); *Biedenkopf*, Tarifautonomie, S. 105 f.; *Weber*, Koalitionsfreiheit und Tarifautonomie als Verfassungsproblem, S. 25; *Weber*, Verfassungsbeschwerde, S. 3 (19); *Scheuner*, Koalitionsfreiheit, S. 29 (36); *Misera*, S. 27; *Kunze*, S. 101 (114); offenlassend *Rüfner*, RdA 1997, S. 130 (132): „ob Art. 9 Abs. 3 S. 1 GG wirklich eine Einrichtungsgarantie ist, hängt von der Definition der Einrichtungsgarantie ab. Wer mit *Stern* einen formierenden Normenkomplex als Voraussetzung der Einrichtung ansieht, wird angesichts des Schweigens des Gesetzgebers zum kollektiven Arbeitsrecht eine Einrichtungsgarantie verneinen müssen"; kritisch dazu *Scholz*, MD, Art. 9 GG, Rn. 29 m.w.N.; *Pieroth*, S. 293 (305): „Die Ableitung grundrechtlicher Schranken aus dem objektiv-rechtlichen Gehalt eines Grundrechts kann jedoch nicht überzeugen; insbesondere die Figur der Institutsgarantie ist in dieser Hinsicht dogmatisch überholt"; *Zachert*, AuR 1985, S. 336 (338 f.).

[144] *Kemper*, Koalitionsfreiheit, S. 142; so auch schon *Isensee*, Die verfassungsrechtliche Verankerung der Tarifautonomie, S. 159 (175).

[145] *Ossenbühl*, NJW 1976, S. 2100 (2103).

[146] So auch *Wiedemann*, FS für Stahlhacke, S. 675 (680).

[147] Eine staatliche Regelungspflicht wird jedoch abgelehnt, vgl. *Kemper*, Koalitionsfreiheit, 92; so auch *Dieterich*, Erfurter Kommentar, Art. 9 GG, Rn. 52; *Dieterich*, RdA 2002, S. 1 (10); anders *Säcker*, Grundprobleme, S. 72; *Peters/Ossenbühl*, S. 14; *Fratzky*, S. 131.

[148] *Kemper*, Koalitionsfreiheit, S. 94.

[149] Vgl. *Kemper*, Koalitionsfreiheit, S. 25.

[150] *Kemper*, Koalitionsfreiheit, S. 122.

parteien und verneint diese jedenfalls bei personell wie sachlich beschränkten Regelungen[151].

Gegen die Qualifizierung der Tarifautonomie als Einrichtungsgarantie wird eingewandt, eine institutionelle Garantie scheide aus, da der Garantiegegenstand „Koalition“ allein gesellschaftliche, also privatrechtliche Verbände meine[152]. Eine Institutsgarantie scheide aus, weil die Koalitionsbetätigung und Tarifvereinbarung zwischen den Koalitionen nicht in dem Sinne existenziell notwendig auf ein die Freiheitsausübung erst ermöglichendes Recht angewiesen seien wie etwa Ehe und Familie oder Eigentum und Erbrecht, dass es sie überhaupt erst kraft einer ihre Existenz ermöglichenden Rechtsordnungsentscheidung geben könne[153]. Die konkrete Koalition, ihr Bestand und ihre Betätigung würden grundrechtlichen Schutz als Form, Ergebnis und funktionale Objektivation der koalitionsmäßigen Bildung und Betätigung genießen[154]. Bei der Tarifautonomie handele es sich damit um eine Form der Grundrechtsausübung, die im Rahmen des Grundrechts unmittelbar geschützt sei; zusätzlichen institutionellen Verfassungsschutz genieße sie ebensowenig wie alle anderen Koalitionsmittel[155]. Die Figur der Institutsgarantie sei zudem gar nicht notwendig, um den Gesetzgeber zur Schaffung der erforderlichen Einrichtungen zu verpflichten, da ein solcher Anspruch sich nach heutiger Grundrechtsdogmatik aus den verfassungsrechtlichen Schutzpflichten ergebe[156].

II. Subsidiaritätsprinzip

1. Allgemeines Subsidiaritätsprinzip

Zur Kompetenzabgrenzung von Gesetzgeber und Tarifvertragsparteien wird weiterhin das als umfassendes Ordnungsprinzip verstandene Subsidiaritätsprinzip herangezogen[157].

---

[151] So zum Hochschulfristvertragsgesetz *Kemper*, Koalitionsfreiheit, S. 132.

[152] *Löwer*, Rn. 55 m.w.N.

[153] *Löwer*, Rn. 55; *Döttger*, S. 119.

[154] *Scholz*, HdbStR, Rn. 76.

[155] *Scholz*, MD, Art. 9 GG, Rn. 29.

[156] *Pieroth*, S. 293 (304 f.).

[157] *Isensee*, Die verfassungsrechtliche Verankerung der Tarifautonomie, S. 159 (184 ff.); *Söllner*, AuR 1966, S. 257 (258); *Andelewski*, S. 66 ff.; *Galperin*, FS für Molitor, S. 143 (158); *Müller*, Arbeitskampf und Recht, S. 62 f.; *Bleckmann*, § 30 Rn. 69, 93; *Misera*, S. 16; *Wagner*, DB 1992, S. 2550 (2554): „subsidiäre Zuständigkeit innerhalb des Kernbereichs“; angedeutet auch bei *Kunze*, S. 101 (106), *Dieterich*, RdA 2002, S. 1 (11), und unter der Bezeichnung „Normsetzungsprärogative“ in der Rechtsprechung des BVerfG, vgl. BVerfGE 44, S. 322 (342); *Schnorr*, JR 1966, S. 327 (334) geht vom Subsidiaritätsprinzip aus, wendet jedoch als weitere Zuständigkeitsgrenzen des Gesetzgebers das Günstigkeitsprinzip und den Grundsatz der Unantastbarkeit des Kernbereichs an; *Dürig*, JZ 1953, S. 193 (198) sieht Art. 9 als einen Faktor zur „Gesamtinterpretation des Grundgesetzes“ an, die ein juristisches Vorrangprinzip festlege,

Das Subsidiaritätsprinzip ist in das Blickfeld der modernen Staatslehre gerückt, seitdem sich die päpstlichen Sozialenzykliken, insbesondere die dem Rundschreiben „Rerum Novarum" von Papst *Leo XIII.* von 1891 folgende Enzyklika „Quadragesimo Anno" des Papstes *Pius XI.* vom 15.5.1931 und neuerdings auch die Sozialenzyklika „Mater et Magistra" des Papstes *Johannes XXIII.* von 1961, zu ihm bekannt haben[158]. Tatsächlich ist das Subsidiaritätsprinzip in der Enzyklika „Quadragesimo Anno" erstmals unter diesem Namen gültig in der Weise formuliert worden, dass dabei liberale Vorstellungen und das Konzept sozialer Autonomien mit einbezogen wurden[159].

In der Enzyklika „Quadragesimo Anno" heißt es: „Wenn es nämlich auch zutrifft, was ja die Geschichte deutlich bestätigt, dass unter den veränderten Verhältnissen manche Aufgaben, die früher leicht von kleineren Gemeinwesen geleistet wurden, nur mehr von großen bewältigt werden können, so muss doch allzeit unverrückbar jener oberste sozialphilosophische Grundsatz festgehalten werden, an dem nicht zu rütteln noch zu deuteln ist: wie dasjenige, was der Einzelmensch aus eigener Initiative und mit seinen eigenen Kräften leisten kann, ihm nicht entzogen und der Gesellschaftstätigkeit zugewiesen werden darf, so verstößt es gegen die Gerechtigtkeit, das, was die kleineren und untergeordneteren Gemeinwesen leisten und zum guten Ende führen können, für die weitere und übergeordnete Gemeinschaft in Anspruch zu nehmen ... Jedwede Gesellschaft-

wonach der Staat die letzte Instanz sei, auf die zu rekurrieren sei, falls alle anderen nicht ausreichten; *Müller*, AuR 1972, S. 1 (2) meint, ohne das Subsidiaritätsprinzip sei das deutsche Koalitionsrecht nicht zu verstehen; nach *Wlotzke*, RdA 1963, S. 44 (50) hat der Staat dem Sozialstaatsprinzip mit eigenen Mitteln erst dann Geltung zu verschaffen, wenn die Tarifautonomie hierfür nicht ausreicht; *Fechner*, RdA 1955, S. 161 (163) betrachtet das Subsidiaritätsprinzip als dem Sozialstaatsprinzip gewissermaßen immanent, wenn er ausführt, der Sozialstaat baue sich im Gegensatz zum zentral gelenkten Massenstaat von unten nach oben auf und entfalte sich aus der sozialen Wirklichkeit zur Verfassungswirklichkeit; *Zachert*, NZA 1994, S. 529 (533) meint vorsichtig, der von der Verfassung gewollte Normalzustand gehe dahin, dass die tarifautonom vereinbarten Inhalte grundsätzlich staatlichen Normen vorgehen, „man könnte insoweit von einer Prioritätsvermutung zugunsten des tariflichen Rechts gegenüber dem staatlichen oder umgekehrt der Geltung des „Subsidiaritätsgedanken" zu Lasten staatlicher Regulierung sprechen"; ähnlich *Zachert*, Tarifvertrag, S. 82; *Picker*, Warnstreik, S. 153 f. versucht die von ihm erwähnten „Zweifel an Geltungsgrund und -umfang dieses Prinzips" dadurch zu entkräften, dass er es als eine „evident plausible, eben deshalb auch zeitlos anerkannte ... Maxime" benennt; einschränkend sowohl *Küchenhoff*, RdA 1959, S. 201 (205) als auch *Peters/Ossenbühl*, S. 21 f: „die Anwendung des Subsidiaritätsprinzips führt im Zweifelsfalle zu einer Zuständigkeitsvermutung für die engere soziale Einheit"; *Zuck*, S. 90 hat offengelassen, ob mit der „echten Vorrangregelung" der in Art. 9 Abs. 1 S 1 GG ausgesprochenen Tariffähigkeit der Tarifvertragsparteien Gedanken des Subsidiaritätsprinzips angesprochen werden; zum allgemeinen Subsidiaritätsprinzip vgl. auch *Herschel*, FS für Nipperdey, S. 221 (232).

[158] *Richardi*, Kollektivgewalt, S. 53; das Subsidiaritätsprinzip selbst ist viel älter. Es hat seine Grundlage im alten Gedanken der „Sophrosyme", was so viel bedeutet wie weise Selbstbeschränkung des Mächtigen bei der Ausübung seiner Macht.

[159] *Kempen*, KritV 1994, S. 13 (20).

stätigkeit ist ja ihrem Wesen nach subsidiär; sie soll die Glieder des Sozialkörpers unterstützen, darf sie aber niemals zerschlagen oder aufsaugen“[160]. Die Bedeutung des allgemeinen Subsidiaritätsprinzips ist demnach, dass der einzelne das, was er mit eigenen Kräften und den ihm zur Verfügung stehenden Mitteln bewirken kann, auch unter eigener Verantwortung selbst leisten soll[161]. Dabei geht es bei einer heutigen Anwendung des allgemeinen Subsidiaritätsprinzips nicht darum, zentrale Positionen der katholischen Soziallehre durchzusetzen; dieses Prinzip wird vielmehr ausdrücklich als eine normative Garantie für „bürgernahe“ Entscheidungen der öffentlichen Gewalt verstanden und verweist damit auf die föderalen (Art. 72 Abs. 2 GG), kommunalen (Art. 28 Abs. 1 S. 2 GG) und vor allem auf die grundrechtlich-demokratischen (Art. 9 Abs. 3 S. 1 GG) Elemente liberaler Subsidiaritätstheorien[162].

Ganz konkret hat *Küchenhoff* - der als erster das Verhältnis von „Subsidiarität und Arbeitsrecht“ untersuchte[163] - festgestellt, der Staat sei im Verhältnis zu den Tarifgebern subsidiär im Gestalten der Arbeitsbedingungen, aber kraft seiner alleinigen Zuständigkeit zur Sorge für das Gemeinwohl souverän in der Gesamtformung des Zusammenlebens, einschließlich des Arbeitslebens, in den Grenzen der Grundrechte und der Verfassung[164]. Selbst als überzeugter Verfechter des Subsidiaritätsgrundsatzes verfolgt *Küchenhoff* das Subsidiaritätsprinzip jedoch im Verhältnis von Tarifvertragsparteien und staatlichem Gesetzgeber nicht konsequent[165]. Zwar führt er aus, in der Schaffung von Bestimmungen über Entgelte und andere Arbeitsbedingungen sei der Staat subsidiär zuständig. Wenn jedoch der geschaffene Tarifvertrag gegen ein wirksames und zwingendes, auch keine Ausnahmen für Tarifverträge zulassendes staatliches Gesetz verstoße, habe dieses Vorrang[166]. Die Vorhand in der Initiative und im Gestalten der Arbeitsbedingungen sei also vom Vorrang des gestalteten allgemeinen Gesetzes, auch soweit dieses sich auf Arbeitsbedingungen mitbeziehe, zu unterscheiden[167]. Bei der Normengebung durch Tarif- und Gesetzgeber konkurrierten nicht wie im bundesstaatlichen Verhältnis von Bund und Ländern zwei originäre Gesetzgebungszuständigkeiten[168]. Aus diesem Grund finde die Subsidiarität ihre Gren-

---

[160] Zitiert nach *Gundlach* (Hrsg.), Die sozialen Rundschreiben Leos XII. und Pius' XI., Texte und deutsche Übersetzungen, 1933, S. 64 ff., Rn. 79 (sog. Amtliche Übersetzung).
[161] *Pratzky*, S. 174; *Misera*, S. 15.
[162] *Kempen*, KritV 1994, S. 13 (14, 21 ff.).
[163] *Küchehoff*, RdA 1959, S. 201 ff.
[164] *Küchenhoff*, RdA 1959, S. 201 (205).
[165] *Wolff*, S. 40; *Richardi*, Kollektivgewalt, S. 55.
[166] *Küchenhoff*, RdA 1959, S. 201 (205).
[167] So auch *Peters/Ossenbühl*, S. 21 f.
[168] *Küchenhoff*, RdA 1959, S. 201 (205).

zen am Gemeinwohl, über das der Staat zu wachen habe[169]. Diesem Gedanken ganz ähnlich wird auch vertreten, der Gesetzgeber spare im Bereich der Arbeits- und Wirtschaftsbedingungen einen Raum aus, der den Tarifpartnern zur Gestaltung überlassen bleibe[170]. Der Staat stehe unter Rechtfertigungszwang, wenn er eine Materie aus diesem Bereich an sich ziehe. Es sei jedoch keine Materie tariffest. Der grundrechtliche Widerstand, der von der Koalitionsfreiheit ausgehe, sei je nach zu regelnder Materie unterschiedlich stark[171].

An dieser Anwendung des Subsidiaritätsprinzips in der „reinen Fassung" der katholischen Soziallehre wird in der Literatur Kritik geübt. Die Ausführungen seien erst dann schlüssig, wenn dargetan werden könne, dass von den verschiedenartigen Gemeinschaften keine niederrangigere zuständig sei, die Tarifvertragsparteien - und nicht der Betriebsrat oder die Arbeitsvertragsparteien - also wirklich die niedrigste Gemeinschaft seien[172]. Wenn außerdem gerade in Zweifelsfällen das Subsidiaritätsprinzip nicht maßgeblich sein solle, der Staat dieses Prinzip also nicht zu beachten brauche, dann sei noch eine Untersuchung darüber nötig, was die partielle Anerkennung des Subsidiaritätsprinzips zu bedeuten habe[173].

Etwas abgerückt von diesem ursprünglichen Subsidiaritätsgedanken wird daher in der Literatur vertreten, dem Gesetzgeber sei es verwehrt, innerhalb des verfassungsrechtlich geschützten Zuständigkeitsbereichs der Tarifparteien einen Vorrang seiner Normen gegenüber der Tarifregelung anzuordnen[174]. Der „Kernbereich" der autonomen Sphäre sei dem Gesetzgeber verschlossen. Die Grenze der Verfassungswidrigkeit sei überschritten, wo Bestand und Funktionsfähigkeit der Koalitionen und die Koalitionswilligkeit der Mitglieder ernsthaft bedroht seien[175]. Die vom Gesetzgeber unterbundenen Tätigkeiten dürften für sie „nicht wegzudenken sein". Innerhalb dieses Kernbereichs gelte nicht die hierarchische Rangordnung der Normen[176]. Eine gesetzliche Bestimmung müsse in diesem Raum hinter einer Tarifnorm zurücktreten[177]. Es bestehe darüber hinaus eine Vermutung für die subsidiäre Geltung des Gesetzes mindestens dann, wenn das Gesetz keine Mindestbedingungen festlege oder keine öffentlich-rechtlichen

---

[169]So auch *Peters/Ossenbühl*, S. 22: Das Subsidiaritätsprinzip besage lediglich, dass die Zuständigkeit der unteren sozialen Einheit nur für solche Bereiche zu vermuten sei, die nicht übergreifende Interessen, insbesondere das Gemeinwohl, berührten.
[170]*Isensee*, Die verfassungsrechtliche Verankerung der Tarifautonomie, S. 159 (185).
[171]*Isensee*, Die verfassungsrechtliche Verankerung der Tarifautonomie, S. 159 (185).
[172]*Zuck*, S. 28.
[173]*Zuck*, S. 28.
[174]*Lenz*, S. 233; *Kempen*, KritV 1994, S. 13 (22).
[175]*Gamillscheg*, Arbeitsrecht I, S. 230.
[176]*Galperin*, FS für Molitor, S. 143 (158).
[177]*Galperin*, FS für Molitor, S. 143 (158 f.); *Gamillscheg*, Arbeitsrecht I, S. 298.

Arbeitnehmerschutzvorschriften enthalte[178]. Es sei also insgesamt fraglich, ob dem Gesetzgeber die Kompetenz-Kompetenz zustehe, durch gesetzliche Regelung die Zuständigkeit der Tarifparteien zur Regelung der gleichen Frage zu beschränken.

Das Subsidiaritätsprinzip wird aus dem Grund als vorzugswürdig zur Kompetenzabgrenzung von Gesetzgeber und Tarifvertragsparteien angesehen, weil ein Nebeneinander von staatlicher und tariflicher Zuständigkeit die Gefahr der Aushöhlung der Tarifautonomie durch umfassende staatliche Schutzgesetze berge[179]. Eine sachgerechte Entfaltung der Tarifautonomie sei bei dieser latenten Gefahr nicht möglich. Der durch Art. 9 Abs. 3 S. 1 GG geschützten Tarifautonomie könne deshalb nur effektiv Rechnung getragen werden, wenn das staatliche Gesetzgebungsrecht so lange und soweit zurücktrete, bis das staatliche Recht die Tarifautonomie nicht gefährden könne. Insoweit führe der Grundsatz der praktischen Konkordanz zur Subsidiarität des staatlichen Rechts[180]. Für eine Anwendung des Subsidiaritätsprinzips spreche außerdem die Vergleichbarkeit der vorliegenden Konfliktsituation mit den klassischen Fällen, in denen das Subsidiaritätsprinzip zur Lösung herangezogen werde[181]. Diese seien gekennzeichnet durch die primäre Zuständigkeit des engeren Rechtskreises gegenüber dem weiteren Rechtskreis. Tarifnormen gelten gem. §§ 3 Abs. 1, 4 Abs. 1 TVG nur zwischen den Mitgliedern der Tarifparteien unmittelbar und zwingend, während sich das staatliche Recht an alle Rechtsgenossen wendet[182]. Da typischerweise nicht alle Arbeitnehmer Mitglieder einer Gewerkschaft seien, sei der Kreis der von Tarifnormen unmittelbar Betroffenen enger als der Kreis der dem staatlichen Recht Unterworfenen[183].

Als Grenzen des Subsidiaritätsprinzips werden das Sozialstaatsprinzip und die Menschenwürde, Grundrechte Dritter und andere mit Verfassungsrang ausgestattete Rechtsgüter sowie das Gemeinwohl bzw. die Letzt- und Gesamtverantwortung des Staates anerkannt[184]. Dabei sollen diese Schranken nicht so angewendet werden, dass der Staat zunächst abwarten müsse, ob die Tarifparteien eine den verfassungsrechtlichen Schutzauftrag des Staates entsprechende Regelung treffen. Eine solche späte Zuständigkeit des Gesetzgebers bringe zu viele Gefahren für die betroffenen Arbeitnehmer mit sich[185]. Bei der Beantwortung der Frage, inwieweit der Staat den Tarifparteien vorgreifen dürfe, müsse es dar-

---

[178] *Lenz* in: *Lenz*, S. 233.
[179] *Andelewski*, S. 67.
[180] *Andelewski*, S. 67.
[181] *Andelewski*, S. 68.
[182] *Andelewski*, S. 68.
[183] *Andelewski*, S. 68.
[184] *Andelewski*, S. 69 ff.
[185] *Andelewski*, S. 73.

auf ankommen, wie stark die staatliche Regelung die Tarifautonomie beschränke[186]; wann eine die Tarifautonomie tangierende staatliche Regelung zulässig sei, könne nur im Einzelfall entschieden werden[187]. Insgesamt soll der Gesetzgeber demzufolge grundsätzlich zuständig bleiben für Regelungen in Ausübung seiner Sorge für das Gemeinwohl[188].

2. Kritik an der Anwendung des allgemeinen Subsidiaritätsprinzips

Zunächst drängt sich grundsätzliche Kritik an der Annahme eines selbständigen verfassungsrechtlichen Subsidiaritätsprinzips auf[189]. Das System der staatlichen oder vom Staat abgeleiteten Zuständigkeit duldet keine Einschränkung. Das Grundgesetz hat das Kompetenzschema des Subsidiaritätsprinzips nicht aufgenommen und gestatt deshalb keinem gesellschaftlichen Aufgabenträger die Berufung auf die vermeintliche „Subsidiarität" einer staatlichen Zuständigkeit[190]. Die ideologisch-neutrale Haltung des Grundgesetzes versagt sich den sozialphilosophischen Intentionen eines Subsidiaritätsprinzips[191].

Diesem Kritikpunkt wird jedoch ausgewichen, indem die Frage, ob ein Subsidiaritätsmaßstab generell verfassungskräftig gilt, offen gelassen wird. Der Staat selbst konstituiere in Art. 9 Abs. 3 S. 1 GG vielmehr speziell für die Koalitionsfreiheit eine Subsidiarität seiner Regelungsbefugnisse, indem er den Koalitionen das Recht zugestehe, Regelungen zur Wahrung und Förderung der Arbeits- und Wirtschaftsbedingungen zu treffen[192]. Kritisch gegenüber einer Anwendung des Subsidiaritätsgrundsatzes gerade im Rahmen des Art. 9 Abs. 3 S. 1 GG ist jedoch anzuführen, dass Art. 9 Abs. 3 S. 1 GG keine entsprechenden vorrangigen Funktionsansprüche der Koalitionen gegenüber dem staatlichen Gesetzgeber anerkennt[193]. Wenn mit Hilfe des Subsidiaritätsgrundsatzes den sozialen Teilgewalten ein vom Staat selbständiger Bereich gesichert werden sollte, so würde da-

---

186 *Andelewski*, S. 74.

187 *Andelewski*, S. 75.

188 *Küchenhoff*, RdA 1959, S. 201 (204 f.); *Galperin*, FS für Molitor, S. 143 (159); *Fratzky*, S. 185; *Wlotzke*, RdA 1963, S. 44 (50).

189 *Richardi*, Kollektivgewalt, S. 52 ff.; *Scholz*, Koalitionsfreiheit, S. 167; *Scholz*, HdbStR, Rn. 39; *Scholz*, FS für Trinkner, S. 377 (385); *Herzog*, Der Staat, Band 2 (1963), S. 399 (411 ff.); *Isensee*, Subsidiarität und Verfassungsrecht, S. 313 f.; *Peters/Ossenbühl*, S. 20; *Preis*, ZfA 1972, S. 271 (292); *Farthmann/Coen*, Rn. 97.

190 *Scholz*, Koalitionsfreiheit, S. 167; *Scholz*, MD, Art. 9 GG, Rn. 271.

191 *Scholz*, Einrichtungen, S. 48; dagegen meint *Müller*, AuR 1972, S. 1 (2) in Bezug auf das Arbeitskampfrecht, ein zumindest indirekter Einfluss der Katholischen Soziallehre auf das deutsche Arbeitskampfrecht müsse angenommen werden; Subsidiaritätsprinzip und liberaler Harmoniegedanke seien die ideengeschichtlichen Wurzeln des deutschen Arbeitskampfrechts.

192 *Sodan*, JZ 1998, S. 421 (427).

193 *Scholz*, MD, Art. 9 GG, Rn. 17; *Scholz*, FS für Trinkner, S. 377 (384 f.); vgl. auch *Richardi*, JZ 1985, S. 410 (414): „Ein derartiges Subsidiaritätsverhältnis kann aber nicht unmittelbar aus der Verfassungsgarantie der Koalitionsfreiheit begründet werden".

durch die Souveränität des Staates, aber auch der Staat als umfassende Rechtsgemeinschaft zerschlagen[194]. Die Koalitionen wären befugt, ihre Aufgaben zu bestimmen. Der Staat hätte sich mit dem zu begnügen, was die gesellschaftlichen Gebilde, gleich aus welchen Gründen, nicht anzunehmen wünschten[195]. Damit wäre zugleich ausgesprochen, dass die Tarifpartner imstande wären, dem Staat einseitig Grenzen für seine Betätigung zu setzen. Einseitigkeit des Vorgehens ist aber eine Möglichkeit, die allein dem Staat vorbehalten ist[196]. Die Versetzung des Staates in eine bloße Hilfsstellung, über deren Umfang und Verwirklichung die gesellschaftlichen Gruppen entscheiden, entspricht jedoch nicht dem Grundgesetz[197].

Weiter wird von einigen Autoren bemerkt, der Subsidiaritätsgrundsatz könne nur unter bestimmten, feststehenden Voraussetzungen als Ordnungsprinzip verwendet werden. Eine pyramidenartige Abstufung sei lediglich dann möglich, wenn die übergeordnete Gemeinschaft die Mitglieder der untergeordneten Gemeinschaft umfasse und die Aufgabe von beiden wahrgenommen werden könnte, also Homogenität des Mitgliederkreises und Homogenität des potentiellen Aufgabenkreises bestehe[198]. Sie versage zwischen einem gebietskörperschaftlichen und einem personenbezogenen Verband. Die Einordnung des Verhältnisses Grundrechtsträger gegenüber Staat in das Schema kleinerer gegenüber größerer Einheit scheitere daran, dass die Grundrechte gerade den Sinn hätten, in ihrem Bereich eine Ausgrenzung der Freiheitssphäre des Grundrechtsträgers aus der Sphäre staatlicher Regelungsmacht zu sichern[199]. Die grundsätzliche, dem Schutzbereich des jeweiligen Grundrechts immanente Wertung zugunsten der Freiheit des Begünstigten gegenüber dem Staat schließe eine dem Subsidiaritätsprinzip immanente weitere Wertungsalternative im Sinne eines ausnahmsweisen Vorgehens übergeordneter staatlicher Belange aus. Derartige Ausnahmen seien nicht unter dem Gesichtspunkt subsidiärer Staatsbefugnisse, sondern ausschließlich im Hinblick auf eventuelle Grundrechtsschranken möglich[200]. Die Subsidiaritätslehre setze eine bestimmte allgemeinverbindliche Vorstellung vom Sinn der menschlichen Existenz voraus. Ihr Kriterium stelle ein Problem dar, das ohne Zwischenschaltung einer religiösen Glaubensentscheidung nicht lösbar sei[201]. Der Subsidiaritätsgrundsatz könne daher eine stabile Sozialordnung nur verwirklichen, wenn eine außerhalb der Staatsmacht stehende Instanz, wie die

---

194 *Richardi*, Kollektivgewalt, S. 54.
195 *Krüger*, Verhandlungen des 46. DJT, Diskussion, S. 65.
196 *Krüger*, Verhandlungen des 46. DJT, Diskussion, S. 65.
197 *Krüger*, Verhandlungen des 46. DJT, Diskussion, S. 65.
198 *Richardi*, Kollektivgewalt, S. 56; *Kemper*, Koalitionsfreiheit, S. 78.
199 *Kemper*, Koalitionsfreiheit, S. 79.
200 *Kemper*, Koalitionsfreiheit, S. 79.
201 *Richardi*, Kollektivgewalt, S. 57; *Herzog*, Der Staat, Band 2 (1963), S. 399 (415 f.).

katholische Soziallehre, sie in der kirchlichen Lehrgewalt anerkenne, eine letzthin verbindliche Entscheidung in dieser Frage fällen könnte. Diese Konsequenz sei aber mit dem Grundgesetz nicht vereinbar[202].

Weiterhin dürfe die Subsidiaritätslehre aus dem Grunde nicht auf die bestehende Ordnung der abhängigen Arbeit angewendet werden, weil durch sie die Freiheit der Einzelpersönlichkeit mediatisiert werde[203]. Die Grundrechte sollten es dem Einzelnen ermöglichen, seine Persönlichkeit nach eigener Erkenntnis und unter selbstgewählter Verantwortung zu entfalten, sie bezweckten aber nicht, die Vervollkommnung der Persönlichkeit nach einer bestimmten Ordnungsvorstellung zu vollziehen. Sie schafften nicht einen staatsfreien Raum, in dem andere Ordnungsmächte rechtsgestaltend wirkten, sondern sie beschränkten die staatliche Hoheitsgewalt um der Freiheit der Einzelpersönlichkeit willen, ohne aber den Bereich, der hoheitlicher Regelung verschlossen sei, aus der staatlich geregelten Rechtsordnung auszuschließen.

Das Subsidiaritätsprinzip stelle letztlich einen Maßstab zur Abgrenzung von Kompetenzen dar und keinen Maßstab für die Abgrenzung von Freiheit einerseits und staatlicher Kompetenz andererseits[204]. Der Gedanke der Subsidiarität zwischen Staat und Grundrechtsträger bei der Ausübung grundrechtlich garantierter Freiheit sei sinnwidrig, da der Schutzcharakter des Grundrechts bereits die Freiheit gegenüber dem Staat beinhalte und eine weitere Wertungsalternative zugunsten eines ausnahmsweisen Vorgehens übergeordneter staatlicher Belange ausschließe[205].

3. Eingeschränkter Subsidiaritätsansatz

a) Biedenkopf

Einen eigenen, konsequenten Subsidiaritätsgedanken im Rahmen der Koalitionsfreiheit hat *Biedenkopf* in dem Bemühen entwickelt, die Tarifautonomie in der materiellen Ordnung des Arbeitsrechts vor Eingriffen durch den staatlichen Gesetzgeber zu schützen[206]. Obwohl er der Subsidiaritätslehre nicht ausdrücklich folgt[207], nimmt er für die Tarifvertragsparteien eine vom staatlichen Gesetzgeber unabhängige, seiner Rechtsetzungsgewalt gleichwertige Normsetzungsbe-

---

[202] *Richardi*, Kollektivgewalt, S. 57.

[203] *Richardi*, Kollektivgewalt, S. 58.

[204] *Scholz*, FS für Trinkner, S. 377 (385).

[205] *Wolff*, S. 40.

[206] Vgl. auch *Richardi*, Kollektivgewalt, S. 55; anders *Wolff*, S. 41, der meint, die Auffassung *Biedenkopfs* lasse sich nicht in die Nähe des Subsidiaritätsprinzips bringen.

[207] *Biedenkopf*, Tarifautonomie, S. 178 ff.; er verweist lediglich auf die subsidiäre Zuständigkeit des staatlichen Gesetzgebers zur Rechtsetzung, vgl. *Biedenkopf*, Tarifautonomie, S. 106; dem folgend *Lenz*, S. 233.

fugnis an[208]. *Biedenkopf* differenziert bei der Zuständigkeitsabgrenzung von Tarifvertragsparteien und Gesetzgeber zwischen Normen zur Existenzsicherung und verteilender Schutzgesetzgebung[209].

aa) Mindestbedingungen

Für die Normierung absoluter Mindestbedingungen[210] - also Existenzminima, deren Erhaltung das Menschenbild des Grundgesetzes verlange - sei ausschließlich der Staat zuständig[211]. Die Tarifvertragsparteien könnten keine Normen vereinbaren, die hinter den vom Grundgesetz geforderten Mindestbedingungen zurückblieben[212]. Die Schutzgesetze drückten die „untere" absolute Grenze der Befugnis der Tarifvertragsparteien zur Normsetzung aus. Das Verhältnis der gesetzlichen Normierung absoluter Mindestarbeitsbedingungen, die man als gesetzliche Existenzsicherung bezeichnen könne, zur tarifvertraglichen Normsetzung sei somit das eines klaren Vorranges des Gesetzgebers[213].

bb) Verteilende Schutzgesetzgebung

Der Kompetenzkonflikt tauche erst bei der verteilenden Schutzgesetzgebung[214] auf. Bei dieser handele es sich um Risiko- und Vorteilsausgleich, also um eine gesetzliche Lastenverteilung unter den Parteien des Arbeitsvertrages[215]. Da dies jedoch auch Aufgabe der tarifvertraglichen Normsetzung sei, bestehe auf diesem Gebiet der arbeitnehmerbezogenen, verteilenden Sozialgesetzgebung im Sinne einer adäquaten materiellrechtlichen Ausgestaltung der Arbeits- und Wirtschaftsbedingungen eine echte Konkurrenzsituation. Diese Konkurrenzsituation löst *Biedenkopf* mit der grundsätzlichen Ausschließlichkeit der gesetzlichen Regelung bei verteilenden Sozialgesetzen und der ausnahmsweisen Subsidiarität staatlicher Gesetzgebung im Kernbereich tariflicher Zuständigkeit bei speziell arbeitsrechtlichen Schutzgesetzen.

Verteilende Sozialgesetze unter Beteiligung der öffentlichen Hand strebten einen abschließenden, unter Berücksichtigung aller beteiligten Interessen und

---

208 *Biedenkopf*, Tarifautonomie, S. 153.

209 *Biedenkopf*, Tarifautonomie, S. 152 ff.

210 *Biedenkopf* nennt als solche bspw. die Fixierung des Minimallohns, die gesetzliche Regelung zur Lohnpfändung, den Ausschluss bestimmter Gegenstände von der Zwangsvollstreckung, die Fürsorgeregelungen, den strafrechtlichen Schutz der Arbeitskraft und die den Lohnanspruch befreffenden Bestimmungen der damaligen Konkursordnung.

211 *Biedenkopf*, Tarifautonomie, S. 154 f.

212 *Biedenkopf*, Tarifautonomie, S. 155.

213 *Biedenkopf*, Tarifautonomie, S. 156.

214 *Biedenkopf* nennt hier gesetzliche Bestimmungen über die volle Lohnfortzahlung im Krankheitsfalle, einen drei-Wochenurlaub, einen weitausgebauten Kündigungsschutz und Kindergeldregelungen.

215 *Biedenkopf*, Tarifautonomie, S. 156 f.

des Gemeinwohls gerechten Ausgleich im geregelten Bereich an. Fehle es an einer ausdrücklichen Bestimmung über das Verhältnis zum Tarifvertrag, so spreche eine Vermutung für ihren ausschließlichen Geltungsanspruch[216]. Eine Verbesserung der gesetzlichen Leistungen sei dann grundsätzlich nicht zur Zuständigkeit der Tarifparteien in dem Sinne zu rechnen, dass sie durch Arbeitskampfmaßnahmen erzwungen werden könnten[217]. Eine Verbesserung der gesetzlichen Regelung durch einzelvertragliche Vereinbarung oder fakultative Tarifvereinbarung bleibe davon jedoch unberührt; ihre Zulässigkeit sei durch das Günstigkeitsprinzip gewährleistet[218]. *Biedenkopf* zieht den Vergleich zum Verhältnis von Bundes- und Landesgesetzgebung und meint, in Parallele dazu bedeute das Ausschließlichkeitsprinzip, dass die gesetzliche Schutzregelung zugleich die ausschließliche Zuständigkeit des Gesetzgebers zur normativen Ordnung der betroffenen Materie begründe. Bei der konkreten Beurteilung der Frage, ob eine gesetzliche Regelung gegenüber dem Tarifvertrag ausschließlich gelten wolle, greift *Biedenkopf* auf Art. 31 und 72 GG zurück und fragt entsprechend, ob beide Rechte denselben Gegenstand oder Sachverhalt, dieselbe Materie, dieselbe Rechtsfrage regeln und ob das Bundesrecht den Gegenstand erschöpfend ordnen wolle[219]. im Übrigen könne die ausschließliche Zuständigkeit des Gesetzgebers nur so weit reichen, als es der Sachzusammenhang der Regelung unbedingt erfordere[220].

Dagegen gelte bei „arbeitsrechtlichen Schutzgesetzen" ohne ausdrückliche Aussage über die Ausschließlichkeit und ohne inneren Sachzusammenhang zur allgemeinen, nicht typisch arbeitsrechtlichen Sozialgesetzgebung, mit der ein gerechter Ausgleich zwischen Arbeitnehmern und Arbeitgebern hergestellt werden solle, der Grundsatz der Subsidiarität der gesetzlichen Regelung[221]. Eine Vermutung spreche in solchen Fällen zugunsten des Tarifvertrages als der besseren, sachgerechteren, und deshalb von der Rechtsordnung bevorzugten Regelung der betroffenen Frage[222]. In dem Kernbereich der tarifvertraglichen Zuständigkeit seien die Koalitionen daher nicht nur auf eine Verbesserung der gesetzlichen Arbeitsbedingungen beschränkt, sondern hier gehe die tarifvertragliche Regelung auch zwingendem Gesetzesrecht vor, soweit sie nicht die gesetzliche Existenz-

[216] *Biedenkopf*, Tarifautonomie, S. 210.
[217] *Biedenkopf*, Tarifautonomie, S. 159.
[218] *Biedenkopf*, Tarifautonomie, S. 210.
[219] *Biedenkopf*, Tarifautonomie, S. 168.
[220] *Biedenkopf*, Tarifautonomie, S. 169.
[221] *Biedenkopf*, Tarifautonomie, S. 210, 178.
[222] *Biedenkopf*, Tarifautonomie, S. 210.

sicherung antaste und wirksam und geeignet sei, eine dem Gesetz ebenbürtige Schutzfunktion zu erfüllen[223].

Zu diesem Ansatz *Biedenkopfs* wird kritisch bemerkt, die im Bereich der verteilenden Schutzgesetzgebung gegebene Kompetenz des Gesetzgebers sei gegenüber der von Art. 9 Abs. 3 GG garantierten Normsetzungsbefugnis keineswegs nachrangig im Sinne des Subsidiaritätsprinzips[224]. Denn der Gesetzgeber sei auf Grund des Sozialstaatsprinzips und vor allem seiner von Art. 74 Abs. 1 Nr. 12 GG eingeräumten Kompetenz dazu berechtigt, die Gesellschaft und insbesondere das Arbeits- und Wirtschaftsleben aktiv, einheitlich und zukunftsorientiert, also nicht bloß reagierend, fortzuentwickeln und ihre Existenzchancen zu verbessern[225]. Die Theorie vom verfassungsrechtlichen Vorrang des Tarifrechts sei daher mit dem in Art. 20 Abs. 1 GG verankerten Sozialstaatsprinzip unvereinbar[226]. Dem Gesetzgeber stehe also eine sozialgestaltende Rolle zu, die es ihm auch gegenüber den Koalitionen, und nicht nur gegenüber tariflichen Außenseitern, in gewissem Umfang erlaube, Arbeitsbedingungen, die über dem Existenzminimum liegen würden, als Mindestbedingungen zu verankern[227]. Das Sozialstaatsgebot sei nämlich auch auf die Verwirklichung einer materialen bzw. sozialen Gleichheit und damit auf eine gerechte Verteilung der Güter und Lasten in der Gesellschaft gerichtet[228]. Auf Grund seines verfassungsrechtlichen Auftrages zur Sozialgestaltung und seiner sozialen Verantwortung könne die Entscheidungsbefugnis des Staates nicht durch Art. 9 Abs. 3 S. 1 GG aufgehoben werden[229]. *Biedenkopf* würde den Staat auf Grund der völlig unrealistisch erscheinenden Befürchtung, der Staat könne durch staatliche Schutzgesetze die Tarifautonomie tatsächlich aushöhlen[230], in eine modifizierte Nachtwächterrolle verweisen[231].

b) Ähnliche Ansätze

In Anlehnung an *Biedenkopf* wird teilweise eine Regelung der Tarifvertragsparteien dort für vorrangfähig gehalten, wo sie sich im Rahmen der Tarifautonomie hält und wo dem Staat keine Kontroll- und Absicherungsfunktion verblieben ist[232]. Der Bereich ausschließlicher staatlicher Zuständigkeit wird einerseits bei

---

[223] *Biedenkopf*, Tarifautonomie, S. 188 ff., 211; ebenso *Säcker*, Grundprobleme, S. 45 ff., insbes. S. 48.

[224] *Belling*, Das Günstigkeitsprinzip im Arbeitsrecht, S. 165 f.

[225] *Belling*, Das Günstigkeitsprinzip im Arbeitsrecht, S. 165.

[226] *Preis*, ZfA 1972, S. 271 (293).

[227] *Belling*, Das Günstigkeitsprinzip im Arbeitsrecht, S. 166.

[228] *Preis*, ZfA 1972, S. 271 (293 f.).

[229] *Preis*, ZfA 1972, S. 271 (295 f.).

[230] *Preis*, ZfA 1972, S. 271 (291).

[231] *Preis*, ZfA 1972, S. 271 (296).

[232] *Coester*, S. 83.

den Minimalgesetzen, die der „Normierung absoluter Mindestbedingungen“ im Sinne *Biedenkopfs* entsprechen, und andererseits bei den Gesetzen zum Schutze des Gemeinwohls, die eine verbindliche Grenzziehung „nach oben“ zum Schutz der Allgemeinheit vor unverhältnismäßiger Schädigung durch tarifautonome Betätigung darstellen sollen, gesehen[233]. Im verbleibenden Mittelbereich - dem „relativen Kernbereich“ der Tarifautonomie - seien grundsätzlich die Tarifvertragsparteien zur vorrangigen Regelung berufen. Der Gesetzgeber brauche jedoch mit Normen, die dem Schutz anderer als arbeitsrechtlicher Rechtsgüter oder zur Verfolgung nicht-arbeitsrechtlicher, insbesondere politischer oder gemeinwohlbezogener Interessen dienten, nicht vor dem Bereich der abhängigen Arbeit halt zu machen. Die umfassende, übergreifende Gestaltungsmacht des Staates legitimiere die Unabdingbarkeit dieser Normen auch gegenüber den Tarifvertragsparteien. Die Zuständigkeitsabgrenzung zwischen staatlicher und tarifautonomer Regelungsbefugnis soll in diesem Mittelbereich nach dem Gebot der gegenseitigen Zuordnung mit dem Ziel der optimalen beiderseitigen Effektivität erfolgen[234]. Die Garantie des Art. 9 Abs. 3 S. 1 GG verbiete es jedoch, auch aus übergreifenden Gesichtspunkten den Bereich der Tarifautonomie soweit einzuschränken, dass ihr institutioneller Sinn in Frage gestellt werde. Dies soll der absolute Kernbereich der Tarifautonomie sein. In diesem absoluten Kernbereich seien tarifautonome Regelungen absolut vorrangig gegenüber staatlichen Gesetzen[235]. Es wird hier also eine Subsidiarität staatlicher Gesetze im „Kernbereich“ der Tarifautonomie angenommen. Gesetze im Vorrangbereich der Tarifautonomie entfalteten gegenüber dem Tarifvertrag keine begrenzte Leitfunktion in dem Sinne, dass sie nur durch neue Tarifverträge unter Beachtung der gesetzgeberischen Wertung abdingbar wären[236].

Die verfassungsrechtliche Anerkennung des Subsidiaritätsprinzips erweist sich auch *Säcker* zufolge für die von dem Begriffspaar der „Arbeits- und Wirtschaftsbedingungen“ auf der Ebene des Verfassungsrechts umfassten Sachmaterien als sinnvoll und mit der grundsätzlich dem demokratisch legitimierten Gesetzgeber vorbehaltenen Gestaltungsaufgabe vereinbar[237]. Er greift dabei auf den Gedanken des Kernbereichs zurück, bildet aber zur Konkretisierung

[233] *Coester*, S. 84 f., 97.
[234] *Coester*, S. 96.
[235] *Coester*, S. 88.
[236] *Coester*, S. 97.
[237] *Säcker/Oetker*, S. 37, 176.

des funktionellen Kernbereichs[238] „Unter-Kernbereiche"[239], die die funktionelle Kernbereichsgarantie verfassungskongruent ausführen[240] und den verfassungsrechtlich gesicherten Mindestumfang der verbandsmäßigen Regelungsprärogative gegenüber dem Staat konkret fixieren sollen[241]. Der Gesetzgeber sei durch die Kernbereichsgarantien lediglich gehalten, die Kollektivautonomie in den den Koalitionen zugewiesenen Bereichen grundsätzlich zu respektieren, sie nicht „in toto" aufzuheben und sie nicht derart einzuschränken, dass sie „innerlich ausgehöhlt wird, die Gelegenheit zu kraftvoller Betätigung verliert und nur noch ein Schattendasein führt"[242]. Soweit jedoch die funktionelle Kernbereichsgarantie reiche, seien die Koalitionen und nur sie zur Regelung der Arbeitsbedingungen primär zuständig[243]. In diesem Bereich habe die von ihnen getroffene Regelung sowohl gegenüber dem Staat als auch gegenüber Privaten absoluten Vorrang[244]. Soweit die Koalitionen eine Regelung treffe, gelte diese und keine andere[245]. Diese den Koalitionen verfassungsrechtlich eingeräumte Regelungsprärogative habe zur Folge, dass alle staatlichen oder privaten Regelungen der allgemeinen Arbeits- und Wirtschaftsbedingungen in den geschützten Kernbereichen tarifdispositiv sein müssten[246]. Außerhalb des funktionellen Kernbereichs könnten sich die Tarifvertragsparteien dagegen nicht mehr auf Art. 9 Abs. 3 S. 1 GG, sondern nur auf die §§ 1, 4 Abs. 1 TVG stützen[247].

III. Günstigkeitsprinzip

Schließlich wird zur Lösung der Zuständigkeitskonkurrenz zwischen Gesetzgeber und Tarifvertragsparteien im Sinne eines größtmöglichen Arbeitnehmerschutzes

---

[238] Als solchen nennt er einen Kernbereich verbandsmäßiger Gestaltung der Arbeitsbedingungen, der die Gesamtskala potentieller Regelungen von der Sicherung des Existenzminimums an aufwärts bis hin an die Grenze der gemeinwohlschädlichen, gruppenegoistisch übersteigerten Regelung umfasst sowie einen Kernbereich verbandsmäßiger Mitgestaltung der betriebs- und unternehmensverfassungsrechtlichen Ordnung, vgl. *Säcker*, Grundprobleme, S. 93.

[239] Er führt unter Bezugnahme auf Entscheidungen des BVerfG als Unter-Kernbereiche einen Kernbereich verbandsmäßiger Lohngestaltung, einen Kernbereich verbandsmäßiger Arbeitszeitgestaltung und einen Kernbereich verbandsmäßiger Werbung vor den Personalratswahlen an, vgl. *Säcker*, Grundprobleme, S. 94; dagegen *Isensee*, Die verfassungsrechtliche Verankerung der Tarifautonomie, S. 159 (174): „Die Kernbereichs-Spaltung führt zur wunderbaren Grundrechtsvermehrung".

[240] *Säcker*, Grundprobleme, S. 45.

[241] *Säcker*, Grundprobleme, S. 93 f.

[242] *Säcker*, AuR 1994, S. 1 (7); ähnlich *Kemper*, Koalitionsfreiheit, S. 122.

[243] *Säcker*, AuR 1994, S. 1 (8).

[244] *Säcker*, AuR 1994, S. 1 (6).

[245] *Säcker*, AuR 1994, S. 1 (8).

[246] *Säcker*, AuR 1994, S. 1 (6).

[247] *Säcker*, Grundprobleme, S. 56.

auf das Günstigkeitsprinzip zurückgegriffen[248]. Für das Verhältnis von Tarifvertragsparteien und Individualarbeitsvertragsparteien ist das Günstigkeitsprinzip gesetzlich in § 4 Abs. 3 TVG verankert und beruht auf der Vorstellung, dass der abhängige Arbeitnehmer trotz der Wahrnehmung seiner Interessen durch die Gewerkschaften grundsätzlich nicht gehindert sein soll, mit dem Arbeitgeber eine individuell bessere Regelung zu vereinbaren[249]. Der als schwächer angesehene Arbeitnehmer soll dabei lediglich vor der Unterschreitung der kollektiven Vereinbarungen durch den intellektuell und/oder organisatorisch „überlegenen" Arbeitgeber geschützt werden.

Diesem Gedanken entsprechend soll dem Gesetzgeber im Regelfall eine Regelungsbefugnis zukommen, ihm seien aber „nach oben" abschließende Regelungen untersagt[250]. Die Möglichkeit des Gesetzgebers sei also begrenzt, Regelungen für abschließend zu erklären, eine Verbesserung durch Kollektivvertrag auszuschließen und die Koalitionen aus dem betreffenden Gebiet völlig zu verdrängen[251]. Das Günstigkeitsprinzip soll demnach nicht nur im Verhältnis von Tarifvertrag und Individualarbeitsvertrag gelten, sondern auch im Verhältnis von Gesetz und Tarifvertrag[252].

---

248 *Wlotzke*, Das Günstigkeitsprinzip, S. 14; *Gamillscheg*, Arbeitsrecht I, S. 835 ff.; *Nikisch*, S. 419; *Hiersemann*, BB 1963, S. 1301; *Kempen*, AuR 1985, S. 374 (383 ff.); *Belling*, Das Günstigkeitsprinzip im Arbeitsrecht, S. 161 ff. zieht neben dem Günstigkeitsprinzip auch andere Grundsätze zur Lösung der Zuständigkeitskonkurrenz heran, unter anderem die Wesensgehaltsgarantie, das Prinzip der praktischen Konkordanz, das Subsidiaritätsprinzip, das Vorrangprinzip und die staatliche Neutralitätspflicht im Arbeitskampf, vgl. S. 162.

249 *Wlotzke*, Das Günstigkeitsprinzip, S. 16; *Nikisch*, S. 418 ff.; *Biedenkopf*, Tarifautonomie, S. 146.

250 Vgl. *Schwerdtner*, NZA 1985, S. 577 (580); einschränkend wendet *Belling* das Günstigkeitsprinzip uneingeschränkt nur im Bereich der sogenannten „Minimalgesetzgebung" an; in diesem Bereich soll das Günstigkeitsprinzip aus der Natur der Sache heraus gelten, vgl. *Belling*, Das Günstigkeitsprinzip im Arbeitsrecht, S. 163; im Bereich der verteilenden arbeitsrechtlichen Schutzgesetzgebung gelte das Günstigkeitsprinzip dagegen nur kraft gesetzlicher Zulassung, d.h. auf Grund einseitiger Öffnung des Vorrangs des Gesetzes, vgl. *Belling*, Das Günstigkeitsprinzip im Arbeitsrecht, S. 164; das Günstigkeitsprinzip wird demnach nicht als Schranke der Normsetzung des Gesetzgebers, sondern als einseitige Geltungsbeschränkung der Norm selbst angesehen.

251 *Däubler/Hege*, Tarifvertragsrecht 2. Aufl., Rn. 172: eine ausreichende Rechtfertigung für eine abschließende gesetzliche Regelung liege jedoch dann vor, wenn die Ausgestaltung von Institutionen in Frage stehe, die die Interessen aller, nicht nur der tarifgebundenen Arbeitnehmer wahrnehmen; *Däubler*, Mitbestimmung, S. 213 f.

252 *Däubler/Hege*, Tarifvertragsrecht 2. Aufl., Rn. 174; bei fehlendem Begünstigungscharakter einer zwingenden Regelung nehmen *Däubler/Hege* jedoch nur einen Eingriff in die Tarifautonomie an. Das Gesetz soll also nicht schon per se wegen der zwingenden Wirkung auf Grund der Anwendung des Günstigkeitsprinzips tarifdispositiv sein. *Däubler/Hege* vertreten damit das Günstigkeitsprinzip nicht konsequent; ähnlich schwächt *Gamillscheg* die Anwendung des Günstigkeitsprinzips insofern ab, als er bei zweiseitig-zwingenden Gesetzen, wenn sie durch

Die verfassungsrechtliche Gewährleistung der freien Betätigung von Koalitionen bedeute zwar nicht, dass die Existenz effektiver tariflicher Normen stets und überall zu sichern sei, wohl aber berechtige sie die Koalitionen, wenn sie die Arbeits- und Wirtschaftsbedingungen ihres Zuständigkeitsbereichs regeln wollten, diese auch tatsächlich im Sinne eines unabdingbaren Mindeststandards regeln zu können. Stets müsse ihnen damit die tatsächliche Chance gesichert sein, für jedermann und für alle erfassten Berufe regelnd tätig zu werden[253]. Die jeweils für den Arbeitnehmer günstigere Norm - Tarifnorm oder Gesetzesnorm - habe also den Vorrang[254], da die meisten Normen grundsätzlich dem Schutz der Arbeitnehmer dienten[255]. Die stärkere Rechtsquelle verdränge damit zwar grundsätzlich die schwächere; der Vorrang der stärkeren Rechtsquelle werde aber nur insoweit verwirklicht, als sie die Arbeitnehmer gegenüber der schwächeren Rechtsquelle begünstige[256].

Die rechtliche Existenz des Günstigkeitsprinzips ergebe sich daraus, dass das Rangverhältnis unter den einzelnen Gestaltungsmitteln (Gesetz, Tarifvertrag, Betriebsvereinbarung und Einzelarbeitsvertrag) von dem sozialen Schutzgedanken des Arbeitsrechts beherrscht werde[257]. Zwingende Arbeitsgesetze dürften deshalb nur erlassen werden, wenn dies die eigentliche rechtspolitische Aufgabe des Arbeitsrechts als Schutzrecht erfordere[258]. Diese aus dem Sozialstaatsprinzip folgende Arbeitnehmerschutzfunktion sei Grund und Grenze der gesetzgeberischen Kompetenz im Arbeitsrecht nach Art. 74 Abs. 1 Nr. 12 GG[259].

Keine Einigkeit besteht jedoch über den Blickwinkel, aus dem der Günstigkeitsvergleich vorgenommen werden soll. Dieser ist insofern von Bedeutung und problematisch, als eine Regelung für eine bestimmte Person günstig sein kann,

---

überwiegende Gründe des Gemeinwohls gerechtfertigt sind, tarifliche Verbesserungen für unzulässig hält, vgl. *Gamillscheg*, Arbeitsrecht I, S. 298.

[253] *Kempen*, FS für Gitter, S. 427 (441) nimmt darüber hinaus eine staatliche Schutzpflicht im Hinblick auf das Grundrecht der Koalitionsfreiheit an, die sich explizit aus dem Verbot koalitionsfreiheitseinschränkender oder -behindernder Aktivitäten ergebe, vgl. S. 442.

[254] *Lee*, S. 19.

[255] So zu § 1 BeschFG *Kempen*, AuR 1985, S. 374 (385 f.): „Alle Tarifnormen, welche die Befristungsregelung nach dem BeschFG verkürzen, bewirken notwendig eine Ausweitung des Kündigungsschutzes und stellen den Arbeitnehmer mithin günstiger als das neue Gesetz. Sie gehen dem BeschFG daher auf Grund des arbeitsrechtlichen Schutzprinzips aus Art. 9 Abs. 3 S. 1, 20 Abs. 1 GG vor".

[256] *Wlotzke*, Das Günstigkeitsprinzip, S. 11.

[257] Vgl. *Siebert*, S. 119 (120): „Dieses Günstigkeitsprinzip gilt bereits für die gesetzlichen Normen über den Inhalt der Arbeitsverhältnisse im Verhältnis zu den nachgeordneten Gestaltungsmitteln, denn diese Normen wirken, sofern sie nicht überhaupt nur dispositiv sind, entsprechend dem Schutzzweck des Arbeitsrechts einseitig-zwingend; absolut zwingende Gesetzesnormen gibt es nur selten".

[258] *Kempen*, AuR 1985, S. 374 (376).

[259] *Kempen*, AuR 1985, S. 374 (376).

sich für eine andere Person oder Personengruppe dagegen ungünstig auswirken kann. Beim Günstigkeitsvergleich wird daher teilweise mit einer subjektiven Ausrichtung auf die Lage des einzelnen Arbeitnehmers im konkreten Fall abgestellt[260]. Gegen eine solche subjektive Ausrichtung wird jedoch angeführt, dass die rein subjektive Interessenlage des einzelnen Arbeitnehmers nicht maßgebend sein könne und dürfe[261]. Dessen existenzielle Angewiesenheit auf den Erwerb und Erhalt eines Arbeitsplatzes sei ja gerade der Grund für seine arbeitsvertragliche Verhandlungsschwäche. Deshalb habe immer weitgehende Einigkeit bestanden, dass das Bestandsschutzinteresse nicht in den Günstigkeitsvergleich einbezogen werden könne, solle nicht die Schutzfunktion des Tarifvertrages verloren gehen[262]. Die zwingende Wirkung des Tarifvertrages würde sonst obsolet[263]. Aus diesem Grund wird überwiegend objektiv die Interessenlage der Gesamtheit der tarifgebundenen Arbeitnehmer bzw. die Interessenlage der Arbeitnehmer, die der Person des jeweiligen Klägers im Gesamttyp entsprechen, als Ausgangspunkt genommen[264]. So versuchte auch das BAG, konsequent den Schutzzweck des Günstigkeitsprinzips in typisierender Weise zu konkretisieren, und zwar mit Hilfe einer Methode des „Sachgruppenvergleichs"[265]. Danach können nur solche tariflichen und vertraglichen Regelungen miteinander verglichen werden, die in einem inneren sachlichen Zusammenhang stehen.

Kritisch ist zu bemerken, dass das Günstigkeitsprinzip gem. § 4 Abs. 3 TVG ausdrücklich nur im Verhältnis von Tarifnorm und arbeitsvertraglicher Individualnorm gilt. Vorliegend geht es jedoch um das Verhältnis von staatlichem Gesetz und Tarifrecht, auf das das Günstigkeitsprinzip nicht anzuwenden ist[266], da es mangels struktureller Unterlegenheit und Abhängigkeit des zu schützenden Vertragspartners an einer wesentlichen Voraussetzung des Günstigkeitsprinzips fehlt[267]. Zudem kann aus einer einfachgesetzlichen Norm, die sich auf einen eindeutig definierten Sachverhalt bezieht, kein allgemeingültiges Prinzip abgeleitet werden[268]. Es würde zu einer Begünstigung der Gewerkschaften führen, wenn das Günstigkeitsprinzip auch auf das Verhältnis von Gesetz und Tarifvertrag angewendet würde[269]. Denn dann würde den Arbeitnehmerverbänden gestattet, die Arbeitsbedingungen zugunsten der Arbeitnehmer zu verbessern, wäh-

---

[260] *Kempen*, AuR 1985, S. 374 (386); *Picker*, Konflikt, S. 11 (25); befürwortend auch *Rüthers*, Konflikt, S. 107 (109).

[261] *Dieterich*, DB 2001, S. 2398 (2399).

[262] *Dieterich*, DB 2001, S. 2398 (2399).

[263] *Dieterich*, RdA 2002, S. 1 (3).

[264] *Hiersemann*, BB 1963, S. 1301 (1301).

[265] Ständige Rechtsprechung, vgl. BAG, DB 1999, S. 1555.

[266] *Säcker/ Oetker*, S. 173; *Häfele*, S. 107.

[267] *Biedenkopf*, Tarifautonomie, S. 147.

[268] *Häfele*, S. 107.

[269] *Henssler*, ZfA 1998, S. 1 (19).

rend die Arbeitgeberverbände an einer Verschlechterung gehindert wären[270]. Eine solche Besserstellung der Gewerkschaften ist jedoch nicht gerechtfertigt, da sich die Sozialpartner gleichberechtigt gegenüberstehen. Eine Einfühung des Günstigkeitsprinzips würde mithin einen Verstoß gegen das Neutralitätsgebot des Staates darstellen[271]. Darüber hinaus kann sich das Günstigkeitsprinzip als allgemeines einfachrechtliches Prinzip schon nicht gegen den zwingenden Geltungsanspruch einer speziellen gleichrangigen Norm durchsetzen. Wäre es verfassungsrechtlich abzuleiten, müsste der - nicht erbringbare - Nachweis erbracht werden, dass die staatliche Gesetzgebungskompetenz auf dem Gebiete des Arbeitsrechts begrenzt sei auf das Setzen von Mindeststandards[272].

Letztlich ist die Anwendung des Günstigkeitsprinzips oftmals nicht praktikabel, da in vielen Fällen nicht eindeutig feststellbar ist, welche Regelung günstiger ist als die andere. Diese Feststellung hängt nämlich jeweils vom gewählten Blickwinkel ab. Dieses Problem erkannte auch *Schwerdtner* im Rahmen des § 57 a ff. HRG: „Im übrigen lässt uns das Günstigkeitsprinzip auch hier im Stich, weil niemand entscheiden kann, was günstiger ist, befristet beschäftigt oder auf Dauer arbeitslos zu sein“[273].

C. Fazit

Die dargestellten Lösungsansätze lassen mehr oder weniger die grundrechtsdogmatischen Feinheiten des Problems außer Betracht. Es wird aus der Tarifautonomie eine „Normsetzungsprärogative“ der Tarifvertragsparteien hergeleitet, die unter je nach Ansicht divergierenden Voraussetzungen die staatliche Regelungsbefugnis verdrängen soll. Die Literatur bleibt jedoch größtenteils eine Erklärung schuldig, wie diese Verdrängung des durch Art. 74 Abs. 1 Nr. 12 GG legitimierten Gesetzgebers durch das Grundrecht aus Art. 9 Abs. 3 S. 1 GG, das seinem Wesen nach ein Abwehrrecht im status negativus darstellt, möglich ist. Dieser Frage nach der Herleitung der Normsetzungsbefugnis der Tarifvertragsparteien und deren Auswirkungen auf die Tarifautonomie und das Normsetzungsrecht des Gesetzgebers soll im Folgenden nachgegangen werden.

---

[270] *Fratzky*, S. 171.
[271] *Fratzky*, S. 172; *Henssler*, ZfA 1998, S. 1 (19).
[272] *Stein*, AuR 1998, S. 1 (6).
[273] *Schwerdtner*, NZA 1985, S. 577 (580); *Häfele*, 106.

Zweiter Teil: Tarifautonomie vs. tarifvertragliche Rechtsetzung

Kapitel 3

Vorbemerkung

A. Zur Problematik der Normsetzungsprärogative

In der Öffentlichkeit wird - insbesondere von Gewerkschaftsseite - oft der Eindruck erweckt, die Tarifautonomie und das derzeitige Tarifvertragssystem seien verfassungsrechtlich garantiert, so dass sich schon aus diesem Grund gesetzgeberische Maßnahmen verbieten würden[1]. Das Schlagwort der Normsetzungsprärogative der Tarifvertragsparteien wird als Beleg dafür herangezogen, dass das Arbeitsrecht, zumindest aber bestimmte Materien des Arbeitsrechts, der vorrangigen, den Gesetzgeber verdrängenden Regelungskompetenz der Tarifvertragsparteien zugewiesen sei. In dieser Annahme liegt ein politisches, aber auch rechtliches Paradoxon. Der Staat hält sich grundsätzlich aus der Tarifpolitik heraus, obwohl er sich nicht der Verantwortung für deren Folgen und Nebenfolgen entziehen kann, also die Auswirkungen auf den Beschäftigungsstand, den Geldwert und die anderen Faktoren, die das gesamtwirtschaftliche Gleichgewicht ausmachen. Die rechtliche Entscheidungskompetenz ist privatisiert, die politische Folgenverantwortlichkeit etatisiert[2]. Eine Regierung haftet dem Wähler letztendlich für Entwicklungen, deren Ursachen sie nicht beherrscht.

B. Zur Neutralitätspflicht des Staates

Sucht man nach den Ursachen für das aufgezeigte Paradoxon, so findet man seine Wurzel im Verständnis der sog. staatlichen Neutralitätspflicht. Denn die Schlüsselfigur der „Tarifautonomie" - wie auch immer sie zu definieren sein wird - beruht auf gerade diesem Grundsatz der Neutralität des Staates. Er gebietet

---

[1] *Wagner*, DB 1992, S. 2550 (2552).

[2] *Isensee*, Die verfassungsrechtliche Verankerung der Tarifautonomie, S. 159.

die Nichteinmischung des Staates als Voraussetzung und Folge des Bestehens von Waffengleichheit zwischen den Tarifvertragsparteien[3]. Im Falle des Bestehens von Waffengleichheit wird die tarifvertragliche Regelung der materiellen Arbeitsbedingungen gegenüber einer staatlichen Regelung als überlegen angesehen. Hinter diesem Grundsatz steht also die Einsicht, dass die Chance auf eine solche „materielle Richtigkeitsgewähr" des Tarifvertrages voraussetzt, dass keine Tarifvertragspartei der anderen von vornherein ihren Willen aufzwingen kann, sondern dass möglichst gleiche Verhandlungschancen bestehen[4]. Soweit diese Gleichgewichtslage materiell bestehe, erschöpfe sich das Neutralitätsgebot im Aspekt der Interventionsfreiheit vor den Koalitionen. Wenn dagegen evident eine grundlegende Verschiebung im Verhandlungsgleichgewicht der Koalitionen zu beobachten sei, sei der Staat zu Parität wiederherstellender gesetzlicher Ordnung im Sinne „fördernder Neutralität" verpflichtet[5].

Diese Betonung der Richtigkeitsgewähr des Tarifvertrages und einer darauf beruhenden Neutralitätspflicht des Staates berücksichtigt zunächst ausschließlich das Verhältnis der Tarifvertragsparteien zueinander und lässt den durch die Tarifvertragsregelungen (mit-) betroffenen Staat außen vor. Der Staat soll in diesem Sinne nicht (mittelbar oder unmittelbar) Partei ergreifen für eine Tarifvertragspartei, sondern er soll das Kräftegleichgewicht zwischen den Tarifvertragsparteien durch Nichtintervention bewahren bzw. es aktiv wiederherstellen. Darüber hinaus darf der Grundsatz staatlicher Neutralität nicht mißverstanden werden. Er besagt nicht zusätzlich, dass der Gesetzgeber - unabhängig vom Bestehen oder Nichtbestehen eines Tarifvertrages - nicht selbst die Arbeits- und Wirtschaftsbedingungen regeln darf, wenn er dies für notwendig hält. Eine solchermaßen verstandene staatliche Neutralität könnte nämlich gerade vor dem Hintergrund der staatlichen Folgenverantwortlichkeit nicht richtig sein, solange die Inhaber der Tarifautonomie nicht nur an der politischen Willensbildung teilnehmen, sondern darüber hinaus auch an der politischen Entscheidungsgewalt[6]. Denn insbesondere mit den Lohn- und Gehaltsabschlüssen der Tarifpartner werden unumgehbare Daten für den Umfang der entstehenden Kaufkraft, die daraus hervorgehende Ausweitung oder Einschränkung der Nachfrage, die dadurch mitinduzierte Investitionsentwicklung und Preisbildung und vieles mehr gesetzt. Diese Daten sind als solche von den staatlichen konjunktursteuernden Instanzen nicht aufhebbar oder veränderbar. Vielmehr setzen sie durch ihre absehbaren gesamtwirtschaftlichen Auswirkungen diese Instanzen unter politischen Hand-

[3] *Gamillscheg*, Arbeitsrecht I, S. 187 f.

[4] *Löwer*, Rn. 58.

[5] *Löwer*, Rn. 58.

[6] *Böckenförde*, Der Staat 1976, S. 457 (462).

lungszwang und entfalten eine deren wirtschaftslenkende Maßnahmen vorbestimmende Wirkung[7].

Der Staat hält sich zwar aus Tarifverhandlungen heraus und ist damit in der Beziehung der Tarifvertragsparteien zueinander neutral. Da er jedoch zugelassen hat, dass der größte Teil der Folgekosten, zu denen diese Tarifverhandlungen führen, bei ihm abgeladen werden, ist eine Neutralität des Staates im Sinne des gänzlichen „Heraushaltens“ aus der Regelung der Arbeits- und Wirtschaftsbedingungen insgesamt so lange problematisch, wie nicht die Tarifvertragsparteien die wirtschafts- und arbeitspolitischen Folgen ihrer Entscheidungen selbst tragen. Denn überspitzt formuliert: die Tarifvertragsparteien kommen nicht für den Unterhalt der Menschen auf, die sie auf Grund von durchgesetzten Lohnsteigerungen und dadurch bedingten Entlassungen arbeitslos machen. Und die fortdauernde Massenarbeitslosigkeit und deren ständige Zunahme berührt das Kartellinteresse der Gewerkschaften solange nicht, als die Zunahme nicht ein Maß erreicht, das zu viele Gewerkschaftsmitglieder ängstigt. Daher wird das Tarifvertragssystem in seiner heutigen Form vielfach für die Arbeitslosigkeit mitverantwortlich gemacht[8] und seine Zukunftsfähigkeit generell verneint. Dies gipfelt in dem radikalen Vorschlag, die Tarifautonomie ganz abzuschaffen[9].

Soziale Sicherheit, sozialer Ausgleich, wachsender Wohlstand und Vollbeschäftigung sind Aufgaben, deren Erfüllung durch das politische System, also den Staat, explizit erwartet werden und zu einem wesentlichen Teil seine Legitimität begründen[10]. Somit befindet sich der Staat in einem Dilemma: Einerseits haben die Regelungen der Tarifvertragsparteien vom Staat zu bewältigende gesamtwirtschaftliche Auswirkungen und trotzdem hat sich der Staat neutral zu verhalten. Andererseits könnte der Staat, selbst wenn er wollte, die durch die Tarifvertragsparteien ausgeübten Aufgaben aus tatsächlichen sowie politischen Gründen gar nicht bewerkstelligen. Wollte der Gesetzgeber sämtliche Arbeits- und Wirtschaftsbedingungen selbst regeln, so wäre die Arbeit des Parlaments erheblich beeinträchtigt. Insoweit erweist sich die Regelung der Arbeits- und Wirtschaftsbedingungen durch die Tarifvertragsparteien als eine bedeutsame Entlastung der staatlichen Entscheidungsorgane [11].

---

[7] *Böckenförde*, Der Staat 1976, S. 457 (464).

[8] *Pieroth*, S. 293 (316); *Döttger*, S. 15.

[9] *Engel*, VVDStRL 59 (2000), S. 56 (78 ff.).

[10] *Böckenförde*, Der Staat 1976, S. 457 (459).

[11] Vor dem Hintergrund dieses Dilemmas wird der Gesetzgeber aber zumindest dort zu intervenierenden oder regulierenden Maßnahmen greifen, wo die Koalitionen ihre Pflichten zur sozialen Rücksichtnahme, zur Gemeinwohlverantwortung oder zur Homogenität gegenüber der staatlichen Wirtschafts- und Arbeitsverfassung verletzen, vgl. auch *Scholz*, HdbStR, Rn. 44.

C. Die gesetzgeberische Regelungskompetenz zur Regelung des Arbeitsrechts

Wer - wie im ersten Teil des Öfteren vorgefunden - an den Beginn seiner Argumentationskette die vorbehaltslose Gewährleistung einer umfassenden Koalitionsfreiheit stellt, dem fällt es nicht schwer, dem Staat als Ergebnis dieser Kette die Einflussnahme auf die materiellen Arbeitsbedingungen zu verbieten[12]. Vor diesem Hintergrund muss Ausgangspunkt der Überlegung jedoch die Regelungskompetenz des Gesetzgebers für das Arbeitsrecht gem. Art. 74 Abs. 1 Nr. 12 GG sein. Diese umfasst das für das Arbeitsverhältnis maßgebliche Recht unter Einbeziehung des individuellen und kollektiven, des privaten sowie des öffentlichen Rechts, das den sozialen Sachverhalt Arbeitsleben betrifft[13]. Dabei ist dem Erlass von Gesetzen auf der Grundlage des Art. 74 Abs. 1 Nr. 12 GG - entgegen einer teilweise vertretenen Auffassung - nicht durch die Arbeitnehmerschutzfunktion Grenzen gesetzt[14], da sich eine solche Begrenzung der Kompetenz nicht aus dem Wortlaut der Norm ergibt[15].

Weiterhin erscheint eine Kompetenzzuweisung zugunsten des staatlichen Gesetzgebers aus Art. 74 Abs. 1 Nr. 11 GG bei arbeits- und wirtschaftspolitischen Maßnahmen des Gesetzgebers jedenfalls immer dann möglich, wenn die arbeitsrechtliche Regelung wirtschaftliche Konsequenzen trägt[16]. Der Begriff „Recht der Wirtschaft" ist in dem weiten Sinne zu verstehen, dass darunter alle Normen fallen, die für die wirtschaftliche Betätigung von Relevanz sind[17]. Er umfasst also nicht nur die Vorschriften, die sich in irgendeiner Form auf die Erzeugung, Herstellung und Verteilung von Gütern des wirtschaftlichen Bedarfs beziehen, sondern auch alle anderen das wirtschaftliche Leben und die wirtschaftliche Betätigung als solche regelnden Normen[18]. Jedoch tritt der Kompetenztitel des Art. 74 Abs. 1 Nr. 11 GG dann grundsätzlich hinter Art. 74 Abs. 1 Nr. 12 GG zurück, soweit Lebensbereiche betroffen sind, in denen Arbeitsverhältnisse geschlossen werden können[19].

Angesichts dieser gesetzgeberischen Regelungskompetenz nach Art. 74 Abs. 1 Nr. 11, 12 GG kommt eine lückenlose Verdrängung des Gesetzgebers per se nicht in Betracht. Die Kompetenzverteilung der Art. 70 ff. GG beschäftigt sich zwar seinem Wortlaut und seiner Systematik zufolge

[12] *Henssler*, ZfA 1998, S. 1 (3).
[13] *Degenhart*, Rn. 47; *Scholz*, Koalitionsfreiheit, S. 7.
[14] So aber *Kempen*, AuR 1985, S. 374 (376).
[15] So auch *Heise*, S. 120 ff.
[16] *Heise*, S. 119.
[17] BVerfGE 8, S. 143 (149); 26, S. 246 (254); 29, S. 402 (409).
[18] BVerfGE 8, S. 143 (148 f.); 26, S. 246 (254); 28, S. 119 (146); 29, S. 402 (409); 68, S. 319 (330).
[19] *Maunz*, Rn. 132, 169.

lediglich mit dem Verhältnis von Bundes- zu Landesgesetzgebung und sagt nichts über das Verhältnis von Gesetzgeber und Tarifvertragsparteien aus. Jedoch hätte sich ein entgegenstehender Wille des Grundgesetzgebers auch im Wortlaut der umfassenden Regelung des Art. 74 Abs. 1 Nr. 12 GG niederschlagen müssen, wenn Art. 9 Abs. 3 S. 1 GG einen Bereich des Arbeitsrechts aus dem Regelungsbereich des Gesetzgebers herausnehmen wollte. Der Gesetzgeber ist dementsprechend formell zur Gesetzgebung legitimiert.

Kapitel 4

Herleitung der tariflichen Normsetzungsbefugnis

Es unterliegt folglich keinem Zweifel, dass der Gesetzgeber das Arbeitsrecht unter dem Blickwinkel der Zuständigkeit regeln kann[1]. Diese rein formelle Legitimation des Gesetzgebers sagt jedoch noch nichts über das Verhältnis von Gesetz und Tarifvertrag im Falle einer Kollision der beiden Regelungsinstrumente aus. Eine solche Konkurrenzsituation kann vielmehr nur materiell-rechtlich über eine genaue Definition des Schutzbereichs der sich aus Art. 9 Abs. 3 S. 1 GG ergebenden Koalitionsfreiheit, und dabei insbesondere der Tarifautonomie, gelöst werden. Es stellt sich also die Frage, ob der Tarifvertrag „gesetzgebungsresistent" ist, weil bei einem „Eingriff" in den Tarifvertrag „mittelbar" in die Koalitionsfreiheit eingegriffen wird. In Betracht kommt dabei kein Eingriff in die vom Wortlaut des Art. 9 Abs. 3 S. 1 GG garantierte individuelle Koalitionsfreiheit, sondern betroffen sein könnte allein die von Rechtsprechung und Literatur als von Art. 9 Abs. 3 S. 1 GG geschützt anerkannte kollektive Koalitionsfreiheit. Dies könnte sich einerseits durch gesetzgeberische Sperrklauseln für die Zukunft, also einer Beeinträchtigung der zukünftigen „Tarifvertragsabschlussfreiheit", ergeben und andererseits auf Grund eines Eingriffs in den normativen Teil bestehender Tarifverträge mittels zwingender gesetzlicher Regelungen.

A. Schutzbereich der Koalitionsfreiheit

Zunächst bedarf es einer genauen Bestimmung des Schutzbereichs der Koalitionsfreiheit. Wäre die Tarifautonomie schon gar nicht als Koalitionsbetätigungs-

[1] *Butzer*, RdA 1994, S. 375 (376).

freiheit von Art. 9 Abs. 3 S. 1 GG geschützt, so würde sich eine Bestimmung des Schutzbereichs der Tarifautonomie erübrigen und ein Schutz des Inhalts von Tarifverträgen über Art. 9 Abs. 3 S. 1 GG wäre von vornherein abzulehnen. Dann wäre das Problem des Verhältnisses von Gesetz und Tarifvertrag bei weitem nicht so brisant wie seine Diskussion.

Alle Ansätze mit dem Bemühen, den Gewährleistungsbereich des Art. 9 Abs. 3 S. 1 GG zu konkretisieren, stehen seit jeher vor dem Dilemma, dass eine Funktions- bzw. Betätigungsgarantie weder im Wortlaut noch in der Genese der Norm angelegt ist[2]. Der Streit über den Inhalt und die Auslegung der Koalitionsfreiheit setzt also bei der textmäßigen Enge des Art. 9 Abs. 3 S. 1 GG ein. Im Ergebnis besteht zwar Einigkeit darüber, dass die Koalitionsfreiheit im Grundsatz beide Seiten eines in sozialer Hinsicht ambivalenten Prozesses anspricht, nämlich sowohl die Freiheit der Individuen auf Koalitionszusammenschluss und -beitritt als auch die verbandsförmig organisierte, auf der Grundlage des Gegensatzes von Arbeitnehmerschaft und Arbeitgeberschaft funktionierende Freiheit der kollektiven Existenz und Betätigung[3]. Keine Einigkeit besteht jedoch darüber, inwieweit, auf welche Weise und mit welchem Inhalt Art. 9 Abs. 3 S. 1 GG diese Positionen anerkennt, schützt und verfasst.

I. Individuelle Koalitionsfreiheit

1. Positive Koalitionsfreiheit

Streng nach seinem Wortlaut garantiert Art. 9 Abs. 3 S. 1 GG allein das Recht der freien Koalitionsbildung. Geschützt ist also neben der Gründungsfreiheit die Freiheit, sich einer schon bestehenden Koalition anzuschließen, der Verbleib in der Koalition und die Teilnahme an der geschützten Tätigkeit durch Arbeitgeber und Arbeitnehmer (positive Koalitionsfreiheit)[4]. Das Individualrecht der Koalitionsbildung dient der Organisation gesellschaftlicher Selbsthilfe im Arbeitsleben[5]. Der Selbsthilfegedanke bestimmt auch den Koalitionszweck des Art. 9 Abs. 3 S. 1 GG, nämlich die „Wahrung und Förderung der Arbeits- und Wirtschaftsbedingungen". Träger der individuellen Koalitionsfreiheit ist jeder Arbeitgeber und jeder Arbeitnehmer, soweit er eine geschützte Tätigkeit ausübt oder an ihr aktiv beteiligt ist[6].

---

[2] *Henssler*, ZfA 1998, S. 1 (3).

[3] *Scholz*, Koalitionsfreiheit, S. 2.

[4] *Weber*, Koalitionsfreiheit und Tarifautonomie als Verfassungsproblem, S. 11; *Höfling*, FS für Friauf, S. 377 (379); *Löwisch/Rieble*, Grundlagen, Rn. 11; *Gamillscheg*, Arbeitsrecht I, S. 211; *Jarass*, Art. 9 GG, Rn. 25; *Säcker*, Grundprobleme, S. 146.

[5] *Scholz*, Koalitionsfreiheit, S. 43.

[6] BVerfGE 84, S. 212 (224); *Jarass*, Art. 9 GG, Rn. 26

2. Negative Koalitionsfreiheit

Spiegelbildlich zur positiven Koalitionsfreiheit wird als sog. negative Koalitionsfreiheit nach herrschender Auffassung durch Art. 9 Abs. 3 S. 1 GG auch das Recht garantiert, einer Koalition fernzubleiben oder auszutreten[7]. Verboten wäre damit auch jeder Zwang zum Beitritt. Zur Begründung wird angeführt, die Freiheit, unkoaliert zu bleiben, sei die selbstverständliche Kehrseite der Freiheit, sich zu koalieren.

Vor dem Hintergrund der historischen Entwicklung der Koalitionsfreiheit und der Entstehungsgeschichte des Art. 9 Abs. 3 GG[8] ist eine solche Gewährleistung der negativen Koalitionsfreiheit aus Art. 9 Abs. 3 S. 1 GG selbst jedoch abzulehnen[9]. Während in der ersten Phase der Entstehung des Grundrechts der Koalitionsfreiheit seit Mitte des 19. Jahrhunderts mit der Bekämpfung der koalitionsfeindlichen Gesetzeslage allein um die Freiheit koalitionsmäßiger Betätigung, also um die positive Seite, gekämpft wurde, waren zu Art. 159 WRV die Meinungen über die Anerkennung einer negativen Seite der Koalitionsfreiheit geteilt[10]. Bei der Schaffung des Grundgesetzes scheiterte dann der Versuch, den Schutz der negativen Koalitionsfreiheit in Art. 9 Abs. 3 S. 1 GG ausdrücklich festzuschreiben. Wie bereits ein Vorschlag im Herrenchiemseer Konvent, so wurde auch im Parlamentarischen Rat ein vom Grundsatzausschuss bzw. Allgemeinen Redaktionsausschuss vorgeschlagener Zusatz, der jeglichen Zwang zum Koalitionsbeitritt untersagen sollte[11], nach ausführlichen, wechselhaft verlaufenden Beratungen schließlich vom Hauptausschuss in zweiter Lesung abgelehnt[12]. Vor allem der Gewerkschaftsrat wandte sich mit einer Eingabe gegen die Festlegung der negativen Koalitionsfreiheit: es „wird der Versuch gemacht, die sogenannte negative Koalitionsfreiheit als verfassungsrechtliches Grundrecht festzulegen.

---

[7] BVerfGE 50, S. 290 (367); 55, S. 7 (21 f.); 64, S. 208 (213); 73, S. 261 (270); *Zöllner*, Rechtsnatur der Tarifnormen, S. 22; *Dieterich*, Erfurter Kommentar, Art. 9 GG, Rn. 32 ff.; *Scheuner*, Koalitionsfreiheit, S. 29 (85); *Dietz*, Die Koalitionsfreiheit, S. 417 (456 f.); *Löwisch/Rieble*, Grundlagen, Rn. 11.

[8] Siehe zur Entstehungsgeschichte die Protokolle des Parlamentarischen Rates, Verhandlungen des Hauptausschusses, Bonn 1948/49, S. 210 ff., 569 ff.

[9] Vgl. *Hellermann*, S. 42 f., 154 ff., insbesondere 160 f., der die negative Seite der Freiheitsrechte als allein durch Art. 2 Abs. 1 GG geschützt ansieht und *Hueck/Nipperdey*, S. 156 ff., ablehnend auch *Säcker*, Grundprobleme, S. 146: bloßes Fernbleiben und passives Sich-Enthalten leiste keinen funktionalen Beitrag zur Erreichung der Koalitionszwecke.

[10] Vgl. *Hueck/Nipperdey*, S. 154 m.w.N.

[11] Der Grundsatzausschuss sah es jedoch letztlich als notwendig an, von dem Verbot des Zwangs zum Beitritt eine Ausnahme zu machen für Ärztekammern, Apothekerkammern, Anwaltskammern und Zwangsinnungen des Handwerks. Aus diesem Grund wurde in den Vorschlag folgender Gesetzesvorbehalt eingefügt: „Ausnahmen von diesem Verbot können für öffentlich-rechtliche Berufsverbände durch Gesetz zugelassen werden".

[12] Vgl. *von Doemming/Füßlein/Matz*, JöR NF 1 (1951), S. 1 (118 ff.); dazu näher *Hellermann*, S. 43, 155 ff.

Diesem Versuch müssen die Gewerkschaften schärfstens widersprechen. Das Koalitionsrecht hat sich als positive Koalitionsfreiheit entwickelt, ist der Schutz der arbeitenden Menschen, die sich in jahrzehntelangem Kampf das Recht erstritten, Gewerkschaften zu bilden... Auch zur Zeit der Weimarer Verfassung stand die durchaus herrschende Meinung auf dem Standpunkt, dass Artikel 159 die positive Koalitionsfreiheit verfassungsrechtlich gewährleiste. Das Recht, einer Koalition fernzubleiben, ergibt sich aus der allgemeinen Freiheit, ist aber kein verfassungsmäßiges Grundrecht. Die jetzige Fassung könnte dazu führen, dass nach den allgemeinen Rechtsgrundsätzen durchaus zulässige Maßnahmen der Gewerkschaften auf umfassende Organisierung der einzelnen Gruppen der Arbeitnehmer rechtlich beanstandet werden könnten. Selbstverständlich werden sich die Gewerkschaften in ihren Maßnahmen an die allgemeinen Gesetze halten. Ein verfassungsmäßiger Schutz der negativen Koalitionsfreiheit würde ihre Entwicklung in bedenklicher Weise stören"[13].

Die Ablehnung der Vorschläge für die Festschreibung einer negativen Seite der Koalitionsfreiheit ist als Entscheidung gegen den grundrechtlichen Schutz der negativen Koalitionsfreiheit durch Art. 9 Abs. 3 S. 1 GG selbst anzusehen[14]. Denn der Vorschlag einer Regelung der negativen Koalitionsfreiheit korrespondierte mit einem für notwendig gehaltenen ausdrücklichen Gesetzesvorbehalt zugunsten öffentlich-rechtlicher Berufsverbände[15]. Dieser schien dann, da das Grundrecht offenbar als nicht mehr einschlägig galt, entbehrlich, da das ausdrückliche Verbot vom Koalitionszwang gestrichen worden war und nur die positive Koalitionsfreiheit bestehen blieb[16]. Insofern wird die negative Koalitionsfreiheit nicht von dem speziellen Freiheitsrecht des Art. 9 Abs. 3 S. 1 GG selbst geschützt, sondern lediglich im Rahmen der allgemeinen Unterlassensfreiheit durch das allgemeine Freiheitsrecht des Art. 2 Abs. 1 GG verbürgt[17].

3. Koalitionsbeendigungsfreiheit

Der individuellen Freiheit zur Koalitionsbildung korrespondiert jedoch die Freiheit, die Koalition zu beenden[18]. Dies ist nicht im Sinne einer negativen Koalitionsfreiheit zu verstehen, da es nicht um eine Freiheit vom Zwang zum Beitritt geht, sondern lediglich um die Frage nach der Gründung und der Auflösung einer Koalition. Wer eine Vereinigung gründen darf, darf sie notwendigerweise

---

[13] Vgl. *von Doemming/Füßlein/Matz*, JöR NF 1 (1951), S. 1 (119 Fn. 13).

[14] Vgl. die Protokolle des Parlamentarischen Rates, Verhandlungen des Hauptausschusses, Bonn 1948/49, S. 569 ff., insbesondere die Stellungnahmen von *Dr. Eberhard* (S. 569), *Zinn*, *Schönfelder* (S. 570) und *Dr. Schmid* (S. 571).

[15] Vgl. *von Doemming/Füßlein/Matz*, JöR NF 1 (1951), S. 1 (119 Fn. 13).

[16] *Hellermann*, S. 160.

[17] *Hellermann*, S. 162 f. m.w.N.

[18] *Müller*, Arbeitskampf und Recht, S. 22 f.

auch wieder auflösen. Wenn diejenigen, die das Individualrecht zur Koalitionsgründung besitzen, nicht ebenso das Individualrecht zur Auflösung der Koalition hätten, wären sie mit dem Zusammenschluss zur Koalition von Rechts wegen unwiderruflich auf die so entstandene Vereinigung festgelegt[19]. Davon zu unterscheiden ist dagegen die ganz andere Frage, ob durch Art. 9 Abs. 3 S. 1 GG das Recht gewährleistet wird, einer bestehenden Koalition fernzubleiben oder aus ihr auszutreten.

II. Kollektive Koalitionsfreiheit

Ungeachtet der sparsamen normtextlichen Fassung des Art. 9 Abs. 3 S. 1 GG ist es juristischer Auslegungskunst gelungen, den Schutzbereich dieser Gewährleistung im Wege teleologischer Entfaltung und ohne jeden Anhalt im Wortlaut der Garantienorm weit auszudehnen[20]. So ist neben der individuellen Koalitionsfreiheit der einzelnen Mitglieder nach allgemeiner Ansicht mit der Koalitionsbestandsgarantie[21] auch die kollektive Koalitionsfreiheit, also der Zusammenschluss als solcher, geschützt[22]. Bildlich gesprochen erscheint die Koalitionsfreiheit als grundrechtliche Stufenpyramide mit individualrechtlicher Basis und kollektivrechtlichem Aufbau[23]. Denn das Recht der Koalitionsbildung wäre unvollständig, wenn nicht auch der koalitionäre Zusammenschluss geschützt wäre, um dessentwillen die Koalitionsfreiheit ja gerade besteht[24]. Denn erfolgt der Zusammenschluss Einzelner zum Zwecke gemeinsamen Handelns zur Wahrung und Förderung der Arbeits- und Wirtschaftsbedingungen, erhält das individuelle Recht erst mit dem Bestand der Koalition einen Sinn und eröffnet dem Einzelnen die Möglichkeit zum freiheitlichen Beitritt sowie zur Verfolgung des Koalitionszwecks[25]. Dies ist zwar im Gegensatz zur Weimarer Reichsverfassung nicht ausdrücklich ausgesprochen, ergibt sich aber aus der Aufnahme des Vereinigungszwecks in den Schutzbereich des Grundrechts[26]. Die Ansicht, dass auch die Koalitionen selbst in den Schutzbereich der Koalitionsfreiheit einzubeziehen sei, hat sich schon zu Art. 165 WRV in der Weimarer Zeit durchgesetzt.

[19] *Müller*, Arbeitskampf und Recht, S. 23.

[20] *Gellermann*, S. 151.

[21] *Kemper*, Koalitionsfreiheit, S. 134; *Säcker*, Grundprobleme, S. 146.

[22] BVerfGE 4, S. 96 (101 f.); 50, S. 290 (354, 367); 84, S. 212 (224); 88, S. 103 (114); 92, S. 26 (38); 94, S. 268 (283); BAGE 14, S. 282 (288); 19, S. 217 (221 f.); 30, S. 122 (126); 31, S. 318 (324); 46, S. 322 (345); *Dietz*, Die Koalitionsfreiheit, S. 417 (458); *Weber*, Verfassungsbeschwerde, S. 3 (18); *Säcker/Oetker*, S. 31 m.w.N.; dagegen *Scholz*, Koalitionsfreiheit, S. 135 f.; *Döttger*, S. 100 ff.

[23] *Isensee*, Die verfassungsrechtliche Verankerung der Tarifautonomie, S. 159 (163).

[24] *Fratzky*, S. 89; *Müller*, Die gesellschafts- und staatspolitische Problematik, S. 45 (52); *Müller*, Die Tarifautonomie in der Bundesrepublik Deutschland, S. 19; *Müller*, Arbeitskampf und Recht, S. 22.

[25] *Döttger*, S. 102.

[26] BVerfGE 84, S. 212 (224).

Auch wenn eine dem Art. 165 WRV vergleichbare Norm im Grundgesetz fehlt, folgt aus der Entscheidung des Verfassungsgebers für den sozialen Rechtsstaat in Art. 20 Abs. 1, 28 Abs. 1 S. 1 GG, dass der Verfassungsgeber nicht hinter den Rechtszustand der Weimarer Zeit hat zurückfallen wollen[27]. Die individualrechtliche Gewährleistung des Art. 9 Abs. 3 S. 1 GG setzt sich also in einem Freiheitsrecht der Koalition selbst fort[28], die demnach als Träger der kollektiven Koalitionsfreiheit - unabhängig von ihrer Rechtsform - anerkannt werden[29]. Dies führt zu der herrschenden Qualifizierung des Art. 9 Abs. 3 S. 1 GG als „Doppelgrundrecht"[30]

Zwar hat sich insbesondere *Scholz* gegen diese Lehre vom Doppelgrundrecht gewandt. Der Koalition selbst komme der Grundrechtsschutz des Art. 9 Abs. 3 S. 1 GG erst unter Rückgriff auf Art. 19 Abs. 3 GG zu, denn das Grundgesetz kenne keine personal eigenständige oder material eigenwertige Kollektivität; es berücksichtige die Besonderheiten der kollektiven Seins- und Verhaltensweisen ausschließlich im Rahmen des Gleichheitssatzes sowie in speziellen Ausübungsrechten, namentlich in Art. 19 Abs. 3 GG. Die Koalitionsexistenz sei demnach mit der dauernden Ausübung der individualen Einigungsrechte identisch - die Koalitionsaufgabe entspreche dem quantitativen Auftreten „gebündelter" Individualinteressen[31]. Aus der Anerkennung individueller und kollektiver Grundrechtsberechtigung durch Art. 9 Abs. 3 S. 1 GG folge eine potentielle Grundrechtsantinomie, die freiheitsbeschränkend wirke[32]. Der Begründung der Grundrechtssubjektivität der Koalition über Art. 19 Abs. 3 GG steht dabei jedoch entgegen, dass die für dessen Anwendbarkeit erforderliche primäre Grundrechts-

[27] Grundlegend BVerfGE 4, S. 96 ff.; *Lerche*, S. 27; *Döttger*, S. 102.

[28] Vgl. dazu nur *Galperin*, AuR 1965, S. 1 sowie *Waltermann*, ZfA 2000, S. 53 (59) m.w.N. aus Rechtsprechung, verfassungsrechtlicher und arbeitsrechtlicher Literatur.

[29] *Jarass*, Art. 9 GG, Rn. 31.

[30] Vgl. *Müller*, Die gesellschafts- und staatspolitische Problematik, S. 45 (52); *Müller*, Arbeitskampf und Recht, S. 24; *Dieterich*, RdA 2002, S. 1 (8); *Lenz*, S. 231; *Dieterich*, Erfurter Kommentar, Art. 9 GG, Rn. 38 m.w.N. zu Rechtsprechung und Literatur; Bedenken gegen die Lehre vom Doppelgrundrecht hat *Picker*, NZA 2002, S. 761 (764 f.) m.w.N. und *Picker*, Konflikt, S. 11 (20 f.) wegen der Gefahr einer Verdrängung der individualen Autonomie.

[31] *Scholz*, Koalitionsfreiheit, S. 133, 135 ff., 145; *Scholz*, HdbStR, Rn. 73 f.; so auch *Reuter*, RdA 1994, S. 152 (162); *Bleckmann*, § 30 Rn. 53; *Höfling*, FS für Friauf, S. 377 (380); *Höfling*, Art. 9 GG, Rn. 70; gem. Art. 19 Abs. 3 GG soll Art. 9 Abs. 3 GG naturgemäß selbst für die als nichtsrechtsfähige Vereine verfassten Gewerkschaften in Betracht kommen, vgl. *Dreier*, Rn. 30; das Problem des Doppelgrundrechts erkennend und offenlassend: *Zöllner*, AöR 98 (1973), S. 71 (78 ff.), der außerdem die Gefahr betont, dass die Formulierung „Doppelgrundrecht" zu einer Ablösung des kollektiven Koalitionsrechts von der individualrechtlichen Grundlage führt und darüber hinaus meint, den Formulierungen aus den Entscheidungen des BVerfG sei eine Anerkennung als Doppelgrundrecht kaum zu entnehmen; vgl. dazu auch *Brock*, S. 98 m.w.N.; gegen die Notwendigkeit eines Rückgriffs auf Art. 19 Abs. 3 GG argumentiert *Dietz*, Die Koalitionsfreiheit, S. 417 (458 f.).

[32] *Scholz*, Koalitionsfreiheit, S. 62.

zuständigkeit des Individuums im Bereich der Koalitionsfreiheit fehlt. Art. 19 Abs. 3 GG setzt die Übertragbarkeit der individualrechtlichen Grundrechtsgehalte voraus. Ist die Wahrnehmung grundrechtlicher Freiheit, wie die Verfolgung des Koalitionszwecks im Wege tarifautonomer Betätigung, jedoch nur über den Verbund möglich, geht die Übertragung des individualrechtlichen Grundrechtsgehalts ins Leere[33]. Zur Begründung des Schutzes bedarf es dann einer an Art. 9 Abs. 3 GG orientierten Befugnis der Koalition zur Geltendmachung einer Verletzung der Koalitionsfreiheit.

Die Koalitionsbestandsgarantie umfasst dabei auch den Schutz der Verbandsautonomie[34]. Die Koalitionen haben demnach das Recht zur Bestimmung über ihre eigene Organisation, das Verfahren ihrer Willensbildung und die Führung ihrer Geschäfte[35]. Sie verfügen vor allem über Satzungsautonomie und die Freiheit der inneren Willensbildung[36]. Mit dem freiheitlichen Charakter der Grundrechte wäre es nämlich unvereinbar, einer Gruppe zwar das korporative Daseinsrecht zur Erreichung eines bestimmten Zwecks zu gewährleisten, ihr aber zugleich die Möglichkeit vorzuenthalten, sich so zu organisieren, wie sie es zwecks Stabilisierung ihrer Existenz und zwecks Erreichung des Koalitionszwecks für richtig befindet[37]. Dabei müssen Koalitionen als „Vereinigungen" über eine mitgliedschaftlich organisierte gemeinsame Willensbildung verfügen[38].

III. Koalitionsbetätigungsgarantie

Neben dem Bestand von Koalitionen wird auch die Betätigung der Koalitionen als durch Art. 9 Abs. 3 S. 1 GG geschützt angesehen. Darunter werden die Verhaltensweisen gefasst, die koalitionsspezifisch sind[39] und für die Erhal-

---

[33] *Rupp*, JZ 1998, S. 919 (922); *Brock*, S. 98 ff.

[34] BVerfGE 4, S. 96 (109); BAGE 6, S. 321 (363); 20, S. 175 (211); *Däubler/Hege*, Tarifvertragsrecht 2. Aufl., Rn. 181; *Säcker*, Grundprobleme, S. 61 ff.; *Kemper*, Koalitionsfreiheit, S. 135; auch *Weber*, Koalitionsfreiheit und Tarifautonomie als Verfassungsproblem, S. 16 sieht die Verbandsgarantie als für den Gesetzgeber unantastbar an.

[35] BVerfGE 50, S. 290 (376); 94, S. 268 (282 f.); *Waltermann*, Rechtsetzung, S. 59; *Kemper*, Koalitionsfreiheit, S. 135.

[36] *Jarass*, Art. 9 GG, Rn. 28; *Löwer*, Rn. 71 S. 619; *Däubler/Hege*, Tarifvertragsrecht 2. Aufl., Rn. 181.

[37] *Säcker*, Grundprobleme, S. 61.

[38] *Scholz*, MD, Art. 9 GG, Rn. 200; ob darüber hinaus eine demokratische Binnenstruktur notwendig ist, ist streitig. Verneinend *Kemper*, Kommentierung zu Art. 9 Abs. 3 GG, Rn. 177, bejahend *Schüren*, S. 237 ff., der auf S. 245 folgende Zielvorgaben macht: Die demokratische Ordnung der Gewerkschaften müsse dem Verbandsmitglied die Teilhabe an der Konstituierung der Repräsentativorgane sichern. Sie müsse ihm den Raum geben, sich an der öffentlichen Meinung zu beteiligen und sie müsse ihn vor der herrschenden Elite schützen, wenn er sich mit anderen zusammentue, um erst sporadisch, dann vielleicht „parteiähnlich" organisiert als Opposition zu agieren.

[39] *Jarass*, Art. 9 GG, Rn. 27; *Scholz*, MD, Art. 9 GG, Rn. 278; *Isensee*, Die verfassungsrechtliche Verankerung der Tarifautonomie, S. 159 (163); *Däubler*, Mitbestimmung, S. 178

tung und Sicherung der Koalitionen notwendig sind[40]. Es habe keinen Sinn, von Verfassungs wegen Koalitionsfreiheit einzuräumen, wenn man nicht zugleich die Zwecke und Ziele bejahe, denen die Koalitionsfreiheit dienen solle[41]. Der koalitionäre Zusammenschluss erfolge nun einmal zur Wahrung und Förderung der Arbeits- und Wirtschaftsbedingungen[42]. Allein durch die bloße Existenz einer Koalition nehme diese jedoch noch keinen Einfluss auf die Arbeits- und Wirtschaftsbedingungen ihrer Mitglieder. Die Erwähnung der Arbeits- und Wirtschaftsbedingungen mache keinen rechten Sinn, wenn sich der Schutz des Art. 9 Abs. 3 S. 1 GG nicht auch auf deren „Wahrung und Förderung" erstrecke[43]. Aus dieser ausdrücklichen Anerkennung des Koalitionszwecks ergebe sich eine Koalitionszweck- und Koalitionsmittelgarantie[44]. Es sei sogar gerade diese spezifische Betätigungsfreiheit, um derentwillen Art. 9 Abs. 3 S. 1 GG geschaffen worden sei[45]. Die bloße Bildung der Vereinigungen wäre schon durch Art. 9 Abs. 1 GG hinreichend geschützt gewesen[46]. Das Grundgesetz selbst schreibe in Art. 9 Abs. 3 S. 1 GG jedoch keine bestimmten Mittel oder Formen der Betätigung vor[47]. Bei der Betätigung wird den Koalitionen daher eine regelmäßig umfassende Freiheit der Koalitionsmittel zugebilligt[48].

Fn. 19; *Säcker*, Grundprobleme, S. 33 f. m.w.N.; *Säcker/Oetker*, S. 33; *Fratzky*, S. 90; *Wiedemann/Stumpf*, Einl. Rn. 30; *Säcker*, Grundprobleme, S. 69 ff.; *Löwer*, Rn. 71; *Müller*, Die gesellschafts- und staatspolitische Problematik, S. 45 (52); *Müller*, Die Tarifautonomie in der Bundesrepublik Deutschland, S. 20; *Müller*, Arbeitskampf und Recht, S. 23; *Coester*, S. 73; *Kunze*, S. 101 (103); *Kemper*, Koalitionsfreiheit, S. 135 m.w.N.; *Hölters*, S. 68; *Dietz*, Koalitionsfreiheit, S. 95 (103); *Löwisch*, Arbeitsrecht, Rn. 113; einschränkend *Dietz*, Die Koalitionsfreiheit, S. 417 (460): „Die Anerkennung der Koalition schließt nicht die Anerkennung des Rechts der Koalition ein, sich in dem ganzen Bereich der Arbeits- und Wirtschaftsbedingungen in jeder Form zu betätigen, insbesondere nicht die Anerkennung jedes Koalitionsmittels".

[40] *Jarass*, Art. 9 GG, Rn. 28.

[41] BVerfGE 17, S. 319 (333); *Zöllner*, AöR 98 (1973), S. 71 (85); *Kemper*, Koalitionsfreiheit, S. 140; *Katzer*, S. 11 (12); *Weber*, FS für das OLG Celle, S. 239 (243); *Müller*, Arbeitskampf und Recht, S. 23; *Galperin*, AuR 1965, S. 1 (2); *Rieth*, S. 26.

[42] *Müller*, Arbeitskampf und Recht, S. 23.

[43] *Gamillscheg*, Arbeitsrecht I, S. 223; *Kemper*, Koalitionsfreiheit, S. 137; *Andelewski*, S. 49; *Müller*, Die Tarifautonomie in der Bundesrepublik Deutschland, S. 20.

[44] *Henssler*, ZfA 1998, S. 1 (3); *Galperin*, Verhandlungen des 46. DJT, Diskussion, S. 58: „Das Gesetz umreißt die Betätigungsmöglichkeiten der Koalitionen".

[45] *Müller*, Die gesellschafts- und staatspolitische Problematik, S. 45 (53); *Däubler/Hege*, Tarifvertragsrecht 2. Aufl., Rn. 203.

[46] *Biedenkopf*, Tarifautonomie, S. 102; *Kemper*, Koalitionsfreiheit, S. 137; *Dietz*, Die Koalitionsfreiheit, S. 417 (459).

[47] Vgl. BVerfGE 18, S. 18 (32).

[48] *Säcker*, Grundprobleme, S. 69 ff.; *Scholz*, Koalitionsfreiheit, S. 120 f, 258 ff.; *Scholz*, MD, Art. 9 GG, Rn. 297 f.; *Friauf*, RdA 1986, S. 188 (190); *Rüfner*, RdA 1997, S. 130 (132); etwas zu weitreichend *Lenz*, S. 235: „Mit der Garantie ihres Bestandes und ihrer Betätigungsfreiheit ist ihnen das Recht zugewiesen, die zur Verwirklichung ihrer Verfassungsaufgabe erforderlichen Gestaltungsmittel und Betätigungsformen grundsätzlich selbst zu bestimmen und zu

Das Recht auf koalitionsmäßige Betätigung soll dabei sowohl den Verbänden als auch den Mitgliedern zustehen[49]. Der Schutz sei aber entsprechend dem Wortlaut des Art. 9 Abs. 3 S. 1 GG auf das Betätigungsfeld der Arbeits- und Wirtschaftsbedingungen begrenzt[50].

1. Tarifautonomie als funktionstypisches Koalitionsmittel

Der Umfang einer Gewährleistung der spezifisch koalitionsmäßigen Betätigung ist weitgehend ungeklärt und im Einzelnen umstritten[51]. Jedenfalls wird als solches funktionstypisches Koalitionsmittel zur Wahrung und Förderung der Arbeits- und Wirtschaftsbedingungen und damit als von Art. 9 Abs. 3 S. 1 GG insbesondere der Abschluss von Tarifverträgen, also die Tarifautonomie[52], als geschützt angesehen[53]. Die Tarifautonomie als das Recht zur Gestaltung der Löhne und Arbeitsbedingungen sei Kernpunkt der Koalitionsfreiheit[54], denn es ergäbe keinen Sinn, die Bildung, den Bestand und die Betätigung der Koalitionen zu schützen, aber dem spezifischsten Betätigungsmittel, dem Tarifvertrag, den Schutz des Art. 9 Abs. 3 S. 1 GG zu versagen[55]. Die Regelung der Arbeitsbedingungen durch Tarifvertrag sei vielmehr die *„raison d'être"* der Koalitionsfreiheit und einziger Grund, sie aus der Vereinsfreiheit herauszuheben[56]. Auch

---

nutzen"; ähnlich auch *Müller*, Arbeitskampf und Recht, S. 25: „Die Wahrung und Förderung der Arbeits- und Wirtschaftsbedingungen durch die Koalitionen gibt ihnen alle für diese Zwecke tauglich erscheinenden Möglichkeiten von Hause aus frei. Die Interessenverfolgung schließt an sich die Wahl der hierzu verwandten Mittel nach Gutdünken ein".

[49] Vgl. *Lenz*, S. 232; *Gamillscheg*, Arbeitsrecht I, S. 128.

[50] *Löwisch* in: *Löwisch/Rieble*, Grundlagen, Rn. 13.

[51] So auch *Brox/Rüthers*, Rn. 244.

[52] Zu deren konkretem Inhalt ausführlich unten.

[53] *Höfling*, Art. 9 GG, Rn. 67, 83 f.; *Höfling*, FS für Friauf, S. 377 (380); *Scholz*, MD, Art. 9 GG, Rn. 299; *Scholz*, HdbStR, Rn. 14; *Jarass*, Art. 9 GG, Rn. 29; *Pieroth*, S. 293 (298); *Dietz*, Die Koalitionsfreiheit, S. 417 (460); *Kemper*, Kommentierung zu Art. 9 Abs. 3 GG, Rn. 205; *Dieterich*, RdA 2002, S. 1 (8); *Wolter*, RdA 2002, S. 218 (219); *Brox/Rüthers*, Rn. 244; *Bauer*, Rn. 78; *Meik*, S. 73; *Misera*, S. 27; *Säcker*, Grundprobleme, S. 71 ff.; *Oetker*, ZG 1998, S. 155 (157); *Däubler*, Mitbestimmung, S. 176, 192; *Däubler*, Tarifvertragsrecht, Rn. 15; *Biedenkopf*, Tarifautonomie, S. 102 ff.; *Richardi*, Kollektivgewalt, S. 89; *Weber*, Koalitionsfreiheit und Tarifautonomie als Verfassungsproblem, S. 7, 22; *Löwisch* in: *Löwisch/Rieble*, Grundlagen, Rn. 16; *Löwer*, Rn. 71; *Zachert*, Tarifvertrag, S. 80; *Zuleger*, AuR 1992, S. 231 (232); *Plander*, DB 1986, S. 2180; *Hueck/Nipperdey*, S. 915; *Hromadka*, NJW 2003, S. 1273 (1275); *Erdmann*, S. 93; *Lenz*, S. 232; *Kunze*, S. 101; *Schleusener*, ZTR 1998, S. 545; *Rieble*, ZTR 1993, S. 54 (55); *Sodan*, JZ 1998, S. 421 (422); *Schaub*, RdA 1995, S. 65 (66); *Henssler*, ZfA 1994, S. 487 (510); *Konzen*, NZA 1995, S. 913 (915); *Kissel*, NZA 1995, S. 1; *Gamillscheg*, Die Differenzierung nach der Gewerkschaftszugehörigkeit, S. 25; *Gamillscheg*, Arbeitsrecht I, S. 223, 226 hält die Tarifautonomie für den eigentlichen Schutzgegenstand der Betätigungsgarantie.

[54] *Katzer*, S. 11 (12); *Lee*, S. 67.

[55] *Andelewski*, S. 50; *Misera*, S. 27; *Kemper*, Kommentierung zu Art. 9 Abs. 3 GG, Rn. 205.

[56] *Gamillscheg*, Arbeitsrecht I, S. 263.

der Arbeitskampf sei in die Gewährleistung der Koalitionsfreiheit einbezogen, da er die Tarifautonomie erst ermögliche[57].

Die grundrechtliche Freiheit soll also sowohl die gesamte auf den Abschluss von Tarifverträgen hinführende Tätigkeit, als auch die Rechtswirkungen der Tarifverträge betreffen[58]. Die Wahrung und Förderung der Arbeits- und Wirtschaftsbedingungen sei praktisch nur möglich im Zusammenwirken der beiden antagonistischen Koalitionen, also als „Zwillingsgrundrecht“[59]. Das autonome Handeln der Koalitionen mit ihrer Betätigung für ihre Mitglieder und für die jeweiligen Seiten der Wirtschaftsgesellschaft in ihrem Verhältnis zueinander könne nicht sein Bewenden mit dem bloßen Geltendmachen der Interessen haben[60]. Dieses Geltendmachen habe nur Sinn, wenn es ein Ergebnis mit sich bringe. Bei einem antagonistischen Geltendmachen sei notwendiges Ergebnis eine Vereinbarung, die die Interessen beider Seiten wechselseitig gegen- und miteinander realisiere[61]. Der Tarifvertrag biete, da er durch das Zusammenwirken der Vertreter entgegengesetzter Interessen zustande komme, ein Höchstmaß an Richtigkeitsgewähr[62]. Gegenüber jeder gesetzlichen Regelung von Arbeitsbedingungen habe die tarifvertragliche Ordnung den Vorzug, dass sie den Besonderheiten des einzelnen Wirtschaftszweiges, des einzelnen Unternehmens, ja sogar der einzelnen Arbeitsplätze Rechnung tragen könne und dass sie Veränderungen der wirtschaftlichen Lage und der sozialen Bedingungen schneller und besser anzupassen sei[63].

2. Kritische Würdigung

Teilweise wird die Betätigungsfreiheit der Koalitionen, und damit insbesondere die Tarifautonomie, generell als nicht vom Schutzbereich des Art. 9 Abs. 3 S. 1 GG erfasst angesehen[64]. Für die Vorgängerregelung des Art. 9 Abs. 3 S. 1 GG, den Art. 159 WRV, sei herrschende Meinung gewesen, dass diese keine Betätigungen der Koalitionen schützte. Eine dem Art. 165 WRV entsprechende Spezialregelung sei jedoch gerade nicht in Art. 9 Abs. 3 S. 1 GG aufgenommen worden[65]. Daraus könne im Umkehrschluss gefolgert werden, dass die Vereinbarungen der Koalitionen nunmehr überhaupt nicht mehr anerkannt sein sollten[66].

[57] *Scholz*, HdbStR, Rn. 14, 105 ff.; so auch schon *Lerche*, S. 43; *Gamillscheg*, Arbeitsrecht I, S. 128; anders noch *Dietz*, Koalitionsfreiheit, S. 95 (100 ff.) m.w.N.

[58] Vgl. *Pieroth*, S. 293 (298).

[59] *Dieterich*, RdA 2002, S. 1 (8).

[60] *Müller*, Die Tarifautonomie in der Bundesrepublik Deutschland, S. 22.

[61] *Müller*, Die Tarifautonomie in der Bundesrepublik Deutschland, S. 22.

[62] *Söllner*, AuR 1966, S. 257 (258).

[63] *Söllner*, AuR 1966, S. 257 (258).

[64] *Sels*, S. 105 ff.

[65] *Sels*, S. 107.

[66] *Sels*, S. 107 f.

Bei der Beantwortung der Frage, ob Art. 9 Abs. 3 S. 1 GG eine Koalitionsbetätigungsgarantie enthält, ist jedoch zu differenzieren. Sie kann entgegen *Sels* nicht pauschal für alle möglichen Betätigungen beantwortet werden. Vielmehr muss unterschieden werden zwischen der Tarifautonomie und dem Arbeitskampfrecht als historisch gewachsenen Koalitionsmitteln einerseits (dazu sogleich) und den übrigen möglichen Koalitionsbetätigungen andererseits (dazu im Kapitel 5).

a) Entstehungsgeschichte

Der Hinweis auf die Entstehungsgeschichte des Art. 9 Abs. 3 S. 1 GG vermag die Ablehnung einer von dieser Norm grundsätzlich geschützten Tarifautonomie als Betätigungsgarantie nicht zu tragen. Insgesamt stellt sich die grundrechtliche Garantie der Koalitionsfreiheit nach Art. 9 Abs. 3 S. 1 GG als eine vom Willen des Verfassungsgebers her wesentlich unperfekte und weitgehend offene Verfassungsgewährleistung dar, die sich damit zum einen systemgetreu in das ebenso stabile wie offene System der grundrechtlich-liberalen Freiheitsgewährleistungen des Grundgesetzes einfügte und die zum anderen auch den ausdrücklichen Verzicht auf eine ordnungspolitisch geschlossene Entscheidung implizierte - mit der Konsequenz, dass sich auch das Koalitionsrecht als entwicklungsmäßig offene Verfassungsentscheidung zu erkennen gab[67]. Eine Anerkennung der Koalitionen und ihrer Vereinbarungen, wie sie Art. 165 Abs. 1 S. 2 WRV vornahm, unterblieb damit gerade nicht aus dem Grunde, dass diese nicht mehr geschützt werden sollten, sondern die Festschreibung erschien dem Parlamentarischen Rat im Gegenteil offensichtlich auch nicht mehr erforderlich[68]. Mit der Fassung, in der das Grundgesetz die Koalitionsfreiheit garantiert, war insoweit keine Verminderung des Schutzes der Koalitionstätigkeit gewollt[69]. Das BVerfG ist bei seiner Rechtsprechung zu Art. 9 Abs. 3 S. 1 GG zwar gelegentlich auf Art. 165 WRV eingegangen, hat sich aber nicht zu der Diskrepanz zwischen der Übernahme des Art. 159 WRV in das Grundgesetz und dem ersatzlosen Wegfall des Art. 165 WRV geäußert[70]. Jedoch hat auch das BVerfG festgestellt, der Verfassungsgesetzgeber habe nicht hinter den Rechtszustand der Weimarer Zeit zurückgehen wollen[71]. Es fehle zwar eine dem Art. 165 Abs. 1 WRV entsprechende ausdrückliche Vorschrift über die Anerkennung der beiderseitigen Organisationen; sie sei aber entbehrlich gewesen, weil das Grundgesetz unter Berücksichtigung des bestehenden verfassungs- und arbeitsrechtlichen Zustandes in den Ländern von

---

[67] *Scholz*, HdbStR, Rn. 8.

[68] Vgl. *Pieroth*, S. 293 (295); *Dieterich*, RdA 2002, S. 1 (8).

[69] *Giesen*, S. 128; *Dieterich*, Erfurter Kommentar, Art. 9 GG, Rn. 20; zusammenfassende Darstellung zu den Beratungen des Parlamentarischen Rates bei *Matz*, S. 116 ff.

[70] *Pieroth*, S. 293 (295).

[71] BVerfGE 4, S. 96 (102).

der rechtlichen Anerkennung der Sozialpartner als selbstverständlich ausgehen konnte[72].

Nach dem vorrechtlichen Gesamtbild gehört zu der Freiheit, Vereinigungen zur Wahrung und Förderung der Arbeits- und Wirtschaftsbedingungen zu bilden, auch das Recht dieser Verbände, insbesondere die Gestaltung von Löhnen und Arbeitsbedingungen zu beeinflussen und in Gesamtvereinbarungen zu regeln[73]. Die historische Entwicklung des Koalitionsrechts von seinem geschichtlichen Ursprung Mitte des 19. Jahrhunderts aus gesehen lief letztlich auf den Typus von Koalitionen hinaus, die gerade durch den Abschluss von Tarifverträgen auf die Arbeits- und Wirtschaftsbedingungen Einfluss nahmen. Im Verlaufe heftiger Konflikte hatten sich zunächst Vereinigungen von Arbeitnehmern und Arbeitgebern gebildet, und nach erbitterten Arbeitskämpfen entwickelten sie schließlich den Tarifvertrag als Mittel, mit dessen Hilfe sich die antagonistischen Interessengegensätze ausgleichen und rechtlich kanalisieren ließen. Denn die Masse der abhängig Beschäftigten war nicht in der Lage, die eigenen Interessen mit Hilfe des Individualvertrages zu wahren, sondern war vielmehr auf Beistand durch ein solches flexibles Instrumentarium angewiesen, das die strukturell ungleiche Verhandlungsstärke ausglich. Diese „Richtung“ hat die Koalitionsfreiheit jedoch nicht erst in der Weimarer Reichsverfassung bekommen, vielmehr begann diese Entwicklung bereits vor, zumindest jedoch mit dem Abschluss des Buchdruckertarifvertrages im Jahre 1873 als erstem Tarifvertrag. Wenn Art. 9 Abs. 3 S. 1 GG schließlich eine Verbürgung der sich so entwickelten Koalitionsfreiheit darstellt, so kann das über Jahrzehnte herausgebildete und bewährte Koalitionsmittel der Tarifautonomie nicht einfach unter Hinweis auf die inhaltliche Offenheit des Art. 9 Abs. 3 S. 1 GG unter den Tisch gekehrt werden. Dies gilt um so mehr, als der Verfassungsgeber gerade auf die ausdrückliche Erwähnung und explizite Gewährleistung einzelner Koalitionsmittel verzichtet hat, um keinen konkreten Status quo im geltenden kollektiven Arbeitsrecht auf Dauer zu fixieren[74].

Prämisse ist demnach, dass das Grundgesetz als Verfassung des sozialen Rechtsstaats nicht hinter dem grundrechtlichen Entwicklungsstand der Weimarer Reichsverfassung und deren Vorläufern zurückbleibt[75]. Nach den Erfahrungen des Nationalsozialismus, dessen Regime die Gewerkschaften aufgelöst und ihre Repräsentanten persönlich verfolgt hatte, steht jedoch fest, dass der Sozialstaat sich nicht damit begnügen konnte, lediglich die Bildung von Gewerkschaften und Arbeitgeberverbänden zu gewährleisten, sondern dass auch deren

[72] BVerfGE 4, S. 96 (102).

[73] *Richardi*, Kollektivgewalt, S. 89.

[74] *Scholz*, HdbStR, Rn. 16.

[75] *Isensee*, Die verfassungsrechtliche Verankerung der Tarifautonomie, S. 159 (164).

Existenzvoraussetzungen gesichert sowie die spezielle Methodik ihres kollektiven Interessenausgleichs geschützt werden musste[76].

Dieser Argumentation wird vorgeworfen, sie könnte sich als Zirkelschluss erweisen. Das Grundrecht solle demnach seine Substanz aus der Realität und die Realität ihre Legitimation aus dem derart aufgefüllten Grundrecht beziehen. Das Inhaltsdefizit der Verfassung werde ausgeglichen durch die Tarifrealität und das Normdefizit der Tarifrealität durch die Verfassung[77]. Jedoch kann gerade das so lange um- und schließlich erfochtene Grundrecht der Koalitionsfreiheit nicht losgelöst von seinem historischen Hintergrund gesehen werden, nur weil der Normtext des Art. 9 Abs. 3 S. 1 GG, wie er schließlich nach vielen Diskussionen und Verhandlungen im Parlamentarischen Rat der Einfachheit halber erlassen wurde, defizitär ist.

b) Schrankenlosigkeit der Tarifautonomie

Kritisiert wird weiterhin, dass sich systematisch gesehen eine schrankenlose Tarifautonomie nicht aus der vorbehaltslosen ursprünglichen Gewährleistung des Art. 9 Abs. 3 S. 1 GG ableiten lasse. Der vorbehaltslose Schutz des Art. 9 Abs. 3 S. 1 GG sei ein Indiz dafür, dass vom Schutzbereich dieses Freiheitsrechts lediglich solche Handlungen geschützt sein könnten, die keine erhebliche Auswirkung auf Dritte hätten, denn ansonsten hätte der Gesetzgeber einen Schrankenvorbehalt eingefügt[78]. Gerade die Tarifautonomie, deren Inanspruchnahme ganz entscheidende Auswirkungen für die Allgemeinheit habe, könne daher nicht in den Schutzbereich eines Grundrechts hineingelesen werden, welches vorbehaltslos gewährleistet sei[79]. Diese Argumentation vermag jedoch so lange nichts auszusagen, wie nicht der Inhalt und die Grenzen der Tarifautonomie geklärt sind. Ein pauschaler Verweis auf „die Tarifautonomie“ ist zu undifferenziert und vage, um eine solche Betätigungsgarantie insgesamt abzulehnen. Wenn die Tarifautonomie schon vom Schutzbereich her enger zu fassen wäre, als sie verbreitet gefasst wird, so wäre ihre vorbehaltslose Gewährleistung kein Gegenargument.

c) Rechtsgrundlage der Tarifautonomie

Zuletzt wird angeführt, auch die teleologische Überlegung greife nicht durch, die durch Art. 9 Abs. 3 S. 1 GG gewährleistete Koalitionsfreiheit sei nur dann sinnvoll, wenn die Rechtsordnung den Koalitionen die Möglichkeit gebe, durch

---

[76] So auch *Dieterich*, Erfurter Kommentar, Art. 9 GG, Rn. 19.
[77] *Isensee*, Die verfassungsrechtliche Verankerung der Tarifautonomie, S. 159 (164).
[78] *Sels*, S. 109.
[79] *Sels*, S. 109.

spezifisch koalitionsgemäße Betätigung die in Art. 9 Abs. 3 S. 1 GG genannten Zwecke zu verfolgen[80]. Zwar sei die Gewährleistung der Koalitionsbildungsfreiheit durch Art. 9 Abs. 3 S. 1 GG in der Tat sinnlos, wenn den auf Grund dieser Verfassungsvorschrift gebildeten Koalitionen kein verfassungsrechtlich abgesichertes Betätigungsrecht zur Verfolgung der Zwecke, um deren Willen die Koalitionen gebildet wurden, zustünde. Mit diesem teleologischen Argument könne aber nur begründet werden, dass den Koalitionen überhaupt ein Betätigungsrecht zustehen müsse. Eine ganz andere Frage sei jedoch, durch welche grundrechtliche Norm dieses Betätigungsrecht geschützt werde[81].

Dagegen ist anzuführen, dass es an einem plausiblen Grund fehlt, vor dem Hintergrund der Entstehungsgeschichte des Grundrechts der Koalitionsfreiheit und seiner Entwicklungsrichtung die Tarifautonomie nicht als durch Art. 9 Abs. 3 S. 1 GG garantiert anzusehen. Denn Art. 9 Abs. 3 S. 1 GG sollte, wie dargestellt, gerade diese absichern. Insofern liegt es nahe, für die Tarifautonomie selbst, die sich in den letzten Jahrzehnten zum Geltungsgrund und wesentlichem Inhalt der Koalitionsfreiheit entwickelt hat, nicht auf das subsidiäre Auffanggrundrecht des Art. 2 Abs. 1 GG zurückzugreifen, sondern insoweit eine Garantie direkt aus Art. 9 Abs. 3 S. 1 GG zu entnehmen[82].

Darüber hinaus spricht Art. 9 Abs. 3 S. 3 GG, der ausdrücklich auf den Arbeitskampf Bezug nimmt, für eine durch Art. 9 Abs. 3 S. 1 GG geschützte Arbeitskampffreiheit - unabhängig von der umstrittenen Frage, ob auch schon vor Einfügung des Art. 9 Abs. 3 S. 3 GG der Arbeitskampf als durch die Koalitionsfreiheit geschützt anzusehen war[83]. Selbst wenn der Gesetzgeber mit Einführung des Art. 9 Abs. 3 S. 3 GG an der allgemeinen verfassungsrechtlichen Beurteilung der Zulässigkeit von Arbeitskämpfen nichts ändern wollte[84], kann nicht übersehen werden, dass der objektiviert zu interpretierende Wortlaut des Satzes 3 durch seinen Standort und seine Bezugnahme auf Satz 1 dieses Absatzes Ausstrahlungen auf die Auslegung des Arbeitskampfrechts enthält[85]. Wenn jedoch die Verfassung selbst in Art. 9 Abs. 3 GG auf den Arbeitskampf Bezug

---

[80] So beispielsweise *Dieterich*, Erfurter Kommentar, Art. 9 GG, Rn. 20.

[81] *Sels*, S. 112, sieht die Koalitionsbetätigungsfreiheit inklusive der Tarifautonomie aus diesen Gründen als allein von Art. 2 Abs. 1 GG i.V.m. 19 Abs. 3 GG geschützt an.

[82] Unter Hinweis auf die Spezialität des Art. 9 Abs. 3 S. 1 GG so auch für die Arbeitskampffreiheit *Scholz*, HdbStR, Rn. 108.

[83] Davon ging der sog. Lücke-Entwurf (RE III) aus, vgl. Deutscher Bundestag, 5. Wahlperiode, Drucksache V/1879, S. 24; bejahend auch *Schäfer*, AöR 93 (1968), S. 37 (78); *Evers*, AöR 91 (1966), S. 1, 193 (202); *Weber*, Koalitionsfreiheit und Tarifautonomie als Verfassungsproblem, S. 22.

[84] Vgl. Lücke-Entwurf (RE III), Deutscher Bundestag, 5. Wahlperiode, Drucksache V/1879, S. 24; Bericht des Abgeordneten Dr. Lenz, Schriftlicher Bericht des Rechtsausschusses, Deutscher Bundestag, 5. Wahlperiode, Drucksache V/2873, S. 3.

[85] *Stern*, S. 1351.

nimmt, so liegt es nahe, diese Betätigung dem Schutz des Art. 9 Abs. 3 S. 1 GG zu unterstellen[86]. Dann muss aber als logische Konsequenz der Gewährleistung der Arbeitskampffreiheit durch Art. 9 Abs. 3 S. 1 GG auch der Abschluss von Tarifverträgen, also die Tarifautonomie, von Art. 9 Abs. 3 S. 1 GG selbst geschützt sein, da Zweck eines rechtmäßigen und verfassungsgeschützten Arbeitskampfes immer der Abschluss eines Tarifvertrages ist[87].

d) Fazit

Damit lässt sich festhalten, dass das Grundrecht der Koalitionsfreiheit aus Art. 9 Abs. 3 S. 1 GG über seinen Wortlaut hinaus auch die Tarifautonomie und die Freiheit des Arbeitskampfes als gewollte und heute funktionstypische koalitionsmäßige Betätigungsmittel schützt. Mit dieser Erkenntnis der grundsätzlichen Verbürgung der Tarifautonomie als funktionstypisches Koalitionsmittel durch das Grundrecht der Koalitionsfreiheit ist aber noch nichts über den Umfang der Tarifautonomie gesagt. Es stellt sich damit die Frage, ob die Verfassung die Tarifautonomie tatsächlich in der derzeitig vertretenen personellen und sachlichen Reichweite sowie ihrer rechtlichen Gestalt gewährleistet[88].

B. Tarifautonomie und Herleitung der tariflichen Normsetzungsbefugnis

Tarifautonomie wird überwiegend verstanden als „tarifvertragliche Rechtsetzungsmacht" oder „Recht zur Selbstgesetzgebung"[89]. Die Koalitionsfreiheit enthalte mit der Tarifautonomie eine Ermächtigung der Koalitionen zu verbindlicher Rechtsetzung und umfasse damit eine im herkömmlichen Verfassungssystem prinzipiell dem demokratischen Gesetzgeber vorbehaltene Funktion[90]. Jene ausnahmsweise Anerkennung zwingender, jedoch nicht staatlicher Normsetzung rechtfertige sich vor allem daraus, dass das tarifliche Verfahren einen grundsätzlich vergleichbaren Legitimationsansatz, nämlich die Mit- und Selbstbestimmung der Betroffenen aufweise[91].

Schon begrifflich muss aber die Tarifautonomie als allgemeiner Bereich, in welchem eine Aufgabe autonom wahrgenommen wird, unterschieden werden von

[86] So sieht *Scholz*, HdbStR, Rn. 7 den Art. 9 Abs. 3 S. 3 GG als eine weitgehend deklaratorische Bekräftigung inzwischen vorgegebener interpretativer Befunde.

[87] *Dieterich*, Erfurter Kommentar, Art. 9 GG, Rn. 99.

[88] Ablehnend *Isensee*, Die verfassungsrechtliche Verankerung der Tarifautonomie, S. 159 (170).

[89] Vgl. *Waltermann*, ZfA 2000, S. 53 (56); *Biedenkopf*, Tarifautonomie, S. 103; *Kamanabrou*, RdA 1997, S. 22 (31); *Hinz*, S. 148.

[90] *Kempen/Zachert*, Grundlagen, Rn. 64.

[91] *Kempen/Zachert*, Grundlagen, Rn. 64.

der tarifvertraglichen Normsetzungsbefugnis[92]. Diese Unterscheidung zwischen Tarifautonomie einerseits und tarifvertraglicher Normsetzungsbefugnis andererseits ist überaus bedeutsam, weil sie Auswirkungen auf das Verhältnis von Gesetz und Tarifvertrag hat[93]. In diese Richtung weisen ansatzweise auch die Ausführungen des BVerfG, das Grundgesetz gewährleiste die Tarifautonomie ganz allgemein. Es schreibe nicht die besondere Ausprägung fest, die das Tarifvertragssystem in dem zur Zeit des Inkrafttretens des Grundgesetzes geltenden Tarifvertragsgesetz habe[94].

Eine trotz dieser begrifflich vorzunehmenden Trennung erfolgte inhaltliche Gleichsetzung von Tarifautonomie und tariflicher Normsetzungsbefugnis kann mithin nur richtig sein, wenn die Normsetzungsbefugnis der Tarifvertragsparteien, ebenso wie die Tarifautonomie, unmittelbar in Art. 9 Abs. 3 S. 1 GG verfassungsrechtlich gewährleistet ist.

I. Normsetzungsbefugnis auf Grund von Tarif*autonomie*

Wenn allgemein Tarifautonomie als „tarifvertragliche Rechtsetzungsmacht“ definiert wird[95], so entsteht der Eindruck, schon diese Bezeichnung als Tarif*autonomie* spreche dafür, dass von Art. 9 Abs. 3 S. 1 GG ebenfalls eine Normsetzungsbefugnis der Tarifvertragsparteien garantiert sein müsse[96]. Das Wort „Tarifautonomie“ folgt aus der „Autonomie“ der Koalitionen und ihrer spezifischen Betätigung, dem Abschließen von Tarifverträgen. Dabei bedeutet „Autonomía“ (gr.) ursprünglich Selbstgesetzgebung[97]. Der Begriff setzt sich zusammen aus dem Begriff „autós“ („selbst“) und „nomós“ („Gesetz“). Bereits auf

---

[92] *Waltermann*, FS für Söllner, S. 1251 (1258); *Döttger*, S. 109; *Scholz*, Koalitionsfreiheit, S. 55: Die herrschende Meinung beachte diesen Unterschied nicht.

[93] Dies verkennt *Heise*, S. 220, wenn sie eine Normsetzungsprärogative der Tarifvertragsparteien prüft und verneint, daraus aber dann den Schluss zieht, der Schutzbereich des Art. 9 Abs. 3 S. 1 GG verbürge folglich keine generelle Tarifautonomie; das Verhältnis von Staat und Koalitionen sei damit in der Form bestimmt, dass dem Staat auf Grund der Sozialpflichtigkeit das primäre Regelungsrecht zugewiesen sei. Jedoch müsse auch der Regelungsprärogative des Gesetzgebers Grenzen gezogen sein; lediglich die jenseits dieser Grenzen bestehende Regelungszuständigkeit bilde dann die vom Schutzbereich des Art. 9 Abs. 3 GG erfasste Tarifautonomie.

[94] BVerfGE 50, S. 290 (369 ff.); ähnlich auch *Müller*, Arbeitskampf und Recht, S. 35: „Dass die Tarifvertragsparteien durch den Tarifvertrag Rechtsnormen zu setzen befugt sind, dürfte mit dem innersten Kern der Tarifvertragsautonomie nicht gegeben sein... Im Interesse der Rechtsfestigkeit und Rechtssicherheit der tarifvertraglichen Einigung lässt sich ein solcher Aspekt der Tarifvertragsautonomie allerdings zwanglos bejahen“.

[95] *Höfling*, FS für Friauf, S. 377 (386); *Scholz*, FS für Trinkner, S. 377 (378); *Britz*, Tarifautonomie in der Europäischen Union, S. 34 (38); *Waltermann*, FS für Söllner, S. 1251 (1258) m.w.N.

[96] Vgl. *Waltermann*, FS für Söllner, S. 1251 (1259).

[97] *Fratzky*, S. 77; *Haug*, S. 1.

Grund dieser Bezeichnung als Tarif*autonomie* - die ihrerseits nach allgemeiner Meinung von Art. 9 Abs. 3 S. 1 GG garantiert ist - könnte daher implizit ebenfalls ein Recht unmittelbar aus Art. 9 Abs. 3 S. 1 GG zur (Selbst-)Gesetzgebung im Sinne der Schaffung von Rechtsnormen anzuerkennen sein. Es bedarf also zunächst der Klarheit halber einer näheren Bestimmung des Begriffs der Tarif*autonomie*.

1. Allgemeiner Autonomiebegriff

Tiefschürfende Überlegungen über das Wesen der Autonomie und über die Struktur des Autonomiebereichs werden nur selten angestellt[98]. Meist wird der Autonomiebegriff schlagwortartig verwendet[99] und ohne Klarstellung, inwieweit ihm überhaupt rechtliche Bedeutung zukommt bzw. worin seine Bedeutung konkret besteht[100]. Während das öffentliche Recht bei dem Begriff der Autonomie in erster Linie den Bereich der mittelbaren Staatsverwaltung, also der öffentlichen Verwaltung durch außerstaatliche Verwaltungsträger meint[101], schaut das kollektive Arbeitsrecht zunächst auf das dem Privatrecht fremde Phänomen der Regelung durch Sätze objektiven Rechts[102].

Der Begriff der Autonomie stellt sich letztlich als überaus vieldeutig heraus und es werden bei seiner Definition verschiedene Akzente gesetzt. Gewissermaßen als „Ausgangspunkt" kann Autonomie in einem weiten Sinne verstanden werden als nichtstaatliche Rechtsetzung[103]. Sie kann weiterhin verstanden werden als Rechtsetzung eines Verbandes für die Verbandsmitglieder[104]. Das Wesensmerkmal der Autonomie kann aber auch in der engen Verbindung zwischen dem Normurheber und den Regelungsadressaten erblickt werden[105]. Autonomie soll danach vorliegen, wenn entweder unmittelbar Normurheber und Normadressat identisch sind oder wenn mittelbar die Kompetenz des Normurhebers auf den Willen des Normadressaten zurückführbar ist[106]. Weiterhin lässt sich Au-

[98] *Zöllner*, Rechtsnatur der Tarifnormen, S. 13.

[99] *Picker*, Konflikt, S. 11 (13).

[100] So z.B. bei *Scheuner*, Koalitionsfreiheit, S. 29 (66 ff.); *Kemper*, Koalitionsfreiheit, 118.

[101] So versteht auch *Nipperdey* in: *Hueck/Nipperdey*, S. 347 den Begriff der Autonomie „im klassischen Sinne" als die einseitige Rechtsetzung eines im Staat bestehenden engeren Verbandes.

[102] *Waltermann*, Rechtsetzung, S. 55 f.; vgl. auch *Nipperdey* in: *Hueck/Nipperdey*, S. 347: Autonomie als die auf staatlicher Privilegierung beruhende Befugnis, objektives Recht zu setzen.

[103] *Zöllner*, Rechtsnatur der Tarifnormen, S. 15; *Adomeit*, Rechtsquellenfragen, S. 129; *Klein*, S. 79 (109); *Herschel*, FS für Bogs, S. 125 (128); *Richardi*, Kollektivgewalt, S. 2; *Biberacher*, S. 37.

[104] Vgl. *Galperin*, FS für Molitor, S. 143 (151); *Herschel*, FS für Bogs, S. 125 (128); *Adomeit*, Rechtsquellenfragen, S. 129; *Klein*, S. 79 (110).

[105] *Zöllner*, Rechtsnatur der Tarifnormen, S. 16; *Adomeit*, Rechtsquellenfragen, S. 130.

[106] *Adomeit*, Rechtsquellenfragen, S. 131.

tonomie als Rechtsetzung begreifen, die eine Gruppe von sich aus, also nicht im Auftrag des Staates, vornimmt. Vom Staat soll dann lediglich die Sanktion, die Anerkennung der gesetzten Regeln als Rechtsnormen, als objektives Recht, stammen[107]. Autonomie wird darüber hinaus als die dem Inhaber einer Rechtsetzungsbefugnis gegebene Garantie verstanden, diese Befugnis zu behalten[108] oder auch als das Prinzip der Selbstverwaltung[109] bzw. als die Freiheit, keinerlei externer Rechtsetzung unterworfen zu sein[110]. Im weitesten Sinne wird Autonomie also tatsächlich zumeist als Synonym zur Rechtsetzungsmacht verstanden[111].

2. Keine Gleichsetzung von Autonomie und originärer Normsetzungsbefugnis

Vor diesem Hintergrund hat sich mittlerweile als allgemeine Ansicht herausgebildet, dass es sich bei der Autonomie um eine nichtstaatliche Befugnis zur selbständigen Setzung von objektiven Rechtsnormen handeln soll[112]. Unter Autonomie wird somit nicht nur das Recht zur eigenständigen Erledigung eigener Angelegenheiten verstanden, sondern es wird in diesen Begriff auch die Befugnis zur Rechtsetzung einbezogen[113]. Während früher sogar von einer originären[114], naturgegebenen Rechtsetzungsmacht, die der Staat dulde, jedoch nicht geschaffen habe, ausgegangen wurde[115], wird die Autonomie heute nicht mehr als originär angesehen[116]. Vielmehr ist anerkannt, dass jeder Träger der autonomen Rechtsetzungsbefugnis dieses Recht aus der Ermächtigung oder Zulassung des Staates ableitet, der allein objektives Recht schaffen bzw. anerkennen kann[117].

---

[107] *Zöllner*, Rechtsnatur der Tarifnormen, S. 16.

[108] *Zöllner*, Rechtsnatur der Tarifnormen, S. 17; *Adomeit*, Rechtsquellenfragen, S. 132.

[109] *Waltermann*, Rechtsetzung, S. 58; *Nikisch*, S. 43 ff; *Galperin*, FS für Molitor, S. 143 (152); *Biberacher*, S. 37; *Fleiner*, S. 79; *Herschel*, Die tarifrechtliche Problematik, S. 33 (34) sieht jedoch die Koalitionen nicht als Selbstverwaltungskörperschaften an, da die Koalitionen „kein Stück Staat" seien.

[110] *Adomeit*, Rechtsquellenfragen, S. 133.

[111] Vgl. *Zöllner*, Rechtsnatur der Tarifnormen, S. 16; *Galperin*, FS für Molitor, S. 143 (151); *Bogs*, RdA 1956, S. 1 (2).

[112] Vgl. *Herschel*, FS für Bogs, S. 125 (128); *Zöllner*, Rechtsnatur der Tarifnormen, S. 15; *Prost*, NJW 1955, S. 1463 (1464); *Britz*, Tarifautonomie in der Europäischen Union, S. 34 (38).

[113] Vgl. *Fratzky*, S. 77 m.w.N.

[114] *Schnorr*, JR 1966, S. 327 (328); *Fleiner*, S. 79 f.; *Herschel*, FS für Bogs, S. 125 (130 f.); *Söllner*, AuR 1966, S. 257 (260) hält die Tarifautonomie für originär entstanden und vom Staat respektiert und garantiert.

[115] Vgl. *Adomeit*, Rechtsquellenfragen, S. 133; *Galperin*, FS für Molitor, S. 143 (151).

[116] Zu der überholten Auffassung *Hamann*, S. 18 f.; *Waltermann*, Rechtsetzung, S. 112; *Meik*, S. 31; *Picker*, Konflikt, S. 11 (27); *Hinz*, S. 136.

[117] *Jellinek*, S. 40 f; *Lehmann*, S. 17; *Waltermann*, Rechtsetzung, S. 113; *Kemper*, Koalitionsfreiheit, S. 71 f.; *Reuss*, AuR 1958, S. 321 (322); *Rehbinder*, JR 1968, S. 167 (169);

Im Sinne der modernen Autonomie sei Autonomie also die Normsetzungsmacht zur Festlegung der inneren Ordnung und wurzele im staatlichen Recht, beruhe also auf staatlicher Verleihung[118]. Die Möglichkeit, Recht zu setzen ohne Rücksicht auf eine freiwillige Unterwerfung der Betroffenen, existiere nur auf Grund des objektiven Geltungsanspruchs staatlichen Rechts[119]. Denn nach dem in Art. 20 Abs. 2 S. 1 GG verankerten Demokratieprinzip gehe alle Staatsgewalt vom Volk aus; demnach sei der Staat Träger der Rechtsordnung und allein er vermöge die Bedingungen des Gemeinwesens verbindlich zu bestimmen, so dass Autonomie nicht als gegen den Staat gerichtet denkbar sei[120]. Daraus ergebe sich aber noch nicht, dass es sich bei der Ermächtigung der Tarifvertragsparteien im Tarifvertragsgesetz zur Setzung verbindlicher Normen um eine Form der Übertragung hoheitlicher Rechtsetzungsgewalt handele[121].

3. Autonomie als Selbständigkeit

Der Schluss von Autonomie auf eine direkt mit dieser verbundene Normsetzungsbefugnis ist jedoch dogmatisch fragwürdig. Denn die Normsetzungsbefugnis ist erst das Sekundäre, gewissermaßen eine Folge der Autonomie[122]. Vom Wortsinn des auto-nomos - Selbstgesetzgebung - ausgehend, bedeutet Autonomie nur, dass „irgendjemand in irgendeiner Hinsicht über sich selbst bestimmen darf"[123]. Autonom bedeutet „aus eigenem Gesetz", „selbständig". Autonomie wird im allgemeinen Sprachgebrauch auch zutreffend als „Unabhängigkeit" oder „Selbständigkeit" verstanden[124].

Die Befugnis zur Autonomie gewährleistet einer Gemeinschaft zwar, sich ihre Verfassung selbst zu geben und deren Inhalt im Rahmen der zwingenden Rechtsvorschriften grundsätzlich beliebig zu gestalten. Damit ist aber noch nicht gesagt, dass die so zustandegekommenen Verfassungsbestimmungen den Charakter objektiver, dem staatlichen Gesetz entsprechender Rechtsätze haben[125]. Vielmehr bezeichnet Autonomie rechtlich insgesamt den Bereich, den der Staat nichtstaatlichen Stellen zur Selbstregelung eigener Angelegenheiten lässt. Au-

Hamann, S. 19 m.w.N.; zu dieser schon damals herrschenden Meinung; gegen ein staatliches Normsetzungsmonopol *Herschel*, Die tarifrechtliche Problematik, S. 33; *Lee*, S. 95; *Galperin*, FS für Molitor, S. 143 (156): der demokratische und soziale Rechtsstaat kenne mindestens zwei Fälle einer nicht auf staatlicher Ermächtigung beruhenden Rechtsetzungen, und zwar die Autonomie der Kirche und die Autonomie der Sozialpartner und Betriebspartner.

118 *Biberacher*, S. 39.

119 *Biberacher*, S. 39.

120 *Waltermann*, Rechtsetzung, S. 113.

121 *Zöllner*, Rechtsnatur der Tarifnormen, S. 14.

122 *Waltermann*, NZA 1991, S. 754 (758).

123 *Fratzky*, S. 77.

124 *Kluge*, S. 51.

125 *Fratzky*, S. 78.

tonomie kann damit nicht auf die Regelung eines Lebensbereichs durch Sätze objektiven Rechts beschränkt werden[126]. Dies stimmt auch mit dem Verständnis von „Privatautonomie“ überein[127]. Denn der Begriff der Privatautonomie wird auch selbstverständlich in diesem Sinne der Selbstregelung der Lebensverhältnisse durch die privaten Einzelnen bezeichnet[128]. Diese Bedeutungsverschiedenheit zwischen dem Recht zur Selbstgesetzgebung und dem Recht zur Selbstregelung zu erkennen, ist gerade dann wichtig, wenn von Autonomie der Tarifpartner die Rede ist[129].

Tarif*autonomie* bedeutet demzufolge das Recht zur eigenständigen, staatsfreien Regelung der Arbeits- und Wirtschaftsbedingungen durch die Tarifvertragsparteien[130]. Dies kann angesichts der Ausgestaltung im Tarifvertragsgesetz durch Statuierung von Sätzen objektiven Rechts, aber auch in anderer Weise erfolgen[131]; die Tarifautonomie ist also unabhängig von dem staatlicherseits zur Verfügung gestellten Instrumentarium[132]. Sie enthält damit - zunächst nur vom Wortsinn der Autonomie her betrachtet - nur das Recht der Koalitionen, unabhängig von staatlicher Einflussnahme Arbeits- und Wirtschaftsbedingungen zu regeln[133], also den aus der staatlichen Rechtsetzung ausgeklammerten Bereich tarifvertraglicher Regelungsbefugnisse[134].

Die Autonomie ist somit begrifflich von der Befugnis zur Rechtsetzung und den anderen damit möglicherweise verbundenen Fähigkeiten zu trennen[135]. Tatsächlich wird zwar dort, wo Autonomie besteht, in der Regel auch die Befugnis

---

[126] *Waltermann*, ZfA 2000, S. 53 (57); *Hinz*, S. 148.

[127] *Giesen*, S. 154.

[128] *Waltermann*, ZfA 2000, S. 53 (57).

[129] So schon *Hinz*, S. 148.

[130] Vgl. *Waltermann*, Rechtsetzung, S. 61; *Waltermann*, NZA 1991, S. 754 (758); *Söllner*, AuR 1966, S. 257 (260), der davon ausgeht, die Tarifautonomie sei originär entstanden und werde heute vom Staat respektiert und garantiert.

[131] *Waltermann*, ZfA 2000, S. 53 (57); *Bucher*, S. 87 f. stellt die heteronome Normsetzung (im Sinne der Verpflichtung eines Dritten) sogar in Gegensatz zur Autonomie (im Sinne einer Selbstverpflichtung); anderer Ansicht *Volkmann*, S. 1 (28): wenn der Tarifvertrag um seine Normativität gebracht werde, denaturiere er zum unverbindlichen Regelungsvorschlag, der keinerlei Direktionskraft mehr entfalte; das wäre dann keine Modifikation oder zulässige Auflockerung, sondern das Ende der Tarifautonomie und mit Art. 9 Abs. 3 GG nicht zu machen.

[132] *Waltermann*, NZA 1991, S. 754 (758).

[133] So *Hanau/Adomeit*, Rn. 211; *Scholz*, MD, Art. 9 GG, Rn. 272: „Als Freiheitsrecht gewährleistet Art. 9 Abs. 3 GG den Koalitionen die kollektive Privatautonomie, aber keine Autonomie im selbstverwaltungsrechtlichen Sinne“; gegen den Begriff der „kollektiven Privatautonomie wendet sich *Volkmann*, S. 1 (5): Tarifautonomie und Tarifvertrag seien nicht Entfaltung, sondern im Gegenteil Zurückdrängung der Privatautonomie.

[134] *Schnorr*, JR 1966, S. 327 (328).

[135] *Söllner*, AuR 1966, S. 257 (260); *Schnorr*, JR 1966, S. 327 (328); *Giesen*, S. 154.

zur Setzung objektiven Rechts anzutreffen sein[136]. Es darf jedoch nicht übersehen werden, dass die autonome Rechtsetzung nur ein Mittel zur Verwirklichung der Autonomie ist und nicht diese selbst[137]. Die Befugnis zur Rechtsetzung ist damit keine notwendige Bedingung der Autonomie, sondern eine von mehreren Erscheinungsformen[138]. Aus dem Begriff der Autonomie lässt sich damit nicht ableiten, dass den autonomen Regelungen zwingend die Qualität objektiven Rechts zukommt[139].

4. Grundsätzliche Bedenken gegen eine Behandlung als echte Autonomie

Die Tarifautonomie weist zudem - unabhängig von der Frage einer Gleichsetzung von Autonomie und Normsetzungsbefugnis - im Hinblick auf die allgemeine Autonomiedefinition Unstimmigkeiten auf. Von autonomen Normen werden grundsätzlich nur Verbandsmitglieder angesprochen, da es sich gerade um die Rechtsetzung eines Verbandes für seine Verbandsmitglieder handelt[140]. An sie richtet sich in erster Linie der sich in der Autonomie betätigende gemeinsame und bekundete Wille der organisierten Einheit, da das so gesetzte Recht grundsätzlich nur für die Mitglieder der Gemeinschaft gelten kann und soll, die an der gemeinsamen Willensbildung teilgenommen haben[141].

Im Gegensatz zu einer solchen „normalen" Autonomie weist die Tarifautonomie jedoch die Besonderheit auf, dass Rechtsverhältnisse normativ geregelt werden, die notwendigerweise über den Kreis der Mitglieder der einzelnen Tarifvertragsparteien hinausgehen[142]. Träger der „Autonomie" sind die Tarifpartner zur gesamten Hand: nur gemeinschaftlich steht ihnen die Befugnis zu autonomer Arbeitsrechtsetzung zu; Gewerkschaft und Arbeitgeber (-verband) können nur durch einverständliches Zusammenwirken Arbeitsrechtsnormen setzen[143]. Erschwerend kommt hinzu, dass der Modus der Rechtsetzung durch Einigung beider Verbände eine Bindung an die einmal vereinbarten Normen für die Laufzeit des Vertrages bewirkt. Hier wird die Eigentümlichkeit vertraglicher Rechtsetzung augenscheinlich, dass die Vertragspartner durch die Vereinbarung für

---

[136] *Söllner*, AuR 1966, S. 257 (260); *Waltermann*, ZfA 2000, S. 53 (57); *Waltermann*, Rechtsetzung, S. 56.
[137] *Söllner*, AuR 1966, S. 257 (260); *Fratzky*, S. 79; anders *Schnorr*, JR 1966, S. 327 (328), der zwar zwischen Tarifautonomie und Normsetzungsbefugnis unterscheidet, jedoch meint, die Normsetzungsbefugnis sei zwingende Rechtsfolge der Tarifautonomie.
[138] *Waltermann*, ZfA 2000, S. 53 (58).
[139] *Waltermann*, Rechtsetzung, S. 56.
[140] *Fratzky*, S. 76.
[141] *Herschel*, FS für Bogs, S. 125 (128).
[142] *Kemper*, Koalitionsfreiheit, S. 72.
[143] *Bettermann*, S. 723 (736).

deren Laufzeit die Möglichkeit verlieren, (je für sich) von ihrer Rechtsetzungskompetenz erneut und abweichend Gebrauch zu machen[144].

Die tarifvertragliche Rechtsetzung erfolgt also durch zwei Partner mit gegensätzlichen Interessen in Vertragsform[145]. Es handelt sich um die Unterwerfung von Personen unter die tarifvertragliche Rechtsetzungsgewalt, die entweder nur einem der tarifbeteiligten Verbände angehören oder überhaupt keiner verbandsrechtlichen Bindung zu irgendeiner Tarifpartei unterliegen - etwa Außenseiter oder Arbeitnehmer und Arbeitgeber, die im Falle der Beendigung ihrer Mitgliedschaft bei einer Tarifvertragspartei gem. § 3 Abs. 3 TVG weiterhin an den Tarifvertrag gebunden sind[146]. Die Rechtsetzung erfolgt damit nicht - wie für Autonomie üblich - durch einen körperschaftlich organisierten Verband für dessen Mitglieder, sondern durch vertragliche Vereinbarungen zweier Verbände für deren jeweilige Mitglieder[147].

Es liegt also ein Moment der Fremdbestimmung im Verhältnis zu den Mitgliedern der jeweils anderen Seite vor, denn mittels der Tarifmacht setzen nicht verbandsinterne Autoritäten Recht für die Verbandsmitglieder, sondern die Verbände zusammen Recht jeweils auch für Dritte, nämlich für alle Mitglieder jeweils auch der anderen kontrahierenden Verbände[148]. Bei der Tarifautonomie geht es also gerade nicht um die Frage der Legitimation des Autonomieträgers zu selbstbestimmtem, sondern vielmehr zu fremdbestimmendem Handeln[149]. Denn die Regelungen dienen nach ihrer besonderen Zielsetzung dazu, den Inhalt von Rechtsverhältnissen Dritter zu gestalten[150]. Aus diesem Grund wird teilweise der Abschluss von Tarifverträgen nicht als von dem Begriff der Autonomie erfasst angesehen[151]; der Begriff der Tarif*autonomie* wäre dann falsch gewählt.

Zur Vermeidung dieses Schlusses wird jedoch angeführt, es bestünden keine Bedenken, im Arbeitsrecht Autonomie auch da anzunehmen, wo der Staat durch die Verfassung und das Gesetz privatrechtlichen Verbänden in bestimmtem Um-

---

144 *Hänlein*, Rechtsquellen im Sozialversicherungsrecht, S. 40, insbes. Fn. 110.

145 *Haug*, S. 67; *Galperin*, FS für Molitor, S. 143 (145).

146 *Galperin*, FS für Molitor, S. 143 (147); aus diesem Grund folgert *Adomeit*, Rechtsquellenfragen, S. 140: „Wenn auch die Kompetenz der Gesamtvereinbarungspartner auf das Interesse der betroffenen Einzelvertragsparteien zurückgeht und in der Ausübung von ihnen beeinflusst werden kann, so handelt es sich jedenfalls nicht um unmittelbar autonome Regelungen"; *Adomeit*, RdA 1967, S. 297 (304): „Mit der Befugnis zur Setzung von Außenseiternormen ist dagegen das Autonomieprinzip verlassen".

147 *Haug*, S. 68; Bedenken hat aus diesem Grunde auch *Galperin*, FS für Molitor, S. 143 (147).

148 *Hänlein*, Rechtsquellen im Sozialversicherungsrecht, S. 40.

149 *Picker*, Konflikt, S. 11 (14).

150 *Galperin*, FS für Molitor, S. 143 (145).

151 *Klein*, S. 79 (112).

fang eine kollektive Rechtsetzungsbefugnis erschlossen habe; dabei handele es sich um soziale Autonomie[152]. Zur Vermeidung einer unnötigen Begriffsaufspaltung solle man versuchen, die tarifvertragliche Rechtsetzungsbefugnis unter einen erweiterten Autonomiebegriff zu fassen, der der Tatsache Rechnung trage, dass sich zwei Verbände, die Sozialpartner, zusammenfinden, um gemeinsam Recht zu setzen[153]. Der Begriff der Tarifautonomie sei nicht im „klassischen“ Sinne zu verstehen, sondern als die auf staatlicher Privilegierung, Habilitierung beruhende Befugnis, objektives Recht zu setzen[154]. Die autonome Satzung stelle sich dabei regelmäßig als die einseitige Erklärung der Zentralgewalt eines Verbandes dar, sie könne aber auch eine zweiseitige Erklärung mehrerer Verbände oder eines Verbandes und einer Einzelperson sein[155]. Der Umfang jeder Autonomie richte sich nach der ihr zugrunde liegenden gesetzlichen Ordnung. Der Staat stecke den Rahmen ab, innerhalb dessen den Verbänden die Zuständigkeit zu eigener Rechtsetzung gegeben sei[156]. Historisch gesehen sei diese Aufgabe den Tarifpartnern zwar nicht übertragen worden, sondern ihnen zugewachsen. Dogmatisch gesehen sei sie ihnen dagegen doch vom Staat übertragen, weil er ihnen diese heute öffentliche Aufgabe nicht entziehe[157]. Es handele sich um einen Aufgabenbereich, der an sich dem Staat obliege. Die Tarifpartner seien demnach Träger öffentlicher Verwaltung. Rechtsetzung in diesem Bereich könne zwar auch privaten Interessen dienen, sei aber in erster Linie eine öffentliche, eine wirtschafts- und sozialpolitische Aufgabe[158]. Die Sozialpartner nähmen als Verantwortliche zur gesamten Hand ihnen übertragene hoheitliche Aufgaben mit ihnen übertragenen hoheitlichen Befugnissen wahr. Daher könne und müsse, soweit sie in dieser Funktion Recht setzten, von Autonomie gesprochen werden[159].

Ob die tarifvertragliche Rechtsetzung mit ihren Eigentümlichkeiten jedoch noch als Autonomie bezeichnet werden kann, ist zweifelhaft. Denn Selbst-Gesetzgebung liegt vor entweder unmittelbar bei Identität von Normurheber und Normadressat oder mittelbar bei Zurückführbarkeit der Kompetenz des Normurhebers auf den Willen des Normadressaten[160]. Die Befugnis, sich selbst Recht zu setzen, umfasst nicht notwendig die Möglichkeit, durch vertragliche Abreden mit anderen, wenn auch ihrerseits gleichfalls Autonomen, gemein-

---

152 *Nipperdey* in: *Hueck/Nipperdey*, S. 347.
153 *Galperin*, FS für Molitor, S. 143 (147).
154 *Nipperdey* in: *Hueck/Nipperdey*, S. 347.
155 *Lehmann*, S. 19.
156 *Bogs*, RdA 1956, S. 1 (5).
157 *Haug*, S. 71 f.
158 *Haug*, S. 72.
159 *Haug*, S. 72.
160 *Adomeit*, Rechtsquellenfragen, S. 130.

schaftliches Recht zu setzen[161]. Träger der Autonomie ist vielmehr nur der einzelne Verband, nicht aber eine Gemeinschaft aus Arbeitgeberverband und Gewerkschaft[162]. Es kann also nicht ohne weiteres Autonomie angenommen werden, wenn ein geschlossener und organisierter Verband fehlt[163]. Ein beide Tarifpartner umfassender Verband ist schwer konstruierbar[164], wäre jedoch erforderlich, wollte man den Autonomiebegriff verwenden. Ein solcher geschlossener Verband lässt sich nicht über die Fiktion eines „Gemeinschaftlichkeitsgefühls" bei den Tarifpartnern ersetzen[165]. Auch der Wille der Tarifvertragsparteien, die Arbeitsbedingungen im weitesten Sinne für den ganzen Wirtschaftszweig zu ordnen, auf den sich der Tarifvertrag erstrecken soll[166], ändert an dem Fehlen eines einheitlichen Verbandes nichts.

Die Schlussfolgerung, es handele sich um eine erweiterte Autonomie, da die Verbände insoweit selbständig die ihnen vom Gesetzgeber als eigene Angelegenheiten überlassenen Aufgaben regelten[167], geht somit fehl. Es wäre vielmehr unzweckmäßig und irreführend, den Begriff der Autonomie so weit zu fassen, dass er noch auf eine Regelung angewandt werden dürfte, deren Adressaten nicht einmal die Möglichkeit besitzen, die personelle Zusammensetzung oder Tätigkeit der Regelungsurheber zu beeinflussen[168].

5. Fazit

Die vorstehenden Überlegungen zeigen, dass nicht allein auf Grund der Bezeichnung als Tarif*autonomie* auf eine durch Art. 9 Abs. 3 S. 1 GG selbst garantierte Normsetzungsbefugnis der Tarifvertragsparteien geschlossen werden kann. Die im Tarifvertrag enthaltene „Rechtsetzung zur gesamten Hand" bedarf vielmehr der Einräumung einer über die Ausgestaltungsautonomie hinausgehenden zusätzlichen Zuständigkeit[169]. Im Verhältnis koalitionsmäßiger und staatlicher Rechtsetzungsmacht ist also zunächst nach dem materiellen Umfang der Ta-

---

[161] *Kemper*, Koalitionsfreiheit, S. 72.
[162] *Hartmann*, S. 61.
[163] *Haug*, S. 68; *Nikisch*, S. 214.
[164] *Adomeit*, Rechtsquellenfragen, S. 129; einschränkend hinsichtlich der Schlußfolgerung *Zöllner*, Rechtsnatur der Tarifnormen, S. 15, der meint, es handele sich bei der Tarifautonomie zumindest nicht um „Autonomie in einer historisch überkommenen Form", weil durch den Tarifvertrag weder Recht innerhalb einer der beiden am Tarifvertrag beteiligten Koalitionen, noch auch innerhalb eines durch beide zusammen gebildeten Verbandes gesetzt werde.
[165] So aber *Haug*, S. 69.
[166] *Bogs*, RdA 1956, S. 1 (4).
[167] *Bogs*, RdA 1956, S. 1 (4).
[168] *Adomeit*, RdA 1967, S. 297 (303).
[169] *Hartmann*, S. 61.

rifautonomie zu fragen, daraus ergibt sich dann als Folge der Umfang einer etwaigen alleinigen Zuständigkeit zur Setzung von Tarifrecht[170].

II. Herleitung der tariflichen Normsetzungsbefugnis

Um die rechtliche Stellung des Tarifvertrages im Verhältnis zum staatlichen Gesetz einordnen zu können, bedarf es zunächst der Klärung des Entstehungstatbestandes des Tarifrechts[171]. Diese Frage war und ist eine der umstrittensten im Rahmen des Tarifvertragswesens[172]. Alle Tarifvertragstheorien beantworten dabei letztlich - mehr oder weniger deutlich - drei Fragen: erstens die Frage nach der Qualität der Tarifnormen, zweitens die Frage nach der Legitimation der Tarifhoheit und drittens die Frage nach der rechtlichen Grundlage der tarifvertraglichen Vereinbarungsgewalt.

Dieser Theorienstreit hat sich schwerpunktmäßig von einem anfangs rein zivilistischen, privatautonomen zu einem normsetzenden Verständnis des Tarifvertrages verlagert. Er beruht dabei weitgehend auf der nicht immer (konsequent) durchgeführten Unterscheidung zwischen der Tarifautonomie einerseits und der tariflichen Normsetzungsbefugnis andererseits[173]. Von Anfang an hat das Hauptproblem des Tarifvertrages darin gelegen, wie sein Inhalt verbindlich werden und bleiben könnte. Sollten die Tarifverträge die ihnen zugedachte Funktion erfüllen können, mussten sie in der Weise zwingend sein, dass arbeitsvertragliche Abmachungen über ungünstigere Arbeitsbedingungen nicht an ihre Stelle treten konnten. Es ging schon damals und geht auch heute hauptsächlich um die unmittelbare und die zwingende Wirkung der Tarifverträge.

Würde die Tarifautonomie auch die tarifvertragliche Normsetzungsbefugnis beinhalten, so wären die Regelungsmöglichkeiten des Gesetzgebers wegen Art. 9 Abs. 3 S. 1 GG wesentlich beschränkter, als wenn die Normsetzungsbefugnis auf anderem Wege herzuleiten wäre. Wer nämlich die tarifliche Normsetzung als durch die Koalitionsfreiheit geschützte Kompetenz der Koalitionen ansieht, muss bei einer Normenkollision zu dem Ergebnis kommen, dass dem Gesetzgeber auf Grund des abwehrrechtlichen Charakters des vorbehaltslos gewährleisteten Art. 9 Abs. 3 S. 1 GG grundsätzlich Eingriffe durch eigene gesetzliche Normierung verwehrt wären[174]; gesetzgeberische Beschränkungen müssten

---

[170] So auch *Kemper*, Koalitionsfreiheit, S. 116, der jedoch inkonsequenterweise die tarifliche Rechtsetzungsmacht als Prämisse der Tarifautonomie annimmt; dies gilt es jedoch erst zu untersuchen.

[171] So auch *Prost*, Verhandlungen des 46. DJT, S. D 63.

[172] *Wiedemann/Stumpf*, § 1 Rn. 25.

[173] *Fratzky*, S. 87, 92.

[174] Vgl. *Butzer*, RdA 1994, S. 375 (377).

vielmehr den strengen Grundsätzen der verfassungsimmanenten Schranken entsprechen[175].

Wird die Normsetzungsbefugnis dagegen als lediglich einfachgesetzlich übertragen oder anerkannt beurteilt, also gerade nicht als von der verfassungsrechtlich garantierten Tarifautonomie geschützt angesehen, so leiten die Tarifvertragsparteien ihre Kompetenz allein aus einfachem Gesetz ab. Der Gesetzgeber dürfte dann kraft seiner formalen Überordnung, die ihm seine verfassungsrechtliche Gesetzgebungskompetenz auf dem Gebiet des Arbeitsrechts aus Art. 74 Abs. 1 Nr. 12 GG verleiht, kompetenzrechtlich regelnd tätig werden[176]. Staatliches Recht stünde in der Normenhierarchie über dem Tarifvertrag, ihm käme also bei Normenkollisionen der Vorrang zu[177]. Spätere (staatliche) Gesetze würden insoweit frühere (tarifvertragliche, materielle) Gesetze ersetzen. Maßgebliche Grenze gesetzgeberischer Tätigkeit wäre allein das negative Abwehrrecht der - inhaltlich von der Normsetzungsbefugnis verschiedenen - Tarifautonomie sowie der Koalitionsfreiheit im Übrigen, deren Inhalt näher zu bestimmen bliebe.

Wenn die Wirkung des Tarifvertrages dementgegen rein zivilrechtlich erklärt wird, so besteht gar kein Kompetenzkonflikt zwischen Tarifvertragsparteien und Gesetzgeber, da zum Erlass gesetzlicher Regelungen allein der Gesetzgeber berufen ist. Eine privatautonome Rechtsetzung ließe sich zwar gewissermaßen auch unmittelbar auf die Verfassung zurückführen, denn die normative Wirkung der Koalitionsvereinbarung würde ja direkt auf der kollektiven Vertragsfreiheit des Art. 9 Abs. 3 S. 1 GG beruhen. Andererseits äußerte diese Art der Normsetzung aber nur eine Folge der an sich oder zunächst verfassungsgarantierten Koalitionseinigung. Im Ergebnis könnte also auch hier nicht von einer verfassungsunmittelbaren Rechtsetzungsgarantie gesprochen werden[178]. Auch in diesem Fall wäre gesetzgeberische Grenze demnach allein die Tarifautonomie und die Koalitionsfreiheit als Abwehrrecht.

Der nachfolgend dargestellte Streit um diese Frage entbrannte an dem Problem, ob die Tarifvertragsparteien beim Abschluss von Tarifverträgen an die Grundrechte bzw. an das Gemeinwohl gebunden sind[179]. Werden die Tarifnormen rechtsgeschäftlich eingeordnet, wird also ihre Rechtsnormqualität geleugnet, so ist die Grundrechtsbindung von Tarifverträgen ein Ausschnitt aus dem Problemkreis der Grundrechtswirkung im Privatrecht. Wird dagegen die Rechtsqualität der Tarifnormen und ihre Wirkungsweise gegenüber den Tarif-

---

175 Vgl. *Oetker*, ZG 1998, S. 155 (162).

176 Vgl. *Weber*, Koalitionsfreiheit und Tarifautonomie als Verfassungsproblem, S. 24.

177 *Fieberg*, ZTR 1995, S. 291 (293).

178 *Scholz*, Koalitionsfreiheit, S. 56.

179 Vgl. *Dieterich*, FS für Schaub, S. 117 (117 ff.); *Gamillscheg*, Arbeitsrecht I, S. 557; *Reuter*, ZfA 1990, S. 535 (551 f.); *Rieth*, S. 36 ff. und *Belling*, ZfA 1999, S. 547 (556 ff.) m.w.N.

gebundenen beachtet, so lässt sich die unmittelbare Wirkung der Grundrechte rechtfertigen, jedenfalls dann, wenn die zwingende Wirkung auf die hoheitliche Gewalt zurückzuführen ist. Im Rahmen der Problematik des Verhältnisses von Gesetz und Tarifvertrag wurden die zu diesem Streit vertretenen Ansichten bislang wenig fruchtbar gemacht. Es lässt sich jedoch vor dem gerade beschriebenen Hintergrund schon an dieser Stelle festhalten, dass die Behauptung *Dieterichs*, die praktische Bedeutung des Streites sei gering[180], nicht zutrifft.

Die vertretenen Rechtssatztheorien basieren fast sämtlich auf der grundlegenden Annahme, den Tarifvertragsparteien sei Autonomie verliehen[181]. Rechtsgrundlage der Tarifautonomie ist, wie oben bereits dargelegt, die Verfassungsvorschrift des Art. 9 Abs. 3 S. 1 GG. Im Folgenden bleibt zu untersuchen, ob Art. 9 Abs. 3 S. 1 GG auch Rechtsgrundlage der tariflichen Normsetzungsbefugnis ist, oder ob diese sich aus anderen Umständen oder Normen ergibt.

1. Tarifnorm als schuldrechtliche Vereinbarungen

Bis den Tarifverträgen im Jahr 1918 durch die Tarifvertragsverordnung eine rechtliche Grundlage und insbesondere die unmittelbare und zwingende Wirkung verliehen wurde, war die Rechtswissenschaft auf mehr oder weniger unzulängliche Hilfskonstruktionen angewiesen, mit denen man die Tarifwirkung mehr schlecht als recht begründete[182]. In einem bis dahin vertretenen rein zivilistischen, vertragsrechtlichen Verständnis des Tarifvertrages erschien dieser als ein reines Rechtsgeschäft zwischen den Tarifparteien, dem keine „normative", außenrechtliche Verbindlichkeit gegenüber nicht am Vertragsschluss Beteiligten zukam[183]. Mit dem Tarifvertrag war insoweit ein Institut entstanden, das mit den individualrechtlichen Begriffen der Vertretung, Verpflichtung, des Vertrages zugunsten Dritter etc. nicht interessengerecht begriffen werden konnte[184]. Die Durchsetzung tariflicher Arbeitsbedingungen wird gerade nachhaltig erschwert, wenn Tarifverträge lediglich wie normale Schuldverträge Verplichtungen der beteiligten Verbände begründen, ihre Mitglieder zum Abschluss von Arbeitsverträgen mit entsprechendem Inhalt anzuhalten, anstatt die Arbeitsverhältnisse zwischen den Mitgliedern der Tarifvertragsparteien unmittelbar und zwingend zu gestalten[185].

Es wurde mit den vorliegenden schuldrechtlichen Erklärungsversuchen der Tarifwirkung größtenteils die Ansicht bekämpft, dass die tarifvertraglichen Nor-

---

180 *Dieterich*, Erfurter Kommentar, Art. 9 GG, Rn. 60.
181 *Zöllner*, Rechtsnatur der Tarifnormen, S. 13.
182 *Waltermann*, FS für Söllner, S. 1251 (1252).
183 *Kemper*, Koalitionsfreiheit, S. 67; *Jacobi*, S. 274.
184 *Hinz*, S. 26 f.
185 *Reuter*, ZfA 1990, S. 535 (f.).

men den Charakter von Rechtsnormen haben und zum objektiven Recht gehören[186]. Diese Sichtweise widerspricht jedoch seit seinem Erlass dem Wortlaut des § 1 TVG , der ausdrücklich von „Rechtsnormen" spricht. Aus diesem Grund werden die rein zivilistischen Ansichten seit Inkrafttreten des Tarifvertragsgesetzes kaum mehr vertreten. Der Vollständigkeit halber seien sie jedoch kurz dargestellt.

a) Vertretungstheorie

Der älteste und simpelste Erklärungsversuch für die Tarifwirkung verwendet die Rechtsfigur der Vertretung[187]. Als Vertrag i.S.d. §§ 145 ff. BGB könne der Tarifvertrag, abgeschlossen zwischen einem Arbeitgeber oder Arbeitgeberverband und einer Gewerkschaft, auf Grund von deren Willensakten für ihre Mitglieder nur dann verbindlich sein, wenn die Tarifvertragsparteien als Vertreter angesehen werden könnten[188]. Der Vertretungstheorie liegt also die Überlegung zugrunde, die unmittelbare Wirkung der Rechtsnormen aus der Vertreterstellung der tarifschließenden Beauftragen beider Seiten herzuleiten[189]. Repräsentiert durch seine Gewerkschaft werde auch der Arbeitnehmer selbst Vertragspartei; trete er erst nach Abschluss des Tarifvertrages der Gewerkschaft bei, so genehmige er durch seine Beitrittserklärung konkludent den Vertrag entsprechend § 177 Abs. 1 BGB. Eine Modifikation der Vorschriften des BGB über die Stellvertretung sei also ausreichend, um die Unabdingbarkeit der tariflichen Normen ausschließlich schuldrechtlich zu erklären[190].

Dieser Lehre sind eine Reihe von Argumenten entgegenzuhalten. Zunächst ist sie vor dem Hintergrund des TVG schon grundsätzlich nicht mehr vertretbar. § 1 TVG spricht ausdrücklich von „Rechtsnormen", womit der Streit um die normative oder vertragsrechtliche Deutung gerade entschieden werden sollte und zugunsten der normativen Deutung entschieden wurde[191]. Schon mit der Tarifvertragsverordnung wurde im Jahr 1918 die generelle Wirkung der Tarifvertragsvorschriften für alle Tarifgebundenen gesetzlich angeordnet. Auf Grund der Unabdingbarkeit und der generellen Wirkung der Tarifvertragsregeln wurde bereits damals von der herrschenden Meinung die normative Geltung der Tarifverträge vertreten, und dies, obwohl die Tarifvertragsverordnung nicht ausdrücklich von „Rechtsnormen" sprach[192].

---

[186] Vgl. *Richardi*, Kollektivgewalt, S. 132.
[187] Vgl. *Richardi*, Kollektivgewalt, S. 137.
[188] Vgl. *Kemper*, Koalitionsfreiheit, S. 67 f.
[189] *Lotmar*, S. 779 ff., 769 ff.; ausführlich dazu *Zöllner*, Rechtsnatur der Tarifnormen, S. 9-12.
[190] *Ramm*, S. 39.
[191] *Gamillscheg*, Arbeitsrecht I, S. 555.
[192] Vgl. *Giesen*, S. 129 m.w.N.

Weiterer Schwachpunkt der Vertretungstheorie ist zudem, dass, wenn die Gewerkschaften lediglich als Vertreter ihrer Mitglieder auftreten, alle beabsichtigten Rechtswirkungen auch nur in der Person der Mitglieder eintreten würden. Das würde bedeuten, dass über die durch den Vertrag geschaffenen Rechte nur das einzelne Mitglied verfügen könnte. Es könnte also nur der Einzelne auf die Rechte verzichten, den Vertrag kündigen und aus dem Vertrag verpflichtet werden[193].

Um diese Folge zu vermeiden, wurde teilweise fingiert, rechtliche Grundlage für die Regelungsbefugnis auf Arbeitgeberseite sei eine rechtsgeschäftliche Bevollmächtigung des Verbandes[194], auf Arbeitnehmerseite dagegen die „sozialrechtliche Vertretungsmacht" der Gewerkschaft[195]. Der unabdingbare Charakter der Tarifnormen erkläre sich ausschließlich mit dieser sozialrechtlichen Institution der „sozialen Vormundschaft"[196], die ein Anwendungsfall der „verdrängenden unwiderruflichen Vollmacht" sei, nach der sich der Vollmachtgeber seiner eigenen Zuständigkeit für Rechtsgeschäfte begeben könne, für die er Vollmacht erteile[197]. Der Staat selbst erkenne durch § 4 Abs. 3 TVG die soziale Vormundschaft der Gewerkschaft an und spreche damit die „partielle soziale Entmündigung" des „sozial schwachen Individuums" aus[198].

Dieser Gedanke verkennt jedoch wiederum, dass zwischen den Gewerkschaften und Arbeitnehmern bzw. zwischen den Arbeitgeberverbänden und Arbeitgebern kein privatrechtliches Vollmachtverhältnis besteht und dieses auch nicht durch eine „sozialrechtliche Vertretungsmacht" ersetzt werden kann[199], da eine solche jeder gesetzlichen Grundlage entbehrt[200]. Diese Theorie hat damit die nicht zu überwindende Schwäche, dass tarifwidrige einzelvertragliche Abreden zwischen Arbeitgeber und Arbeitnehmer nicht zu verhindern wären[201]. Mit der zivilrechtlichen Stellvertretung ist nicht zu erklären, weshalb der Inhalt dieser Vereinbarungen unmittelbaren Einfluss auf den Inhalt der in der Folgezeit begründeten Arbeitsverträge haben kann, ohne dass den „Vertretenen" die Möglichkeit einer abweichenden eigenen Vereinbarung bliebe[202]. Es ist der Vertretungstheorie also nicht möglich, gerade die so wichtige Unabdingbarkeit

193 *Sinzheimer*, S. 74.
194 *Ramm*, S. 86.
195 *Ramm*, S. 88 ff.
196 *Ramm*, S. 90.
197 *Ramm*, S. 83; ablehnend *Zöllner*, RdA 1964, S. 443 (445).
198 *Ramm*, S. 91.
199 So im Rahmen der Betriebsautonomie *Biberacher*, S. 16.
200 *Hölters*, S. 86.
201 *Waltermann*, FS für Söllner, S. 1251 (1253); *Däubler/Hege*, Tarifvertragsrecht 2. Aufl., Rn. 31.
202 *Kemper*, Koalitionsfreiheit, S. 68.

der Tarifnormen zu begründen[203]. Die Normen eines so gedeuteten Tarifvertrages wären damit nicht zwingend, sondern durch abweichende Einzelabreden abdingbar; es gälte der Satz „lex posterior derogat legi priori“[204]. „Verträge“, die zwingend bewirken, dass spätere, andere Verträge automatisch einen bestimmten Inhalt haben, auch dann, wenn die Parteien der Nachfolgeverträge einen davon abweichenden Willen haben, sind nicht konstruierbar[205].

Weiterhin erscheint die Grundvorstellung wenig geglückt, die Koalition trete beim Tarifabschluss als Vertreter vieler Tausende von Mitgliedern und dazu aller künftigen Mitglieder auf[206]; auch handeln die Tarifvertragsparteien bei Abschluss des Tarifvertrages nicht im Namen ihrer Mitglieder, sondern im eigenen Namen[207]. Schwierigkeiten birgt diese Konstruktion zudem, wenn ein Arbeitnehmer oder Arbeitgeber dem tarifschließenden Verband erst nach Abschluss des Tarifvertrages beitritt[208]. Die Vorstellung, Gewerkschaft oder Arbeitgeberverband hätten beim Tarifabschluss als vollmachtlose Vertreter für die späteren Mitglieder gehandelt, erscheint noch abwegiger als der Gedanke von der Vertretung der vorhandenen Mitglieder[209]. Zuletzt ist dieser Ansatz mit der grundrechtlich gewährleisteten Koalitionsfreiheit der Arbeitgeber nicht vereinbar. Da die Tariffähigkeit des Arbeitgeberverbandes nur auf einer rechtsgeschäftlichen Bevollmächtigung beruhen soll, könnte die Gewerkschaft einen Verbandstarifvertrag gegenüber jedem einzelnen Mitglied des Arbeitgeberverbandes kündigen[210].

b) Rechtsgestaltung durch Dritte kraft Unterwerfung

Ähnlich dem Vertretungsansatz wurde - noch während der Geltung der Tarifvertragsverordnung - angeführt, die Tarifwirkung könne durch privatrechtliche Rechtsgestaltung durch Dritte kraft Unterwerfung (§ 317 BGB) erklärt werden[211]. Arbeitnehmer und Arbeitgeber unterwürfen sich durch den Koalitionsbeitritt der Leistungsbestimmung durch die beiden Tarifvertragsparteien[212]. Die Tarifmacht könne man also als ein privatrechtlich begründetes „Dauergestaltungsrecht“ auffassen, das sich auf eine unbestimmte Vielzahl von Rechtsver-

---

[203] *Zöllner*, Rechtsnatur der Tarifnormen, S. 10; *Hönn*, S. 203.
[204] *Adomeit*, RdA 1967, S. 297 (302).
[205] *Wiedemann/Stumpf*, § 1, Rn. 22; *Nipperdey* in: *Hueck/Nipperdey*, S. 346; *Söllner*, Grundriß des Arbeitsrechts, S. 120; *Jahnke*, S. 112.
[206] *Zöllner*, Rechtsnatur der Tarifnormen, S. 9; *Sinzheimer*, S. 78.
[207] *Bötticher*, S. 19.
[208] *Zöllner*, RdA 1964, S. 443 (445).
[209] *Zöllner*, RdA 1964, S. 443 (445).
[210] *Richardi*, Kollektivgewalt, S. 136.
[211] *Bötticher*, S. 22, der jedoch für das geltende Recht der Delegationstheorie folgt, da das TVG den tariflichen Normen ausdrücklich die Qualität von Rechtsnotmen verliehen habe.
[212] *Bötticher*, S. 21.

hältnissen erstrecke[213]. Die Unabdingbarkeit des Tarifvertrages könne so auch ohne ausdrückliche Anordnung durch den Gesetzgeber erklärt werden[214]. Mit Wesen und Wirkungen des Rechtsgeschäfts sei es durchaus vereinbar, auf diese Weise für die Tarifvertragsparteien ein normatives Gestaltungsrecht zu begründen.

Gegen diesen überholten Ansatz sind die selben Bedenken anzuführen wie gegen die Vertretungskonstruktion[215].

c) Lehre vom kollektiven Schuldvertrag

Die Lehre vom kollektiven Schuldvertrag trennt grundsätzlich zwischen den Normen des objektiven Rechts, die ihre Wirkung unabhängig vom Willen der Betroffenen entfalten, und den rechtsgeschäftlichen Satzungen, die rechtswirksam sind, weil sie dem Willen der Beteiligten entsprechen. Im Rahmen der Rechtsgeschäfte unterscheidet sie auf Grund der erkannten dogmatischen Besonderheit des Tarifvertrages als Rechtsinstitut die individuelle rechtsgeschäftliche Privatautonomie, der der „individuelle Schuldvertrag" des bürgerlichen Rechts angehöre, und die kollektive rechtsgeschäftliche Privatautonomie, in die der Tarifvertrag als „kollektiver Schuldvertrag" falle[216].

Danach sollen sich die Mitglieder der Tarifparteien durch Eintritt in den tariffähigen Verband der Willensmacht ihrer Verbände unterwerfen und damit die getroffenen Vereinbarungen im voraus als bindend für alle späteren eigenen Vertragsabschlüsse anerkennen. Dem Willen des Individuums werde das zugerechnet, was der Verband innerhalb seiner Zuständigkeit an allgemeinen Arbeitsbedingungen für die Einzelarbeitsverträge des Individuums vereinbart habe[217]. Die Wirkung der Tarifnormen für die Einzelarbeitsverträge trete nicht unabhängig vom Willen der Einzelnen ein, vielmehr finde der Einzelne in den zwischen den Verbänden vereinbarten Tarifnormen seinen eigenen Willen wieder. Mit dieser Argumentation wird dem normativen Teil des Tarifvertrages die rechtsetzende Kraft überhaupt abgesprochen[218].

Auch diese Konstruktion stellt letztlich eine Spielart der Vertretertheorie dar, indem mit der Fiktion einer Vertretungsmacht gearbeitet wird, die den Verbänden von ihren Mitgliedern durch den Verandseintritt erteilt worden sei[219]. Ebenso wie die Vertretertheorie bleibt sie eine Begründung dafür schuldig, wie

---

[213] *Bötticher*, S. 20 f.
[214] Vgl. *Richardi*, Kollektivgewalt, S. 138.
[215] Siehe dazu die Ausführungen oben S. 119 ff.; ausführlich *Zöllner*, Rechtsnatur der Tarifnormen, S. 11 f.
[216] Vgl. *Richardi*, Kollektivgewalt, S. 133.
[217] *Jacobi*, S. 274.
[218] *Huber*, S. 426; *Nipperdey* in: *Hueck/Nipperdey*, S. 349.
[219] *Kemper*, Koalitionsfreiheit, S. 68; *Huber*, S. 426.

der Tarifvertrag bei einem aktuell womöglich entgegenstehenden Willen späterer Arbeitsvertragsparteien diese unmittelbar inhaltlich verpflichtet werden können[220]. Es kann vielmehr gerade nicht erklärt werden, wie eine rechtsgeschäftliche Zurechnung begründet werden soll, wenn die Tarifgeltung für das einzelne Arbeitsverhältnis gerade willensunabhängig sein soll[221]. Zur zivilrechtlichen Deutung verbliebe damit lediglich der Vertrag zu Lasten Dritter, der jedoch zivilrechtlich nicht zulässig ist[222] Darüber hinaus widerspricht auch diese Lehre dem Wortlaut der §§ 1, 4 TVG, da die Tarifnormen dort klar als Rechtsnormen mit unmittelbarer und zwingender Wirkung bezeichnet sind[223].

2. Tarifnormen als Rechtsnormen

Im Gegensatz zu den - aus den gerade genannten Gründen überholten - rein zivilrechtlichen Erklärungsansätzen der Tarifwirkung, die die unmittelbare und zwingende Wirkung der Tarifnormen nicht erklären konnten, wird heute entsprechend dem Wortlaut des § 1 TVG allgemein davon ausgegangen, dass der normative Teil des Tarifvertrages Rechtsetzung ist, die objektives Recht schafft[224].

Mit der Tarifvertragsverordnung von 1918 und den darauf basierenden §§ 1 Abs. 1 und 4 Abs. 2 TVG kam den Tarifnormen zum ersten Mal in der Geschichte der Koalitionsfreiheit unmittelbare und zwingende Wirkung zu. Alle in § 1 Abs. 1 TVG erwähnten Vorschriften charakterisiert das Gesetz selbst als Rechtsnormen. Damit sollten alle Theorien abgelehnt werden, welche die Zuordnung solcher Rechtsnormen zum objektiven Recht leugneten[225]. Dies macht deutlich, dass den Tarifvertragsparteien bis zum Jahr 1918 keine Rechtsetzungskompetenz zukam; bis zu diesem Zeitpunkt waren Tarifverträge nichts wesentlich anderes als privatrechtliche Vereinbarungen, deren Geltung einzelarbeitsvertraglich erst übernommen werden musste[226].

Doch auch diese Klarstellung der Tarifwirkung hat letztlich die rechtswissenschaftlichen Probleme nicht beseitigt[227]. Es besteht bis heute kein Konsens, wie die im Tarifvertragsgesetz angeordnete normative Wirkung der Tarifvertragsregelung dogmatisch einzuordnen ist. Die verschiedenen Erklärungsansätze für die Rechtsnatur der Tarifnormen lassen sich vor allem danach unterscheiden, ob

---

220 *Hinz*, S. 40.
221 *Zöllner*, Rechtsnatur der Tarifnormen, S. 10.
222 Vgl. *Belling*, ZfA 1999, S. 547 (582).
223 *Huber*, S. 426.
224 *Zöllner*, Rechtsnatur der Tarifnormen, S. 21: „Die Tarifnormen können gegenüber Außenseitern nur als echte Rechtssätze Wirkung erlangen. Dann wäre es aber nicht ohne weiteres überzeugend, ihre Wirkung gegenüber den Verbandsmitgliedern abweichend zu erklären".
225 *Herschel*, ZfA 1973, S. 183 (188).
226 *Heise*, S. 141, 148.
227 *Waltermann*, FS für Söllner, S. 1251 (1254).

die Normqualität und damit die Beteiligung des Staates oder ob das durch den Verbandsbeitritt vom Mitglied erteilte Mandat betont wird.

a) Normsetzung auf Grund nichtkodifizierter Grundlagen

Als Rechtsgrundlage für die Normsetzungsbefugnis wurden früher zum Teil nichtkodifizierte Grundlagen wie „vorkonstitutionelle Gegebenheiten" oder die „Verfassungswirklichkeit" angeführt.

aa) Theorie der vorverfassungsrechtlichen Rechtsetzungsmacht

Weder einer verfassungsrechtlichen noch einer einfach-gesetzlichen Verleihung der Rechtsetzungsbefugnis bedarf es nach der Lehre von der Tarifautonomie als einer außer- oder vorstaatlichen Rechtsetzungsmacht, die ursprünglich nicht vom Staat geschaffen, sondern von ihm vorgefunden wurde[228]. Die §§ 1 Abs. 1 und 4 Abs. 1 TVG würden den Tarifvertrag lediglich zur Kenntnis nehmen und ihn allenfalls anerkennen[229]. Für diese Auslegung spreche die Tatsache, dass es mehr als fünfzig Jahre lang Tarifverträge in wachsender Zahl und zunehmender Bedeutung gegeben habe, ohne dass der Gesetzgeber ihnen seine Aufmerksamkeit zugewandt habe. Dies beweise, dass die Rechtsordnung auch ohne Zutun des Gesetzgebers lediglich mit ihren damaligen Mitteln imstande gewesen sei, den Tarifvertrag hervorzubringen[230]. Der Tarifvertrag sei als Institution ursprünglich nicht vom Staat geschaffen, sondern aus den Bedürfnissen und aus dem Willen der Beteiligten - ganz am Anfang sogar gegen den Willen des Staates - gewachsen[231].

Allein die Tatsache, dass der Gesetzgeber vor der Schaffung des Grundgesetzes und sogar vor der Weimarer Zeit die Koalitionen als geschichtlich gewordenes Gebilde vorgefunden hat, kann jedoch nicht zur Anerkennung ihrer Rechtsetzungsmacht als vorpositiv führen, wenn man sich nicht der normativen Kraft des Faktischen beugen will[232]. Diese Ansicht beinhaltet im Grunde mehr eine historische Nachzeichnung als eine eigenständige Theorie[233]. Zudem ließ sich das charakteristische Merkmal des Tarifvertrages, die Unabdingbarkeit, gerade nicht schon aus dem ursprünglichen Begriff der Tarifautonomie herleiten, sondern ergab sich gerade erst aus gesetzlicher Verankerung[234]. Eine Umverteilung der wegen der staatlichen Verantwortung für das Gemeinwohl grundsätzlich

---

[228] *Herschel*, FS für Bogs, S. 125 (130); *Söllner*, AuR 1966, S. 257 (260); dagegen *Krüger*, Allgemeine Staatslehre, S. 865 f. unter Berufung auf den Monismus hoheitlicher Gewalt.
[229] *Krüger*, Verhandlungen des 46. DJT, S. 7 (12).
[230] *Krüger*, Verhandlungen des 46. DJT, S. 7 (12).
[231] *Herschel*, FS für Bogs, S. 125 (130).
[232] *Hölters*, S. 94.
[233] *Gamillscheg*, Arbeitsrecht I, S. 148.
[234] *Hölters*, S. 94.

staatlichen Befugnisse zugunsten privatautonomer Gruppierungen aufgund der historischen Entwicklung anzunehmen, entspricht auch nicht dem Verständnis der parlamentarischen Demokratie[235]. Denn für eine dem Staat entsprechende Selbständigkeit der Koalitionen fehlt ihnen die in der Demokratie notwendige Legitimation[236]. Auch mit dem Sozialstaatsprinzip und dem in ihm enthaltenen Regelungsauftrag ist diese Ansicht schwer vereinbar[237]. Außerdem wären alle von den Koalitionen getroffenen Regelungen wegen des staatlichen Gewaltmonopols aus sich heraus injustiziabel[238].

bb) Lehre von der Verfassungswirklichkeit

Die Lehre von der Verfassungswirklichkeit geht davon aus, dass die Verfassung weder vollständig ist noch vollständig sein kann[239]. Das Verfassungsrecht dürfe sich nicht nur als statisches oder inhaltlich geschlossenes System verstehen. Um der Dynamik der staatlichen und gesellschaftlichen Entwicklungen gerecht zu werden, sei die Verfassung letztlich auf die Elastizität der Unvollkommenheit angewiesen[240]. In dem Bekenntnis der Verfassung zu derartiger Unvollkommenheit liege kein normatives Defizit, sondern die Einhaltung einer Distanz, die die wirkliche Normativität der Verfassung stärke[241]. Sinn und Bedeutung der Sätze der geschriebenen Verfassung ließen sich nur erkennen und erfüllen, wenn man wisse und würdige, welcher politisch-sozialen Lebenswelt sie zugeordnet seien[242]. Die Verfassungswirklichkeit sei damit Komplement des Verfassungstextes. Unter „Verfassungswirklichkeit“ wird dabei derjenige Ausschnitt der Wirklichkeit verstanden, der Fakten und Probleme derselben Art aufweise, wie sie die Verfassung ihrem Wesen nach zu regeln hätte, in diesem Bereich aber nicht geregelt habe[243]. Aufgabe einer jeden Verfassung sei es, die Gewalten und ihre Träger zu bestimmen und zu legitimieren. Zur Verfassungswirklichkeit gehörten alle gesellschaftlichen Gebilde, insbesondere Verbände, deren Mächtigkeit im Vergleich zu der Mächtigkeit des Staates nicht unerheblich sei[244].

Nach diesem Kriterium könne kein Zweifel daran bestehen, dass die Sozialpartner zur Verfassungswirklichkeit gehörten. Auch solle die Verfassung die Arbeit der von ihr konstruierten und legitimierten Gewalten und Mächte so

---

[235] *Meik*, S. 33.
[236] *Meik*, S. 34.
[237] *Gamillscheg*, Arbeitsrecht I, S. 148.
[238] *Meik*, S. 33.
[239] *Krüger*, Verhandlungen des 46. DJT, S. 7 (26).
[240] *Scholz*, Koalitionsfreiheit, S. 20.
[241] *Scholz*, Koalitionsfreiheit, S. 20.
[242] *Weber*, FS für das OLG Celle, S. 239 (240).
[243] *Krüger*, Verhandlungen des 46. DJT, S. 7 (28).
[244] *Krüger*, Verhandlungen des 46. DJT, S. 7 (29).

organiseren, dass allen Notwendigkeiten der Allgemeinheit unter dem Gesichtspunkt des Gemeinwohls so vollständig, so vollkommen und sicher wie möglich Genüge getan werde[245]. Wenn Staat und Verfassung vor allem durch die Einräumung und Gewährleistung von Grundrechten nicht nur eine private Sphäre umschrieben und gesichert, sondern grundsätzlich die Möglichkeit der Selbstbildung einer Verfassungswirklichkeit eröffnet hätten, dann müssten sie die Gebilde, die in Einklang mit diesen Grundrechten von den Bürgern ins Leben gerufen worden seien, anerkennen und ihre Funktion nicht nur aus Normen, sondern vor allem aus ihrem Status, also aus der Verfassungswirklichkeit definieren[246]. Da diese Wirklichkeit nicht nur eine faktische, sondern auch eine normative oder jedenfalls auf Normativität angelegte sei, lasse sich diesen Gebilden auch die Fähigkeit zu derjenigen Rechts- und auch Verfassungsrechtschöpfung nicht bestreiten, deren sie kraft ihres Status und der sich aus diesem ergebenden Funktionen bedürften[247].

Es ist jedoch schon nicht ersichtlich, wie die bloße Faktizität erworbener Macht- und Einflusspositionen eine anerkannte Verfassungsordnung darstellen bzw. ersetzen soll. Zudem begründet die Faktizität noch keine Herrschaftslegitimation[248].

cc) Kritik

Vor dem Hintergrund des staatlichen Rechtsnormsetzungs- bzw. Rechtsnormanerkennungsmonopols und des Demokratieprinzips aus Art. 20 Abs. 2 GG ist überaus fragwürdig, ob die unmittelbare Wirkung der Tarifnormen ohne besondere gesetzliche Grundlage möglich ist und allein auf vorverfassungsrechtliche Erwägungen bzw. die Verfassungswirklichkeit gestützt werden kann. Eines Rückgriffs auf eine solch unbestimmte Argumentationen bedarf es jedoch gar nicht erst, wenn sich die Rechtsnormwirkung der Tarifverträge anderweitig - mit (verfassungs-) gesetzlicher Grundlage - herleiten lässt. Dies wird zunächst im Folgenden zu überprüfen sein.

b) Tarifnorm als privatautonom legitimierte Rechtsnorm

Teilweise wurde angenommen, die normative Wirkung der Tarifverträge lasse sich allein aus privatautonomen Erwägungen herleiten.

---

[245] *Krüger*, Verhandlungen des 46. DJT, S. 7 (29).
[246] *Krüger*, Verhandlungen des 46. DJT, S. 7 (32).
[247] *Krüger*, Verhandlungen des 46. DJT, S. 7 (32).
[248] *Weber*, FS für das OLG Celle, S. 239 (240).

aa) Verbandstheorie

Nach der auf der genossenschaftsrechtlichen Theorie *Otto von Gierkes* beruhenden Verbandstheorie wird der Tarifvertrag - gestützt auf den Vertragswillen und die Interessen der bei dem Vertragsabschluss Beteiligten - nur im Namen des Verbandes geschlossen[249]. Tarifverträge sollen nichts anderes sein als Verbandsrecht; der verbandsrechtliche Rechtsetzungsakt sei die Satzung[250]. In jedem Fall stünden die Rechte und Pflichten aus dem Vertrag nur dem Verband als solchem zu[251]. Partner der Tarifverträge seien also allein die sozialen Gegenspieler, die im Wege der unmittelbaren, nicht durch den Staat erfolgten Rechtsetzung ein „Berufs- und Klassenrecht" schafften[252]. Die Rechtsstellung der Mitglieder werde durch den Vertrag nicht direkt ergriffen, sie stünden vielmehr außerhalb des durch den Vertrag geschaffenen Bandes[253]. Der Anspruch der Arbeitnehmer gegen den Arbeitgeber auf Abschluss eines Arbeitsvertrages gemäß den Bedingungen des Tarifvertrages bzw. der Anspruch gegen den Arbeitgeberverband auf entsprechende Einwirkung auf den jeweiligen Arbeitgeber ergebe sich aus dem Tarifvertrag selbst, der insoweit Vertrag zugunsten Dritter sei[254]. Das private Verbandsrecht erkennt also die normative Wirkung einer Satzung an, beschränkt deren Geltung aber auf diejenigen, die sich ihr freiwillig unterstellt haben. Dadurch, dass auf Seiten der Arbeitnehmer deren Vereinigung im eigenen Namen den Vertrag abschließe, werde trotz der Massenhaftigkeit der einzelnen Interessen der Vertragsabschluss in einem Akt konzentriert und bewirkt, dass der Bestand des Vertrages losgelöst werde vom Willen der vielen Einzelnen[255].

Gerade diese Argumentation offenbart aber die große Schwäche der Verbandstheorie: Sie lässt nämlich eine ausreichende Begründung dafür vermissen, wie das von den Verbänden Abgeschlossene überhaupt Rechte und Pflichten für die einzelnen Verbandsmitglieder schaffen kann[256]. Darüber hinaus mangelt es beim Tarifvertrag an einer genossenschaftlichen Einheit zwischen den beiderseits beteiligten „sozialen Gegenspielern"[257]. Die Tarifparteien samt ihrer Mitglieder stellen kein genossenschaftliches Ganzes dar, sondern sind getrennte Verbände, die als Gegner um einen Ausgleich der beiderseitigen Interessen ringen. Auf einen einheitlichen Verband kann auch nicht mit der Überlegung verzichtet werden, es genüge, wenn mehrere getrennte Rechtssubjekte jeweils für

---

249 *Sinzheimer*, S. 67.
250 So im Rahmen der Betriebsautonomie *Biberacher*, S. 16.
251 *Sinzheimer*, S. 67.
252 *Sinzheimer*, S. 83.
253 *Sinzheimer*, S. 67.
254 *Hinz*, S. 21 f.
255 *Sinzheimer*, S. 81.
256 *Däubler/Hege*, Tarifvertragsrecht 2. Aufl., Rn. 32.
257 *Huber*, S. 425.

ihre Mitglieder übereinstimmende, durch Vereinbarung festgestellte Rechtsnormen in Kraft setzten. Denn das Wesen der genossenschaftlichen Rechtsbildung besteht gerade darin, dass ein in sich geschlossener korporativer Rechtsverband in sich selber Recht erzeugt. Bei der tariflichen Rechtsetzung nimmt jede der Tarifparteien nicht nur rechtsetzende Gewalt gegenüber ihren eigenen Mitgliedern in Anspruch, sondern auch gegenüber der anderen Tarifpartei. Das würde aber bedeuten, dass nicht ein einheitlicher Rechtsetzungsakt, sondern dass zwei getrennte Rechtsetzungsakte vorlägen[258]. Das Wesen des Tarifvertrages besteht jedoch gerade darin, dass durch einen seiner Natur nach einheitlichen Akt die Rechtsbeziehungen zwischen den beiderseitigen Verbandsangehörigen gleichzeitig geregelt werden[259]. Die Beitrittserklärung enthält dagegen gerade nicht eine Ermächtigung für den gegnerischen Verband, der an der Setzung der Tarifnorm gleichermaßen beteiligt ist[260]. Zudem ist unter der Geltung des Grundgesetzes, nach dem alle Staatsgewalt vom Volk ausgeht, eine gesellschaftliche Autonomie nicht mehr als gegen den Staat gerichtet denkbar[261].

bb) Lehre von der mitgliedschaftlichen Legitimation

α) Inhalt

Die Lehre von der mitgliedschaftlichen Legitimation geht davon aus, dass sowohl die Tarifautonomie als auch die unmittelbare und zwingende Tarifvertragswirkung auf der mitgliedschaftlichen Unterwerfung der Arbeitnehmer bzw. Arbeitgeber unter die Regeln der Tarifparteien beruhe[262]. Obwohl die Tarifnormen wie formelle Gesetze generelle und abstrakte Regeln formulierten, würden sie unmittelbar und zwingend nicht für alle Arbeitgeber und Arbeitnehmer gelten, die den Tatbestand einer Tarifnorm erfüllten, sondern nur unter der weiteren Voraussetzung, dass beide Arbeitsvertragsparteien den tarifschließenden Verbänden angehörten, sich also freiwillig der Regelungsautonomie unterworfen hätten[263]. Diese Lehre gründet auf der Annahme, dass in der Demokratie jede, auch die private, Normsetzung der Ermächtigung bzw. „Legitimation" durch den Normunterworfenen bedarf, und sieht diese Ermächtigung im privatautonomen Beitritt zur Koalition in Verbindung mit der Verbandssatzung der

[258] *Huber*, S. 425.
[259] *Huber*, S. 425.
[260] *Belling*, ZfA 1999, S. 547 (595).
[261] *Waltermann*, FS für Söllner, S. 1251 (1253).
[262] *Reuter*, ZfA 1990, S. 535 (551); *Dieterich*, RdA 2002, S. 1 (2); *Richardi* in: *Richardi/Wlotzke*, Münchener Handbuch Bd. 1, § 12 Rn. 5; so wohl auch *Rieth*, S. 47 f.: „Die Tarifautonomie ist somit als Privatautonomie auf kollektiver Ebene im Rechtssystem einzuordnen".
[263] *Dieterich*, RdA 2002, S. 1 (2).

Koalitionen[264]. Die Legitimation tariflicher Normsetzung sei also nicht etwa demokratischer, auf das Staatsvolk bezogener, sondern mitgliedschaftlicher Natur, wenn auch in der besonderen Weise, dass das gemeinsame Rechtsetzungsrecht der beiderseitigen Partner, das sich im Modus der Einigung verwirkliche, auf die je eigene mitgliedschaftliche „Basis" zurückzuführen sei[265]. Rechtsgrund der Tarifautonomie und der Normsetzungsbefugnis der Tarifvertragsparteien sei allein das Mandat der Mitglieder; die Koalitionen agierten sowohl tatsächlich als Interessenvertreter der Organisierten und auch rechtlich als deren privatautonom autorisierte „Vertreter"[266]. Die tarifliche Rechtsetzung sei deshalb keine materielle Gesetzgebung, sondern die koalitionsrechtlich garantierte Wahrnehmung einer Kartellbefugnis[267]. Auf deren Anerkennung beruhe die Unabdingbarkeit der Tarifnormen für die Koalitionsmitglieder.

Diese früher auch unter dem Stichwort „Mandatstheorie" vertretene, zwischenzeitlich etwas aus der Mode gekommene Lehre hat neuerdings wieder Anhänger gefunden[268]. Größtenteils beruht die Lehre von der mitgliedschaftlichen Legitimation auf einer rein privatrechtlichen Argumentation[269]. Die Ausübung von Tarifautonomie bedeute die Wahrnehmung gebündelter fremder Privatautonomie[270] und damit die Verwirklichung einer mandatarisch verliehenen Macht, die folglich ihrerseits mandatsspezifisch begrenzt sei[271]. Die Tarifvertragsparteien seien daher außerstande, Rechtswirkungen zu Gunsten oder zu Lasten von Außenseitern zu erzeugen[272]. Die kollektive Koalitionsfreiheit sei vielmehr

[264] *Singer*, ZfA 1995, S. 611 (616); vgl. auch *Gamillscheg*, Arbeitsrecht I, S. 559; *Hänlein*, Rechtsquellen im Sozialversicherungsrecht, S. 39: „Auch die tarifliche Rechtsetzung ist legitimationsbedürftig. Wie bei sonstiger privater verbandlicher Rechtsetzung folgt dies nicht etwa aus Art. 20 Abs. 2 S. 1 GG, sondern daraus, dass der Staat niemandem der normsetzenden Gewalt autonomer Gremien ausliefern darf, die ihm gegenüber nicht demokratisch bzw. mitgliedschaftlich legitimiert sind".

[265] *Hänlein*, Rechtsquellen im Sozialversicherungsrecht, S. 39.

[266] *Picker*, Konflikt, S. 11 (28).

[267] *Richardi*, NJW 1996 Beilage, S. 13* (14*).

[268] *Dieterich*, FS für Schaub, S. 117 (121); *Dieterich*, RdA 2002, S. 1 (2); *Hänlein*, Rechtsquellen im Sozialversicherungsrecht, S. 39; *Singer*, ZfA 1995, S. 611 (616 f.); *Hönn*, S. 204 f.; auch der Siebte Senat des BAG ist in mehreren Entscheidungen der Lehre von der mitgliedschaftlichen Legitimation gefolgt, vgl. BAG, NZA 1998, S. 715 (716); BAG, NZA 1998, S. 716 (718 f.); der siebte Senat vertritt damit den entgegengesetzen Standpunkt des hauptsächlich mit diesen Fragen befassten ersten Senats, der die Delegationstheorie vertrat, vgl. BAGE 1, S. 258 (164); 4, S. 240 (251); 40, S. 327 (334); 59, S. 217 (221); 69, S. 257 (263 f.).

[269] Vgl. *Picker*, ZfA 1998, S. 573 (649 ff.); *Hönn*, S. 205.

[270] BAG NZA 1998, S. 715; NZA 1998, S. 716; NZA 1998, S. 778; *Dieterich*, FS für Schaub, S. 117 (121); *Dieterich*, RdA 2002, S. 1 (2); *Hänlein*, Rechtsquellen im Sozialversicherungsrecht, S. 39; *Hänlein*, RdA 2003, S. 26 (28); *Hönn*, S. 205; *Singer*, ZfA 1995, S. 611 (616); *Junker*, ZfA 1996, S. 383 (392); gegen diese Einordnung *Volkmann*, S. 1 (5).

[271] *Picker*, ZfA 1998, S. 573 (681).

[272] *Gamillscheg*, Arbeitsrecht I, S. 559.

ein Derivat der individuellen Koalitionsfreiheit, die damit die eigentliche Legitimationsquelle der Tarifautonomie bilde. Die Legitimation fließe von unten nach oben. Ihrer Substanz nach sei die Tarifautonomie also kollektivierte Privatautonomie[273], nicht aber staatlich verliehene Rechtsetzungsmacht[274]. Die tarifvertragliche Gestaltungsmacht sei somit nicht eine Befugnis zu autonomer Rechtsetzung, die auf einer öffentlich-rechtlichen Delegation staatlicher Hoheitsgewalt beruhe, sondern allein privatrechtlich begründet und stelle damit einen besonderen Fall normativer Geltung innerhalb der Privatautonomie dar[275].

Die Tarifmacht und die durch die Verbandssatzung spezifizierte, durch den Beitritt als privatautonomen Akt erteilte Ermächtigung seien identisch. Die Beitrittserklärung sei Geltungsgrund für die Tarifnormen. Der Beitritt in den Tarifverband stelle einen Regelungsauftrag und eine damit korrespondierende Regelungsunterwerfung dar[276]. Das Mitglied unterwerfe sich also mit seinem Beitritt nicht nur der innerverbandlichen Satzungsgewalt, sondern auch der gemeinsamen Regelungsgewalt der Tarifpartner, denn die Partizipation an den unmittelbaren Wirkungen des Tarifvertrages sei ein Hauptzweck des Koalitionsbeitritts[277]. Die Elemente der privatautonom legitimierten kollektiven Mitwirkungschance seien neben dem Koalitionsbeitritt das Fortbestehen der Koalitionsmitgliedschaft sowie die Wahrnehmung von Mitgliedschaftsrechten[278]. Die Tariffähigkeit hänge demnach vom Willen der Tarifgebundenen ab. Dieser Wille bestimme sogar, ob der tariffähige Verband einen Tarifvertrag mit einem bestimmten Geltungsbereich abschließen könne[279]. Dementsprechend sei seinen Rechtswirkungen auch nur unterworfen, wer beim Abschluss des Tarifvertrages durch den Verband repräsentiert wurde.

---

[273] *Hänlein*, RdA 2003, S. 26 (28); ; *Wolter*, RdA 2002, S. 218 (220, 226) sieht die Tarifautonomie auch als kollektiv ausgeübte Berufsfreiheit, also als „Privat- oder Berufsautonomie", an; Probleme begegnen ihm bei der Bestimmung des Schutzbereichs der Tarifautonomie auf Grund der nicht durchgeführten Unterscheidung zwischen Tarifautonomie und tariflicher Normsetzungsbefugnis, vgl. *Wolter*, RdA 2002, S. 218 (219): „aus Normen des einfachen Rechts, vor allem des TVG, kann weder der Begriff der Koalitionsfreiheit im verfassungsrechtlichen Sinne abgeleitet werden, noch kann aus der tarifvertraglichen Rechtsstellung der Umfang der gewährleistung der konkreten Koalitionsfreiheit bestimmt werden". Dabei verkennt er, dass nicht die Tarifautonomie aus dem TVG abgeleitet werden soll, sondern allein die tarifliche Normsetzungsbefugnis und deren Umfang - dies ist aber problemlos möglich.

[274] *Isensee*, Die verfassungsrechtliche Verankerung der Tarifautonomie, S. 159 (165); *Hänlein*, Rechtsquellen im Sozialversicherungsrecht, S. 39; *Junker*, ZfA 1996, S. 383 (392).

[275] *Richardi*, Kollektivgewalt, S. 164; *Richardi* in: *Richardi/ Wlotzke*, Münchener Handbuch Bd. 1, § 12 Rn. 5; *Hönn*, S. 204 f.; *Picker*, Konflikt, S. 11 (28).

[276] BAG NZA 1998, S. 716; *Zöllner*, RdA 1964, S. 443 (446).

[277] *Zöllner*, Rechtsnatur der Tarifnormen, S. 31.

[278] *Hönn*, S. 205.

[279] *Richardi*, Kollektivgewalt, S. 164.

Die zwingende Wirkung der Tarifnormen wird beim mandatarischen Konzept demnach auf die Grundrechtsbetätigung des einzelnen Mitglieds zurückgeführt: den freiwilligen Beitritt und die damit verbundene privatautonome Selbstbindung[280]. Solche privatautonome Legitimation reiche grundsätzlich weiter als die Legitimation des staatlichen Gesetzgebers, weil Grundrechtsträger ihre Freiheit selbst weitgehender beschränken könnten, als sie staatliche Eingriffe hinnehmen müssten[281].

Die Koalitionen nähmen dementsprechend durch den Abschluss eines Tarifvertrages nicht öffentliche Aufgaben, sondern lediglich die Angelegenheiten ihrer Mitglieder wahr[282]. Dass die Funktionsfähigkeit der „sozialen Selbstverwaltung" die Voraussetzung für die Zurückhaltung des Staates sei, qualifiziere die tarifliche Rechtsetzung noch nicht zur öffentlichen Aufgabe[283].

β) Kritik

Normbefehle erteilen und deren Befolgung notfalls gewaltsam durchsetzen ist eine Kompetenz, die allein dem Staat zusteht. Eine Theorie, welche den beiderseitigen privatautonomen Erklärungen die Macht gibt, objektives Recht zu setzen, verstößt gegen die mittlerweile (beinahe) durchgängig anerkannte Erkenntnis, dass in einem modernen Rechtsstaat nur die staatliche Gemeinschaft originäre Rechtsetzungsbefugnis haben kann[284].

Im Gegensatz dazu können Private grundsätzlich nur ihre eigenen Angelegenheiten regeln. Es liegt jedoch keine Regelung eigener Angelegenheiten vor, wenn die Rechtsverhältnisse Dritter zueinander normativ gestaltet werden[285]. Die Tarifnormen enthalten verbindliche, durch den Willen des Adressaten inhaltlich nicht beeinflussbare Normbefehle, die dessen Arbeitsverhältnis weitestgehend gestalten. Der Inhalt der Rechtsregel wird also, wie es für Rechtsnormen typisch ist, nicht von dem Adressaten selbst festgelegt, sondern von Dritten, nämlich den Koalitionen[286]. Sie gelten unabhängig vom Willen des Normadressaten[287]. Durch dieses Verfahren ist - entgegen der Theorie der mitgliedschaftlichen Legitimation - nicht gewährleistet, dass die einzelne Norm dem tatsäch-

[280] Vgl. *Belling*, ZfA 1999, S. 547 (559).
[281] *Dieterich*, FS für Schaub, S. 117 (121).
[282] *Richardi*, Kollektivgewalt, S. 145; wohl auch *Rehbinder*, JR 1968, S. 167 (170 f.), der jedoch auch leicht zur Verbandstheorie neigt: „Nicht nur Einzelpersonen, sondern auch Personenverbände haben, soweit sie rechtlich anerkannt sind, eine Privatautonomie... Das Handeln für die Verbandsmitglieder ist ein organschaftliches Handeln kraft eigenen, mit der Verleihung der Tariffähigkeit zugestandenen Rechts".
[283] *Richardi*, Kollektivgewalt, S. 146.
[284] *Hölters*, S. 90; *Meik*, S. 33.
[285] *Belling*, ZfA 1999, S. 547 (586).
[286] *Belling*, ZfA 1999, S. 547 (581).
[287] *Hänlein*, Rechtsquellen im Sozialversicherungsrecht, S. 39.

lichen Willen des Tarifgebundenen entspricht. Das Aufzwingen eines fremden Willens ist aber typisch für Rechtsnormen[288]. Daran ändert auch der freiwillige Verbandsbeitritt nichts. Die Mitglieder müssten sich durch den Verbandsbeitritt nicht nur der Satzungsgewalt ihrer Koalition unterwerfen, sondern die Unterwerfung unter die Satzungsgewalt der Gewerkschaft oder des Arbeitgeberverbandes müsste auch das auf dem Kompromiss beruhende tarifautonome Regeln der Koalitionen als solches - schon unabhängig von der Tarifwirkung - ohne weiteres erklären können[289]. Dies erscheint äußerst zweifelhaft. Die Fremdbestimmung der Tarifnormen liegt vielmehr darin, dass der gemeinsame Wille der beiden Tarifparteien den Tarifgebundenen auferlegt wird[290].

Tarifnormen weisen demnach die typischen Merkmale von Rechtsnormen auf, nämlich Generalität und Heteronomität[291]. Sie wirken auf eine Vielzahl von Arbeitsverträgen ein, die zwischen den Tarifgebundenen bestehen. Auf Grund ihrer allgemeinen Formulierung haben sie eine überindividuelle Breitenwirkung und weisen die erforderliche Generalität auf. Heteronomität, also Fremdbestimmung, bedeutet, dass die Rechtsregel nicht einvernehmlich zwischen Normgeber und Normadressaten vereinbart, sondern dem Adressaten unabhängig von dessen Willen auferlegt wird[292]. Die Rechtsnorm ist also vom Willen des Betroffenen unabhängig und der Adressat kann nicht über sie verfügen, weil er nicht der Normurheber ist. Die Rechtserzeugung durch Tarifvertrag beruht demnach auf Fremdbestimmung, nicht auf Privatautonomie. Die Macht, solche Normen zu schaffen, kann nur vom Staat herrühren[293].

Zur Entkräftung dieser maßgeblichen und grundlegenden Tatsache genügt auch nicht ein pauschaler Hinweis auf den Sinn der tariflichen Rechtsetzung, „die strukturelle Unterlegenheit der einzelnen Arbeitnehmer beim Abschluss von Arbeitsverträgen durch kollektives Handeln auszugleichen und damit ein annähernd gleichgewichtiges Aushandeln der Löhne und Arbeitsbedingungen zu ermöglichen", um daraus zu folgern, im Kontext dieser Deutung erscheine die normative Wirkung des Tarifvertrages als verfassungsrechtlich akzeptierte Sonderform mitgliedschaftlich legitimierter Vereinsrechtsetzung[294].

---

[288] *Bucher*, S. 87 f.; *Kirchhof*, S. 84 f.; *Hänlein*, Rechtsquellen im Sozialversicherungsrecht, S. 39.

[289] *Waltermann*, FS für Söllner, S. 1251 (1268).

[290] *Belling*, ZfA 1999, S. 547 (581).

[291] *Belling*, ZfA 1999, S. 547 (579); *Adomeit*, RdA 1967, S. 297 (303).

[292] *Kirchhof*, S. 84.

[293] *Belling*, ZfA 1999, S. 547 (586).

[294] So aber *Hänlein*, Rechtsquellen im Sozialversicherungsrecht, S. 42, der das Problem jedoch zumindest erkennt: vor dem Hintergrund der Fremdbestimmung genüge für die Rechtfertigung dieses speziellen Modus der Rechtserzeugung der Gedanke (beiderseitiger) mitgliedschaftlicher Legitimation allein nicht (S. 41).

Die Tarifautonomie hat sich zwar aus der allgemeinen Privatautonomie als Gruppenautonomie entwickelt; daraus lässt sich jedoch kein Argument gegen das heutige Verständnis der kollektivrechtlichen Regelungsbefugnisse als nicht mandatarisch „von unten", sondern „von oben" abgeleiteter Normsetzungsmacht entnehmen[295]. Auch kann die Normsetzungsbefugnis der Koalitionen nicht allein unter Hinweis darauf, dass die Partizipation an den unmittelbaren Wirkungen des Tarifvertrages ein Hauptzweck des Koalitionsbeitritts sei, mit der vorgängigen Unterwerfung begründet werden[296]. Das Instrumentarium des Tarifvertrages verdankt seine Entstehung nämlich gerade auch der Erkenntnis, dass auf der Basis der bürgerlich-rechtlichen Rechtsgeschäftslehre die notwendige Tarifwirkung eben nicht hatte begründet werden können[297]. Ohne eine gesetzliche Anordnung würde man nicht zu der unmittelbaren und zwingenden Wirkung der Tarifverträge kommen, denn die Instrumentarien des Privatrechts kennen dies nicht[298].

Darüber hinaus lässt sich die tarifvertragsgesetzliche Ausgestaltung der rechtlichen Einzelheiten des Tarifvertrages mit der Annahme einer mitgliedschaftlichen Legitimation als rechtlicher Grundlage der derart ausgestalteten Tarifautonomie nicht in Einklang bringen[299]. Insbesondere ist die Lehre von der mitgliedschaftlichen Legitimation unvereinbar mit § 3 Abs. 3 TVG, der bestimmt, dass die Tarifbindung durch den Austritt aus dem Verband nicht beendet wird[300]. Ein stärkerer Entzug der Legitimation als der Verbandsaustritt ist nicht denkbar, trotzdem bleibt die Tarifnorm anwendbar. Dass jemand bei Abschluss des Tarifvertrages Mitglied war, diese erweiterte Bindung also die Auswirkung seines eigenen Handelns sei, ist als Begründung für eine Fortwirkung zu schwach. Für ein System, dessen Kernstück die Legitimation durch den Normunterworfenen ist, reicht dies nicht aus; wer ein Mandat erteilt, muss es vielmehr auch wieder entziehen können[301]. Probleme weist diese Lehre insbesondere auch bei Fragen rund um den Außenseiter auf[302]. Auch der Außenseiter ist nämlich an bestimmte Rechtsnorm gebunden, ohne einen Verband zur

---

[295] *Säcker*, Grundprobleme, S. 28 f.

[296] So *Zöllner*, Rechtsnatur der Tarifnormen, S. 31.

[297] *Kemper*, Koalitionsfreiheit, S. 68; *Waltermann*, ZfA 2000, S. 53 (72).

[298] *Waltermann*, FS für Söllner, S. 1251 (1269).

[299] *Waltermann*, ZfA 2000, S. 53 (72).

[300] Dies wird auch *Hänlein*, Rechtsquellen im Sozialversicherungsrecht, S. 43 f. einräumen müssen, der selbst eine tarifliche Rechtswirkung gegenüber Dritten als Fremdbestimmung im Sinne eines unzulässigen Vertrages zu Lasten Dritter qualifiziert.

[301] *Gamillscheg*, Arbeitsrecht I, S. 562.

[302] *Gamillscheg*, Arbeitsrecht I, S. 561 ff. mit einer beträchtlichen Anzahl weiterer Kritikpunkte; *Kirchhof*, S. 188; *Hölters*, S. 89; so auch *Hänlein*, Rechtsquellen im Sozialversicherungsrecht, S. 44: „Die Bindung von Außenseitern setzt einen besonderen Zustimmungsakt voraus".

Rechtsetzung ermächtigt zu haben; er hat weder durch Wahlen an der Gestaltung dieser Rechtsätze mitgewirkt, noch über sie abgestimmt oder sich ihnen unterworfen[303].

Die Mitgliedschaft ist also nicht die eigentliche Legitimationsbasis des tarifautonomen Handelns im Allgemeinen und des Regelns mit dem unmittelbar und zwingend wirkenden Tarifvertrag im Besonderen. Sie bestimmt vielmehr lediglich im Grundsatz die personelle Reichweite der Tarifwirkung.

c) Tarifnorm als staatlich autorisierte Rechtsnorm

Zumeist anerkannter Ausgangspunkt ist demgemäß, dass Rechtsetzung als verbindliche Formulierung heteronomer Normen zu ihrer Geltung und Verbindlichkeit einer staatlichen und nicht nur privatautonomen Legitimation bedarf[304]. Die Setzung solcher mit Geltungsanspruch ausgestatteter Rechtsnormen geht über dasjenige hinaus, was die vertragschließenden Tarifvertragsparteien aus eigener Handlungsfähigkeit heraus vermögen[305]. Die Rechtsgeltung und Rechtsverbindlichkeit dieser Normen verlangt vielmehr nach einer besonderen staatlichen Legitimation bzw. Anerkennung. Eine solche Legitimation könnte entweder in Art. 9 Abs. 3 S. 1 GG selbst zu sehen sein oder auf der Delegation von Normsetzungsbefugnissen durch das TVG bzw. auf einem staatlichen Anerkennungs- und Normqualifikationsakt beruhen[306]. Denn jedenfalls bezieht die tarifvertragliche Normsetzung ihre legislatorische Qualität nicht aus individual- oder kollektivgrundrechtlicher Grundrechtsfreiheit, sondern aus staatlicher Kompetenz[307].

Die Frage ist also identisch mit der nach dem formellen Rechtsnormsetzungs- oder jedenfalls dem Rechtsnormanerkennungsmonopol des Staates[308]. Gegen die Anerkennung originär staatsunabhängiger Rechtsordnungen im Rahmen eines pluralistischen Rechtssystems spricht nämlich zunächst, dass es konstitutives Merkmal einer Rechtsordnung ist, dass die in ihr enthaltenen sozialen Sollensregeln real durchsetzbar und zwangsbewehrt sind. Dies zu garantieren ist auf Grund des staatlichen Gewaltmonopols nur dem Staat möglich[309]. Ginge man von einer originären Normsetzungsbefugnis der Tarifparteien aus, so folgte daraus, dass der das Gewaltmonopol innehabende Staat innerstaatliche Rechtsnormen durchsetzen müsste, die außerhalb des Grundgesetzes entstanden wären[310].

---

303 *Kirchhof*, S. 188.

304 *Müller*, Die Tarifautonomie in der Bundesrepublik Deutschland, S. 208; *Adomeit*, RdA 1967, S. 297 (303); *Belling*, ZfA 1999, S. 547 (561).

305 *Rupp*, JZ 1998, S. 919 (922).

306 *Müller*, Die Tarifautonomie in der Bundesrepublik Deutschland, S. 208.

307 *Rupp*, JZ 1998, S. 919 (922).

308 *Hartmann*, S. 59.

309 *Hartmann*, S. 60.

310 *Belling*, ZfA 1999, S. 547 (589).

Die von den Koalitionen getroffenen Regelungen wären „aus sich heraus" injustiziabel[311].

Weiterhin kommt im sozialen Rechtsstaat dem Staat eine uneingeschränkte Verantwortung für die Gerechtigkeit objektivrechtlicher sozialer Regelungen zu, denn dem Staat obliegt die Sorge für das Gemeinwohl[312]. Korrelat dieser Verantwortung muss die Erforderlichkeit einer „Absegnung" durch den Staat als integraler Bestandteil der Legitimation der Rechtsetzung sein[313]. Eine originäre, also staatsunabhängige Fähigkeit der Tarifvertragsparteien zur Rechtsetzung lässt sich daher unter der Geltung des Grundgesetzes nicht begründen. Denn die Annahme einer von demokratisch legitimierter Staatsgewalt unabgeleiteten Rechtsetzungsmacht wäre mit den verfassungsrechtlichen Prinzipien der Demokratie und des Rechtsstaats unvereinbar[314]. Der moderne Staat duldet neben sich keinen anderen originären, selbstherrlichen Normsetzer[315].

aa) Integrationstheorie

α) Garantie der Normsetzungsbefugnis durch Art. 9 Abs. 3 S. 1 GG

Die Vertreter der sog. „Integrationstheorie" gehen davon aus, dass sowohl die Tarifautonomie als auch die Normsetzungsbefugnis der Tarifvertragsparteien unmittelbar in Art. 9 Abs. 3 S. 1 GG verankert sind und demnach durch die Verfassung geschützt werden[316]. Art. 9 Abs. 3 S. 1 GG bedeute die verfassungsrechtliche Begründung einer besonderen Zuständigkeit zur Normsetzung durch Vertrag[317]. Die Garantie der Befugnis zur Normsetzung durch Vertrag sei mithin gerade die Funktion, die die besondere Verfassungsgarantie des Art. 9 Abs.

---

311 *Meik*, S. 33.

312 *Meik*, S. 33.

313 *Hartmann*, S. 60.

314 *Gellermann*, S. 162; *Meik*, S. 33; genau umgekehrt argumentiert unverständlicherweise *Lee*, S. 95: „Die Lehre von dem „Rechtsetzungsmonopol" des Staates ist nicht mehr mit dem heutigen freiheitlich-demokratischen Verfassungsstaat vereinbar".

315 *Kirchhof*, S. 158; *Adomeit*, Rechtsquellenfragen, S. 134; *Badura*, RdA 1974, S. 129 (134).

316 Vgl. *Biedenkopf*, Tarifautonomie, S. 104; *Biedenkopf*, Verhandlungen des 46. DJT, S. 97 (111); *Andelewski*, S. 50; *Wißmann*, S. 44 f.; *Lenz*, S. 232; *Schnorr*, JR 1966, S. 327 (329 f.); *Säcker/Oetker*, S. 33; *Gamillscheg*, Arbeitsrecht I, S. 558, 287; *Kempen*, AuR 1996, S. 336 (341); *Weber*, Koalitionsfreiheit und Tarifautonomie als Verfassungsproblem, S. 24; *Fratzky*, S. 101 ff., 169, 289 f.: Normsetzungsbefugnis in abstracto durch Art. 9 Abs. 3 GG garantiert (1. Stufe) und durch einfaches Gesetz konkretisiert (2. Stufe); so auch *Lee*, S. 92; einschränkend *Meik*, S. 130: §§ 1 Abs. 1, 4 Abs. 2 TVG als ausführendes Gesetz verdrängten den ausgeführten Verfassungsgrundsatz, wenn sie nicht gegen ihn verstoßen; *Dieterich*, Erfurter Kommentar, Art. 9 GG, Rn. 60: eine effektive Regelungsbefugnis sei grundrechtlich gewährleistet, während der Rechtsnormencharakter im Vollzug dieser Gewährleistung gesetzlich eingeräumt werden müsse.

317 *Biedenkopf*, Tarifautonomie, S. 103; *Biedenkopf*, Verhandlungen des 46. DJT, S. 97 (111); in diese Richtung geht auch *Kemper*, Kommentierung zu Art. 9 Abs. 3 GG, Rn. 227, und *Kemper*, Koalitionsfreiheit, S. 70, wenn er meint, die grundrechtliche Garantie der Tarifvertrags-

3 S. 1 GG erst rechtfertige[318]. Die Zuständigkeit zur staatsfreien Normsetzung durch die Tarifvertragsparteien zähle demnach zu ihren eigenen verfassungsrechtlichen Befugnissen[319]. Sie liege in der Tarifautonomie als einem Ausfluss der verfassungsrechtlichen Koalitionsfreiheit begründet[320]. Dennoch bleibe das Grundrecht der Koalitionsfreiheit auch im Hinblick auf die Tarifautonomie erstrangig eine materielle Freiheitsgarantie und nicht eine formelle Zuständigkeitsregelung[321].

Die im Rechtsstaat erforderliche demokratische Legitimation gewährleiste das tarifliche Verfahren auf Seiten der Arbeitnehmerkoalitionen durch kooperative Mit- und Selbstbestimmung[322]. Die Normlegitimation nach dem Prinzip der kollektiven Interessenwahrung unterscheide sich dabei von der Normlegitimation nach dem Prinzip der parlamentskollektiven Demokratie[323]. Letztere erreiche die Legitimation durch strikte Verfahrensregeln, auf die bei ersterer auf Grund der fortdauernden Annahme tendenzieller Interessenhomogenität der Mitglieder verzichtet werden könne. Sozialpartnerschaftliche Rechtsetzung in Form des Tarifvertrages sei demnach eine eigentümliche Form mitgliedschaftlich-autonom legitimierter Rechtsetzung, die gerade wegen ihrer Eigentümlichkeit von Art. 9 Abs. 3 GG nicht nur hingenommen, sondern garantiert werde[324].

Wird die Normsetzungsbefugnis der Tarifvertragsparteien schon als von Art. 9 Abs. 3 S. 1 GG gewährleistet angesehen, so bedarf sie einerseits keiner Legitimation durch die Mitglieder, weil sich diese Befugnis positivrechtlich bereits aus der Verfassung ergibt[325]. Andererseits bedarf es keiner Delegation durch das TVG. Wegen der verfassungsrechtlich begrenzten Zuständigkeit des Gesetzgebers sei in der gesetzlichen Regelung des Tarifvertragswesens keine Delegation rechtsetzender Gewalt zu sehen, sondern nur die Konkretisierung einer bereits verfassungsrechtlich gewährleisteten Zuständigkeit der Tarifvertragspar-

---

freiheit enthalte die Gewährleistung eines rechtlichen Könnens, einer klassischen Kompetenz; vgl. auch *Söllner*, NZA 1996, S. 897 (901).

[318] *Scheuner*, Koalitionsfreiheit, S. 29 (52 f.).

[319] *Däubler/Hege*, Tarifvertragsrecht 2. Aufl., Rn. 259.

[320] *Weber*, Koalitionsfreiheit und Tarifautonomie als Verfassungsproblem, S. 24.

[321] Vgl. *Kemper*, Koalitionsfreiheit, S. 116.

[322] Vgl. *Kittner/Schiek*, Rn. 86.

[323] *Kittner/Schiek*, Rn. 87.

[324] *Hänlein*, Rechtsquellen im Sozialversicherungsrecht, S. 43.

[325] *Kunze*, S. 101 (110); anderer Meinung ist *Hänlein*, Rechtsquellen im Sozialversicherungsrecht, S. 39 ff.: Die Legitimation tariflicher Normsetzung sei grundsätzlich mitgliedschaftlicher Natur, jedoch ergebe sich zusätzlicher Legitimationsbedarf aus der besonderen Form tariflicher Rechtsetzung, die ein Moment der Fremdbestimmung im Verhältnis zu den Mitgliedern aufweise. Vor diesem Hintergrund genüge für die Rechtfertigung dieses speziellen Modus der Rechtserzeugung der Gedanke (beiderseitiger) mitgliedschaftlicher Legitimation allein nicht.

teien[326]. Bei der Schaffung eines gesetzlichen Tarifvertragssystems handele es sich also lediglich um die Erfüllung einer verfassungsrechtlichen Verpflichtung des Gesetzgebers, die auf die Bereitstellung des „Instituts des Tarifvertrages als eines rechtsverbindlichen Normenvertrages" gerichtet sei[327]. Die Erfüllung einer solchen Verpflichtung sei gerade nicht Delegation gesetzgeberischer Befugnis kraft eigener gesetzgeberischer Entscheidung. Es genüge nämlich nicht, die Normsetzungsbefugnis mit der Delegationstheorie allein auf § 1 TVG zu gründen, der vom Gesetzgeber auch wieder aufgehoben werden könnte[328].

Zumindest seit Inkrafttreten des Grundgesetzes begründe § 1 TVG keine Regelungsbefugnis, sondern konkretisiere sie lediglich. Dem stehe nicht entgegen, dass die Unmittelbarkeit der Tarifnorm, ebenso wie die Rechtsverbindlichkeit des gesamten Tarifvertrages, nicht auf verfassungsrechtlicher, sondern auf gesetzlicher Norm beruhe; denn die gesetzliche Gewährleistung dieser Rechtsverbindlichkeit und verstärkten Durchsetzbarkeit der Regelung durch die Tarifparteien sei es ja gerade, wozu die Verfassung den Gesetzgeber verpflichte[329]. Rechtsgrundlage der arbeitsrechtlichen Normsetzungsbefugnis der Tarifparteien sei also die gleiche, auf der auch das Gesetzgebungsrecht des Staates beruhe, nämlich die Verfassung[330]. Der Gesetzgeber könne auf Grund der Gleichrangigkeit der Kompetenzzuweisungen seinerseits aus Art. 74 Abs. 1 Nr. 12 GG und der Koalitionen aus Art. 9 Abs. 3 GG nicht ohne weiteres im Bereich der Arbeits- und Wirtschaftsbedingungen regelnd tätig werden.

Wenn in diesem Zusammenhang auf Art. 9 Abs. 3 S. 1 GG als Rechtsgrundlage der Normsetzungsbefugnis verwiesen wird, so stellt sich im Ergebnis diese Verfassungsnorm als eine Delegationsnorm dar[331]. Der Unterschied zur Delegationstheorie liegt nur darin, dass nach der Integrationstheorie der Ver-

---

[326] *Biedenkopf*, Tarifautonomie, S. 103 ff.; *Schnorr*, JR 1966, S. 327 (330); *Weber*, Koalitionsfreiheit und Tarifautonomie als Verfassungsproblem, S. 24.

[327] *Biedenkopf*, Tarifautonomie, S. 104; ähnlich *Fratzky*, S. 101 ff.: Schutz der Betätigungsgarantie inklusive Normsetzungsbefugnis „in abstracto" durch Art. 9 Abs. 3 S. 1 GG und nähere Konkretisierung durch die gesetzlichen Normen des TVG; *Krüger*, Verhandlungen des 46. DJT, S. 7 (18) erwägt, dass das TVG, soweit es Art. 9 Abs. 3 S. 1 GG ausführt, den ausgeführten Verfassungssatz verdrängt, lehnt dies aber im Ergebnis ab.

[328] *Gamillscheg*, Arbeitsrecht I, S. 558.

[329] *Biedenkopf*, Tarifautonomie, S. 105.

[330] *Biedenkopf*, Tarifautonomie, S. 104.

[331] *Kemper*, Koalitionsfreiheit, S. 75; früher wurde deshalb auch von einer „Delegation durch Art. 9 Abs. 3 GG" gesprochen, vgl. *Krüger*, Verhandlungen des 46. DJT, S. 7 (17); *Fratzky*, S. 86; *Misera*, S. 12 Fn. 64; auch heute noch unter diesem Stichwort diskutiert bei *Giesen*, S. 147 ff.; *Nipperdey* in: *Hueck/Nipperdey*, S. 346 f. entscheidet sich gar nicht und sieht als Delegationsnorm Art. 9 Abs. 3 S. 1 GG und § 1 TVG an; ähnlich *Misera*, S. 22: „... Das bedeutet, dass für den Fall der Herleitung der Delegation aus § 1 TVG zur Bestimmung des möglichen Inhalts der Tarifnorm auf Art. 9 Abs. 3 GG zurückgegriffen werden kann. Damit ist es im vorliegenden Zusammenhang gleichgültig, welches die Delegationsvorschrift ist".

fassungsgeber selbst in Art. 9 Abs. 3 GG den Koalitionen Rechtsetzungsmacht übertragen hat, während dieser Übertragungsakt nach der Delegationstheorie erst vom einfachen Gesetzgeber durch das Tarifvertragsgesetz vollzogen worden ist[332]. Grundsätzlich ist in diesem Zusammenhang anzumerken, dass die Dreiteilung Tarifvertragsparteien - einfacher Gesetzgeber - Verfassungsgesetzgeber falscher Ausgangspunkt ist. In einem bereits unter einer Verfassung bestehenden Staate, in dem dieselben Organe sowohl die Verfassung als auch Gesetze ändern können, gibt es nur einen Normsetzer, der lediglich jeweils in unterschiedlichen Verfahren - einfaches Gesetzgebungsverfahren oder verfassungsänderndes Gesetzgebungsverfahren - tätig wird[333]. Der Gesetzgeber ist demnach auch in der Lage, den Art. 9 Abs. 3 S. 1 GG durch verfassungsänderndes Gesetz neu zu fassen. Selbst wenn also die Normsetzungsbefugnis in der Verfassung unmittelbar wurzelte, wäre sie vom Staat verliehen, mithin delegiert worden[334].

Es wird also sowohl von der Integrationstheorie als auch von der Delegationstheorie zugestanden, dass die Rechtsetzungsbefugnis der Tarifpartner nicht originär ist, sondern vom Staat ausgehen muss, ob nun der Begriff der „Delegation" gebraucht wird oder nicht[335]. Teilweise wurde zwar früher zurückgehend auf die genossenschaftliche Rechtstheorie *Otto von Gierkes*, die jedem vom Staat anerkannten Verband die Befugnis zubilligte, sich sein Recht selbst zu setzen[336], von einer originären, staatsunabhängigen Normsetzungsbefugnis ausgegangen[337]. Diese Auffassung wird im Hinblick auf das (kaum noch bestrittene) staatliche Rechtsnormsetzungs- bzw. Rechtsnormanerkennungsmonopol[338] nicht mehr vertreten[339]. Denn die zwingende Wirkung kann nur den Regelungen der Sozialpartner zukommen, denen der Staat die Kraft seiner eigenen Gesetze verliehen hat. Das Staatsbild des Grundgesetzes beansprucht die Kompetenz zur Gesetzgebung schlechthin als originäre Macht des Staates[340]. Eine außerstaatliche Rechtsetzung, die ihre Rechtsetzungsgewalt nicht vom Staat

---

332 *Kemper*, Koalitionsfreiheit, S. 75.

333 *Peters/Ossenbühl*, S. 16.

334 *Peters/Ossenbühl*, S. 16.

335 *Fratzky*, S. 94; *Höfling*, Art. 9 GG, Rn. 91; *Kemper*, Koalitionsfreiheit, S. 75.

336 Vgl. *Rehbinder*, JR 1968, S. 167 (168).

337 *Molitor*, S. 12 ff; *Galperin*, FS für Molitor, S. 143 (156); *Herschel*, Betriebsbußen: ihre Voraussetzungen und Grenzen, S. 27, 41 f; in diese Richtung argumentiert auch *Gamillscheg*, Grundrechte, S. 99: „Art. 9 Abs. 3 GG ist nicht die causa der Tarifautonomie, sondern umgekehrt notwendige Ableitung aus ihr. Ausgangspunkt ist eine ungeschriebene, von allseitigem Konsens getragene Verfassungsnorm, dass Tarifautonomie, also die staatsfreie kollektive Regelung der Lohn- und Arbeitsbedingungen, sein soll".

338 Dieses vertritt auch *Biedenkopf*, Verhandlungen des 46. DJT, S. 97 (106); ablehnend *Galperin*, FS für Molitor, S. 143 (154).

339 Vgl. *Fratzky*, S. 98.

340 *Misera*, S. 13, 18 f., der zu diesem Ergebnis trotz der grundsätzlichen Anwendung des Subsidiaritätsprinzips kommt.

herleitet, der sie vielmehr originär und dem Staat quasi vorgegeben zusteht, ist im modernen Rechtsstaat nicht denkbar[341]. Um staatliches Recht, das vor staatlichen Gerichten gelten soll, durch außerstaatliche Instanzen setzen zu können, bedarf es somit staatlicher Autorisation[342]. Mit dieser Feststellung allein ist allerdings noch nicht entschieden, ob diese Verleihung auf Grund der Verfassung, eines einfachen Gesetzes oder der Verfassungswirklichkeit erfolgt ist[343]. Die Integrationstheorie sieht diese Einräumung einer besonderen Zuständigkeit zur Normsetzung durch Vertrag - unabhängig vom Begriff der Tarifautonomie - als durch Art. 9 Abs. 3 S. 1 GG geschehen an.

β) Kritik an der Integrationstheorie

Verschiedene, im Einzelnen näher auszuführende dogmatische Anknüpfungspunkte sprechen gegen die Integrationstheorie. Zunächst erscheint die unmittelbare Herleitung einer Befugnis zur Setzung objektiven Rechts aus einem Freiheitsrecht ungewöhnlich. Zudem würde eine Gewährleistung der tariflichen Normsetzungsbefugnis durch Art. 9 Abs. 3 S. 1 GG selbst eine Festschreibung der Grundsätze des geltenden Tarifvertragssystems durch die Verfassung zur Folge haben[344]. Eine solche Begrenzung des einfachen Gesetzgebers zur Gestaltung des Tarifrechts jedoch kann vom Verfassungsgeber nicht gewollt gewesen sein. Vielmehr bedarf es zur Konkretisierung der Tarifwirkung gerade einfach-gesetzlicher Regelungen, die sowohl formell als auch materiell die Normsetzungsbefugnis festschreiben[345]. Dies kann gerade nicht durch den inhaltlich unzulänglichen Art. 9 Abs. 3 S. 1 GG geschehen.

αα) Freiheitsrechtliches Verständnis des Art. 9 Abs. 3 S. 1 GG

(1) Freiheitsrechtlicher Charakter Gegen eine Ableitung der Normsetzungsbefugnis aus Art. 9 Abs. 3 S. 1 GG selbst spricht dessen Wesen als Freiheitsrecht bzw. Abwehrrecht im status negativus[346]. Die normative Grundintention des

---

[341] *Rehbinder*, JR 1968, S. 167 (169).

[342] *Hartmann*, S. 59 f.

[343] *Fratzky*, S. 98.

[344] Anders *Konzen*, NZA 1995, S. 913 (915), der meint, die Verfassung wolle zwar nur das Tarifvertragssystem als solches schützen, also die Essentialia eines Tarifvertrages. Zu diesen Essentialia zählt er jedoch die zwingende Wirkung des Tarifvertrages.

[345] Kritisch auch *Kemper*, Kommentierung zu Art. 9 Abs. 3 GG, Rn. 228 ff.: „Die Integrationstheorie stellt zutreffend auf die unverzichtbar aus diesem Grundrecht folgende Normsetzungskompetenz ab, verfehlt aber die Notwendigkeit entsprechender einfach-gesetzlicher Regelungen".

[346] Zum freiheitsrechtlichen Charakter *Scholz*, Koalitionsfreiheit, S. 55; *Scholz*, HdbStR, Rn. 9; auch *Dieterich* betont den freiheitsrechtlichen Charakter der Tarifautonomie, vgl. *Dieterich*, RdA 2003, S. 317 und *Dieterich*, RdA 2002, S. 1 (8); zwar lehnen *Gellermann*, S. 165, *Dieterich*, RdA 2002, S. 1 (10 f.) und *Säcker/Oetker*, S. 93, zu Recht eine Verpflichtung der

Grundrechtsteils ist der Rückgriff auf die klassischen Freiheitsrechte und das Freiheitsprinzip des liberalen Rechtsstaates als Antwort auf die elementaren Freiheitsverletzungen der nationalsozialistischen Zeit[347]. Das lässt sich nicht nur aus den Beratungen zum Grundgesetz deutlich belegen, es hat ebenso in der Anlage und konkreten Ausgestaltung des Grundrechtskatalogs Ausdruck gefunden[348]. Auch wenn neben die Funktion der Grundrechte als Abwehrrechte und damit klassische Freiheitsrechte noch weitere Grundrechtsfunktionen treten[349], so ist das freiheitsrechtliche Verständnis der Grundrechte nach wie vor die maßgebliche Ausgangsposition[350]. Der Charakter der meisten Grundrechte als Freiheitsrechte ist nach Wortlaut, Geschichte und Gesamtzusammenhang so evident, dass kein Zweifel an einer Interpretation besteht, die die Grundrechte als Schutz bestimmter, Freiheit gewährender und sichernder Rechtspositionen gegen staatliche Eingriffe versteht[351]. In diesem Sinne zeigen auch der Wortlaut des Art. 9 Abs. 3 S. 1 GG und seine geschichtliche Entwicklung, dass die Koalitionsfreiheit in erster Linie ein Freiheitsrecht ist[352], sie definiert sich also negativ, als „Freiheit von ..."[353].

(2) Politischer Charakter Dieser liberalen Konzeption der Garantie des Art. 9 Abs. 3 S. 1 GG liegt auch ein demokratisch-politischer Bezug zugrunde[354]. Der politische Bezug allein schließt das Wesen der Koalitionsfreiheit als Freiheitsrecht jedoch nicht aus. Es wurde zwar vertreten, Freiheitsrechte verlören dann, wenn sie politisch eingesetzt würden, den ihnen eigenen individualistischen Charakter und damit die Absolutheit ihres Schutzes: Der Schutz aus den „echten Grundrechten" beziehe sich nur auf das unpolitische, private Individuum[355]. Die Ausübung sozialer Macht durch soziale Organisationen könne diesem Schutz nicht unterfallen.

Im direkten Gegensatz zu dieser engen Auslegung in Richtung einer notwendigen Privatheit der Grundrechtsausübung meint die demokratisch-funktionale Grundrechtstheorie, die Grundrechte würden dem Staatsbürger nicht zur freien

---

Tarifvertragsparteien zur Normsetzung unter Hinweis auf den freiheitsrechtlichen Charakter der Koalitionsfreiheit ab; sie übersehen jedoch in diesem Zusammenhang, dass sich aus einem Freiheitsrecht auch gerade keine Normsetzungsbefugnis ergeben kann.

[347] *Böckenförde*, NJW 1974, S. 1529 (1537).

[348] *Böckenförde*, NJW 1974, S. 1529 (1537).

[349] Vgl. zu den Grundrechtstheorien *Ossenbühl*, NJW 1976, S. 2100 (2101 ff); *Böckenförde*, NJW 1974, S. 1529 (1530 ff); *Stern* in: *Stern/Sachs*, S. 1677 ff.

[350] *Scheuner*, DÖV 1971, S. 505 (508); *Ossenbühl*, NJW 1976, S. 2100 (2105).

[351] *Stern* in: *Stern/Sachs*, S. 1683.

[352] BVerfGE 50, S. 290 (367); so auch *Scholz*, HdbStR, Rn. 9.

[353] *Schwarze*, JuS 1994, S. 653 (656).

[354] *Kemper*, Koalitionsfreiheit, S. 4.

[355] Schmitt, Verfassungslehre (1928/1965), S. 165.

Verfügung eingeräumt, sondern in seiner Eigenschaft als Glied der Gemeinschaft und damit auch im öffentlichen Interesse[356]. Diese Theorie zeigt deutlich, dass eine Trennung des Privaten vom Politischen und die damit verbundene partielle Unterordnung des Individuums unter den Staat mit den grundgesetzlichen Freiheitsgewährleistungen nicht vereinbar ist[357]. Ihr zufolge besteht der eigentliche Sinn der Grundrechte nicht im Schutz einer apolitischen, privaten, vorstaatlichen Individualsphäre, sondern in der Konstituierung von Teilnahmerechten an öffentlichen Angelegenheiten und am politischen Prozess. Die Grundrechtsgeltung wird also weder als status negativus (abwehrrechtlich), noch als status positivus (teilhaberechtlich) verstanden. Vielmehr soll das Bürgerrecht auf politische Mitwirkung am Staat - der status activus - geschützt werden[358]. Vor dem Hintergrund der spezifisch politischen Bedeutung der Grundrechte sieht *Krüger* sogar eine Pflicht des Bürgers zur Inanspruchnahme seiner Freiheit; der Bürger habe von seinen Grundrechten Gebrauch zu machen[359]. Dieser Gedanke müsste dann jedoch für alle Grundrechte gelten: Der Freiheitsgebrauch wäre nur soweit von der Verfassung geschützt, als hier auch oder überwiegend „öffentliche Belange" verfolgt würden[360]. Problematisch wäre weiterhin die Feststellung der Grenzen. Wer bestimmt, wieweit die aktive Teilnahme gehen darf, was überhaupt im wirtschaftlichen und sozialen Bereich „öffentliche Belange" sind? Letztlich müsste hier die Kategorie des „Politischen" abgrenzend definiert werden, dies ist aber noch nie möglich gewesen[361].

Mit diesen Ausführungen lässt sich vor dem Hintergrund eines liberalen Grundrechtsverständnisses des Grundgesetzes lediglich festhalten, dass die Grundrechte insgesamt und neben der Meinungs- und Pressefreiheit insbesondere die Vereinigungs- und Koalitionsfreiheit gerade auch im Bereich des Politischen zur Geltung kommen[362]. Die übrigen Folgerungen der demokratisch-funktionalen Grundrechtstheorie sind in Bezug auf die Garantie der Koalitionsfreiheit des Art. 9 Abs. 3 S. 1 GG zu weitreichend. Denn die den Koalitionen heute zukommende soziale Relevanz ist nur durch den liberalen Schutz gegen staatliche Eingriffe ermöglicht worden. Dieser liberale Abwehrgehalt ist es auch, der die Koalitionen vor einer staatlichen Reduktion ihrer - auch - politischen Bedeutung schützt. Die „soziale Selbstverwaltung" ist deshalb gegenüber staat-

---

356 BVerwGE 14, S. 21 (25); *Böckenförde*, NJW 1974, S. 1529 (1534).

357 *Leisner*, DÖV 1975, S. 73 (75): „Sie drängt notwendig die abwehrende Ansprüchlichkeit der Freiheitsrechte zurück".

358 Vgl. *Leisner*, DÖV 1975, S. 73 (74).

359 *Krüger*, Allgemeine Staatslehre, S. 543.

360 *Leisner*, DÖV 1975, S. 73 (75).

361 So auch *Leisner*, DÖV 1975, S. 73 (75).

362 So auch *Kemper*, Koalitionsfreiheit, S. 6.

lichen Eingriffen sensibel und auf den Schutz durch die Garantie der Koalitionsfreiheit angewiesen.

(3) Kein objektiv-rechtlicher Gehalt Wenn Art. 9 Abs. 3 S. 1 GG entsprechend der Integrationstheorie auch als Zuständigkeitsregelung verstanden würde, käme dieser Freiheitsgarantie über ihren Grundrechtscharakter hinaus der objektivrechtliche Gehalt einer die materielle Rechtsetzung betreffenden Zuständigkeitsregelung zu. Es wäre jedoch zumindest überraschend, eine solche Regelung ausschließlich im Grundrechtskatalog des Grundgesetzes zu finden, ohne jeden Zusammenhang mit den Zuständigkeitsregelungen der Art. 70 ff. GG. Dies stünde seinerseits im krassen Gegensatz zu der Sorgfalt, mit der das Rechtsetzungsverfahren im Übrigen nach Zuständigkeitsbereich, Verfahren und Form vom Grundgesetz behandelt wird[363]. Der rein formellen Zuständigkeitsregelung des Art. 74 GG könnte eine Eingrenzung der eben nicht nur kompetenzrechtlichen, sondern zunächst grundrechtlichen Regelung des Art. 9 Abs. 3 S. 1 GG mit seiner Gewährleistung der Tarifautonomie und der tariflichen Rechtsetzungsmacht nicht entnommen werden. Auch deckt schon der Wortlaut des Art. 9 Abs. 3 S. 1 GG nicht die Annahme einer normativen Wirkung. Zwar kann man mit den „Arbeits- und Wirtschaftsbedingungen" rechtliche Regelungen meinen. Der Begriff der „Bedingungen" indiziert jedoch keinen Normcharakter, sondern stellt auf die tatsächlichen Bedingungen ab, unter denen abhängige Arbeit geleistet wird[364].

Wenn Art. 9 Abs. 3 S. 1 GG die alleinige Grundlage der Normsetzungsbefugnis wäre, dann könnten sich auch deren Grenzen nur aus Art. 9 Abs. 3 S. 1 GG selbst ergeben[365]. Da es an einer solchen Grenzziehung fehlt, vermag die Integrationstheorie schwerlich zu begründen, dass der Gesetzgeber noch zwingende Regelungen auf dem Gebiet der Arbeits- und Wirtschaftsbedingungen treffen kann, wie es etwa mit dem Tarifvertragsgesetz geschehen ist[366].

(4) Keine kollektive tarifvertragliche Normsetzungsbefugnis Ein anderer Aspekt betrifft die Tatsache, dass Tarifverträge als Ausdruck koalitionsmäßiger Betätigung die Besonderheit einer Vereinbarung durch die Verbände mit Wirkung für und gegen die Verbandsunterworfenen aufweist. Es handelt sich nicht lediglich um verbandsinterne Regelungen, sondern die Regelungen sind vielmehr nach ihrer besonderen Zielsetzung dazu bestimmt, den Inhalt von Rechtsverhältnissen Dritter zu gestalten[367]. Die Tarifvertragsparteien sind also in der Lage, Normen für typische Sachverhalte zu setzen, die Dritte unmittelbar binden, d.h.

[363] *Kemper*, Koalitionsfreiheit, S. 76.
[364] *Giesen*, S. 154.
[365] *Schnorr*, JR 1966, S. 327 (330).
[366] *Kemper*, Koalitionsfreiheit, S. 76.
[367] *Galperin*, FS für Molitor, S. 143 (145).

für die an Verhandlungen nicht beteiligten Mitglieder der Organisationen und faktisch auch für die nichtorganisierten Arbeitgeber und Arbeitnehmer[368]. Die Normsetzungsbefugnis besteht also zu Gunsten und zu Lasten Dritter.

Die Herleitung dieser Wirkung aus der Koalitionsfreiheit ist aber gerade mit der Natur des Art. 9 Abs. 3 S. 1 GG als Freiheitsrecht unvereinbar[369]. Eine Ableitung der Normsetzungsbefugnis aus Art. 9 Abs. 3 S. 1 GG selbst würde darauf hinauslaufen, dass Art. 9 Abs. 3 S. 1 GG nicht nur seinen individualrechtlichen Charakter verlieren, sondern zu einem aliud mutieren würde, nämlich zu einer tarifvertraglichen kollektiven Rechtsetzungsbefugnis, deren Legitimation sich mit grundrechtlicher Freiheit im Sinne einer „kollektiven Privatautonomie" nicht mehr erklären ließe[370]. Es führt schon an die Grenzen zulässiger Grundrechtsauslegung, aus einem individuellen Freiheitsrecht den Bestand der Organisation und sogar den Grundrechtsschutz deren kollektiven Betätigungsfeldes zu folgern[371]. Aus einem Freiheitsrecht eine Normsetzungsbefugnis, also eine Kompetenz zur Setzung objektiven Rechts[372], abzuleiten, widerspricht jedoch jeglicher Grundrechtssystematik. Der Freiheitsgarantie des Art. 9 Abs. 3 S. 1 GG würde über ihren grundrechtlichen Gehalt hinaus der Charakter einer objektiven Kompetenznorm beigemessen, die nicht nur aus sich heraus den Kompetenzbereich in nur undeutlicher Weise umreißt, sondern überdies in unklarer Beziehung zu der dem Gesetzgeber ausweislich des Art. 74 Abs. 1 Nr. 12 GG zukommenden Regelungsmöglichkeit steht[373]. Eine grundrechtliche Freiheit zur Gesetzgebung, die nicht vergleichbar ist mit der Satzungsautonomie privatrechtlicher Vereinigungen, ist ein Widerspruch in sich[374]. Die Tarifautonomie würde damit eine Gestaltungsmacht entfalten, die unserer Privatrechtsordnung im Übrigen grundsätzlich unbekannt ist, die vielmehr kennzeichnend ist für hoheitliche Regelungen[375].

---

[368] *Galperin*, FS für Molitor, S. 143 (147); *Weitbrecht*, S. 18.

[369] Ablehnend auch *Scholz*, Koalitionsfreiheit, S. 55 insbesondere für den Fall der Annahme einer hoheitlichen Rechtsetzungskompetenz: „Das Recht des Art. 9 Abs. 3 GG müsste damit nämlich eine besondere gesellschaftsautonome Satzungsgewalt aufnehmen; ein Ergebnis, das zumindest mit der grundrechtlichen Struktur der Koalitionsfreiheit unvereinbar wäre".

[370] *Rupp*, JZ 1998, S. 919 (922).

[371] *Rupp*, JZ 1998, S. 919 (921).

[372] So aber ausdrücklich *Kemper*, Kommentierung zu Art. 9 Abs. 3 GG, Rn. 228; *Kempen*, AuR 1996, S. 336 (341).

[373] *Gellermann*, S. 162.

[374] *Rupp*, JZ 1998, S. 919 (922); in diesen Widerspruch verstrickt sich *Kempen*, AuR 1996, S. 336 (342), wenn er schreibt, die klassische Abwehrfunktion des Grundrechts, die vielfach etwas hochtrabend als „Normsetzungsprärogative" daherkomme, erlaube gesetzgeberische Regelungen nicht ohne weiteres.

[375] *Käppler*, NZA 1991, S. 745 (749).

(5) Fazit Als Freiheitsrecht garantiert Art. 9 Abs. 3 S. 1 GG demnach kein Recht auf hoheitliche oder staatsverliehene Regelungsmacht, sondern lediglich und grundsätzlich die Freiheit der kollektiven Betätigung, der gegenseitig-kollektiven Interessenauseinandersetzung und der autonom-gegenseitigen Interessenbefriedigung[376]. Die außerstaatliche Regelungsmacht lässt sich somit nicht allein aus der grundrechtlichen Freiheit der beteiligten Verbände und ihrer Mitglieder ableiten[377].

ββ) Keine Festschreibung des geltenden Tarifvertragssystems

Würde sich die Normsetzungsbefugnis der Tarifvertragsparteien unmittelbar aus der Verfassung - also aus Art. 9 Abs. 3 S. 1 GG - ergeben, so wäre der Tarifvertrag, wie er bei Entstehung des Grundgesetzes und auch heute noch besteht, von der Verfassung als einziges Mittel zur Regelung der Arbeits- und Wirtschaftsbedingungen festgeschrieben. Die Wahrung und Förderung der Arbeits- und Wirtschaftsbedingungen ist jedoch nicht auf das Mittel des Tarifvertrages beschränkt[378]. Selbst, wenn aus Art. 9 Abs. 3 S. 1 GG über die bloße Garantie eines Regelungsfreiraums für die Koalitionen hinaus die Verpflichtung des Staates hergeleitet wird, ein Tarifvertragssystem bereitzustellen, das eine effiziente, staatsfreie Festlegung der Arbeits- und Wirtschaftsbedingungen ermöglicht, so garantiert das Grundgesetz doch nicht das Tarifvertragssystem, wie es seine Form im Tarifvertragsgesetz gefunden hat[379]. Der Staat könnte seine Schutz- und Gewährleistungsverpflichtung ebenso durch andere Regelungsformen oder Selbstregulierungssysteme erfüllen[380]. Dem Verfassungsgeber stand zwar der kollektive Normenvertrag vor Augen. Dies ist aber nicht die einzig effektive und praktikable Konstruktion des Tarifvertrages[381]. Die Eigenständigkeit der Tarifvertragsparteien umfasst nicht zwingend eine Rechtsetzungsbefugnis[382]. Das bestätigt der Vergleich mit England und Belgien, in denen Tarifverträge auch ohne Normwirkung abgeschlossen werden. In Belgien werden die Tarifverträge (convention collective du travail) in paritätisch mit Arbeiter- und Arbeitge-

[376] *Scholz*, HdbStR, Rn. 38.
[377] *Isensee*, Die verfassungsrechtliche Verankerung der Tarifautonomie, S. 159.
[378] *Löwer*, Rn. 61; *Giesen*, S. 155.
[379] Vgl. *Beuthien*, ZfA 1984, S. 1 (9 f.); so auch *Henssler*, ZfA 1994, S. 487 (510 f.), der diese Aussage jedoch relativiert: „Das bedeutet freilich nicht, dass der zwingende Charakter des Tarifvertrages insgesamt zur Disposition des Gesetzgebers stünde".
[380] *Kirchhof*, S. 182; *Beuthien*, ZfA 1984, S. 1 (9 f.).
[381] *Hartmann*, S. 63; *Isensee*, Die verfassungsrechtliche Verankerung der Tarifautonomie, S. 159 (170); so auch *Heise*, S. 136, die sich jedoch anschließend selbst widerspricht, indem sie feststellt: „Sicherlich ist, wie oben dargestellt, die Tarifautonomie ein aus Art. 9 Abs 3 GG folgendes Recht zur selbständigen Normsetzung. Allerdings kann aus der Existenz der Tarifautonomie nicht gleichzeitig seine Reichweite abgelesen werden ..." (S. 182).
[382] *Hinz*, S. 135.

bervertretern besetzten Ausschüssen ausgehandelt[383]. Lediglich im Bedürfnisfall können die Tarifabkommen durch königlichen Erlass für verbindlich erklärt werden. Auch in Großbritannien hat der Tarifvertrag (collective bargaining) keine gesetzesähnliche Wirkung. Es besteht zwar eine allgemeine Übung darin, dass die Bedingungen der Tarifverträge Inhalt der Arbeitsverträge werden, auch wenn die Arbeitgeber weder selbst Tarifpartei noch Mitglied einer Tarifpartei sind. Diese Übung macht die Tarifvertragsnormen aber nicht zu zwingenden Normen; bestenfalls kann man von einer Art praktischer Unabdingbarkeit sprechen[384]. Diese Hintergründe sprechen dafür, die unmittelbare und zwingende Normwirkung nicht als Teil der von Art. 9 Abs. 3 S. 1 GG geschützten kollektiven Koalitionsfreiheit, sondern nur als eine der Regelungsformen anzusehen, die den Anforderungen des Art. 9 Abs. 3 S. 1 GG genügt[385].

Dass der Abschluss von normativ wirkenden Tarifverträgen nicht die einzige Möglichkeit der koalitionsmäßigen Entfaltung darstellt, zeigt auch die Gegenüberstellung von Koalitionsfreiheit und Tarifautonomie. „Koalitionsfreiheit" ist nämlich nicht - obwohl sich in vielen Stellungnahmen hierzu der Eindruck aufdrängen mag - identisch mit „Tarifautonomie". Denn einerseits ist nicht jede Koalition tariffähig. Für die Annahme von Tariffähigkeit muss eine Koalition für die gestellten Aufgaben tauglich sein, d.h. sie muss so mächtig und leistungsfähig sein, dass sie auf ihre Gegenseite einen fühlbaren Druck ausüben kann[386]. Und andererseits sind auch die tariffähigen Koalitionen nicht darauf beschränkt, ihre Ziele durch den Abschluss von Tarifverträgen zu verfolgen. So haben beispielsweise die Gewerkschaften seit jeher auch die Interessen ihrer Mitglieder gegenüber dem Staat verfochten. Soweit es dabei um „Arbeits- und Wirtschaftsbedingungen" geht, ist auch diese Zielsetzung vom Grundrecht der Koalitionsfreiheit gedeckt[387]. Die Koalitionsfreiheit ist mithin weitreichender als die Tarifautonomie und kann auch auf andere Weise verwirklicht werden als durch den Abschluss von normativ wirkenden Tarifverträgen.

Die Verfassung gewährleistet also die Tarifautonomie weder in ihrer derzeitigen rechtlichen Gestalt, noch wird die hervorgebrachte tatsächliche Bedeutung des Tarifvertrages gewährleistet[388]. Es lässt sich aus Art. 9 Abs. 3 S. 1 GG gerade keine Status-quo-Garantie des Inhalts ableiten, dass auch die Tarifautonomie in ihrer im Zeitpunkt des Inkrafttretens des Grundgesetzes bekannten oder vorgegebenen Form festgeschrieben oder in Gestalt einer institutionellen Garantie

[383] *Hinz*, S. 135.
[384] *Hinz*, S. 135.
[385] *Hartmann*, S. 63.
[386] BAGE 21, S. 98 (101 f.); 23, S. 230.
[387] *Söllner*, Arbeits- und Wirtschaftsbedingungen, S. 199 (208).
[388] *Isensee*, Die verfassungsrechtliche Verankerung der Tarifautonomie, S. 159 (170); ähnlich *Bauer*, Rn. 78.

zementiert wäre[389]. Der Verfassungsgeber hat gerade aus diesem Grund auf die ausdrückliche Erwähnung und explizite Gewährleistung einzelner Koalitionsmittel verzichtet, um keinen konkreten Status quo im jeweils geltenden kollektiven Arbeitsrecht zu fixieren. Das Normsetzungsrecht, über das die Tarifvertragsparteien nach Maßgabe des Tarifvertragsgesetzes verfügen, ist als solches nicht verfassungsrechtlich vorgegeben[390]. Die mit dem Tarifvertragsgesetz den Koalitionen verliehene Normsetzungsmacht stellt lediglich eine verfassungsrechtlich statthafte und verfassungslegitime Ausgestaltung des Freiheitsrechts dar, basiert jedoch auf keinem unmittelbaren Verfassungsgebot[391].

$\gamma\gamma$) Keine genügende Bestimmtheit als Delegationsnorm

Hinzu kommt, dass die Grundrechtsnorm des Art. 9 Abs. 3 S. 1 GG allein zu unpräzise in ihren Aussagen und Vorgaben ist, als dass die Einräumung einer Normsetzungsbefugnis in Art. 9 Abs. 3 S. 1 GG selbst und unmittelbar angesehen werden könnte[392].

γ) Fazit

Auf Grund der angeführten Kritikpunkte kann der Integrationstheorie nicht gefolgt werden. Zwar ergibt sich die Tarifautonomie der Koalitionen aus Art. 9 Abs. 3 S. 1 GG, nicht jedoch die ihnen zugebilligte Normsetzungsbefugnis. Es lässt sich also festhalten, dass der staatliche Gesetzgeber und die Tarifvertragsparteien mit ihrer Regelungsbefugnis nicht auf einer Stufe stehen, da sie nicht beide ihre Normsetzungskompetenz aus der Verfassung erhalten. Zu klären bleibt jedoch weiterhin, auf welche andere Weise sich die Normsetzungsbefugnis der Tarifvertragsparteien herleiten lässt.

bb) Delegationstheorie

α) Inhalt

Die Delegationstheorie vertritt die These, dass die Tarifvertragsnormen nicht nur wie staatliches Recht wirken, sondern dass sie Recht auf Grund staatlicher Delegation sind. Sie geht zwar von einem staatlichen Rechtsnormsetzungsmonopol aus, befürwortet aber die Möglichkeit des Staates, seine ihm allein zukommende Rechtsetzungsbefugnis teilweise auf Verbände und andere Gemeinschaften zu delegieren[393]. Als Grenze staatlicher Delegationsmöglichkeit wird

---

389 *Scholz*, HdbStR, Rn. 38.
390 *Scholz*, HdbStR, Rn. 38; *Scholz*, Koalitionsfreiheit, S. 60.
391 *Scholz*, HdbStR, Rn. 38.
392 *Hartmann*, S. 63.
393 *Fratzky*, S. 86; *Nikisch*, S. 45; *Brunner*, S. 121 f.; *Bucher*, S. 48, 56; *Adomeit*, RdA 1967, S. 297 (305); *Badura*, RdA 1974, S. 129 (134); *Weitbrecht*, S. 231; *Heise*, S. 135 ff.; *Henssler*,

lediglich angemerkt, der Staat könne sich nicht durch eine weitreichende Delegation auf die Koalitionen von seiner eigenen Verantwortung befreien[394]. Zudem könne die Delegation nicht ohne die Bindungen erfolgen, denen das staatliche Gesetz unterliege[395].

αα) Begriff der Delegation im Allgemeinen

Als Delegation gilt allgemein ein Rechtsakt, durch den der Inhaber einer staatlichen oder gemeindlichen Zuständigkeit seine Zuständigkeit ganz oder zum Teil auf ein anderes Subjekt überträgt[396]. Delegation bedeutet demnach Kompetenzverschiebung[397]. Jede Delegation von Zuständigkeiten ist eine Änderung der durch das objektive Recht festgesetzten Zuständigkeitsordnung[398]. Der Kompetenzinhaber, der zum Deleganten wird, überträgt seine Rechte auf andere, sogenannte Delegatare. Die Verlagerung wird mittels einer Ermächtigung durch den Delegaten zugunsten des Delegatars bewirkt[399]. Dabei sind zwei Spielarten der Delegation denkbar. Eine „echte" Delegation ist nur gegeben, wenn ein Subjekt eine Zuständigkeit, die es im eigenen Besitze hat, kraft eigenen Entschlusses zu Gunsten eines anderen Subjektes aufgibt[400]. Die echte Delegation führt also in erster Linie einen Kompetenzverlust herbei.

Bei der sog. „konservierenden" (unechten) Delegation überträgt der Delegat zwar eine Kompetenz, behält sich aber selbst vor, die gleiche Kompetenz auch selber auszuüben[401]. Es werden also bei der „konservierenden" Delegation zwei Inhaber derselben Zuständigkeit geschaffen, wobei der Delegat vorerst im Hintergrund bleibt, dem Delegatar den Vortritt lässt und aus seiner Reserve nur dann herausgeht, wenn es ihm nötig erscheint[402]. Der Delegat büßt nicht die Kompetenz an sich ein, sondern nur das Monopol ihrer Ausübung[403].

Die Delegation ist jederzeit widerrufbar[404]. Der Widerruf ist dann ein den ersten, in der Delegation liegenden Rechtssatz ändernder Rechtssatz. Dieser zweite bindet, wenn er gültig ist, den Delegatar ebenso wie der erste[405]. Die

---

ZfA 1998, S. 1 (25); *Krüger*, RdA 1957, S. 201 (203); ablehnend *Kunze*, S. 101 (113); BAGE 4, S. 240 (251).

394 *Preis*, ZfA 1972, S. 271.

395 *Rieth*, S. 41.

396 *Triepel*, S. 23, 51, 83; *Baumann*, S. 24; *Brunner*, S. 121 f.

397 *Triepel*, S. 23; *Baumann*, S. 24; *Hinz*, S. 143.

398 *Triepel*, S. 29.

399 *Baumann*, S. 24.

400 *Triepel*, S. 51.

401 Vgl. *Triepel*, S. 53.

402 *Triepel*, S. 54.

403 *Triepel*, S. 86.

404 *Isensee*, Die verfassungsrechtliche Verankerung der Tarifautonomie, S. 159 (170).

405 *Triepel*, S. 127.

durch die Delegation erteilte Ermächtigung betrifft somit Angelegenheiten, deren Regelung eigentlich dem Deleganten zugewiesen ist. Daher kann von einer für den Delegatar „fremden" Befugnis gesprochen werden[406]. Andererseits tritt der Delegatar, im Gegensatz zum Vertreter, im eigenen Namen auf. Die Ermächtigung ist zu seinen Gunsten ausgesprochen. Sie stellt eine Grundlage für sein Handeln dar. Durch die Delegationsnorm werden daher für den Delegatar auch „eigene" Rechte begründet.

ββ) § 1 TVG als Delegationsnorm

Nach der Delegationstheorie sind die Tarifvertragsparteien nicht kraft eigenen Rechts zur normativen Regelung der Arbeitsverhältnisse befugt. Vielmehr sollen sie dieses Recht erst aus der ihnen durch Gesetz erteilten, aber auch durch Gesetz wieder entziehbaren Ermächtigung herleiten[407]. Diese Fähigkeit der Tarifvertragsparteien zur Regelung der Arbeits- und Wirtschaftsbedingungen durch Normen objektiven Rechts soll nach der Delegationstheorie auf einer Delegation durch § 1 TVG, nicht dagegen schon auf Art. 9 Abs. 3 S. 1 GG, beruhen[408]. Art. 9 Abs. 3 S. 1 GG schaffe zwar für den Gesetzgeber die verfassungsrechtliche Verpflichtung, das Institut des Tarifvertrages bereitzustellen[409]. Daraus könne allerdings nicht die Folgerung gezogen werden, dass der Gesetzgeber hinsichtlich seiner Normsetzungsbefugnisse mit den Tarifpartnern auf einer Stufe stünde[410]. Der Gesetzgeber schöpfe seine Befugnisse aus der Verfassung. Die Tarifpartner könnten dagegen ohne Bereitstellung eines Tarifvertragssystems durch einfache Gesetze keine normsetzenden Gesamtvereinbarungen treffen[411]. Sie leiteten also letztlich ihre Normsetzungsbefugnisse aus einfachen Gesetzen ab[412]. Für eine Delegation spreche geschichtlich, dass es einer gesetzlichen Regelung bedurft habe, um den tariflichen Normen unmittelbare und unabdingbare Wirkung für das Arbeitsverhältnis beizulegen[413].

Der Staat habe also bestimmte, grundsätzlich für ihn vorgesehene Rechtsetzungsbefugnisse an die Tarifpartner „zur gesamten Hand" übertragen[414], sie

---

[406] *Baumann*, S. 25.
[407] BAGE 4, 240 (251).
[408] Vgl. *Adomeit*, Rechtsquellenfragen, S. 8; *Gellermann*, S. 162; *Löwer*, Rn. 57; *Wiedemann*, FS für Stahlhacke, S. 675 (685); Krüger, RdA 1957, S. 202 f.; distanziert *Säcker*, Grundprobleme, S. 74 f.; *Säcker*, AuR 1994, S. 1 (4).
[409] *Höfling*, Art. 9 GG, Rn. 91.
[410] *Säcker*, Grundprobleme, S. 74.
[411] *Gellermann*, S. 162.
[412] *Säcker*, Grundprobleme, S. 75; *Peters/Ossenbühl*, S. 15 vermischen jedoch terminologisch Normsetzungsbefugnis und Tarifautonomie, indem sie an einigen Stellen von einer „Delegation der Tarifautonomie" sprechen.
[413] *Richardi*, Kollektivgewalt, S. 138.
[414] *Huber*, S. 433.

sollen demnach nur gemeinschaftlich zur Rechtsetzung berufen sein[415]. Dadurch seien die Tarifpartner mit echter, qualitativ-staatlicher Rechtsetzungsmacht beliehen worden[416]. Es bestünden keine verfassungsrechtlichen Bedenken dagegen, dass die Hoheitsgewalt an Subjekte des Privatrechts delegiert würde. Denn Verbände des Privatrechts seien in gleicher Weise wie Verbände des öffentlichen Rechts geeignet, der Gewaltenteilung zwischen Staat und Gesellschaft zufolge, öffentliche Aufgaben wahrzunehmen[417]. Bedenklich sei auch nicht, dass die Delegation jeweils zwei Verbänden oder einem einzelnen zur gemeinsamen Ausübung übertragen sei und dass die Delegation zur Rechtsetzung im Vertragswege erfolge[418].

Wenn in diesem Zusammenhang unklarerweise von einer „Delegation der Tarifautonomie" gesprochen wird[419], so ist auch dies lediglich eine Auswirkung der nicht (konsequent) durchgeführten Unterscheidung zwischen der Autonomie als solcher und der Befugnis zur Rechtsetzung. Zur Frage steht vielmehr nicht eine Delegation der Tarifautonomie selbst, sondern - wie bereits erörtert - lediglich eine Delegation der Normsetzungsbefugnis. Tarifautonomie ist allein der Bereich, der den Koalitionen zur Selbstregelung ihrer eigenen Angelegenheiten frei gelassen ist[420]. In diesem allgemeinem Sinn wird die Tarifautonomie durch Art. 9 Abs. 3 S. 1 GG gewährleistet[421].

γγ) „Konservierende" Delegation

Auszugehen wäre bei der Regelung der §§ 1 Abs. 1, 4 Abs. 1 TVG wohl von einer „konservierenden", nicht von einer „echten" Delegation der Normsetzungsbefugnis. Es wäre eine zu weitreichende und im Hinblick auf Art. 74 Abs. 1 Nr. 12 GG kaum begründbare Unterstellung, der Gesetzgeber habe sich durch Erlass des § 1 TVG und einer damit gegebenenfalls verbundenen Delegation gänzlich die Möglichkeit nehmen lassen wollen, selbst regelnd auf dem Gebiet der Arbeits- und Wirtschaftsbedingungen tätig zu werden. Denn der Gesetzgeber wollte sich keinesfalls das Recht nehmen lassen, zumindest arbeitsrechtliche Schutzvorschrifen zu erlassen.

Etwas ungenau, aber letztlich in diesem Sinne wurde festgestellt, ein (stets möglicher) Widerruf der Ermächtigung durch den Gesetzgeber brauche nicht ausdrücklich zu geschehen; es genüge durchaus, wenn er eine von einer De-

---

[415] *Bettermann*, S. 723 (736).
[416] Vgl. *Scholz*, MD, Art. 9 GG, Rn. 301.
[417] *Hinz*, S. 142.
[418] *Hinz*, S. 143.
[419] So z.B. *Heise*, S. 154; *Fratzky*, S. 84.
[420] Siehe oben S. 111 f., vgl. auch *Waltermann*, FS für Söllner, S. 1251 (1259).
[421] Siehe oben S. 102 ff.

legation erfasste Materie in einem späteren förmlichen Gesetz behandele[422]. Richtigerweise würde es sich jedoch nicht um den Widerruf der Ermächtigung, sondern um die Ausübung der beim Gesetzgeber verbliebenen Regelungsmöglichkeit handeln.

Im Sinne einer „konservierenden" Delegation wird dann auch ausgeführt, die Erteilung dieser Ermächtigung zur Normsetzung durch den Gesetzgeber bedeute inhaltlich, dass dieser den Tarifvertragsparteien eine Aufgabe übertragen habe, von deren Erledigung in eigener Zuständigkeit, zu der er befugt war und trotz Erteilung der Ermächtigung befugt bleibe, er Abstand genommen habe[423]. Der Bund sei und bleibe auf Grund von Art. 74 Abs. 1 Nr. 12 GG auf dem Gebiet des Arbeitsrechts zur Gesetzgebung und insoweit auch zur Delegation befugt.

Als Delegationsgrund wird allgemein die Sozialstaatsklausel des Grundgesetzes angesehen[424]. Die Sozialstaatsklausel ermögliche Eingriffe, um im Sinne der Ausgangsvermutung zugunsten des Menschen die Chancengleichheit entweder aufrechtzuerhalten oder wiederherzustellen[425]. Dabei bedeute die Delegation selbst noch nicht den Eingriff, sondern lediglich den äußeren Ausdruck für die Kompetenzverschiebung, die durch die Funktionsteilung zwischen Staat und Tarifvertragsparteien bedingt sei. In welchem Umfang die Tarifvertragsparteien von der ihnen delegierten Rechtsetzungsmacht Gebrauch machten, sei eine andere Frage[426]. Auch vor dem Hintergrund, dass die Tarifvertragsparteien zur Erfüllung ihrer Aufgaben nicht zwingend einer Rechtsetzungsmacht bedürfen (was sich aus einem Vergleich mit der Rechtslage in Großbritannien und Belgien ergibt), sei diese Einräumung von Rechtsetzungsmacht als sozialstaatliche Maßnahme zulässig und halte sich im Rahmen des gesetzgeberischen Ermessensspielraums[427]. Dass die Rechtsetzungsdelegation an die Tarifvertragsparteien keine Willkürmaßnahme sei, sondern allgemein als probates Mittel anerkannt werde, die Arbeiter zu schützen, zeige sich nicht nur daran, dass nach Einführung der zwingenden Wirkung durch die Tarifvertragsverordnung nirgendwo gegen ihre Zulässigkeit Stimmen laut geworden seien, sondern auch daran, dass die meisten freiheitlich-demokratischen Rechtsordnungen die zwingende Wirkung der Tarifnormen eingeführt hätten[428].

Die Ermächtigung schaffe jedoch für die Koalitionen kein „Recht" zur delegierten Gesetzgebung, denn der Begriff des subjektiven-öffentlichen Rechts könne für die Stellung des Delegationsempfängers keine Bedeutung haben. Die-

---

[422] *Hamann*, S. 50.
[423] BAGE 4, 240 (251).
[424] *Hinz*, S. 143.
[425] *Hinz*, S. 143.
[426] *Hinz*, S. 145.
[427] *Hinz*, S. 144.
[428] *Hinz*, S. 144.

ser erlange nur eine „Befugnis“, eine Legitimation zur, aber keinen Anspruch auf Normsetzung[429]. Wenn die Tarifvertragsparteien von ihrer Rechtsetzungsbefugnis Gebrauch machten, unterlägen sie denselben Bindungen wie der Staat[430].

δδ) Privatrechtliche oder öffentlichrechtliche Delegation?

(1) Privatrechtliche Delegation Die Delegationstheorie wird in zwei Spielarten vertreten. Eine Meinung versucht, der Besonderheit des Tarifvertrages als Rechtsetzung (nur) gegenüber Dritten Rechnung zu tragen. Die Tarifvertragsnormen hätten die Wirkung von Gesetzen nur gegenüber den Parteien des Arbeitsverhältnisses. Den Tarifvertragsparteien selber als Normaufstellern trete die Norm nicht als Gesetz, sondern als privatrechtliche, vertragliche Norm mit entsprechender Disponibilität gegenüber[431]. Diese Situation sei dogmatisch nur zu bewältigen, wenn von einem privatrechtlichen Charakter der Tarifautonomie und des Tarifvertrages ausgegangen werde und die normative Wirkung der Vereinbarung auf die Rechtsfolgenseite beschränkt werde[432]. Die Betonung des privatrechtlichen Charakters der Tarifnormen folgt jedoch letztlich - mehr oder weniger explizit - aus dem Bestreben, die Koalitionen vor einer ansonsten gegebenenfalls drohenden Staatsaufsicht zu bewahren[433].

Der Tarifvertrag sei ein privatrechtlicher Vertrag, der in seinem normativen Teil einen zweiseitigen, korporativen, rechtsverbindlichen Normenvertrag darstelle[434]. Seine Rechtsverbindlichkeit ergebe sich aus der vom Gesetz angeordneten unmittelbaren und zwingenden Wirkung der Tarifnormen; damit hätten die Tarifnormen den Charakter von echten Rechtsnormen erhalten, die von den Tarifparteien kraft der ihnen vom Staate delegierten Rechtsetzungsgewalt erlassen würden[435]. Ohne Bereitstellung eines Tarifvertragssystems durch einfache Gesetze könnten die Tarifpartner keine normsetzenden Gesamtvereinbarungen treffen. Sie leiteten letztlich ihre Normsetzungsbefugnisse aus einfachen Gesetzen ab[436]. Hieran ändere auch der Umstand nichts, dass diese Gesetze kraft der Verfassung ergehen müssten und nicht allein im Ermessen des Gesetzgebers stünden.

---

429 *Hamann*, S. 50.
430 *Stein*, Tarifvertragsrecht, Rn. 288.
431 *Coester*, S. 61.
432 *Coester*, S. 61.
433 *Hinz*, S. 114.
434 Vgl. *Nikisch*, S. 216; *Coester*, S. 61.
435 *Nikisch*, S. 216.
436 *Peters/Ossenbühl*, S. 15; *Säcker*, Grundprobleme, S. 75.

Es sei mithin eine Delegation zu privatrechtlicher Normsetzung erfolgt[437], die zu einer Rechtsetzungsgewalt „derivaten Charakters" geführt habe. Man spricht auch von einer Delegation „in einem weiten Sinne". Der Tarifvertrag gehöre trotz der materiellen Gesetzesqualität seiner Normen zum Privatrecht, weil er zwischen privatrechtlichen Parteien in der privatrechtlichen Form des Vertrages zur Regelung privater Rechtsverhältnisse geschlossen werde[438]. Die Normenvertragslehre stellt sich damit zwischen die rein rechtsgeschäftliche Theorie, die den Tarifbestimmungen jeden Normcharakter abspricht, und die rein öffentlichrechtliche Annahme einer Rechtsordnung[439]. Auch wenn die tarifliche Rechtsetzung von der staatlichen Hoheitsgewalt abgespalten sei, rechtfertige dies noch nicht, den Tarifvertrag als „Rechtsentstehungsvorgang" dem öffentlichen Recht zuzuordnen. Ansonsten würde gerade der Begriff der „sozialen Autonomie" verkannt, nach dem es dem Staate freistehe, die Träger, die Art und die Formen zu bestimmen, in denen die Rechtsetzungsbefugnis ausgeübt werde[440].

Diese Begründung vermag aus zweierlei Gründen nicht zu überzeugen. Zunächst ist bereits, wie oben[441] dargelegt, der Begriff der „sozialen Autonomie" abzulehnen. Darüber hinaus erfordert und erlaubt auch ein solcher erweiterter Autonomiebegriff nicht, die Rechtsetzung der Tarifparteien als einen privatrechtlichen Vorgang anzusehen[442]. Auch wenn der Staat den tariffähigen Parteien den Vertrag als das Mittel zur Ausübung ihrer Autonomie zur Verfügung stellt, geht daraus noch nicht hervor, dass er den Tarifvertrag als privatrechtlichen Vertrag gekennzeichnet hat. Denn der Staat kann zwar frei darüber entscheiden, wen er mit der Befugnis zur Rechtsetzung ausstattet, aber er kann dem Vorgang der Rechtsetzung nicht seinen hoheitlichen Charakter nehmen - wozu im Übrigen auch gar keine Veranlassung bestünde[443].

(2) Öffentlich-rechtliche Delegation Es ist vielmehr nicht ersichtlich, wie sich die öffentlich-rechtliche Kompetenz des Staates mit ihrer Übertragung auf die Tarifvertragsparteien in eine privatrechtliche Verhaltensweise verwandeln könnte[444]. Ein auf staatlicher Delegation der Rechtsetzungsgewalt beruhender Rechtsetzungsakt ist, auch wenn die zur Rechtsetzung ermächtigten Verbände pri-

---

437 BAGE 1, S. 258 (262 ff.); 4, S. 135 f.; *Hueck/Nipperdey*, S. 339 ff.; *Adomeit*, Rechtsquellenfragen, S. 132, 136 ff., 156; *Misera*, S. 18 f.; *Peters/Ossenbühl*, S. 9 ff.

438 *Nipperdey* in: *Hueck/Nipperdey*, S. 341 ff.; so auch *Herschel*, Verhandlungen des 46. DJT, S. 7 (17).

439 *Adomeit*, RdA 1967, S. 297 (298).

440 *Nipperdey* in: *Hueck/Nipperdey*, S. 347 Fn. 15.

441 Siehe S. 114 ff.

442 *Nikisch*, S. 217.

443 *Nikisch*, S. 217.

444 *Waltermann*, Rechtsetzung, S. 119 m.w.N.

vatrechtliche Subjekte sind, begriffsnotwendig ein öffentlich-rechtlicher Akt[445]. Denn tatsächlich ist die Fähigkeit, autoritative Entscheidungen treffen zu können, ein Charakteristikum staatlicher Gewalt[446]. Nur der Staat verfügt über die Mittel, einseitige Entscheidungen zu treffen, die andere rechtlich binden und diese auch durchzusetzen. Wenn Organe autonomer Legitimation - hier die Tarifvertragsparteien - durch Gesetz dazu ermächtigt sind, gegenüber ihren Mitgliedern autoritative Entscheidungen zu treffen, üben sie Staatsgewalt aus[447].

Allein die Tatsache, dass die Tarifvertragsparteien Subjekte des Privatrechts sind, hat keine Beweiskraft dafür, dass der Rechtsetzungsakt dem Privatrecht angehört[448]. Geht man vom Gegensatz zwischen der Rechtsnorm als objektivem Recht und dem Rechtsgeschäft als privatrechtlicher Gestaltung aus, so ist das von der privatrechtlichen Delegationstheorie vertretene Gebilde einer privatrechtlich wirkenden Rechtsnorm in sich widersprüchlich, da es den unterschiedlichen Geltungsgrund der privatautonomen Selbstbestimmung oder gesetzlichen Fremdbestimmung verwischt[449]. Die Setzung objektiven Rechts mag durchaus autonomes, eigenständiges Recht sein. Sie muss aber notwendig hoheitlich sein, da die gesetzesgleiche Wirkung sich privatrechtlich gerade nicht erklären lässt[450]. Die Schaffung von objektivem Recht, das die ihm unterworfenen Personen auch gegen ihren Willen bindet, ist vielmehr die bedeutsamste Äußerung der hoheitlichen Gewalt[451]. Auch das in diesem Zusammenhang vorgebrachte Argument, der Tarifvertrag werde zur Regelung privatrechtlicher Verhältnisse geschlossen und sei deswegen privatrechtlich, übersieht, dass die Tarifvertragsparteien den Tarifvertrag nicht zur Regelung privatrechtlicher Verhältnisse zwischen sich schließen, sondern Vereinbarungen treffen, die für das Verhältnis zwischen einem der Kontrahenten und Dritten maßgebend sein soll[452]. Diesem Dritten gegenüber hat die Vereinbarung aber Gesetzescharakter und gehört insoweit dem öffentlichen Recht an. Zudem ist der Tarifvertrag in seinem Rechtsinhalt zwar auf die Ordnung privatrechtlicher Beziehungen gerichtet. Darin unterscheidet er sich jedoch nicht von jedem sonstigen (staatlichen) Privatrechtsgesetz, das privatrechtlichen Inhalt hat und trotzdem ein öffentlich-rechtlicher Recht-

---

[445] *Huber*, S. 427, 432.

[446] *Britz*, VerwArch 91 (2000), S. 418 (428).

[447] Vgl. *Britz*, VerwArch 91 (2000), S. 418 (431), die jedoch zur Legitimation der Normsetzung annimmt, der Gedanke der autonomen Legitimation rechtfertige lediglich die Ausübung von Hoheitsgewalt gegenüber den eigenen Verbandsmitgliedern, nicht hingegen autoritative Entscheidungen gegenüber Dritten.

[448] *Hinz*, S. 107.

[449] *Biberacher*, S. 37 f.

[450] *Biberacher*, S. 38.

[451] *Nikisch*, S. 217; *Huber*, S. 432.

[452] *Hinz*, S. 107.

setzungsakt ist. Auch der Tarifvertrag ist demzufolge ein öffentlich-rechtlicher Akt mit privatrechtsgestaltender Wirkung[453].

Dementsprechend erklärt die aus den gerade dargestellten Gründen - allein unter den Prämissen der Delegationstheorie - vorzugswürdige öffentlich-rechtliche Variante die tarifliche Normsetzungsbefugnis als Delegation hoheitlicher Rechtssetzungskompetenz[454]. Der Tarifvertrag ist öffentlich-rechtlicher Natur, soweit es sich um ihn als ein Mittel der Rechtsgestaltung handelt[455].

Die Tarifvertragsparteien haben also tatsächlich die Fähigkeit, im Wege vertraglicher Einigung objektives Recht zu setzen. Es bedarf im konkreten Einzelfall keines staatlichen Aktes, keiner Bestätigung oder Verbindlicherklärung, damit die Tarifnormen objektives Recht werden[456]. Der Tarifvertrag gehört zumindest in seinem normativen Teil dem öffentlichen Recht an; es wird von einer Doppelnatur des Tarifvertrages in dem Sinne ausgegangen, dass der öffentlich-rechtliche Normenvertrag mit dem privatrechtlichen Verpflichtungsvertrag der Tarifparteien eine Einheit bildet[457]. Die Rechtsetzung ist wesentlicher Bestandteil der staatlichen Hoheitsgewalt und die Fähigkeit, objektives Recht zu schaffen, das die ihm unterworfenen Personen auch gegen ihren Willen bindet, beruht stets auf ihr. Wenn der Wille der Tarifunterworfenen für die Geltung der Tarifnormen also unbeachtlich sein soll, so kann man zu diesem Ergebnis nur gelangen, wenn man die rechtlichen Wirkungen aus der staatlichen Hoheitsgewalt ableitet; es liegt deshalb nahe, in der Tariffähigkeit eine öffentlich-rechtliche Befugnis zu sehen[458]. Im Ergebnis ist jedoch die Frage, ob die Rechtsetzung durch Tarifvertrag öffentlich-rechtlichen oder privatrechtlichen Charakter hat, weniger von praktischer Bedeutung als mehr von dogmatischem Wert[459].

εε) **Fazit**

Für die Frage nach dem Verhältnis von Gesetz und Tarifvertrag lässt sich nach den Prämissen der Delegationstheorie festhalten, dass die tarifvertragliche Normsetzung allein auf staatlicher Delegation durch einfaches Gesetz beruht, welches die Modalitäten des Tarifvertragssystems bestimmt und den Kreis möglicher Regelungen absteckt[460]. Da der Tarifvertrag also seine Existenz dem Gesetz verdanken würde, könnte er nicht mit ihm auf einer Stufe stehen[461].

---

[453] ***Huber***, S. 432.
[454] ***Huber***, S. 431 ff.; ***Nikisch***, S. 45, 216 ff.
[455] ***Huber***, S. 432.
[456] ***Huber***, S. 432.
[457] Vgl. ***Scholz***, Koalitionsfreiheit, S. 58; ***Huber***, S. 431 ff. qualifiziert den normativen Teil des Tarifvertrages als öffentlich-rechtlichen Vertrag; ***Nikisch***, S. 219.
[458] ***Richardi***, Kollektivgewalt, S. 141.
[459] ***Rehbinder***, JR 1968, S. 167 (169).
[460] So auch ***Peters/Ossenbühl***, S. 18.
[461] ***Peters/Ossenbühl***, S. 18.

Der Gesetzgeber wäre demnach nicht kompetentiell durch einen entgegenstehenden Tarifvertrag gehindert, die Arbeits- und Wirtschaftsbedingungen zu regeln. Grenzen für den Gesetzgeber würde damit allein der Art. 9 Abs. 3 S. 1 GG, insbesondere die Tarifautonomie, als Abwehrrecht ziehen.

β) Kritik

Die Kritik an der Delegationstheorie hat verschiedene Anknüpfungspunkte. Zunächst wird vorgebracht, der Gesetzgeber könne nur eine Befugnis delegieren, die er selbst innehabe. Die Regelung der Arbeits- und Wirtschaftsbedingungen sei jedoch von Verfassungs wegen den Tarifvertragsparteien zugewiesen, so dass der Gesetzgeber hierfür gerade nicht zuständig sei und folglich auch keine Zuständigkeit delegieren könne. Zudem setze eine Delegation von Rechtsetzungsbefugnissen immer eine dazu korrespondierende Staatsaufsicht voraus, an der es hier fehle. Eine Delegation sei auch nicht mit dem Wesen der Normsetzungsbefugnis als Autonomie vereinbar. Zuletzt werde die Ausübung eines Grundrechts, nämlich der Abschluss eines Tarifvertrages, als Ausübung einer originär staatlichen Kompetenz interpretiert; damit werde jedoch der grundrechtliche Ursprung dieser Kompetenz verfehlt[462].

αα) Staatliche Zuständigkeit als Voraussetzung der Delegation

Gegen die Delegationstheorie wird angeführt, Delegation der Tarifautonomie durch § 1 TVG müsse bedeuten, dass der Gesetzgeber den Tarifvertragsparteien die Erledigung einer Aufgabe übertrage, für die er an sich zuständig sei, von deren Erledigung in eigener Zuständigkeit er jedoch Abstand nehme[463]. Bei der Aufgabe der Regelung der Arbeits- und Wirtschaftsbedingungen müsse es sich - damit eine Delegation möglich wäre - um ein Staatsaufgabe handeln, also um eine hoheitliche und öffentlich-rechtliche Aufgabe[464].

(1) Art. 9 Abs. 3 S. 1 GG als negative Kompetenznorm Der Bund habe zwar gem. Art. 74 Nr. 12 GG die Gesetzgebungszuständigkeit für das Arbeitsrecht. Diese Feststellung allein reiche zur Bejahung der erforderlichen Ursprungskompetenz seitens des Staates jedoch noch keineswegs aus. Bei der Bestimmung der Gesetzgebungskompetenz des Bundes sei vielmehr Art. 9 Abs. 3 S. 1 GG als negative Kompetenznorm zu beachten[465]. Die Regelung der Arbeits- und Wirtschaftsbedingungen sei schon von Verfassungs wegen durch Art. 9 Abs. 3 S. 1 GG

---

[462] *Kemper*, Kommentierung zu Art. 9 Abs. 3 GG, Rn. 228.
[463] *Triepel*, S. 23, 67; *Waltermann*, FS für Söllner, S. 1251 (1256 f.); *Söllner*, AuR 1966, S. 257 (261); *Rieth*, S. 46.
[464] *Waltermann*, Rechtsetzung, S. 116 f.
[465] *Hartmann*, S. 64.

prinzipiell den Koalitionen zugewiesen. Art. 9 Abs. 3 S. 1 GG garantiere mit Bestand und Wirken der Koalitionen von Verfassungs wegen auch die Zuständigkeit der Koalitionen zur Gestaltung der Arbeits- und Wirtschaftsbedingungen. Im Bereich der Arbeits- und Wirtschaftsbedingungen bestehe daher mit Rücksicht auf die Regelungsprärogative der Tarifvertragsparteien eine stark eingeschränkte Regelungskompetenz des Staates[466]. Wegen Art. 9 Abs. 3 S. 1 GG bedürfe die Regelung der Arbeits- und Wirtschaftsbedingungen als Aufgabe der Koalitionen nicht der Delegation durch den Staat; diese Aufgabe könne der Staat nicht delegieren, weil die Koalitionen von Verfassungs wegen für diese Aufgabe bereits zuständig seien[467]. Sie würden also gerade nicht als Beauftragte des Staates tätig, sondern regelten die tarifliche Ordnung als eigene Angelegenheit[468]. Dies gelte um so mehr, als der Tarifvertrag als Institut historisch bereits vor dem Inkrafttreten des TVG anerkannt war[469] und sich ohne, sogar gegen den Staat entwickelt und durchgesetzt habe[470]. Der Staat habe schon im 19. Jahrhundert die Festsetzung von Arbeitsbedingungen nicht als seine Aufgabe betrachtet, sondern sie der Privatautonomie überlassen[471]. Auch dann noch, als die Privatautonomie der Individuen sich als ungeeignet für die Festlegung der Arbeitsbedingungen erwiesen habe, und der Inhalt der Arbeitsverhältnisse immer mehr durch Tarifverträge bestimmt worden sei, habe der Staat diese Aufgabe nicht an sich gezogen. Sehe man von der NS-Zeit ab, so habe der Staat die Kompetenz zur Regelung von Arbeitsbedingungen nie für sich in Anspruch genommen, so dass Art. 9 Abs. 3 S. 1 GG die vorgegebene Kompetenzverteilung nur bestätigt habe und demgemäß auch in § 1 TVG keine Delegationsnorm zu erblicken sei[472].

(2) Normative Wirkung erst durch gesetzliche Gewährleistung Die vorstehende Überlegung basiert also letztlich insgesamt auf einem historischen Hintergrund. Während die Integrationstheorie ganz auf die faktische Existenz und Qualität der Tarifautonomie abstellt, kommt es der Delegationstheorie auf die Qualität dieser Macht als tarifliche Autonomie an[473]. Gegen die Anknüpfung allein an die faktische Existenz der Tarifmacht spricht die nicht zu vernachlässigende Tatsache, dass die den Tarifvertrag als Regelungsinstrumentarium auszeichnenden

---

466 ***Hartmann***, S. 65.
467 ***Waltermann***, FS für Söllner, S. 1251 (1258); ***Rieth***, S. 42.
468 ***Galperin***, FS für Molitor, S. 143 (154); er bleibt jedoch letztlich sowohl Antwort als auch Begründung für die Frage schuldig, woraus sich die tarifvertragliche Normsetzungsbefugnis ansonsten ergeben soll.
469 ***Fratzky***, S. 87.
470 ***Rieth***, S. 42.
471 ***Söllner***, AuR 1966, S. 257 (261).
472 ***Söllner***, AuR 1966, S. 257 (261).
473 ***Heise***, S. 148.

Eigenschaften der unmittelbaren und zwingenden Wirkung erst mit gesetzlicher Normierung durch die Tarifvertragsverordnung eintraten. Bis dahin mussten die tariflichen Vereinbarungen zu ihrer Geltung einzelarbeitsvertraglich übernommen werden. Der Tarifvertrag erlangte seine über die rein private Vereinbarung hinausgehende Qualität erst mit der gesetzlichen Zuweisung der zwingenden Wirkung. Dagegen spricht weiterhin die Tatsache, dass die verfassungsrechtliche Absicherung des Tarifvertrages der einfach-gesetzlichen Gestaltung zeitlich nachfolgte. Es liegt daher nahe, dass die verfassungsrechtliche Verbürgung neben den politischen Gründen primär dazu gedacht war, die einfach-gesetzliche Normierung abzusichern[474]. Außerdem normiert Art. 9 Abs. 3 S. 1 GG explizit zunächst das Recht des Einzelnen zum Zusammenschluss in Koalitionen. Alle weiteren darüber hinausgehenden Verbürgungen stellen lediglich abgeleitete Dimensionen dar, derer das Primärrecht zur vollständigen Realisierung bedarf. Die Regelung der §§ 1 Abs. 1, 4 Abs. 1 TVG stellt damit eine gesetzliche Ausgestaltung des einfachen Gesetzgebers dar. Dies offenbart deutlich die Abhängigkeit der tariflichen Rechtsetzungsmacht von eben diesem Gesetzgeber[475]. Der Einwand, Tarifverträge seien auch schon vor ihrer gesetzlichen Regelung abgeschlossen worden und der Gesetzgeber habe deshalb nicht die Fähigkeit zum Abschluss von Tarifverträgen delegiert, sondern nur dem bereits bestehenden Institut des Tarifvertrages die Eigenschaft objektiven Rechts verliehen[476], greift demzufolge nicht durch, wenn man als Gegenstand der Delegation eben die Normsetzungsbefugnis ansieht, die den Tarifvertragsparteien vorher gefehlt hat[477].

(3) Unzulässige Prämisse Insgesamt stellt das Argument der fehlenden staatlichen Zuständigkeit, das zu einer Ablehnung der Delegationstheorie führen soll, einen Zirkelschluss dar. Denn die Frage, ob den Koalitionen schon von Verfassungs wegen gem. Art. 9 Abs. 3 S. 1 GG die Regelung der Arbeits- und Wirtschaftsbedingungen gerade durch Normsetzung zugewiesen ist, soll ja erst geprüft werden und kann damit nicht zugleich die Prämisse sein, die zur Ablehnung einer Delegation von Rechtsetzungsmacht auf die Tarifvertragsparteien durch § 1 TVG führt. Grundsätzlich hat der staatliche Gesetzgeber gem. Art. 74 Abs. 1 Nr. 12 GG die Gesetzgebungskompetenz auf dem Gebiet des Arbeitsrechts. Wenn die Tarifvertragsparteien über keine grundgesetzlich legitimierte Normsetzungskompetenz verfügen, ist eine Delegation der Normsetzungskompetenz des staatlichen Gesetzgebers sehr wohl möglich. Auch wenn Art. 9 Abs. 3 S.

---

[474] *Heise*, S. 149.
[475] *Heise*, S. 151.
[476] Schnorr, RdA 1955, S. 8.
[477] Vgl. *Nikisch*, S. 46.

1 GG die Befugnis zur tariflichen Gestaltung der Arbeits- und Wirtschaftsbedingungen mitgarantiert und lediglich die Ausgestaltung des Tarifvertragssystems im Einzelnen einem gesetzgeberischen Gestaltungsspielraum unterliegt[478], ist es doch diese Modalität der grundrechtlich (nicht) gesicherten Normsetzungsbefugnis, die den bedeutenden Unterschied macht. Wenn darauf hingewiesen wird, wie wichtig es sei, zwischen Autonomie und der Befugnis zur Normensetzung zu unterscheiden[479], so muss diese Unterscheidung auch an dieser Stelle konsequent durchgeführt werden. Die dann als Freiheitsrecht zu verstehende Tarifautonomie beruht auf Art. 9 Abs. 3 S. 1 GG. Wenn die Normsetzungsbefugnis nicht als von Art. 9 Abs. 3 S. 1 GG geschützt angesehen wird, ist eine staatliche Delegation insofern möglich, als die Tarifvertragsparteien dann die Kompetenz zur Rechtsetzung kraft Tarifvertrages verfassungsrechtlich nicht innehaben, sondern vielmehr der Gesetzgeber auf Grund von Art. 74 Abs. 1 Nr. 12 GG umfassend zur Regelung zuständig ist[480]. Wenn jedoch der Gesetzgeber umfassend zur Gesetzgebung legitimiert ist, kann er diese seine Zuständigkeit auch delegieren. Die gesetzgeberischen Grenzen zieht dann allein das negative Abwehrrecht des Art. 9 Abs. 3 S. 1 GG, insbesondere der mitumfassten Tarifautonomie, das vom Gesetzgeber beachtet werden muss.

(4) Subsidiarität des Gesetzgebers In eine ähnliche Kritikrichtung geht die Argumentation, die Koalitionen nähmen schon deshalb nicht eine ihnen erst vom Staat übertragene Aufgabe wahr, weil der Staat nur ausnahmsweise durch die Festsetzung von Mindestarbeitsbedingungen eingreifen dürfe, wenn das Sozialstaatsprinzip dies zwingend erfordere[481]. Insbesondere gälten die tariflichen Normen nicht hilfsweise erst dann, wenn sie zur Befriedigung der notwendigen sozialen und wirtschaftlichen Bedürfnisse der Arbeitnehmer erforderlich seien, sondern sie gestalteten ohne Rücksicht darauf jedes Arbeitsverhältnis, das ihnen unterliege, und verdrängten insoweit sogar einzelvertragliche Regelungen, die ihnen entgegenstünden. Das Recht der Verbände, Tarifverträge für ihre Mitglieder abzuschließen, sei verfassungsrechtlich als Bestandteil der Koalitionsfreiheit gewährleistet. Die Koalitionsfreiheit sei aber ein Freiheitsrecht, das einen vom Staat unabhängigen Betätigungsbereich begründe. Aus diesem Grund sei es schwerlich einzusehen, dass die durch Tarifvertrag wahrgenommenen Ordnungsaufgaben den Koalitionen vom Staat anvertraut sein sollten, wenn man

[478] So ***Waltermann***, Rechtsetzung, S. 118.
[479] ***Waltermann***, Rechtsetzung, S. 120.
[480] Bei dieser konsequenten Trennung zwischen Tarifautonomie und Normsetzungsbefugnis besteht auch nicht das Problem eines „widersprüchlichen Nebeneinanders“ von Delegation und Autonomie, das ***Zöllner***, Rechtsnatur der Tarifnormen, S. 20, kritisiert.
[481] ***Richardi***, Kollektivgewalt, S. 145.

zugleich die Rolle dieser Verbände, die Arbeitsbedingungen ihrer Mitglieder tarifvertraglich zu gestalten, als Wesensgehalt der Koalitionsfreiheit auffasse[482].

ββ) Staatsaufsicht als Korrelat zur Delegation

Kritisch wird weiterhin bemerkt, wenn eine Delegation staatlicher Rechtsetzungsbefugniss vorliege, folge aus dem Demokratie- und Rechtsstaatsprinzip[483], dass auch eine Staatsaufsicht bestehen müsse[484]. Der Gesetzgeber dürfe sich seiner Rechtsetzungsbefugnis nicht völlig entäußern und müsse sich eine gewisse Einflußnahme erhalten[485]. Das notwendige Korrelat für die Delegation staatlicher Hoheitsgewalt sei daher die Staatsaufsicht[486]; solange diese nicht bestehe, sei die Delegationstheorie vom Standpunkt des öffentlichen Rechts aus unhaltbar[487]. Wolle die Delegationstheorie die Einheit der rechtsetzenden Gewalt und damit der Rechtsordnung wahren, werde dies bestenfalls zur Hälfte erreicht, wenn nicht eine aktuelle Überwachung der Ausübung dieser abgeleiteten Befugnis hinzutrete[488].

(1) Fehlen einer Staatsaufsicht? Eine Staatsaufsicht über die Sozialpartner gebe es aber weder überhaupt, noch lediglich bezogen auf ihre Rechtsetzungsbefugnis. Im Umkehrschluss dazu könne also auch keine Delegation angenommen werden. Dies gelte um so mehr, als man selbst öffentlichen Körperschaften Autonomie nur mit dem Vorbehalt der Staatsaufsicht verleihe, hingegen Privatrechtssubjekte nicht nur mit der Fähigkeit zur Setzung von Rechtsnormen ausrüste, sondern zudem auf Beaufsichtigung verzichte[489].

(a) Privatrechtliche Delegationstheorie Vor dem Hintergrund dieser Kritik wird deutlich, aus welchem Grund die privatrechtliche Delegationstheorie die privatrechtliche Natur der tarifvertraglichen Rechtsetzung so beharrlich verficht: leitend ist der Gedanke, dass die Rechtsetzung der Koalitionen als Subjekte des Privatrechts nicht als öffentlich-rechtlich qualifiziert werden darf, weil sie ohne staatliche Aufsicht Recht setzen. Nur die Deutung der Rechtsetzung als privatrechtlich kann nach der Auffassung der privatrechtlichen Delegationstheorie

---

[482] ***Richardi***, Kollektivgewalt, S. 145.
[483] ***Biberacher***, S. 47.
[484] ***Krüger***, Verhandlungen des 46. DJT, S. 7 (14); ***Richardi***, Kollektivgewalt, S. 147; ***Fratzky***, S. 87; ***Rehbinder***, JR 1968, S. 167 (170); ***Zöllner***, RdA 1964, S. 443 (446); ***Stein***, Tarifvertragsrecht, Rn. 291; ***Rieth***, S. 46.
[485] ***Biberacher***, S. 47.
[486] ***Richardi***, Kollektivgewalt, S. 148.
[487] ***Rehbinder***, JR 1968, S. 167 (170).
[488] ***Krüger***, Verhandlungen des 46. DJT, S. 7 (14); ***Richardi***, Kollektivgewalt, S. 148.
[489] ***Krüger***, Verhandlungen des 46. DJT, S. 7 (15).

die Koalitionen vor einer drohenden Staatsaufsicht bewahren[490]. Dieses Bemühen geschieht also (lediglich) in der Sorge, die Tarifpartner vor dem Zugriff des Staates zu bewahren.

(b) Öffentlichrechtliche Delegationstheorie Die Anhänger der öffentlichrechtlichen Delegationstheorie gehen grundsätzlich davon aus, dass die Ausübung öffentlich-rechtlicher Befugnisse der Staatsaufsicht unterstehen muss. Sie nehmen jedoch für die Tarifvertragsparteien eine Ausnahme von dieser Regel an[491]. Dies ergebe sich zunächst aus der Garantie der Koalitionsfreiheit, die den Koalitionen eine vom Staat unabhängige Stellung zusichere, die eine Staatsaufsicht entbehrlich mache bzw. eine solche geradezu verbiete. Weiterhin wird darauf verwiesen, dass eine Ausnahme von der Staatsaufsicht schon aus der Gleichgewichtigkeit und damit der Richtigkeitsgewähr des Tarifvertrages hergeleitet werden könnte[492]. Denn das Bedürfnis nach Aufsicht sei deshalb geringer, weil sich die Partner des Tarifvertrages mit gegenläufigen Interessen gegenüberstünden und sich insoweit auch gegenseitig neutralisierten[493]. Die fehlende Staatsaufsicht kann hingegen nicht mit dem Argument entkräftet werden, stellvertretend für die Staatsaufsicht bestehe ein Zwang der sozialen Gegenspieler zum Vertragsschluss, der überdies der beschränkten gerichtlichen Überprüfung unterstehe[494]. Denn es sind keinerlei Gründe ersichtlich, die einen Kontrahierungszwang der Tarifvertragsparteien begründen könnten.

Gegen die Befürwortung einer Ausnahme von der Staatsaufsicht wird vorgebracht, die Koalitionsfreiheit gewährleiste lediglich das Recht zu eigenverantwortlicher Gestaltung der Arbeits- und Wirtschaftsbedingungen, nicht aber eine Freistellung von den Grundsätzen, die für eine Delegation öffentlich-rechtlicher Gewalt bestünden[495].

(2) Bedürfnis nach Staatsaufsicht? Damit stellt sich die Frage, ob eine Delegation zwingend eine Staatsaufsicht erfordert. Das Bedürfnis nach Staatsaufsicht richtet sich allein danach, inwieweit aus der Ordnungsaufgabe des Staates eine solche Staatsaufsicht über die ihre eigenen Angelegenheiten besorgenden gesellschaftlichen Einheiten notwendig ist[496]. Dabei kommt es insbesondere darauf an, ob die Interessen der Gemeinschaft eine staatliche Aufsicht über die Tarifvertragsparteien erfordern, ob also die Interessen der Gemeinschaft gefährdet oder

[490] *Hinz*, S. 114.
[491] *Huber*, S. 380; *Nikisch*, S. 71 f.; *Küchenhoff*, AuR 1963, S. 326 f.: Verfassungsaufsicht als Ersatz.
[492] Vgl. *Biberacher*, S. 47; *Gamillscheg*, Grundrechte, S. 91.
[493] *Gamillscheg*, Arbeitsrecht I, S. 557.
[494] So aber *Meik*, S. 32.
[495] *Richardi*, Kollektivgewalt, S. 148.
[496] *Hinz*, S. 154.

auch ohne Staatsaufsicht hinreichend geschützt sind. Dies wird durch einen Vergleich mit der gemeindlichen Selbstverwaltung deutlich: Die Gemeinden nehmen ihre Aufgabe wahr, ohne dass in aller Regel die Einzelheiten in die Öffentlichkeit dringen; die gemeindlichen Aufgaben werden vielmehr weitgehend unbeobachtet im „Rathaus" bewältigt. Deshalb muss der Staat in weit größerem Umfang darauf bedacht sein, ein Aufsichtsrecht über die Gemeinden zu haben. Ganz anders ist das bei der sozialen Selbstverwaltung der Koalitionen. Die Tätigkeiten der Koalitionen gelangen an die Öffentlichkeit, teilweise werden sie in der Presse dargestellt und auch die Regierung nimmt Stellung - so z.B. bei der Beurteilung von Streiks im Hinblick auf ihre Auswirkungen auf die gesamte Wirtschaftslage. Durch den lebhaften Anteil, den die gesamte Öffentlichkeit am sozialen Leben nimmt, wird den Tarifpartnern immer wieder deutlich gemacht, welche Rolle und welche Bedeutung sie im Staatsganzen spielen[497]. Der sozialen Selbstverwaltung steht jedenfalls eine soziale Aufsicht gegenüber. Insofern besteht eine so große Transparenz, dass ein staatliches Aufsichtsrecht im Sinne einer Fach- und Rechtsaufsicht nicht angebracht wäre.

(3) Kein Aufsichtsrecht auf Grund Delegation Zudem wird durch die Delegation einer Kompetenz zwischen dem Delegaten und dem Delegatar nicht ein neues Rechtsverhältnis begründet. Keiner von beiden wird gegenüber dem anderen durch die Delegation berechtigt oder verpflichtet[498]. Insbesondere wird durch die Delegation für das delegierende Organ kein neues Aufsichtsrecht gegenüber dem Delegatar geschaffen[499]. Das Verhältnis zwischen Deleganten und Delegatar richtet sich also ganz allein nach den allgemeinen Regeln, die für das gegenseitige Verhältnis der Inhaber der Kompetenzen in Geltung sind[500].

(4) Bestehen einer Staatsaufsicht Schon die Prämisse dieser Kritik, es bestehe keine Staatsaufsicht über die Tarifvertragsparteien, erscheint fragwürdig. Zwar erlangen die Tarifverträge ohne staatliche Genehmigung Rechtswirksamkeit[501]. Jedoch lässt sich nicht bestreiten, dass eine solche Aufsicht des staatlichen Gesetzgebers über die Normsetzung der Tarifvertragsparteien tatsächlich praktiziert wird[502]. Das gesamte Arbeitsschutzrecht, soweit es der tarifvertraglichen Regelung von Arbeitsbedingungen unüberschreitbare Schranken setzt, und viele unabdingbare arbeitsrechtliche Vorschriften sind gegenüber Art. 9 Abs. 3 S. 1

[497] *Hinz*, S. 156.
[498] *Triepel*, S. 128.
[499] *Triepel*, S. 128.
[500] *Triepel*, S. 128.
[501] *Hinz*, S. 147 Fn. 2.
[502] *Söllner*, AuR 1966, S. 257 (261).

GG nur aus der Aufsichtsfunktion des staatlichen Gesetzgebers zu rechtfertigen[503]. Diese tatsächliche Gegebenheit lässt sich - die Prämissen der Delegationstheorie voraussetzend - auch rechtlich absichern. Der Delegationstheorie zufolge ergibt sich die Normsetzungsbefugnis nicht aus der Verfassung, sondern aus § 1 TVG, also aus einfachem Gesetz. Die tarifvertragliche Normsetzungsbefugnis verdankt ihre Existenz damit einfachem Gesetz, kann also nicht mit ihm auf einer Stufe stehen, sondern ist nachrangig. Kompetenzrechtlich ist der Gesetzgeber also gem. Art. 74 Abs. 1 Nr. 12 GG grundsätzlich befugt, die Arbeitsbedingungen umfassend zu regeln. Wenn der Gesetzgeber aber grundsätzlich regelnd tätig werden darf, entspricht dies im Ergebnis einer Staatsaufsicht. Denn durch die Setzung zwingenden Rechts verdrängt der Gesetzgeber entgegenstehende Tarifverträge. Dass es bei diesem Gesetzgebungsrecht Grenzen gibt, die beachtet werden müssen - insbesondere das Grundrecht der Koalitionsfreiheit, das die Tarifautonomie beinhaltet - ändert an dieser Erkenntnis nichts. Die Bindung des Staates an die Grundrechte auch im Rahmen der Ausübung seiner Aufsicht ergibt sich schon aus Art. 1 Abs. 3 GG.

γγ) Unvereinbarkeit von Delegation und Autonomie

Gegen die Annahme einer Delegation wird weiterhin angeführt, dass Autonomie und Delegation nicht miteinander in Einklang zu bringen seien[504]. Die Tarifautonomie sei nicht vom einfachen Gesetzgeber verliehen, sondern von diesem als Grundrecht gemäß Art. 9 Abs. 3 S. 1 GG zu respektieren[505]. Autonomie bedeute selbständige, staatsunabhängige Regelungsbefugnis der eigenen sozialpolitischen Angelegenheiten; Delegation dagegen sei ein Mittel der Übertragung konkreter Rechtsetzungsbefugnisse an bestimmte Rechtsetzungsträger im Rahmen der Hierarchie der Staatsordnung[506]. Sie setze die Einbeziehbarkeit des Delegationsadressaten in die Hierarchie der Staatsordnung voraus. Gerade an diesem Merkmal fehle es aber den Tarifvertragsparteien, weil ihnen die institutionelle Garantie des Art. 9 Abs. 3 GG ihre Staatsunabhängigkeit gewährleiste[507]. Das Grundrecht solle gerade die Freiheit und Unabhängigkeit der Tarifautonomie vor staatlichem Einfluss gewährleisten, so dass die Vorstellung schwer falle, diese gegen den Staat gerichtete Freiheit sei zugleich von diesem abgeleitet[508]. Weiterhin spreche aus der unmittelbaren Verankerung der Tarifautonomie in Art. 9 Abs. 3 S. 1 GG die Besorgnis, dass bei einem reinen Delegationsmodell

[503] *Söllner*, AuR 1966, S. 257 (261).
[504] *Schnorr*, JR 1966, S. 327 (329); *Kemper*, Kommentierung zu Art. 9 Abs. 3 GG, Rn. 228; *Kemper*, Koalitionsfreiheit, S. 81.
[505] *Singer*, ZfA 1995, S. 611 (619).
[506] *Schnorr*, JR 1966, S. 327 (329).
[507] *Schnorr*, JR 1966, S. 327 (329).
[508] *Singer*, ZfA 1995, S. 611 (619).

der Gesetzgeber den Regelungsauftrag mit Leichtigkeit zurückziehen und damit einer dauerhaften und bewährten sozialen Entwicklung den Boden entziehen könnte[509]. Eine derartige Abhängigkeit vom Gesetzgeber sei mit dem Gedanken der Autonomie nicht vereinbar, denn die so delegierte Autonomie wäre ein „recht fragwürdiges" Rechtsgebilde[510].

Dabei wird jedoch verkannt, dass es sich richtigerweise nur um eine Delegation der tariflichen Normsetzungsbefugnis handeln kann, nicht aber um eine Delegation der Tarifautonomie[511]. Die Tarifautonomie ist vielmehr durch Art. 9 Abs. 3 S. 1 GG geschützt; insofern bedarf es keiner Delegation. Wie oben dargestellt, beinhaltet die Tarif*autonomie* noch nicht allein aus ihrem Wesen als Autonomie heraus eine Normsetzungsbefugnis. Die Normsetzungsbefugnis kann also sehr wohl als vom Gesetzgeber abgeleitet angesehen werden, ohne dabei per se die Gewährleistung der Tarifautonomie zu untergraben.

Die gleichen Bedenken bestehen gegen die Ausführung, die Zurückführung der autonomen Rechtsetzungsbefugnis auf eine staatliche Delegation biete keinerlei Gewähr bzw. verlässliche Grundlage, weil die Ermächtigung jederzeit zurückgezogen werden könne, so dass eine delegierte Autonomie ein recht fragwürdiges Rechtsinstitut darstelle[512]. Bei dieser Argumentation kommt jedoch hinzu, dass sie frei nach dem Motto „weil nicht sein kann, was nicht sein darf" ausschließlich ergebnisorientiert erfolgt: eine delegierte Autonomie hat keine verlässliche Grundlage, also kann die Autonomie nicht delegiert worden sein.

δδ) Mangelnde Publikation der tariflichen Rechtsetzung

Gegen eine Delegation hoheitlicher Rechtsetzungsbefugnis soll weiterhin sprechen, dass die tariflichen Normen zu ihrer Wirksamkeit nicht öffentlich bekanntgemacht zu werden brauchen. Dieser Publikationsmangel sei ungewöhnlich, wenn es sich bei den Tarifnormen um Rechtsetzung von hoheitlichem Charakter handele[513]. Für den Tarifvertrag besteht jedoch hinsichtlich der Publikationsbedürftigkeit eine Ausnahme. Die tarifliche Rechtsetzung ist auf Verbandsmitglieder beschränkt und erfasst grundsätzlich keine Außenseiter. Die Verbandsmitglieder treten jedoch dem Verband freiwillig und gerade mit der Zielsetzung bei, auch dem abgeschlossenen Tarifvertrag zu unterfallen. Im Gegensatz zu staatlichen Gesetzen, die in einer für den Bürger unüberblickbaren

---

[509] *Hölters*, S. 93.

[510] *Galperin*, FS für Molitor, S. 143 (153); *Weber*, Koalitionsfreiheit und Tarifautonomie als Verfassungsproblem, S. 24.

[511] Insofern inkonsequent *Schnorr*, JR 1966, S. 327 (329), der einerseits die Unterscheidung von Tarifautonomie und Normsetzungsbefugnis betont, andererseits dann jedoch diskutiert, ob „die Tarifautonomie" delegiert würde.

[512] *Galperin*, FS für Molitor, S. 143 (156).

[513] *Richardi*, Kollektivgewalt, S. 147.

Vielzahl ergehen und damit notwendig publiziert werden müssen, um dem Bürger überhaupt eine Kenntnisnahme zu ermöglichen, ist die Freiwilligkeit der Unterwerfung unter den (einen) Tarifvertrag eine ausreichende Rechtssicherheitsgarantie für den Mangel der Publikation.

εε) Inhaltliche Beschränkung des Tarifinhalts auf Grund des § 1 TVG

Zuletzt wird die Delegationstheorie mit dem Argument abgelehnt, sie versage bei folgendem notwendigen Schluss: Sei Quelle der Normsetzung der § 1 TVG, so wäre der Inhalt des Tarifvertrages auf die in § 1 TVG genannten Gegenstände beschränkt. Das sei aber zu eng[514]. Auch scheide eine Konkretisierung des Art. 9 Abs. 3 S. 1 GG durch § 1 TVG aus, da dieser älter sei als das Grundgesetz und damit als dessen Konkretisierung nicht in Betracht komme[515]. Der Auftrag zur Ordnung und Befriedigung des Arbeitslebens sei für die Gesamtheit der Arbeits- und Wirtschaftsbedingungen erteilt, von denen § 1 TVG nur einen, wenn auch wichtigen, Teil erwähne. Für die anderen hinge die Ermächtigung zur Normsetzung in der Luft, wolle man nicht zu Analogien greifen[516].

Dass § 1 TVG inhaltlich enger ist als Art. 9 Abs. 3 S. 1 GG, spricht jedoch nicht gegen die Annahme einer Delegation der Normsetzungsbefugnis der Tarifvertragsparteien. Denn wie bereits festgestellt wurde, muss zwischen der Tarifautonomie einerseits und der tariflichen Normsetzungsbefugnis andererseits unterschieden werden. Wenn Art. 9 Abs. 3 S. 1 GG die Tarifautonomie zur Regelung der Arbeits- und Wirtschaftsbedingungen gewährleistet, so muss dies noch lange nicht bedeuten, dass sämtlichen Vereinbarungen der Koalitionen auf diesem Gebiete Normcharakter zukommen muss. Wenn also § 1 TVG den Kreis der Regelungen, die normativer Charakter entfalten sollen, enger zieht, so steht dies nicht in Widerspruch zu Art. 9 Abs. 3 S. 1 GG[517]. Dieser garantiert ja nach der Prämisse der Delegationstheorie gerade nicht die tarifliche Normsetzungsbefugnis.

cc) Staatlicher Geltungsbefehl

α) Inhalt

Ein der Delegationstheorie nahekommender und mit dieser im Zusammenhang zu sehender Ansatz begründet die normative Wirkung des Tarifvertrages mit

---

[514] *Gamillscheg*, Arbeitsrecht I, S. 558.
[515] *Gamillscheg*, Arbeitsrecht I, S. 539.
[516] *Gamillscheg*, Arbeitsrecht I, S. 558.
[517] In diesem Sinne auch *Löwisch/Rieble* in: *Richardi/ Wlotzke*, Münchener Handbuch Bd. 3, § 246 Rn. 53.

einem staatlichen Geltungsbefehl[518]. Während die Bildung des Regelungsinhalts die Wahrnehmung grundrechtlicher Freiheit sei, müsse die mit Rechtsetzung einhergehende „Befugnis zu zwingen" staatlichen Ursprungs sein[519]. Diese früher auch unter dem Stichwort „Sanktionstheorie" oder „Anerkennungstheorie"[520] vertretene Auffassung geht davon aus, die Unmittelbarkeit und Unabdingbarkeit der Tarifverträge beruhe nicht auf einer Delegation, sondern auf einer „Sanktion". Das Gesetz delegiere nicht die staatliche Rechtsetzungsgewalt an die Tarifparteien, sondern es sanktioniere die zwischen den Tarifparteien vereinbarten Tarifnormen, indem es ihnen zusätzlich zu ihrem eigentlichen Wesen die Rechtssatzwirkung zuspreche[521]. Es werde also einem privatrechtlichen Vertrag durch einen zusätzlichen konstitutiven und qualifizierenden Staatsakt die verbindliche Kraft beigelegt[522].

Zur Begründung der grundsätzlichen Rechtsnormwirkung der Tarifvertragsnormen wird ausgeführt, die Tarifnormen enthielten verbindliche, durch den Willen des Adressaten inhaltlich nicht zu beeinflussende Normbefehle, die dessen Arbeitsverhältnis weitgehend gestalteten[523]. Denn über den Inhalt der Tarifnormen einigten sich nicht die jeweils Tarifgebundenen, sondern die Tarifvertragsparteien. Die solchermaßen heteronomen Rechtsregeln beruhten nicht auf einer einvernehmlichen Vereinbarung zwischen Normgeber und Normadressaten, sondern würden dem Adressaten unabhängig von dessen Willen auferlegt[524]. Dieses Phänomen der Festlegung nicht durch die Adressaten, sondern durch Dritte - in unserem Fall die jeweiligen Koalitionen - sei gerade typisch für Rechtsnormen[525]. Allein für die am Rechtsetzungsverfahren beteiligten beiden Verbände, die Tarifvertragsparteien, seien die Rechtsregeln nicht heteronom, weil ein Tarifvertrag durch übereinstimmende Willenserklärungen zustande komme[526]. Die Heteronomität der Tarifvertragsnormen sei auch nicht durch den für die persönliche Tarifgeltung erforderlichen Eintritt eines Mitglieds in eine Tarifvertragspartei ausgeschlossen[527]. Die Mitgliedschaft stecke vielmehr nur den persönlichen Geltungsbereich des Tarifvertrages ab[528]. Der freiwillige

---

[518] Teilweise spricht selbst das BVerfG von „Rechtsregeln kraft Anerkennung durch die staatliche Gewalt", vgl. BVerfGE 34, S. 307 (317); 44, S. 322 (345 f.); *Sodan*, JZ 1998, S. 421 (425); vgl. auch *Scholz*, HdbStR, Rn. 102; *Scholz*, MD, Art. 9 GG, Rn. 301.

[519] *Neumann*, S. 35.

[520] So auch noch *Waltermann*, NZA 1991, S. 754 (756).

[521] Vgl. *Huber*, S. 427 unter gleichzeitiger Aufgabe dieser Ansicht.

[522] *Huber*, S. 427 f.

[523] *Belling*, ZfA 1999, S. 547 (586).

[524] *Belling*, ZfA 1999, S. 547 (580); *Kirchhof*, S. 184.

[525] *Belling*, ZfA 1999, S. 547 (581).

[526] *Kirchhof*, S. 184.

[527] *Kirchhof*, S. 184.

[528] *Kirchhof*, S. 184.

Beitritt zu einer Tarifvertragspartei bilde also nicht den Geltungsgrund für die Tarifnormen, sondern sei Tatbestandsvoraussetzung für deren unmittelbare und zwingende Wirkung[529]. Die Tarifvertragsnormen seien darüber hinaus auch potentiell heteronom, weil sie auch Nichtmitglieder der Tarifvertragsparteien mit zwingender Wirkung erfassten.

Die Normsetzung durch Tarifvertrag bedeute demnach von der Verfassung anerkannte Herrschaft Privater über Private in einem von staatlicher Gesetzgebung freigelassenen Raum gesellschaftlicher Autonomie[530]. Die Rechtsetzungsbefugnis der Tarifvertragsparteien zähle zu ihren eigenen verfassungsrechtlichen Befugnissen und sei aus dem Grunde nicht im staatsrechtlichen Sinne delegiert worden. Sie sei vielmehr vom staatlichen Gesetzgeber in den §§ 1, 4 TVG anerkannt und ausformuliert worden[531]. Jede Rechtsnorm - also auch die Gestaltung der Arbeitsverhältnisse durch die Tarifvertragsparteien - bedürfe unter der Geltung des Grundgesetzes zwingend einer solchen staatlichen Anerkennung[532]. Das ergebe sich aus der Souveränität des Staates und dem Demokratieprinzip des Grundgesetzes[533]. Diese Anerkennung beziehe sich nicht auf den Norminhalt, sondern allein auf die Kompetenz zur Normsetzung[534]. Dritte könnten zwar soziale Regeln gegenüber Dritten ohne deren Zustimmung setzen. Ohne staatlichen Geltungsbefehl bleibe es jedoch bei ihrer rein tatsächlichen Wirkung. Erst durch den staatlichen Geltungsbefehl erlangten soziale Regeln gegenüber Dritten, die nicht an der Schaffung der Rechtsregel beteiligt waren, die Verbindlichkeit von Rechtsnormen, also die normative Wirkung[535].

Die von der auf Art. 9 Abs. 3 S. 1 GG beruhenden Tarifautonomie zu unterscheidende Befugnis, im Bereich der Tarifautonomie Rechtsnormen zu setzen, beruhe also auf dem parlamentsgesetzlichen Geltungsbefehl der §§ 1 Abs. 1, 4 Abs. 1 TVG. Der Gesetzgeber habe in diesen Vorschriften die autonomen Vereinbarungen der Tarifvertragsparteien mit der Qualität objektiven Rechts ausgestattet und somit den Tarifvertragsparteien die Befugnis zur autonomen Rechtsetzung zuerkannt[536]. Um den tarifvertraglichen Regeln die von Art. 9 Abs. 3 S. 1 GG verlangte Effektivität zu verleihen, sei der einfache Gesetzgeber dem an ihn gerichteten verfassungsrechtlichen Regelungsauftrag also in der Weise nachgekommen, dass er im Tarifvertragsgesetz

---

[529] *Adomeit*, RdA 1967, S. 297 (305); *Belling*, ZfA 1999, S. 547 (593).
[530] *Weitbrecht*, S. 18; *Belling*, ZfA 1999, S. 547 (580).
[531] *Wiedemann*, FS für Dieterich, S. 661 (663, 667).
[532] *Rupp*, JZ 1998, S. 919 (922).
[533] *Belling*, ZfA 1999, S. 547 (584).
[534] *Belling*, ZfA 1999, S. 547 (582 f.).
[535] *Belling*, ZfA 1999, S. 547 (583).
[536] *Wiedemann*, FS für Dieterich, S. 661 (663); *Söllner*, AuR 1966, S. 257 (261); *Kirchhof*, S. 182.

pauschal und a priori für alle Vereinbarungen, die tatbestandlich Tarifvertrag sind, die Normqualität anordnet und sie damit zu Normen qualifiziert[537]. Die Wirkung des Tarifvertragsgesetzes bestehe also in einer Normqualifikation[538]. Mit §§ 1 Abs. 1, 4 Abs. 1 TVG eröffne der Staat vor dem Hintergrund von Art. 9 Abs. 3 S. 1 GG in zulässiger Weise einen Bereich privater Rechtsetzung[539]. Dafür, ob Recht privat gesetzt sei, komme es auf die Person des Rechtsetzers an. Die Gewerkschaften und Arbeitgeberverbände als Rechtsetzer seien Organisationseinheiten des Privatrechts. Die im Wege privater Rechsetzung erzeugten Tarifverträge seien als privatrechtlich einzustufen[540]. Der Staat erkenne diese von den privaten Verbänden geschaffenen Normen als rechtswirksam an. Bei der privaten Rechtsetzung verklammere er durch den Geltungsbefehl an der Nahtstelle von Staat und Gesellschaft das private Regelsystem mit der staatlichen Rechtsordnung[541]. Er übertrage jedoch nicht die an sich ihm zustehende Rechtsetzungsbefugnis auf die Parteien des Tarifvertrages in der Weise, dass die Tarifvertragsparteien gewissermaßen als seine Organe Rechtsverordnungen erließen[542]. Richtig sei zwar, dass die zwingende Wirkung der Tarifnormen auf das staatliche Gesetz zurückzuführen sei; das ändere aber nichts daran, dass die Normen selbst ganz unabhängig von jedem staatlichen Einfluss von privaten Verbänden vereinbart würden und mithin keinen Ausfluss staatlich-hoheitlicher Gewalt darstellten[543].

Diese Lehre vom staatlichen Geltungsbefehl kommt dem Gedanken einer Delegation staatlicher Rechtsetzungsmacht nahe. Im Gegensatz zur Delegationstheorie verfolgt sie jedoch nicht den Zweck, eine Gemeinwohl- oder Grundrechtsbindung der Koalitionen zu begründen[544]. Die Delegationstheorie ermöglicht in der Tat eine plausible Schlußfolgerung in Bezug auf die Grundrechtsbindung: Sind die Tarifvertragsparteien vom Gesetzgeber mit der Rechtsetzungsgewalt betraut worden, müssen sie derselben Grundrechtsbindung unterliegen, der der Gesetzgeber unterworfen wäre, wenn er selbst tätig würde. Losgelöst von diesem ergebnisorientierten Hintergrund führt die Lehre vom staatlichen Geltungsbefehl den auch der Delegationstheorie zugrunde liegenden Grundgedanken von der Notwendigkeit einer staatlichen Mitwirkung zur Begründung der Rechtsnormqualität tarifvertraglicher Vereinbarungen in eine ungebundenere Richtung fort.

---

537 *Hartmann*, S. 66; *Kirchhof*, S. 182; *Waltermann*, FS für Söllner, S. 1251 (1263 f.).
538 *Scholz*, HdbStR, Rn. 102.
539 *Waltermann*, FS für Söllner, S. 1251 (1265).
540 *Giesen*, S. 137 ff.; *Waltermann*, FS für Söllner, S. 1251 (1265) m.w.N.
541 *Kirchhof*, S. 151.
542 *Klein*, S. 79 (112).
543 *Klein*, S. 79 (112).
544 Vgl. *Waltermann*, FS für Söllner, S. 1251 (1274).

Die beiden Meinungen unterscheiden sich letztlich in ihrer Prämisse[545]. Die Delegationstheorie geht vom Bestehen eines staatlichen Rechtsnormsetzungsmonopols aus. Wenn nur der Staat Rechtsnormen setzen kann, und die tarifvertraglichen Regelungen Rechtsnormen sind, dann folgt daraus zwingend, dass der Staat seine Rechtsetzungskompetenz auf die Tarifvertragsparteien delegiert haben muss. Gegen diese Prämisse wendet sich die vorliegende Meinung. Es gebe kein staatliches Rechtsnormsetzungsmonopol im Sinne einer Gesamtheit von inhaltlicher Rechtsbildung und Rechtsformverleihung[546]. Vielmehr müsse unterschieden werden zwischen der Rechtschöpfung einerseits und der Ausstattung des zu erzeugenden Rechts mit normativer Wirkung durch den Staat andererseits[547]. Die Tarifautonomie sei das beste Beispiel für eine bestehende und rechtlich anerkannte partikulare Ordnung, in der eine Selbstregelung der eigenen Angelegenheiten erfolge. Ohne Zweifel sei der Staat Träger der Rechtsordnung, und dies bedinge, dass er prinzipiell darüber entscheide, ob und inwieweit von anderen gesetzes Recht anzuerkennen sei[548]. Damit im Bereich gesellschaftlicher Autonomie gebildete Regeln die Qualität objektiven Rechts erlangten, bedürfe es eines besonderen staatlichen Geltungsbefehls. Es bestehe also kein staatliches Rechtsnormsetzungsmonopol, sondern vielmehr lediglich ein Rechtsnormanerkennungsmonopol[549].

β) Kritik

Gegen die Lehre vom staatlichen Geltungsbefehl wird angeführt, sie werde dem wirklichen Wesen der Tarifverträge nicht gerecht[550]. Von einer Sanktion könne nur gesprochen werden, wenn einem zwischen Privaten abgeschlossenen privatrechtlichen Normenvertrag, z.B. einem Vertrag über Allgemeine Geschäftsbedingungen, im Einzelfall und nachträglich durch staatliche Verbindlicherklärung die Rechtssatzqualität zuerkannt werde. Werde generell und im Voraus durch Gesetz bestimmt, dass die Normenverträge bestimmter Parteien unmittelbar und unabdingbar rechtsverbindlich für die von den Normen betroffenen Einzelnen seien, so liege keine bloße „Sanktion", sondern eine echte „Delegation" vor[551]. In diesem Fall seien die Parteien der Normenverträge selbst rechtsetzend tätig. Es sei nicht der Staat, der - wie bei einer Sanktion - den „Rechtsbefehl" erteile, sondern es seien die Vertragsparteien selbst, die den Tarifbeteiligten mit dem Rechtsbefehl gegenübertreten würden. Ein Sachverhalt dieser Art könne nicht

[545] Vgl. auch *Neumann*, S. 32, 35.
[546] *Waltermann*, FS für Söllner, S. 1251 (1262); *Neumann*, S. 35.
[547] *Waltermann*, FS für Söllner, S. 1251 (1262 f.).
[548] *Waltermann*, FS für Söllner, S. 1251 (1263).
[549] *Kirchhof*, S. 133 ff.; *Waltermann*, FS für Söllner, S. 1251 (1263); *Neumann*, S. 35.
[550] *Huber*, S. 428.
[551] *Huber*, S. 428.

mit den Kategorien des privaten Rechts erklärt werden; er bewege sich vielmehr auf dem Boden des öffentlichen Rechts[552]. Tarifverträge seien in ihrem Wesen auf normative Wirkung gerichtet, die Tarifparteien würden selbst unmittelbar rechtsetzend tätig[553]. Die Sanktion wird also im Ergebnis als „zu wenig" gegenüber der Delegation angesehen.

Diese Kritik verkennt den Grundgedanken der Lehre vom staatlichen Geltungsbefehl, der inhaltlich zwischen den Prämissen der Lehre von der mitgliedschaftlichen Legitimation und der Delegationstheorie angesiedelt ist: Die Lehre vom staatlichen Geltungsbefehl will gar nicht die Tatsache bestreiten, dass Tarifverträge in ihrem Wesen auf normative Wirkung gerichtet sind. Sie lehnt einerseits unter Hinweis auf das staatliche Rechtsnormanerkennungsmonopol die Lehre von der mitgliedschaftlichen Legitimation als zu weitreichend ab. Eine Rechtsetzung ohne Zutun des Staates sei nicht möglich. Andererseits lehnt sie die Delegationstheorie als zu eng ab, da diese von einem weiten staatlichen Rechtsnormsetzungsmonopol ausgeht. Ansonsten kommt sie gedanklich der Delegationstheorie sehr nahe, sieht im Unterschied zu dieser die §§ 1 Abs. 1, 4 Abs. 1 TVG jedoch nicht als Delegationsnormen, sondern lediglich als Sanktionsnormen an.

Nicht überzeugend ist ferner, aus welchem Grund Häufigkeit und Zeitpunkt der Vertragsabschlüsse Auswirkungen auf die Qualität der §§ 1 Abs. 1, 4 Abs. 1 TVG haben soll. Wenn eine Norm im Einzelfall und nachträglich durch staatliche Verbindlicherklärung die Rechtssatzqualität eines Vertrages festlegt, soll es sich um eine Sanktionierung handeln. Komme jedoch ein solcher Vertragsschluss häufiger vor und bestehe das verbindlicherklärende Gesetz schon vor Vertragsabschluss, soll es sich um eine Delegation handeln. Ein plausibler Grund für diese Differenzierung wird nicht vorgebracht. Zumindest ist nicht ersichtlich, warum ein solcher Sachverhalt nicht auch mit den Kategorien des privaten Rechts erklärt werden könnte. Für die Frage, ob eine Delegation oder eine Sanktionierung vorliegt, sind vielmehr die Prämissen dieser beiden Ansichten ausschlaggebend, nicht dagegen Quantität und Zeitpunkt der Vertragsabschlüsse.

dd) Stellungnahme

Letztlich bedarf es also einer Entscheidung zwischen der Delegationstheorie und der Lehre vom staatlichen Geltungsbefehl. Da - wie oben bereits ausgeführt - die gegen die Delegationstheorie vorgebrachte Kritik nicht zu überzeugen vermag, kann sich die Entscheidung allein an den Prämissen der beiden Ansichten orientieren.

---

[552] *Huber*, S. 428.
[553] *Kemper*, Koalitionsfreiheit, S. 69.

Zuzustimmen ist der Lehre vom staatlichen Geltungsbefehl insofern, als die Annahme eines staatlichen Rechtsnormsetzungsmonopols zu weitreichend wäre. Es muss zwischen der Rechtsschöpfung und der Ausstattung des zu erzeugenden Rechts mit normativer Wirkung durch den Staat unterschieden werden. Denn im Sinne von Rechtsschöpfung setzt auch der privatautonom geschlossene Vertrag Recht[554]. Zudem zeigt das bundesstaatliche System - gerade auch im Hinblick auf die kommunale Selbstverwaltung -, dass dem Grundgesetz ein subsidiär ausdifferenziertes Rechtsetzungssystem nicht fremd ist. Hinzu kommt, dass nach Art. 23 bis 25 GG und Art. 140 GG i.V.m. Art. 137 WRV die außerhalb der Verfassung stehenden Normen supranationaler, völkerrechtlicher und kirchlicher Rechtsordnungen anerkannt werden[555]. Auch schließt das Demokratieprinzip des Art. 20 Abs. 2 GG mit der Nennung des Volkes als Souverän die private Normsetzung als solche nicht aus[556].

Es muss demnach unterschieden werden zwischen dem Recht der Selbstregelung der Arbeits- und Wirtschaftsbedingungen durch Tarifvertrag einerseits und der Ausstattung dieser Normen mit der Wirkung objektiven Rechts. Die besagte Selbstregelung an sich kann von nichtstaatlichen Gebilden vollzogen werden. Jedoch bedürfen diese Regelungen, um die Qualität objektiven Rechts zu erlangen, der staatlichen Anerkennung. Die Delegationstheorie verkennt jedoch die Notwendigkeit dieser Differenzierung zwischen Normsetzung und Normgeltung. Insofern ist sie zu pauschal, wenn sie von einem staatlichen Rechtsnormsetzungsmonopol ausgeht. Damit ist der Lehre vom staatlichen Geltungsbefehl zu folgen. Die Normwirkung des Tarifvertrages beruht also auf einem staatlichen Geltungsbefehl in §§ 1 Abs. 1, 4 Abs. 1 TVG; die normative Tarifgeltung ist mithin auf den Tarifvertrag flankierendes Gesetzesrecht angewiesen.

d) Zusammenfassung

Entsprechend der hier vertretenen Lösung lässt sich zusammenfassen: Die Befugnis zur Selbstregelung der Arbeits- und Wirtschaftsbedingungen der Tarifvertragsparteien ist zwar verfassungsrechtlich durch die Tarifautonomie gem. Art. 9 Abs. 3 S. 1 GG gewährleistet. Diese Gewährleistung umfasst jedoch lediglich die Freiheit zur Bildung des Inhalts der Tarifnormen[557]. Zu Rechtsnormen werden diese Regelungen vielmehr erst kraft des in §§ 1 Abs. 1, 4 Abs. 1 TVG ausgesprochenen staatlichen Geltungsbefehls. Die Verfassung lässt die tarifvertragliche Normsetzung zu, stellt sie aber weder an den Anfang noch in den Mittelpunkt ihres Schutzversprechens[558].

---

[554] *Waltermann*, FS für Söllner, S. 1251 (1263).
[555] In diesem Sinne *Galperin*, FS für Molitor, S. 143 (156); *Kirchhof*, S. 114, 125.
[556] *Kirchhof*, S. 112 f.
[557] *Neumann*, S. 32.
[558] *Scholz*, Koalitionsfreiheit, S. 56.

Dabei ist zu bemerken, dass die gesetzliche Anordnung der normativen Tarifgeltung im Tarifvertragsgesetz nicht als konstitutives Normsetzungselement anzusehen ist. Denn nur, wenn sie lediglich ein flankierendes Anerkennungssystem darstellt, kann die vertragliche Tarifnormsetzung auf die Befugnis der Verbände zurückgeführt werden, die Rechtsbeziehungen ihrer Mitglieder zu regeln, also auf die Tarifautonomie[559]. Die Tarifvertragsparteien können nach der gesetzlichen Tarifverfassung Verträge schließen, die unmittelbar und ohne Umsetzungsakt (z.B. Satzungsrechtsetzung durch die innerhalb der Verbände jeweils zuständigen Organe) normativ für die Mitglieder wirken[560]. Das geltende Tarifvertragsrecht ersetzt das zweistufige Verfahren des Vertragsschlusses mit anschließender Verabschiedung des geschlossenen Vertrages als Satzungsrecht durch jeden der Verbände für seine Mitglieder durch ein einstufiges Verfahren[561]. Insofern enthält es gerade kein konstitutives Normsetzungselement.

Die Tarifvertragsparteien leiten die Rechtsnormsetzungsbefugnis in der ihnen durch §§ 1 Abs. 1, 4 Abs. 1 TVG verliehenen Form (als flankierendes Anerkennungssystem) vom staatlichen Gesetzgeber ab. Kompetenzrechtlich steht der staatliche Gesetzgeber in der Normenhierarchie über den Tarifvertragsparteien, denn die Tarifvertragsparteien können sich bei der Frage der Setzung von Tarifnormen als Normen objektiven Rechts nicht auf die Tarifautonomie des Art. 9 Abs. 3 S. 1 GG und damit nicht auf die Verfassung berufen. Der staatliche Gesetzgeber ist damit schon wegen seiner sich aus der Kompetenzzuweisung des Art. 74 Abs. 1 Nr. 12 GG ergebenden formellen Überordnung zu jeglicher Regelung zuständig und grundsätzlich legitimiert. Indem der Gesetzgeber sich dafür entschieden hat, den Tarifnormen mit der Regelung der §§ 1 Abs. 1, 4 Abs. 1 TVG die Qualität objektiven Rechts zu verleihen, hat er die ihm zustehende verfassungsrechtliche Gesetzgebungskompetenz auf dem Gebiet des Arbeitsrechts ausgeübt. Damit beruhen auch die Regelungen der §§ 1 Abs. 1, 4 Abs. 1 TVG letztlich mittelbar auf Grundlage dieser Kompetenzzuweisung zugunsten des staatlichen Gesetzgebers aus Art. 74 Abs. 1 Nr. 12 GG. Diese Entscheidung der Qualifizierung von Tarifnormen als objektives Recht könnte er - wie oben bereits dargestellt - auf Grundlage des Art. 74 Abs. 1 Nr. 12 GG ebenso wieder rückgängig machen. Wenn der Gesetzgeber jedoch befugt ist, den Tarifnormen die Qualität objektiven Rechts wieder abzusprechen, dann kann erst recht keine Normsetzungsprärogative im Sinne eines Vorrechts zur Rechtsnormsetzung zugunsten der Tarifvertragsparteien bestehen[562].

---

[559] So auch *Giesen*, S. 171.

[560] *Giesen*, S. 172.

[561] Vgl. *Giesen*, S. 172.

[562] In Bezug auf die Normsetzungsprärogative ist *Henssler*, ZfA 1998, S. 1 (21) nicht streng genug, wenn er meint, Art. 74 Abs. 1 Nr. 12 GG stelle nur klar, dass den Tarifpartnern zwar

Dieser Gedanke bestätigt sich auch vor dem Hintergrund, dass es sich bei der normativen Tarifgeltung um ein lediglich flankierendes Anerkennungssystem handelt. Die Tarifvertragsparteien wären gerade auch bei einem möglichen zweistufigen Verfahren im Sinne des Abschlusses eines lediglich schuldrechtlich wirkenden Tarifvertrages mit dem anschließenden Erlass dessen Inhalts als Satzungsrecht an das höherrangige Gesetzesrecht gebunden, die Satzung dürfte diesem also nicht zuwiderlaufen. Der Gedanke, dass die verbandsrechtliche Satzung als niederrangiges materielles Gesetz dem abweichenden formellen Parlamentsgesetz vorgehen sollte, wäre vielmehr fernliegend. Denn Satzungsrecht muss auf Grund des Vorrangs des Gesetzes gerade die formellen Parlamentsgesetze beachten und nicht umgekehrt. Wenn jedoch mit der Anordnung der normativen Geltung von Tarifnormen allein das zweistufige Verfahren des Vertragsschlusses mit anschließender Verabschiedung des geschlossenen Vertrages als Satzungsrecht (und damit einhergehender unmittelbarer und zwingender Wirkung des Vertrages als Satzung für die jeweiligen Verbandsmitglieder) ersetzt werden soll, so muss dieser aus dem Rechtsstaatsprinzip des Art. 20 Abs. 3 GG hergeleitete Vorrang des formellen Gesetzes auch für die Tarifnormen als Rechtsnormen gelten.

Auf Grund der formellen Überordnung des staatlichen Gesetzes gegenüber den Tarifnormen besteht auch keine lediglich subsidiäre staatliche Kompetenz für den Fall des Versagens der Koalitionen. Der Staat kann seine Verantwortung für den Arbeitsmarkt vielmehr jederzeit wahrnehmen, wenn er dies für angebracht hält. Denn die den Tarifvertragsparteien tatsächlich zustehenden Machtpositionen haben den Schutzbereich grundrechtlicher Freiheitsgewährleistung längst überschritten[563]. Der Sinn der Grundrechte als Freiheitsrechte ist - wie bereits gezeigt - nicht, politische Machtpositionen in Konkurrenz zur staatlichen politischen Entscheidungsgewalt zu etablieren und garantieren, sondern private und gesellschaftliche Freiheitsbereiche für die Einzelnen und Gruppen zu sichern. Diese Wahrnehmungskompetenz des Staates wird jedoch - entgegen einiger Befürchtungen - im Ergebnis nicht zu einer Verstaatlichung der Regelung von Arbeits- und Wirtschaftsbedingungen führen. Denn die absehbare Wirkung einer solchen Verstaatlichung wäre weniger eine Machtsteigerung als vielmehr eine dauernde politische Überanstrengung der staatlichen Entscheidungsorgane, die zugleich neue und schwer lösbare Legitimationspobleme aufwerfen würde[564]. Ein Parlament, das verbindiche Lohnleitlinien zu beschließen oder allgemein Tariferhöhungen festzulegen hätte, würde zwangsläufig unter politischen Druck

ein Vorrecht, aber kein Ausschließlichkeitsrecht auf dem Gebiet der Arbeits- und Wirtschaftsbedingungen zustehen könne.

[563] Vgl. *Böckenförde*, Der Staat 1976, S. 457 (472).

[564] *Böckenförde*, Der Staat 1976, S. 457 (473).

geraten. Die vom Grundgesetz getroffene Regelung, Tarifautonomie in die Hand nichtstaatlicher Organisationen zu geben, erweist sich dagegen als bedeutsame Entlastung für die staatlichen Entscheidungsorgane und als wirksame Form der Dezentralisation politischer Steuerungs- und Entscheidungsgewalt[565].

---

565 *Böckenförde*, Der Staat 1976, S. 457 (473).

Kapitel 5

Koalitionsrechtliche Grenzen gesetzgeberischer Tätigkeit

Allein aus dem Vorliegen einer gesetzlichen Regelung in Bereichen, die auch den Tarifvertragsparteien zur Selbstregelung offen stehen, lässt sich noch kein Eingriff in die Koalitionsfreiheit, insbesondere die Tarifautonomie, herleiten. Da der Gesetzgeber grundsätzlich im Bereich der Arbeits- und Wirtschaftsbedingungen regelnd tätig werden darf, ist vielmehr nach den sich aus dem Freiheitsrecht des Art. 9 Abs. 3 S. 1 GG ergebenden koalitionsrechtlichen Grenzen der gesetzgeberischen Regelungsbefugnis zu fragen, also danach, wann eine aus kompetenzrechtlichen Gesichtspunkten zulässige Regelung in den Schutzbereich der Koalitionsfreiheit eingreift[1] und wann ein solcher Eingriff verfassungsrechtlich gerechtfertigt ist. Es handelt sich dabei um eine Grundrechtsprüfung im allgemein anerkannten Sinn. Die verfassungsrechtliche Rechtfertigung eines Eingriffs in die Koalitionsfreiheit richtet sich bei diesem seinem Wortlaut nach vorbehaltslos gewährleisteten Grundrecht allein nach den verfassungsimmanenten Grundrechtsschranken. Mit Rücksicht auf die Einheit der Verfassung hat das BVerfG auch ihrem Wortlaut nach unbeschränkbare Grundrechte den sog. verfassungsimmanenten Grundrechtsschranken unterworfen, also kollidierenden Grundrechten Dritter und anderen mit Verfassungsrang ausgestatteten Rechtsgütern. Dabei auftretende Konflikte ließen sich nur lösen, indem ermittelt werde,

---

[1] Die vorliegende Arbeit befasst sich allein mit den sich aus Art. 9 Abs. 3 S. 1 GG selbst ergebenden Grenzen der gesetzgeberischen Regelungsbefugnis. Auf eine Begrenzung durch andere Grundrechte, insbesondere durch die Berufsfreiheit der Arbeitnehmer nach Art. 12 Abs. 1, 2 GG sowie durch die Eigentumsgarantie der Unternehmer nach Art. 14 Abs. 1 GG soll hier nicht näher eingegangen werden.

welche Verfassungsbestimmung für die konkret zu entscheidende Frage das höhere Gewicht habe. Die schwächere Norm dürfe nur so weit zurückgedrängt werden, wie das logisch und systematisch zwingend erscheine; ihr sachlicher Grundwertgehalt müsse auf jeden Fall respektiert werden[2]. Als Schranken-Schranke einer durch kollidierendes Verfassungsrecht grundsätzlich legitimierbaren gesetzlichen Regelung wird der Grundsatz der Verhältnismäßigkeit maßgeblich, der alle zur Erreichung eines legitimen Zwecks ungeeigneten, nicht erforderlichen oder unzumutbaren Maßnahmen verbietet.

Einer Differenzierung zwischen Ausgestaltung und Eingriff bedarf es nach dem hier gefundenen Ergebnis nicht, da die gesetzliche Regelung tarifvertraglich regelbarer Ziele allein noch nicht den Schutzbereich der Tarifautonomie bzw. der Koalitionsfreiheit berührt. Wollte man jedoch diese Terminologie verwenden, so könnten die gerade genannten Gesetze als Ausgestaltungsgesetze bezeichnet werden, während als Eingriffsgesetze solche Gesetze verstanden werden könnten, die trotz der grundsätzlich bestehenden Regelungskompetenz des Gesetzgebers im konkreten Fall in die Koalitionsfreiheit im Allgemeinen oder die Tarifautonomie im Besonderen eingreifen. Die Qualifikation als Ausgestaltungsgesetz würde dann jedoch immer zugleich bedeuten, dass der Schutzbereich des Art. 9 Abs. 3 S. 1 GG gerade nicht tangiert wird.

A. Koalitionsfreiheit im Allgemeinen

I. Individuelle Koalitionsfreiheit

Vom Wortlaut des Art. 9 Abs. 3 S. 1 GG unmittelbar gewährleistet ist allein das Recht der freien Koalitionsbildung. Geschützt ist also die Freiheit des Einzelnen zur Gründung, zum Beitritt und zum Verbleib in der Koalition, sog. positive Koalitionsfreiheit[3]. Nach hier vertretener Auffassung ist dagegen die negative Koalitionsfreiheit, also das Recht auf Fernbleiben und der Austritt aus einer Koalition, nicht durch Art. 9 Abs. 3 S. 1 GG, sondern allein durch Art. 2 Abs. 1 GG garantiert[4].

Der Gesetzgeber darf also nicht die Bildung und den Bestand von Koalitionen insgesamt verbieten. Er kann auch keine Modalitäten für den Entschluss zum Beitritt normieren. Wenn der Gesetzgeber insoweit keine Einschränkungsbefugnisse besitzt, so hat dies seinen Grund darin, dass die ihrem

[2] BVerfGE 28, S. 243 (261).

[3] *Dieterich*, Erfurter Kommentar, Art. 9 GG, Rn. 30.

[4] Siehe oben S. 98 f.; so auch *Säcker*, Grundprobleme, S. 146: bloßes Fernbleiben und passives Sich-Enthalten leiste keinen funktionalen Beitrag zur Erreichung der Koalitionszwecke; *Hellermann*, S. 42 f., 154 ff., insbesondere 160 f.; *Hueck/Nipperdey*, S. 156 ff., beide unter Betonung der historischen Entwicklung der Koalitionsfreiheit und der Entstehungsgeschichte des Art. 9 Abs. 3 S. 1 GG.

Wortlaut nach nur das individuelle Grundrecht ausformende Koalitionsfreiheit des Art. 9 Abs. 3 S. 1 GG keinen Gesetzesvorbehalt kennt. Eine Einschränkung durch kollidierendes Verfassungsrecht erscheint nicht möglich, da von der Verfassungsordnung des Grundgesetzes her grundsätzlich keine überwiegenden Gründe des öffentlichen Wohls oder Grundrechte Dritter erkennbar sind, um derentwillen es nötig und damit zulässig sein kann, die Koalitionsfreiheit als Individualgrundrecht einzuschränken[5]. Die individuelle Koalitionsfreiheit ist für den Gesetzgeber damit unantastbar.

II. Kollektive Koalitionsfreiheit

Neben der individuellen Koalitionsfreiheit ist Schranke gesetzgeberischen Handelns die kollektive Koalitionsfreiheit und damit die Koalitionsbestandsgarantie, die Organisationsautonomie und die Koalitionsbetätigungsgarantie.

1. Koalitionsbestandsgarantie und Organisationsautonomie

Die kollektive Koalitionsfreiheit umfasst neben der den Koalitionen selbst zustehenden Bestandsgarantie auch den Schutz der Verbandsautonomie[6]. Die Koalitionen haben demnach das Recht zur Bestimmung über ihre eigene Organisation, das Verfahren ihrer Willensbildung und die Führung ihrer Geschäfte[7]. Sie verfügen also vor allem über Satzungsautonomie und die Freiheit der inneren Willensbildung. Diese grundlegenden Freiheiten darf der staatliche Gesetzgeber den Koalitionen nicht gänzlich aberkennen. Einschränkungen oder Regelungen sind in diesen Bereichen im Hinblick auf kollidierendes Verfassungsrecht nur dann verfassungsgemäß, wenn Grundrechte Dritter oder andere Werte mit Verfassungsrang diese rechtfertigen und der Grundsatz der Verhältnismäßigkeit berücksichtigt wird.

2. Koalitionsbetätigungsgarantie

a) Schutz sonstiger koalitionsmäßiger Betätigung

Neben der Tarifautonomie und der Arbeitskampffreiheit - dazu sogleich - sollen auch sonstige koalitionsmäßige Betätigungsformen durch Art. 9 Abs. 3 S. 1 GG geschützt werden[8]. Zur geschützten Koalitionsbetätigung gehöre die freie Darstellung der in den Koalitionen organisierten Gruppeninteressen gegenüber dem Staat und den politischen Parteien[9] und das Recht der Gewerkschaften, ihre

---

[5] So auch *Weber*, Koalitionsfreiheit und Tarifautonomie als Verfassungsproblem, S. 11 f.
[6] *Löwisch*, Arbeitsrecht, Rn. 113; *Dieterich*, Erfurter Kommentar, Art. 9 GG, Rn. 38.
[7] *Wiedemann*, Tarifvertragsgesetz, Einleitung Rn. 91, er definiert die Organisationsfreiheit begrifflich jedoch als „Betätigungsgarantie im Innenverhältnis".
[8] *Jarass*, Art. 9 GG, Rn. 26 ff.; *Löwisch*, Arbeitsrecht, Rn. 113.
[9] BVerfGE 28, S. 195 (305).

Mitglieder zu betreuen[10]. Auch die gewerkschaftliche Präsenz im Betrieb sei garantierte Betätigungsform[11], also beispielsweise die Durchführung von Wahlwerbung für die Liste der Mitglieder bei betrieblichen Wahlen, das Recht, die Mitglieder im Betrieb zu informieren und insbesondere das Recht auf Werbung neuer Mitglieder durch gewerkschaftsangehörige Belegschaftsmitglieder im Betrieb[12]. Gerade dieses Recht auf Mitgliederwerbung im Betrieb wird als erforderlich und notwendige Voraussetzung für den Bestand und die Betätigung der Koalition angesehen[13]. Zur Ermöglichung dieser Rechte wird sogar ein Zutrittsrecht betriebsfremder Gewerkschaftsbeauftragter zur Förderung der eigentlichen gewerkschaftlichen Zwecke, insbesondere Werbung, Betreuung und Unterrichtung der Mitglieder am Arbeitsplatz, gegen den Willen des Arbeitgebers aus Art. 9 Abs. 3 S. 1 GG abgeleitet[14]. Der Arbeitgeber habe die mit der Werbetätigkeit notwendig verbundene Inanspruchnahme der betrieblichen Räume zu dulden[15]. Anspruchsgrundlage auf Duldung von Werbung sei das in Art. 9 Abs. 3 S. 1 GG mitverankerte Betätigungsrecht. Gegeninteressen seien schwer erkennbar: weder die Neutralität der Amtsführung des Betriebsrats noch Betriebsfrieden, Arbeitsablauf oder Betriebsgeheimnisse würden gefährdet, wenn sich ein Gewerkschaftsbeauftragter im Pausenraum mit den Mitgliedern seines Verbandes unterhalte[16]. Ebenso genieße die Tätigkeit der Koalitionen auf dem Gebiet der Betriebsverfassung und der Personalvertretung prinzipiell den Schutz des Art. 9 Abs. 3 S. 1 GG[17]. Die so aus Art. 9 Abs. 3 S. 1 GG abgeleitete weit gefasste Betätigungsgarantie wird hier also nicht nur gegen den Staat gerichtet, sondern direkt auch gegen den Arbeitgeber[18]. In diesem Sinne wird ausgeführt, die Betätigungsgarantie sei ein Recht, nicht nur eine Freiheit von Beschränkungen[19]. Bei gerechter Abwägung der beiderseitigen Belange seien Gegeninteressen des Arbeitgebers nicht zu erkennen[20].

[10] *Löwisch*, Arbeitsrecht, Rn. 113.
[11] *Jarass*, Art. 9 GG, Rn. 28a.
[12] *Löwisch*, Arbeitsrecht, Rn. 539.
[13] *Gamillscheg*, Arbeitsrecht I, S. 247.
[14] Vgl. *Gamillscheg*, Arbeitsrecht I, S. 259.
[15] *Löwisch*, Arbeitsrecht, Rn. 540.
[16] *Gamillscheg*, Arbeitsrecht I, S. 259.
[17] BVerfGE 19, S. 303 (318 f.); 28, S. 295 (305); *Jarass*, Art. 9 GG, Rn. 28 a; *Löwer*, Rn. 71 S. 618.
[18] Einschränkend *Löwer*, Rn. 70 S. 613: kein Anspruch auf Grundrechtsverwirklichung auf Kosten Dritter.
[19] *Gamillscheg*, Arbeitsrecht I, S. 222.
[20] *Gamillscheg*, Arbeitsrecht I, S. 248.

b) Bedenken

Gegen eine solche Ausweitung der durch Art. 9 Abs. 3 S. 1 GG geschützten Koalitionsbetätigungsgarantie bestehen grundsätzliche Bedenken. Im Unterschied zur - wie oben dargestellt - von Art. 9 Abs. 3 S. 1 GG garantierten Tarifautonomie und Arbeitskampffreiheit können sich die sonstigen Koalitionsbetätigungen zunächst nicht auf einen solchermaßen gewachsenen historischen Hintergrund berufen. Während sich die Tarifautonomie und damit untrennbar verbunden auch die Arbeitskampffreiheit im Laufe der Zeit, aber im Wesentlichen schon vor der Kodifizierung des Art. 9 Abs. 3 S. 1 GG im Grundgesetz, ihre Anerkennung und ihren heutigen Rang erkämpfen mussten, sind die sonstigen Koalitionsbetätigungen erst mit Hilfe von Auslegung der textlich offenen Verfassungsnorm des Art. 9 Abs. 3 S. 1 GG durch die Rechtsprechung als vom Schutzbereich gewährleistet qualifiziert worden. Im Gegensatz zu den sonstigen Koalitionsbetätigungen handelt es sich bei der Tarifautonomie gerade um das Koalitionsmittel schlechthin; die Freiheit des Abschlusses von Tarifverträgen ist nicht aus der Koalitionsfreiheit wegzudenken, ohne diese ihres historischen Sinnes zu berauben.

Umgekehrt ist beispielsweise ein Zutrittsrecht und ein Recht der Gewerkschaften auf Werbung im Betrieb nicht so existenziell, als dass sie gerade das Wesen der Koalitionsfreiheit ausmachen würden. Die Koalitionen hätten auch ohne eine Gewährleistung solcher „flankierender“ Rechte aus Art. 9 Abs. 3 S. 1 GG selbst die Möglichkeit, die Koalitionsfreiheit sinnvoll auszuüben. Weder die individuelle Koalitionsfreiheit, noch die Tarifautonomie bzw. der Arbeitskampf bedürfen zu ihrer Wirksamkeit der vorbehaltslosen Garantie solcher sonstiger Betätigungsrechte. Es ist vielmehr zu bedenken, dass das Koalitionsgrundrecht wegen seiner individualrechtsbezogenen Struktur für die Tarifvertragsparteien nicht mehr an Schutz verlangt, als zur Sicherung der individuellen Schutzbedürfnisse ihrer Mitglieder erforderlich ist, wesehalb insbesondere reine Organisationsinteressen sowie der Mitgliederstand der Verbände außerhalb des verfassungsrechtlichen Garantiebereichs der Koalitionsfreiheit liegen[21].

Vor dem Hintergrund, dass die sonstigen von der Rechtsprechung anerkannten Betätigungen in hohem Maße auf Einzelfallentscheidungen beruhen, können diese sonstigen Koalitionsbetätigungen nicht dem Schutzbereich des speziellen Freiheitsrechts der Koalitionsfreiheit selbst unterfallen, sondern lediglich dem Schutzbereich des Auffanggrundrechts der allgemeinen Handlungsfreiheit des Art. 2 Abs. 1, 19 Abs. 3 GG bzw. sonstiger Freiheitsrechte. Ansonsten wäre eine nicht erwünschte Zergliederung der Koalitionsfreiheit notwendige Folge, die zwangsläufig zu Rechtsunsicherheit führen würde. Ein dieses

---

[21] *Lambrich*, S. 255.

Problem verdeutlichendes Beispiel stellt folgende von Rechtsprechung und Literatur vorgenommene unterschiedliche Behandlung dar: eine Gewerkschaft soll bereits dann in einem Betrieb werben dürfen, wenn sie mit einem Mitglied in der Belegschaft vertreten ist (diese Werbung soll dann dem Schutzbereich des Art. 9 Abs. 3 S. 1 GG unterfallen); sie soll dagegen nicht werben dürfen, wenn sie kein Mitglied in der Belegschaft hat (diese Werbung würde nicht vom Schutzbereich des Art. 9 Abs. 3 S. 1 GG erfasst)[22]. Als Grund für diese Differenzierung wird die notwendige Verankerung der Gewerkschaft im Betrieb angeführt; die Gewerkschaft müsse für den Betrieb „zuständig" sein[23]. Im Hinblick auf den Schutzbereich der Koalitionsfreiheit und die Frage, ob Mitgliederwerbung für die Koalitionsfreiheit so notwendig ist, dass sie als von Art. 9 Abs. 3 S. 1 GG garantiert anzusehen wäre, erscheint diese Unterscheidung jedoch willkürlich. Es könnte nämlich auch argumentiert werden, dass in Betrieben, in denen keine Gewerkschaftsmitglieder beschäftigt sind, das Bedürfnis nach Werbung wesentlich höher ist als in Betrieben, die schon Gewerkschaftsmitglieder beschäftigen - zumal diese durch Mundpropaganda Werbung machen können. Im Gegenteil zu dem Grundgedanken der vorgenommenen Differenzierung sind gerade Minderheitsgewerkschaften auf den Schutz durch die Rechtsordnung besonders angewiesen. Dann sollte aber gerade das Recht auf Werbung in Betrieben, die keine Gewerkschaftsmitglieder beschäftigen, eher von der Betätigungsgarantie der Koalitionsfreiheit erfasst sein als umgekehrt. Allein dieses Beispiel macht deutlich, dass es nicht Sinn und Zweck sein kann, das vorbehaltslos gewährleistete, historisch gewachsene Freiheitsrecht der Koalitionsfreiheit mit einer solch umfassenden Kasuistik zu belasten.

Das Bestreben, zur Durchsetzung von (insbesondere Gewerkschafts-) Rechten möglichst viele Betätigungen aus dem schrankenlos gewährleisteten Art. 9 Abs. 3 S. 1 GG selbst herzuleiten und damit neben der Tarifautonomie und dem Arbeitskampf weitere Koalitionsbetätigungen - soweit sie denn auch nur irgendwie als Voraussetzung für den Bestand und die Betätigung der Koalition angesehen werden können - als von der Koalitionsfreiheit geschützt anzusehen, hat zudem als beachtliche Nebenfolge, dass der Gesetzgeber auch diese vorbehaltslos gewährleisteten sonstigen Koalitionsbetätigungen als Schranke seiner gesetzlichen Regelungen beachten muss. Wenn aus Art. 9 Abs. 3 S. 1 GG ein Recht auf Werbung am Arbeitsplatz, ein gewerkschaftliches Zutrittsrecht oder sonstige Koalitionsbetätigungsfreiheiten abgeleitet werden, so muss sich der Gesetzgeber zur Rechtfertigung eines Eingriffs in diese „Rechte" auf kollidierendes Verfassungsrecht berufen können. Dies wäre jedoch eine über die ursprüngliche Gewährleistung der vom Wortlaut des Art. 9 Abs. 3 S. 1 GG al-

---

[22] Vgl. zu dieser Differenzierung *Gamillscheg*, Arbeitsrecht I, S. 224 m.w.N.

[23] Vgl. *Gamillscheg*, Arbeitsrecht I, S. 224.

lein geschützten individuellen Koalitionsfreiheit weit hinausgehende, nicht durch die historische Entwicklung der Koalitionsfreiheit zu rechtfertigende Garantie, die insofern eine ungewollt große Einschränkung der gesetzgeberischen Gestaltungsmacht darstellen würde. Diese Gefahr scheint auch *Gamillscheg* zu sehen, der die Koalitionsbetätigungsgarantie zumindest relativiert: „Wieweit das Gesetz, das die Betätigungsfreiheit umschreibt und damit erst ermöglicht, Beispiel § 4 I TVG, und wieweit richterrechtliche Verdeutlichungen der Betätigungsfreiheit als unmittelbare Ausprägung bzw. Auslegung von Art. 9 Abs. 3 GG verfassungsfest sind, also durch einfaches Gesetz nicht beseitigt werden können, und wo es sich um unterverfassungsrechtliches Recht handelt, muss für jeden Fall nach seinem Zweck bestimmt werden"[24].

Aus diesen Gründen können einzelne Betätigungen der Koalitionen lediglich als dem Schutzbereich des Auffanggrundrechts der allgemeinen Handlungsfreiheit des Art. 2 Abs. 1 GG unterfallend angesehen werden. Die Koalitionen selbst können sich dabei nur unter Zuhilfenahme des Art. 19 Abs. 3 GG auf ein solches Betätigungsrecht berufen. Die Koalitionsbetätigungsfreiheit ist also nur im Rahmen der verfassungsmäßigen Ordnung geschützt. Zur verfassungsmäßigen Ordnung zählt jedes formell und materiell verfassungsmäßige Gesetz. Damit wird letztlich der Verhältnismäßigkeitsgrundsatz zur maßgeblichen Grenze gesetzgeberischer Eingriffe. Ob eine gesetzliche Regelung dem Grundsatz der Verhältnismäßigkeit entspricht, muss jeweils für den Einzelfall unter Berücksichtigung der geregelten Materie und der Intensität des Eingriffs entschieden werden. Es entfällt damit das Problem einer Lösung des kaum lösbaren Spannungsverhältnisses im Rahmen der Schranken, welches sich durch die Anerkennung eines umfassenden Schutzes sonstiger koalitionsspezifischer Betätigungen durch Art. 9 Abs. 3 S. 1 GG unter gleichzeitiger Beibehaltung der vorbehaltslosen Gewährleistung der Koalitionsfreiheit aufgebaut hat.

c) Grundlegende Kritik an der herrschenden Meinung

Wenn jedoch die herrschende Meinung entgegen dieser Bedenken auch eine über die Tarifautonomie und die Arbeitskampffreiheit hinausgehende Betätigungsfreiheit als von Art. 9 Abs. 3 S. 1 GG geschützt ansieht, so ist auch hier allgemeine Ansicht, dass nicht jedwede Betätigung geschützt sein kann. Zunächst müsse sie auf die Arbeits- und Wirtschaftsbedingungen Bezug haben[25]. Dann müsse sie sich mit den anderen Grundrechten und gleichwertigen Interessen abstimmen, insbesondere die Grenzen der Tarifmacht wahren; sie trete vor überwiegenden

[24] *Gamillscheg*, Arbeitsrecht I, S. 226.

[25] BVerfGE 88, S. 103 (114); *Jarass*, Art. 9 GG, Rn. 27; *Gamillscheg*, Arbeitsrecht I, S. 227.

Rechten und Interessen der Gemeinschaft und Dritter zurück[26]. Insbesondere seien die Tätigkeiten nicht alle gleichermaßen bedeutsam für die Existenzfähigkeit und Durchsetzungskraft einer Koalition, was im Falle der Kollision mit anderen Rechtspositionen berücksichtigt werden müsse[27]. Auch das BVerfG argumentierte lange Zeit in diese Richtung, wenn es feststellte, verfassungsfest sei nur ein „Kernbereich" der Betätigungsfreiheit[28]; also die Tätigkeiten, die für Bestand und Funktionsfähigkeit der Koalitionsfreiheit „unerlässlich" seien[29].

Diese Handhabung durch die herrschende Meinung entspricht jedoch im Ergebnis einer einfachen Verhältnismäßigkeitsprüfung, wie sie jedes Gesetz zur Bejahung seiner Verfassungsmäßigkeit über sich ergehen lassen muss, mit der Besonderheit, dass diese Verhältnismäßigkeitsprüfung schon im Schutzbereich der Koalitionsfreiheit vorgenommen wird. Als solche Verhältnismäßigkeitserwägungen sind auch die allgemeinen Feststellungen zu verstehen, nur die Freiheit der Koalitionsbildung sei unbeschränkt gewährleistet, für die Koalitionsbetätigung sei dagegen erst ihr Inhalt festzulegen, bevor überhaupt von einem Eingriff gesprochen werden könne[30]. Im Hinblick auf das Recht auf gewerkschaftliche Werbung im Betrieb und das Zutrittsrecht von Gewerkschaftsmitgliedern wurde geäußert, erforderlich sei eine Abwägung des gewerkschaftlichen Interesses an koalitionsspezifischer Aktivität mit den berechtigten Interessen des Arbeitgebers an reibungslosem Arbeitsablauf[31]. Maßgebliches Abgrenzungskriterium soll damit sein, ob Gegeninteressen des Arbeitgebers überwiegen[32]. Wenn jedoch die Unerlässlichkeit der beanspruchten Betätigung für Bestehen und Gedeihen der Koalition gegen ein (neues) Gesetz ins Feld geführt werde, so sei im Hinblick auf die Gewaltenteilung Vorsicht geboten. Der Gesetzgeber habe ein weites Ermessen, und die Grenze der Verfassungswidrigkeit sei erst dann überschritten, wenn Bestand und Funktionsfähigkeit der Koalition und die Koalitionswilligkeit der Mitglieder ernstlich bedroht seien[33]. Die vom Gesetz unterbundenen Tätigkeiten dürften für sie nicht wegzudenken sein.

---

[26] *Gamillscheg*, Arbeitsrecht I, S. 227; einschränkend auch *Löwer*, Rn. 70 S. 613: kein Anspruch auf Grundrechtsverwirklichung auf Kosten Dritter.

[27] *Dieterich*, Erfurter Kommentar, Art. 9 GG, Rn. 30.

[28] BVerfGE 4, S. 106 (108); 7, S. 303 (321); 28, S. 285 (304); 38, S. 281 (305); 38, S. 386 (393); 57, S. 220 (246); 58, S. 233 (247).

[29] Ablehnend zur Begrenzung der Betätigungsfreiheit auf die Unerlässlichkeit *Dieterich*, Erfurter Kommentar, Art. 9 GG, Rn. 30; *Jarass*, Art. 9 GG, Rn. 27, der jedoch keine dadurch bedingten Probleme für die Beschränkbarkeit der sonstigen Koalitionsbetätigungen sieht.

[30] So *Seiter*, AöR 109 (1984), S. 88 (S. 88 ff.); *Friauf*, RdA 1986, S. 188 (190); *Gamillscheg*, Arbeitsrecht I, S. 230.

[31] *Dieterich*, Erfurter Kommentar, Art. 9 GG, Rn. 31.

[32] BVerfG, EzA Nr. 60 zu Art. 9 GG.

[33] *Gamillscheg*, Arbeitsrecht I, S. 230.

Auch nach herrschender Meinung soll also nicht jede Art und Weise der Koalitionsbetätigung vorbehaltslos garantiert sein, sondern nur solche für die Koalitionsfreiheit grundlegend wichtigen Betätigungen, ohne die nicht mehr von einer „Koalitionsfreiheit" gesprochen werden könnte. Zur Herleitung dieses Ergebnisses wird jedoch auf schwammige Verhältnismäßigkeitserwägungen schon im Rahmen des Erörterung des Schutzbereichs der Koalitionsfreiheit zurückgegriffen. Dogmatisch sauberer und konsequenter ist es, für die sonstigen Koalitionsbetätigungen gar nicht erst den Schutzbereich der ohnehin überfrachteten Koalitionsfreiheit, sondern den der allgemeinen Handlungsfreiheit gem. Art. 2 Abs. 1, 19 Abs. 3 GG für einschlägig zu erachten. Dann finden die von der herrschenden Meinung angeführten Verhältnismäßigkeitserwägungen nicht mehr im Rahmen der Schutzbereichsprüfung statt, sondern als maßgebliche Grenze gesetzgeberischer Tätigkeit im Rahmen der Schranken-Schranken, ohne dass es eines Rückgriffs auf einen „Kernbereich", die „Unerlässlichkeit" oder ähnliche Unsicherheiten bedarf. Will man demnach Eingriffe in die Koalitionsbetätigung allein am Maßstab des Verhältnismäßigkeitsgrundsatzes messen, so ist es konsequent, diese nicht - nach dem Anstellen diverser Verhältnismäßigkeitserwägungen - gegebenenfalls dem Schutzbereich der vorbehaltslos gewährleisteten Koalitionsfreiheit, sondern lediglich und unbedingt der allgemeinen Handlungsfreiheit zu unterstellen.

B. Tarifautonomie im Besonderen

Neben der Koalitionsfreiheit im Allgemeinen muss der Gesetzgeber die ebenfalls in Art. 9 Abs. 3 S. 1 GG garantierte Tarifautonomie berücksichtigen. Diese gewährleistet den Tarifpartnern das Recht, grundsätzlich unabhängig von staatlicher Einflussnahme die Arbeits- und Wirtschaftsbedingungen ihrer Mitglieder durch Tarifvertrag zu regeln.

I. Arbeits- und Wirtschaftsbedingungen

Eine Bestimmung der Reichweite der Tarifautonomie richtet sich nach dem den Koalitionszweck und damit den zulässigen Inhalt der tarifautonomen Einigung gegenständlich begrenzenden Begriffspaar der „Arbeits- und Wirtschaftsbedingungen"[34]. Denn Art. 9 Abs. 3 S. 1 GG garantiert nicht nur mittelbar über die Tarifautonomie die Befugnis zur tarifvertraglichen Regelung (nicht: Normsetzung), sondern fungiert zugleich als Grenze des grundrechtlichen Schutzes

[34] *Söllner*, Arbeits- und Wirtschaftsbedingungen, S. 199 (212); *Schleusener*, ZTR 1998, S. 545; *Sodan*, JZ 1998, S. 421 (422 f.); dazu auch näher *Heise*, S. 129 ff.; gegen eine restriktive und für eine lediglich historisch und insofern exemplifikativ zu verstehende Deutung der Wendung „zur Wahrung und Förderung der Arbeitsbedingungen" *Krüger*, Verhandlungen des 46. DJT, S. 7 (23).

aus Art. 9 Abs. 3 S. 1 GG[35]. Die sachlich-gegenständliche Reduktion der durch Art. 9 Abs. 3 S. 1 GG garantierten kollektiven Koalitionsfreiheit auf den Bereich der Arbeits- und Wirtschaftsbedingungen besitzt deshalb gleichermaßen eine begrenzende Funktion für die tarifliche Regelungsmacht[36]. Es ist demnach Art. 9 Abs. 3 S. 1 GG zu entnehmen, ob und inwieweit die Tarifvertragsparteien - schon bezüglich ihrer Regelungszuständigkeit - in der Lage sind, bestimmte Ziele zum Gegenstand einer nach dem Tarifvertragsgesetz normativ wirkenden tarifvertraglichen Regelung zu machen[37].

Dies ergibt sich bereits aus dem Gedanken, dass die Tarifautonomie lediglich eine abgeleitete Gewährleistung aus dem vom Wortlaut des Art. 9 Abs. 3 S. 1 GG zunächst allein gewährleisteten individuellen Freiheitsrecht auf Koalitionsbildung zur Wahrung und Förderung der Arbeits- und Wirtschaftsbedingungen darstellt. Eine abgeleitete Garantie kann aber vom Umfang her nicht weiter reichen als die Ursprungsgarantie. Die Koalitionen können für vertragliche Vereinbarungen außerhalb der Arbeits- und Wirtschaftsbedingungen lediglich die allgemeine Handlungsfreiheit des Art. 2 Abs. 1 GG - und damit nicht die Tarifautonomie, sondern allein die Privatautonomie - für sich in Anspruch nehmen[38].

Die (Konkurrenz-) Frage, ob das Tarifvertragsgesetz seinerseits eine Regelungsschranke bezüglich der Tarifautonomie enthält, da in § 1 TVG nicht sämtliche der von den Arbeits- und Wirtschaftsbedingungen erfassten Bereiche durch Tarifvertrag regelbar festgeschrieben sind[39], stellt sich vor dem Hintergrund einer Unterscheidung zwischen Tarifautonomie und tarifvertraglicher Normsetzungsbefugnis nicht. Wenn die Zuständigkeit der Tarifvertragsparteien, gem. § 1 TVG tarifvertragliche Inhaltsnormen mit normativer Wirkung zu vereinbaren, insofern enger geraten ist als die privatrechtliche Gestaltungsfreiheit von Arbeitnehmern und Arbeitgebern gem. Art. 9 Abs. 3 S. 1 GG, so ist dies unschädlich, da Art. 9 Abs. 3 S. 1 GG lediglich die grundsätzliche Garantie

---

[35] So auch *Säcker/Oetker*, S. 35; *Schleusener*, ZTR 1998, S. 545.

[36] *Schleusener*, ZTR 1998, S. 545 (546); *Säcker/Oetker*, S. 35 m.w.N.

[37] *Waltermann*, NZA 1991, S. 754 (756).

[38] *Rieth*, S. 45; so wohl auch *Jarass*, Art. 9 GG, Rn. 22; anderer Ansicht *Schleusener*, ZTR 1998, S. 545 (546): Bei einer tarifvertraglichen Regelung, die nicht in der Wahrung und Förderung der Arbeits- und Wirtschaftsbedingungen liege, scheide ein Rückgriff auf Art. 2 Abs. 1 GG als legitimierendem Grundrecht aus. Denn Art. 9 Abs. 3 S. 1 GG stelle für den Abschluss von Tarifverträgen als zentral geschütztem Lebensbereich ein die allgemeine Handlungsfreiheit insgesamt verdrängendes Spezialgrundrecht dar; dagegen *Rieth*, S. 45: „Dem kann man nicht entgegenhalten, dass Art. 9 Abs. 3 GG lex spezialis gegenüber Art. 2 Abs. 1 GG ist. Dies wäre erst dann relevant, wenn Art. 9 Abs. 3 GG größere Beschränkungen aufwiese als Art. 2 Abs. 1 GG, so dass diese bei Berufung auf Art. 2 Abs. 1 GG umgangen werden könnten. Art. 9 Abs. 3 GG enthält jedoch gar keinen Vorbehalt".

[39] So *Rieble*, ZTR 1993, S. 54 (55); dies bejahend *Schleusener*, ZTR 1998, S. 545 (547).

der Regelungsbefugnis der Koalitionen bezüglich ihrer eigenen Angelegenheiten beinhaltet[40]. Diese kann unproblematischerweise vom Umfang her weiter sein als der Bereich der tarifvertraglichen Normsetzung, also des Teils eines Tarifvertrages, dem der Gesetzgeber Normwirkung zugesprochen hat. Es bestehen keine Bedenken, der Tarifautonomie alle Regelungen zur Wahrung und Förderung der Arbeits- und Wirtschaftsbedingungen zu überlassen, die normative Wirkung gem. § 1 TVG aber nur auf solche Tarifvertragsnormen zu erstrecken, die den Inhalt, den Abschluss und die Beendigung von Arbeitsverhältnissen sowie betriebliche und betriebsverfassungsrechtliche Fragen betreffen.

Umgekehrt gelten jedoch Regelungen der Tarifvertragsparteien, die vom Gegenstand her gesehen den Inhalt, den Abschluss oder die Beendigung von Arbeitsverhältnissen ordnen, nur dann gem. § 1 TVG unmittelbar und zwingend zwischen den Tarifgebundenen, wenn sie Regeln zur Wahrung und Förderung der Arbeits- und Wirtschaftsbedingungen im Sinne von Art. 9 Abs. 3 S. 1 GG sind[41]. Denn die Normsetzungsbefugnis des § 1 TVG ist lediglich Folge der Tarifautonomie und kann daher über die Grenzen der Tarifautonomie - die im Bereich der Arbeits- und Wirtschaftsbedingungen bestehen - nicht hinausgehen. Dagegen gelten außerhalb der Arbeits- und Wirtschaftsbedingungen liegende Tarifvertragsinhalte, für deren Regelung die Koalitionen sich lediglich auf die allgemeine Handlungsfreiheit des Art. 2 Abs. 1 GG berufen können, nicht unmittelbar und zwingend zwischen den Tarifgebundenen. Sie regeln vielmehr die Rechte und Pflichten der Tarifvertragsparteien nur schuldrechtlich. Denn die im Tarifvertragsgesetz angeordnete Normwirkung dient allein der Absicherung der effizienten Erfüllung der durch Art. 9 Abs. 3 S. 1 GG beschriebenen Aufgabe[42].

1. Begrenzende Wirkung des Begriffspaares

Den Schutz des Art. 9 Abs. 3 S. 1 GG genießen also nur solche Vereinbarungen, die inhaltlich unter dieses Begriffspaar subsumiert werden können. Materien, die nicht zu den Arbeits- und Wirtschaftsbedingungen gehören, werden auch nicht schon dadurch tarifvertraglich normativ regelbar, dass Koalitionen sie als Koalitionsziele deklarieren[43]. Darüber hinaus können Materien, wie beispielsweise die Umgestaltung einer Unternehmensverfassung, nicht einmal durch obligatorische Abreden der Tarifvertragsparteien umgestaltet werden, denn den Tarifvertragsparteien fehlt im Hinblick auf die Unternehmensverfassung nicht nur die instrumentelle Normsetzungsbefugnis, sondern die funktionelle Rege-

[40] So auch *Waltermann*, NZA 1991, S. 754 (758).
[41] So auch *Waltermann*, NZA 1991, S. 754 (758).
[42] *Waltermann*, NZA 1991, S. 754 (758).
[43] *Rüthers*, Presse, S. 16.

lungszuständigkeit[44]. Auch werden solche Ziele nicht von Art. 9 Abs. 3 S. 1 GG gedeckt, die lediglich Auswirkungen auf die Bedingungen der abhängigen Arbeit haben[45].

Gewisse Schwierigkeiten für ein klare Grenzziehung zwischen den Arbeitsbedingungen einerseits und den Wirtschaftsbedingungen andererseits ergeben sich aus der Tatsache, dass die Regelung der Arbeitsbedingungen immer auch wirtschaftliche Folgen hat, umgekehrt aber fast alle wirtschaftlichen Entscheidungen zumindest mittelbar auch die Lage der Beschäftigten beeinflusst[46]. So ergeben sich höchst unterschiedliche Grenzmarken, je nachdem, welche Anforderungen man an den Kausalzusammenhang zwischen Arbeits- und Wirtschaftsbedingungen stellt.

2. Keine Beschränkung auf Lohn- und Arbeitsbedingungen

Zum Teil wird die Auslegung der Arbeits- und Wirtschaftsbedingungen an die Regelung des Art. 165 Abs. 1 WRV und den zuvor geltenden § 152 Abs. 1 GewO angelehnt und die Regelungsbefugnis der Tarifpartner auf den Bereich der Lohn- und Arbeitsbedingungen beschränkt[47]. Auf der Grundlage dieser engen Auslegung könnte jedoch der Begriff der „Wirtschaftsbedingungen" aus dem Verfassungstext gestrichen werden, ohne dass hierdurch die sachlich-gegenständliche Reichweite der kollektiven Koalitionsfreiheit eine Verkürzung erfahren würde[48]. Eine solche Auslegung widerspricht dem eindeutigen Wortlaut des Art. 9 Abs. 3 S. 1 GG, der ausdrücklich von Arbeits- und Wirtschaftsbedingungen spricht. Die Formulierung der „Lohn- und Arbeitsbedingungen" des § 152 Abs. 1 GewO wurde weder von der Weimarer Reichsverfassung noch vom Grundgesetz übernommen. Art. 9 Abs. 3 S. 1 GG garantiert die Koalitionsfreiheit dagegen aus dem Bedürfnis heraus, die vorher derart eng an das Arbeitsverhältnis gekoppelte Aufgabe der Koalitionen zu erweitern, in einem im Gegensatz zu früheren Regelungen weiteren Umfang[49]. Die koalitionsmäßigen Regelungsbefugnisse finden ihre Grenze erst im Gebiet allgemeiner Wirtschafts- und Sozialangelegenheiten[50]. Das Begriffspaar „Lohn- und Arbeitsbedingungen"

---

[44] *Söllner*, Arbeits- und Wirtschaftsbedingungen, S. 199 (212).

[45] *Waltermann*, NZA 1991, S. 754 (759).

[46] *Dieterich*, RdA 2002, S. 1 (9).

[47] Vgl. auch *Scholz*, Koalitionsfreiheit, S. 44; *Zachert*, Tarifvertrag, S. 80; *Gamillscheg*, Arbeitsrecht I, S. 219; *Waltermann*, NZA 1991, S. 754 (757); *Rieth*, S. 28 f.; in diesem Sinne aber *Weber*, Koalitionsfreiheit und Tarifautonomie als Verfassungsproblem, S. 7, 22, 38; *Weber*, FS für das OLG Celle, S. 239 (251); *Kunze*, S. 101 (104); *Schelp*, FS für Nipperdey, S. 579 (591); *Gamillscheg*, Grundrechte, S. 99; *Katzer*, S. 11 (12).

[48] *Säcker/Oetker*, S. 41.

[49] *Söllner*, Arbeits- und Wirtschaftsbedingungen, S. 199 (205); *Meik*, S. 76.

[50] *Scholz*, Koalitionsfreiheit, S. 44.

scheint heute vielmehr zu dem Begriff „Arbeitsbedingungen“ zusammengezogen[51].

3. Wirtschaftsbedingungen als bestimmendes Merkmal

Eine Auffassung rückt allein den Begriff der „Wirtschaftsbedingungen“ in den Mittelpunkt rückt und lässt diesem eine durchaus eigenständige Bedeutung zukommen[52]. Die „Wirtschaftsbedingungen“ werden mitunter zur Begründung eines Rechts auf wirtschaftliche Mitbestimmung der Unternehmensführung durch Tarifvertrag so weit ausgelegt[53], dass selbst die Arbeitsbedingungen als ein Unterfall wirtschaftlicher Bedingungen hierunter subsumierbar sind[54]. Der Begriff der „Wirtschaftsbedingungen“ wird hier verselbständigt und aus dem Sinn- und Zweckzusammenhang mit dem vorstehenden Wort der „Arbeitsbedingungen“ gelöst.

Gegen eine derart weite Auslegung spricht, dass die funktionale Begriffsverknüpfung zwischen den Arbeits- *und* Wirtschaftsbedingungen vor allem den besonderen Schutzauftrag der Koalitionsfreiheit der gewerkschaftlich organisierten Arbeitnehmer zeigt[55]. Diese kollektive Arbeitnehmerfreiheit stellt innerhalb des Grundrechtssystems das Gegengewicht zu der durch Art. 14 GG gewährleisteten Herrschaft des Arbeitgebers über die Produktionsmittel dar[56]. Dementsprechend ist auch die Tarifautonomie als Gegenmachtrecht gegenüber der durch Art. 2 Abs. 1 GG und Art. 12 Abs. 1 i.V.m. 14 GG geschützten Unternehmensautonomie zu begreifen[57]. Da die Verfassung beide Autonomien zugleich gewährleistet, darf weder die Unternehmensautonomie noch die Tarifautonomie so ausgeübt werden, dass die andere leerläuft[58]. Vielmehr sind beide Grundrechtsgewährleistungen nach dem Gebot praktischer Konkordanz so auszudeuten, dass sie jeweils bestmöglich wirksam werden[59].

Zudem sollte die durch die Einführung des Begriffspaares der „Arbeits- und Wirtschaftsbedingungen“ angestrebte Erweiterung nicht zu einer völligen Umwandlung des geltenden Arbeits- und Wirtschaftsrechts führen. Der entstehungsgeschichtlich nachweisbare Wille des Verfassungsgebers ist insoweit ein-

---

51 *Meik*, S. 76.
52 *Säcker/Oetker*, S. 41 f..
53 Vgl. *Beuthien*, ZfA 1984, S. 1 (11).
54 Vgl. *Meik*, S. 79.
55 Dies verkennt *Rieth*, S. 31: „Insgesamt gesehen ist die Auslegung des Art. 9 Abs. 3 GG für die Frage der Tarifverträge zur Steuerung unternehmerischen Handelns somit unergiebig: Sie sind nicht ausgeschlossen durch Art. 9 Abs. 3 GG, gefordert oder garantiert sind sie aber auch nicht“.
56 *Scholz*, Mitbestimmung, S. 104: „Gegengrundrecht“.
57 *Beuthien*, ZfA 1984, S. 1 (12).
58 *Beuthien*, ZfA 1984, S. 1 (12).
59 Vgl. *Dieterich*, RdA 2002, S. 1 (9).

deutig[60]. Die Koalitionsfreiheit stellt ein Grundrecht des Arbeitsrechts und kein Grundrecht des allgemeinen Wirtschaftsrechts dar[61]. Insbesondere kommt den Koalitionen auf Grund von Art. 9 Abs. 3 S. 1 GG kein allgemeines wirtschaftliches Mandat zu[62]. Da die Koalitionsfreiheit allein ein Grundrecht des Arbeitsrechts darstellt und keines des allgemeinen Wirtschaftsrechts, werden nur arbeitsrechtliche Berufsverbände und nicht auch allgemeine Wirtschaftsvereinigungen wir Kartelle, Genossenschaften etc. geschützt[63].

4. Kumulative Anwendung der Begriffe

Die beiden Begriffe der Arbeits- und Wirtschaftsbedingungen sind demzufolge vielmehr kumulativ, nicht alternativ gemeint[64]. Die „Arbeits- und Wirtschaftsbedingungen" sind als funktionale Einheit zu verstehen[65]. Eine Trennung scheidet schon begrifflich aus, da sich beide Termini angesichts ihrer Wurzel in der sozioökonomischen Sphäre überschneiden würden[66]. So führt auch der Gesetzestext die Begriffe „Arbeitsbedingungen" und „Wirtschaftsbedingungen" weder voneinander getrennt auf, noch setzt er sie durch die Worte „oder" oder „beziehungsweise" voneinander ab, sondern verbindet sie mit Bindestrich und dem Wort „und" zu einem geschlossenen Block[67]. Das Begriffspaar der Arbeits- und Wirtschaftsbedingungen ist damit eindeutig aufeinander bezogen und inhaltlich zusammenhängend[68]. Daher nimmt die wohl herrschende Meinung im Schrifttum einen eher vermittelnden Standpunkt ein. In diesem Sinne führt das BVerfG das Begriffspaar der Arbeits- und Wirtschaftsbedingungen auf den Oberbegriff des „Arbeitslebens" zurück[69]. Ausgangspunkt ist dabei die Erkenntnis, dass die Einbeziehung der „Wirtschaftsbedingungen" in Art. 9 Abs. 3 S. 1 GG als eine Erweiterung gegenüber dem noch in § 152 GewO normierten Terminus der „Lohn- und Arbeitsbedingungen" zu bewerten ist[70].

---

[60] *Scholz*, Koalitionsfreiheit, S. 46.

[61] *Scholz*, Koalitionsfreiheit, S. 46.

[62] *Wiedemann/Stumpf*, Einl. Rn. 168.

[63] *Scholz*, Koalitionsfreiheit, S. 46; *Jarass*, Art. 9 GG, Rn. 23; vgl. dazu auch *Söllner*, Arbeits- und Wirtschaftsbedingungen, S. 199 (202).

[64] *Scholz*, Koalitionsfreiheit, S. 46; *Müller*, Die Tarifautonomie in der Bundesrepublik Deutschland, S. 38; *Müller*, Arbeitskampf und Recht, S. 28; *Beuthien*, ZfA 1984, S. 1 (11); *Söllner*, Arbeits- und Wirtschaftsbedingungen, S. 199 (210); *Löwer*, Rn. 63; so auch *Jarass*, Art. 9 GG, Rn. 23.

[65] *Säcker/Oetker*, S. 52 f.; *Dieterich*, RdA 2002, S. 1 (9).

[66] *Scholz*, Koalitionsfreiheit, S. 46 Fn. 55, in diese Richtung auch *Müller*, Arbeitskampf und Recht, S. 29.

[67] Vgl. auch *Müller*, Arbeitskampf und Recht, S. 28.

[68] *Säcker/Oetker*, S. 52.

[69] Vgl. BVerfGE 4, S. 96 (107); 18, S. 18 (27 f.); 20, S. 312 (317); 44, S. 322 (342); 58, S. 233 (247 ff.).

[70] *Waltermann*, NZA 1991, S. 754 (757); *Säcker/Oetker*, S. 41 m.w.N.

a) Wirtschaftsbedingungen keine Kehrseite der Arbeitsbedingungen

Die „Wirtschaftsbedingungen" sind in diesem Zusammenhang nicht lediglich als die „Kehrseite" der Arbeitsbedingungen aus der Sicht der Arbeitgeber anzusehen[71]. Eine solche Interpretation würde im Hinblick auf den Wortlaut der Verfassungsvorschrift eine Tautologie darstellen, die man dem Verfassungsgeber nicht unterstellen sollte[72]. Das Begriffspaar „Arbeits- und Wirtschaftsbedingungen" und das Begriffspaar „Wahrung und Förderung" bilden je eine sinnvolle Gesamtheit[73]. Mit „Wahrung und Förderung" wird die Gesamtheit der Bestrebungen bezeichnet, die eine Koalition verfolgt, und mit „Arbeits- und Wirtschaftsbedingungen" die Gesamtheit der Bedingungen, unter denen in Wirtschaft und Verwaltung abhängige Arbeit geleistet wird[74]. Koalitionsoffene Wirtschaftsbedingungen im Sinne des Art. 9 Abs. 3 S. 1 GG sind diejenigen Arbeits- und Wirtschaftsvoraussetzungen, in denen sich die betrieblichen Arbeitsbedingungen der Arbeitnehmer mit den unternehmerischen Wirtschaftsbedingungen des Arbeitgebers überschneiden[75]. Die tarifvertragliche Regelung muss sich also sowohl auf die Arbeitsbedingungen als auch auf die Wirtschaftsbedingungen beziehen und diese sowohl wahren als auch fördern[76].

b) Definition der Arbeits- und Wirtschaftsbedingungen

Unter Arbeitsbedingungen sind vor diesem Hintergrund all diejenigen Aspekte zu fassen, die sich auf das Arbeitsverhältnis selbst beziehen[77]. Beim Koalitionswesen ist der Lebenstatbestand der abhängigen Arbeit angesprochen[78].

Der Begriff der Wirtschaftsbedingungen erfasst darüber hinausreichende Fragen, die für Arbeitnehmer und Arbeitgeber relevante allgemeine wirtschafts-

---

[71] Angedeutet sogar bei *Scholz*, Koalitionsfreiheit, S. 46 Fn. 55: „Was etwa für den Arbeitnehmer zum Lebensbereich „Arbeit" gehört, ist für den Arbeitgeber oft zugleich „Wirtschaft"", der jedoch den Koalitionszweck im Ergebnis nicht so eng sieht; ablehnend auch *Gamillscheg*, Arbeitsrecht I, S. 221; *Beuthien*, ZfA 1984, S. 1 (11); näheres dazu *Meik*, S. 76 f.

[72] *Söllner*, Arbeits- und Wirtschaftsbedingungen, S. 199 (205).

[73] *Söllner*, Arbeits- und Wirtschaftsbedingungen, S. 199 (205); vgl. auch *Meik*, S. 77 m.w.N.

[74] *Waltermann*, NZA 1991, S. 754 (757) m.w.N.; *Kissel*, NZA 1995, S. 1 (2).

[75] *Beuthien*, ZfA 1984, S. 1 (14); ähnlich *Sodan*, JZ 1998, S. 421 (423).

[76] *Sodan*, JZ 1998, S. 421 (423).

[77] *Höfling*, Art. 9 GG, Rn. 54; *Schmid*, S. 39; *Müller*, Arbeitskampf und Recht, S. 26; *Löwisch/Rieble*, Grundlagen, Rn. 13 f.; *Galperin*, Verhandlungen des 46. DJT, Diskussion, S. 58; teilweise wird vertreten, als „Arbeitsbedingungen" kämen nur solche Bedingungen in Betracht, die auch Gegenstand von Tarifverträgen oder Arbeitsverträgen sein könnten, vgl. *Krüger*, Verhandlungen des 46. DJT, S. 7 (40), wie beispielsweise die Lohnhöhe, Arbeitszeit, Urlaubsregelung, Arbeitsschutz, vgl. Schaub, Arbeitsrechts-Handbuch, § 187, S. 1587; dagegen *Waltermann*, NZA 1991, S. 754 (757): „Dagegen ist die Tarifautonomie nicht auf Gegenstände beschränkt, die üblicherweise Inhalt eines Arbeitsvertrages werden".

[78] *Müller*, Arbeitskampf und Recht, S. 26.

und sozialpolitische Verhältnisse erfassen[79], beispielsweise Investitionsentscheidungen mit Folgen für den Arbeitsplatzbestand, Arbeitszeitverteilung, Bekämpfung der Arbeitslosigkeit, Vermögensbildung und Investitionsstandorte[80]. Entscheidend ist jedoch, dass die Gestaltung der Wirtschaftsbedingungen in einem inneren Zusammenhang mit den Gestaltungen im Bereich der abhängigen Arbeit steht[81]. Durch das Begriffspaar der „Arbeits- und Wirtschaftsbedingungen“ wird jedenfalls eine in dieser Weise begrenzte Einflussnahme der Koalitionen auf die unternehmerische Entscheidungsfreiheit nicht untersagt.

Dagegen gehören Gegenstände, die nicht auf die sozialen Gegenspieler bezogen sind, nicht zu den „Wirtschaftsbedingungen“ im Sinne des Art. 9 Abs. 3 S. 1 GG[82]. Insofern ist auch eine Vereinbarungsbefugnis für allein beschäftigungspolitisch motivierte Regelungen zu weitreichend[83]. Zwar sind Arbeitnehmer generell daran interessiert, Arbeitslosigkeit zu verhindern und ihre Beschäftigung zu sichern. Die Auffassung, hierbei handele es sich um klassische Regelungsziele der Tarifvertragsparteien, da sie bei allen Verhandlungen und Vereinbarungen beschäftigungspolitische Konsequenzen zumindest mitbedenken würden und mit anderen tarifpolitischen Zielen in Einklang bringen müssten[84], geht jedoch zu weit. Die Beschäftigungsförderung ist zwar legitimes Teil-Ziel, wenn ansonsten die Arbeits- und Wirtschaftsbedingungen an sich gewahrt und gefördert werden. Bei Tarifnormen dagegen, die allein mit beschäftigungspolitischen Zielen begründet werden, ist die spezielle Richtigkeitsgewähr des Tarifvertrages nicht mehr gegeben. Diese Richtigkeitsgewähr resultiert gerade aus dem Antagonismus der Interessen und der Konfliktlösung im Rahmen tarifvertraglicher Individual- und Betriebsnormen, die stets auf den Interessenausgleich zwischen Arbeitgeber und Arbeitnehmern abzielen[85]. Beschäftigungspolitik muss dagegen zuerst Konflikte unter den Arbeitnehmern und Arbeitssuchenden lösen, unter denen die knappe Ressource Arbeit verteilt werden muss. Das Tarifvertragssystem eignet sich aber nur für Konflikte, bei denen die Parteien, also Gewerkschaften und Arbeitgeberverbände, auch die kollidierenden Interessen vertreten. Bei sonstigen Fragen - wie der Beschäftigungspolitik - ist die dem Gedanken der Tarifautonomie zugrunde liegende spezielle Richtigkeits-

[79] *Höfling*, Art. 9 GG, Rn. 54; *Schmid*, S. 39.

[80] Vgl. *Heise*, S. 129; *Höfling*, Art. 9 GG, Rn. 54.

[81] *Müller*, Die Tarifautonomie in der Bundesrepublik Deutschland, S. 38; *Müller*, Arbeitskampf und Recht, S. 28; *Gamillscheg*, Arbeitsrecht I, S. 219.

[82] *Gamillscheg*, Arbeitsrecht I, S. 219.

[83] Anderer Ansicht wohl *Waltermann*, NZA 1991, S. 754 (759) für („in erster Linie“) beschäftigungspolitisch motivierten Arbeitszeitregelungen.

[84] *Dieterich*, RdA 2002, S. 1 (10).

[85] *Rieble*, ZTR 1993, S. 54 (56).

gewähr des Tarifvertrages nicht mehr gegeben[86]. Art. 9 Abs. 3 S. 1 GG entfaltet damit seine Schutzwirkung ebensowenig gegenüber allgemein arbeits- und wirtschaftspolitischen und arbeits- und wirtschaftsrechtlichen Koalitionszielen, wie gegenüber allgemein politischen Zielen und privaten Angelegenheiten von Arbeitnehmern und Arbeitgebern[87].

Es stellt auch keine unzulässige Tarifzensur dar, wenn in diesem Rahmen auf die Regelungsmotivation der Tarifvertragsparteien abgestellt wird[88]. Denn Art. 9 Abs. 3 S. 1 GG legt mit der Formulierung „zur Wahrung und Förderung der Arbeits- und Wirtschaftsbedingungen" selbst eine Zweckbestimmung nahe und begrenzt damit zugleich die Reichweite der Regelungskompetenz der Tarifvertragsparteien[89]. Eine Analyse der von den Tarifvertragsparteien verfolgten Ziele ist darüber hinaus schon allein deswegen notwendig, weil diese Ziele für sich genommen schon nicht gegen Gesetze oder Grundrechte verstoßen dürfen. Bei der Frage nach der Vereinbarkeit einer tarifvertraglichen Regelung mit den Grundrechten ist das Regelungsziel im Rahmen des Verhältnismäßigkeitsgrundsatzes bedeutsam, bei dem das mit der Regelung verfolgte Ziel den betroffenen Grundrechtspositionen gegenübergestellt wird.

II. Tarifautonomie als Abwehrrecht

Durch das Abwehrrecht der Tarifautonomie aus Art. 9 Abs. 3 S. 1 GG ist der koalitionsmäßige Einigungsprozess als solcher bzw. die vertragliche Vereinbarungsbefugnis der Tarifvertragsparteien geschützt - also das Aushandeln und der Abschluss von Tarifverträgen im Rahmen der Arbeits- und Wirtschaftsbedingungen[90].

---

[86] *Rieble*, ZTR 1993, S. 54 (56), der jedoch die Frage nach einer Zulässigkeit beschäftigungspolitischer Regelungen nicht an Art. 9 Abs. 3 S. 1 GG, sondern allein an (dem engeren) § 1 TVG misst, da er der Ansicht ist, der Umfang der Tarifmacht sei mit dem TVG abschließend geregelt; die Begrenzung der tariflich regelbaren Gegenstände in § 1 TVG wäre völlig entwertet, wenn sich die tarifliche Regelbarkeit nicht abschließend aus dem TVG, sondern aus dem weiten Begriff der Arbeits- und Wirtschaftsbedingungen des Art 9 Abs. 3 GG ergäbe, vgl. *Rieble*, ZTR 1993, S. 54 (55); die Frage nach einer Regelungsbefugnis bezüglich beschäftigungspolitischer Ziele wird auch vor dem Hintergrund einer Verletzung der Berufsfreiheit diskutiert, vgl. *Scholz*, ZfA 1981, S. 265 (295); *Gitter/Boerner*, RdA 1990, S. 129 (134).

[87] *Löwer*, Rn. 61.

[88] So aber *Rieble*, RdA 1997, S. 134 (S. 56 f.).

[89] *Waltermann*, NZA 1991, S. 754 (756).

[90] So auch *Waltermann*, FS für Söllner, S. 1251 (1261); im Ergebnis ebenso *Kemper*, Koalitionsfreiheit, S. 118: Die typische Konstellation zwischen eingreifendem Staat und in seinen individuellen Belangen zu schützenden Grundrechtsträger sei hier modifiziert durch die „Bipolarität" der den Tarifparteien in ihrer korrelativen Betätigung gewährten Freiheit: Es gehe dem Art. 9 Abs. 3 S. 1 GG beim Schutz der Tarifautonomie wesentlich um die Gewährleistung der Freiheit beim Ausgleich der antagonistischen Interessen im Verfahren koalitionsmäßiger Einigung der Koalitionen untereinander. Garantiert werde insoweit die Freiheit bei der eigentlichen Verhandlungsführung selbst.

1. Keine Ausschließlichkeit zwischen Tarifautonomie und gesetzgeberischer Regelung

Der Schutzbereich der Tarifautonomie des Art. 9 Abs. 3 S. 1 GG wird teilweise enger gezogen. Sie verbürge lediglich das Recht der Tarifvertragsparteien, in dem Bereich, der nicht von der staatlichen Gesetzgebung besetzt sei, mittels Tarifverträgen Regelungen zu erlassen[91]. Staatliche Regelungen seien immer dann möglich, wenn die Regelung Teil eines wirtschaftlichen oder arbeitsmarktpolitischen Gesamtkonzepts sei, aus der sozialstaatlichen Verpflichtung resultiere und keinen generellen funktionalen Ausschluss der Tarifvertragsparteien von der Normsetzung bedeute[92].

Dieser Ansatz enthält eine nicht gerechtfertigte Verkürzung der Tarifautonomie. Es besteht gar nicht die Notwendigkeit, die staatliche Regelungskompetenz von der tariflichen im Sinne einer Ausschließlichkeit abzugrenzen, indem die Tarifautonomie insgesamt nur den Bereich umfassen soll, der vom Gesetzgeber freigelassen wird. Die Tarifautonomie kann grundsätzlich ihrem Schutzzweck nach eingreifen, der staatliche Gesetzgeber trotzdem Rechtsnormen zulässigerweise erlassen - zumindest, wenn zwischen Tarifautonomie und Normsetzungsbefugnis differenziert wird. In diesem Sinne ist zu unterscheiden zwischen dem Grundtatbestand des Tarifvertrages als Form des verfassungsrechtlichen Verfahrenstypus „Koalitionseinigung" und dem rechtstechnischen Tatbestand des Tarifvertrages als Instrument „koalitionsrechtlicher Normsetzung"[93]. Wie bereits dargelegt, garantiert Art. 9 Abs. 3 S. 1 GG nicht unmittelbar die Befugnis zur Normsetzung durch Tarifvertrag[94]. Die Normsetzungsbefugnis der Tarifvertragsparteien beruht vielmehr auf dem staatlichen Geltungsbefehl der §§ 1 Abs. 1, 4 Abs. 1 TVG. Das Recht aus Art. 9 Abs. 3 S. 1 GG müsste ansonsten eine besondere gesellschaftsautonome Satzungsgewalt aufnehmen. Dies wäre ein Ergebnis, das mit der grundrechtlichen (und damit insbesondere freiheitsrechtlichen) Struktur der Koalitionsfreiheit unvereinbar wäre[95]. Die den Tarifvertragsparteien eingeräumte Autonomie bezeichnet vielmehr rechtlich insgesamt den Bereich, der den Tarifvertragsparteien zur Selbstregelung eigener Angelegenheiten überlassen ist und kann damit nicht auf die Regelung eines Lebensbereichs durch Sätze objektiven Rechts beschränkt werden. Der Tarifautonomie unterfällt also der Tarifvertrag als ein Verfahrenstypus der Koalitionseinigung. Irrelevant ist damit auch, ob in dem jeweiligen Tarifvertrag normative Bestimmungen gesetzt werden oder ob lediglich schuldrechtliche Vereinbarungen getroffen werden.

[91] *Heise*, S. 222.
[92] *Heise*, S. 222.
[93] *Scholz*, Koalitionsfreiheit, S. 55.
[94] So auch *Scholz*, Koalitionsfreiheit, S. 55.
[95] *Scholz*, Koalitionsfreiheit, S. 55.

2. Tarifvertragsabschlussfreiheit

Art. 9 Abs. 3 S. 1 GG gewährleistet demnach mit der Tarifautonomie die Möglichkeit zum grundsätzlich staatlicherseits unbeeinflussten Abschluss von Tarifverträgen als klassische Form der Tätigkeit der Koalitionen[96]. Als Abwehrecht im status negativus garantiert sie nur die Freiheit, Kollektivverträge zu schließen, mithin die reine Vertragsabschlussfreiheit. Diese umfasst die Entscheidungsfreiheit bezüglich des „Ob" des Vertragsschlusses und des „Wie", also des Inhalts des Tarifvertrages[97].

a) Grundsätzliche Tarifvertragsabschlussfreiheit

Der Gesetzgeber ist durch dieses Freiheitsrecht zunächst daran gehindert, den Tarifvertragsparteien die Regelung der Arbeits- und Wirtschaftsbedingungen durch Tarifvertrag gänzlich zu untersagen. Die Zuordnung der Tarifautonomie zur Koalitionsbetätigungsfreiheit bedeutet somit, dass die „Institution" der Tarifverträge - also die grundsätzliche Tarifvertragsabschlussfreiheit - nicht abgeschafft werden darf[98]. Darüber hinaus muss den Koalitionen ein Bereich verbleiben, in dem sie ihre Sache selbst in die Hand nehmen können[99]. Eine verfassungsrechtlich unzulässige Aushöhlung der Tarifautonomie liegt damit vor, wenn ihr vom Gesetzgeber sämtliche Regelungsgegenstände entzogen werden[100]. Der staatliche Gesetzgeber darf demnach nicht durch eine flächendeckende zwingende Gesetzgebung das Betätigungsfeld der Tarifvertragsparteien faktisch usurpieren[101].

b) Keine Garantie des Tarifvertragsinhalts

Dies schließt aber nicht aus, dass der Staat, wenn er es für notwendig hält, eine oder mehrere ganz bestimmte Arbeitsbedingungen zwingend, auch vorübergehend, selbst festsetzt[102]. Denn der Staat muss handeln können, und das nicht nur in extremen Notsituationen. Insofern stellt sich das Verhältnis der Koalitionen zur Staatsgewalt ähnlich dar wie das der Vertragsfreiheit zur Möglichkeit des Staates, Verträge zu gestalten[103]. Der Schutz der Tarifautonomie umfasst

---

[96] Ähnlich *Lambrich*, S. 255: „Absoluten Schutz genießt diese (die Tarifautonomie) von Verfassungs wegen lediglich, soweit den Koalitionen durch die Schaffung oder Auslegung einfachen Rechts gänzlich die Befugnis genommen wird, die Lohn- und Arbeitsbedingungen für ihre Mitglieder durch normativ wirkende Gesamtvereinbarung zu reglementieren, oder jene faktisch völlig überflüssig werden".

[97] Vgl. auch *Kissel*, NZA 1995, S. 1.

[98] *Henssler*, ZfA 1998, S. 1 (13).

[99] *Dietz*, Verhandlungen des 46. DJT, Diskussion, S. 51.

[100] *Volkmann*, S. 1 (27).

[101] *Henssler*, ZfA 1998, S. 1 (13).

[102] *Dietz*, Verhandlungen des 46. DJT, Diskussion, S. 50.

[103] *Dietz*, Verhandlungen des 46. DJT, Diskussion, S. 50.

zwar die Entscheidungsfreiheit der Tarifvertragsparteien bezüglich des Inhalts der Tarifverträge, nicht dagegen den Inhalt der Tarifverträge selbst. Eine generelle Tabu-Zone kann es schon angesichts der uneingeschränkten Zuständigkeit des staatlichen Gesetzgebers für das Arbeitsrecht gem. Art. 74 Abs. 1 Nr. 12 GG nicht geben[104]. Würde darüber hinaus der Tarifvertragsinhalt als durch die Tarifautonomie geschützt angesehen, so würde dieser Inhalt im Ergebnis durch Art. 9 Abs. 3 S. 1 GG vorbehaltslos geschützt. Dadurch würde den Koalitionen die Macht zugesprochen, selbständig allein durch Regelung bestimmter Arbeits- und Wirtschaftsbedingungen den Gesetzgeber an die von ihnen festgelegten Inhalte zu binden und zugleich ihren Regelungsrahmen selbst zu bestimmen. Eine derartige Emporhebung jeglichen Tarifvertragsinhalts auf solchermaßen verfassungsrechtliches Niveau würde bedeuten, den Gesetzgeber bei einer innerhalb seiner Zuständigkeit liegenden abweichenden Regelung zur Rechtfertigung an die hohe Schranke des kollidierenden Verfassungsrechts zu binden - auch dann, wenn er lediglich im Rahmen der Wahrnehmung seiner sozialstaatlichen Verantwortlichkeit handelt. Wenn insoweit für den konkreten Inhalt von Tarifverträgen nicht der Schutzbereich der Tarifautonomie einschlägig ist, so ist diesbezüglich auf das Auffanggrundrecht der allgemeinen Handlungsfreiheit aus Art. 2 Abs. 1 i.V.m. 19 Abs. 3 GG zurückzugreifen. Diese steht unter der Schranke der verfassungsmäßigen Ordnung, zu der jedes formell und materiell verfassungsmäßige Gesetz zählt. Maßgebliche Grenze für den Gesetzgeber ist dann der Grundsatz der Verhältnismäßigkeit. Daraus ergibt sich, dass es für den Gesetzgeber keine von den Tarifvertragsparteien geregelten Inhalte geben kann, die er nicht auch abweichend regeln könnte. Je intensiver ein Eingriff in den Inhalt von Tarifverträgen ist, desto höhere Anforderungen sind an Geeignetheit, Erforderlichkeit und Angemessenheit der gesetzlichen Regelung zu stellen.

Dies gilt selbst für die Regelung von Lohn- und Arbeitszeitfragen, die zumeist ausschließlich den Tarifvertragsparteien vorbehalten wird. Sie gehörten zu den „Essentialia tarifvertraglicher Vereinbarungsbefugnis“[105]. Würden diese vom Staat festgeschrieben, drohe die Gewährleistung der Tarifautonomie als der Freiheit des gemeinsamen Regelungsverfahrens als solchem mangels eines wirklich relevanten Regelungsgegenstandes leerzulaufen[106]. Jedoch ist diese Feststellung pauschal nicht haltbar. Denn der Staat kann auch solche Fragen regeln, soweit er sich im Rahmen des Verhältnismäßigen hält, die Regelungen also dem Umfang nach sachlich und zeitlich beschränkt[107]. Beispielsweise ermöglicht eine befristete Regelung von tariflich normierten Fragen eine weniger intensive

---

[104] *Wiedemann*, Tarifvertragsgesetz, Einl. Rn. 141.
[105] Vgl. *Kemper*, Koalitionsfreiheit, S. 123 m.w.N.
[106] *Kemper*, Koalitionsfreiheit, S. 123.
[107] *Kemper*, Koalitionsfreiheit, S. 124.

Beschränkung des Tarifinhalts als eine zeitlich unbeschränkte Verdrängung der tariflichen Normen. Im Hinblick darauf, dass es sich bei der Regelung von Lohn- und Arbeitszeitfragen um Kernfragen der Arbeitsverhältnisse handelt, sind jedoch hohe Anforderungen an den vom Gesetzgeber mit der Regelung verfolgten Zweck zu stellen.

c) Unbeeinflusste Koalitionseinigung

Neben den oben genannten Eingriffen in die grundsätzliche Tarifvertragsabschlussfreiheit sind unmittelbare gesetzgeberische Eingriffe in den Koalitionseinigungsprozess verfassungswidrig, da kein Gesichtspunkt im Rahmen kollidierenden Verfassungsrechts denkbar ist, der solche Eingriffe in die Tarifautonomie verfassungsrechtlich rechtfertigen könnte[108]. Sowohl bei direkten Maßgaben an den Auseinandersetzungsprozess der Tarifparteien als auch der zwingenden Vorgabe von Tarifvertragsinhalten würde vielmehr die staatliche Neutralitätspflicht beeinträchtigt[109], die die Nichteinmischung des Staates als Voraussetzung und Folge des Bestehens von Waffengleichheit zwischen den Tarifvertragsparteien gebietet[110]. Gerade der Gedanke der „materiellen Richtigkeitsgewähr" des Tarifvertrages bildet die Grundlage der Tarifautonomie. Jedoch kann die Vermutung für diese „materielle Richtigkeitsgewähr" nur dann zutreffen, wenn möglichst gleiche Verhandlungschancen bestehen[111], der Staat sich also aus dem tarifvertraglichen Einigungsprozess heraushält und keine zwingenden Vorgaben bezüglich des Inhalts von Tarifverträgen trifft.

d) Unzulässigkeit von Zwangsschlichtung

Vor dem Hintergrund, dass die Tarifautonomie die Tarifvertragsabschlussfreiheit gewährleistet, wäre eine staatliche Zwangsschlichtung verfassungswidrig[112]. Bei Zwangsschlichtungssprüchen, die für die Tarifparteien bindend sind, handelt es sich um „zwingende Regelungssprüche mit Gesamtvereinbarungswirkung"[113]. Ein solcher Spruch hat die Wirkung eines Tarifvertrages, indem er diesen im Umfang seiner Regelungswirkung substituiert[114]. Legislative Ermächtigungen zu derartigen zwingenden staatlichen Schiedssprüchen fanden sich beispielswei-

[108] So auch *Kemper*, Koalitionsfreiheit, S. 123.
[109] So auch *Kemper*, Koalitionsfreiheit, S. 123.
[110] *Gamillscheg*, Arbeitsrecht I, S. 187 f.
[111] *Löwer*, Rn. 58.
[112] So begründungslos in einem obiter dictum BVerfGE 18, S. 18 (30); ebenso *Rüthers*, Tarifautonomie und gerichtliche Zwangsschlichtung, S. 27, 29 ff.; *Gamillscheg*, Arbeitsrecht I, S. 1304 m.w.N.
[113] So für das freiwillige Schlichtungsverfahren *Dietz*, Die Koalitionsfreiheit, S. 417 (897).
[114] *Weber*, Koalitionsfreiheit und Tarifautonomie als Verfassungsproblem, S. 44.

se in § 18 der badischen Landesschlichtungsordnung vom 19.10.1949[115] sowie in Art. XVI DVO NRW zum Kontrollratsgesetz Nr. 35[116] i.V.m. Art. II 2 Kontrollratsgesetz Nr. 35 vom 20.8.1946[117], wobei jeweils die Wahrung übergeordneter öffentlicher Interessen den Grund der Regelung bildete. Im Falle einer Zwangsschlichtung würde gegen die durch die Tarifvertragsabschlussfreiheit garantierte Entscheidungsfreiheit sowohl bezüglich des „Ob" eines Tarifvertragsabschlusses als auch bezüglich des „Wie" - also des Tarifvertragsinhalts - verstoßen. Dementsprechend hat es bisher auch noch keinen Versuch einer solchen Zwangsschlichtung gegeben.

Trotz alldem wird teilweise eine staatliche Zwangsschlichtung auch im Hinblick auf Art. 9 Abs. 3 S. 1 GG für zulässig erachtet, wenn ein „ernster und akuter öffentlicher Notstand" besteht[118], wenn sie zur Abwehr des Extremfalls eines „Mißbrauchs der koalitionsrechtlichen Kampffreiheit" erforderlich ist, etwa durch einen zu Ruinierungszwecken geführten Arbeitskampf[119] oder in außerordentlichen Lagen, ungewöhnlichen Gefährdungen Dritter oder Fällen, in denen der Bestand eines ganzen Industriezweigs bedroht ist[120]. Ein zu solchen Zwecken geführter Arbeitskampf sei rechtswidrig und vom Gericht zu verbieten[121]. Hier falle der Zwangsschlichtung die Aufgabe zu, die konsensfeindliche (desintegrierend eingestellte) Koalition in die Grenzen der ihr - aus Konsens- bzw. Integrationsgründen - gewährten Koalitionsfreiheit zurückzuverweisen[122].

Wie diese Einschränkungen deutlich machen, ist hier jedoch im Ergebnis nicht eine Zwangsschlichtung durch Festlegung eines verbindlichen Tarifvertragsinhalts gewollt, sondern vielmehr die Beendigung eines rechtswidrigen, schädigenden Streiks. Es soll also gar nicht die Tarifautonomie beschränkt werden, sondern vielmehr nur die Arbeitskampffreiheit. Von der Betätigungsgarantie des Art. 9 Abs. 3 S. 1 GG geschützt ist aber nur der rechtmäßige Arbeitskampf, so dass ein gerichtliches Verbot eines rechtswidrigen Arbeitskampfes das Grundrecht der Koalitionsfreiheit gar nicht berührt und ein solches Verbot eine Zwangsschlichtung entbehrlich macht. Diese Fallgruppen als Einschränkungen einer sonst unzulässigen Zwangsschlichtung zu diskutieren, ist also verfehlt. Denn um ihnen Rechnung zu tragen, genügt die Feststellung der Rechtswidrigkeit des Arbeitskampfes und dessen notfalls gerichtlich erzwungene Beendigung.

115 Abgedruckt bei *Wiedemann/Stumpf*, Anhang 15.
116 Abgedruckt bei *Wiedemann/Stumpf*, Anhang 19.
117 Abgedruckt bei *Wiedemann/Stumpf*, Anhang 14.
118 *Weber*, Koalitionsfreiheit und Tarifautonomie als Verfassungsproblem, S. 45.
119 *Scholz*, Koalitionsfreiheit, S. 327.
120 *Gamillscheg*, Arbeitsrecht I, S. 1304.
121 *Gamillscheg*, Arbeitsrecht I, S. 1304.
122 *Scholz*, Koalitionsfreiheit, S. 327.

Es bedarf in diesen Fällen vielmehr keiner staatlichen Festlegung des durch den rechtswidrigen Arbeitskampf gewollt erzwungenen Tarifinhalts, da keine der potentiellen Tarifparteien einen Anspruch gegen die andere Tarifpartei auf Abschluss eines Tarifvertrages hat und auch keine allgemeine Rechtspflicht zum Abschluss eines Tarifvertrages besteht[123]. Dies ergibt sich schon aus der allgemeinen Tarifvertragsabschlussfreiheit. Zudem wäre es schwierig, den Inhalt eines solchen Anspruchs zu konkretisieren und ihn zu vollstrecken. Wenn dagegen angeführt wird, die Verpflichtung auf die Partnerschaft verbinde auch zur Aufnahme und Führung von fairen Verhandlungen[124], so kann dem nicht gefolgt werden. Jedenfalls würde die Pflicht zur Tarifverhandlung keine Pflicht zum Abschluss bzw. zum Nachgeben gegenüber der anderen Seite mit sich bringen[125]. Da eine unwillige Partei sich in Scheinverhandlungen flüchten könnte, ohne dass dies zu verhindern wäre, würde eine solche Verhandlungspflicht de facto leerlaufen. Denn die innere Einstellung zu den Verhandlungen ist gerade nicht überprüfbar. Es macht jedoch keinen Sinn, eine Verpflichtung aufzustellen, die - von vornherein offensichtlich - nicht überprüft und ein Verstoß nicht sanktioniert werden kann. Aus diesem Grunde ist mit der Rechtsprechung nicht von einer Pflicht zu Tarifverhandlungen auszugehen. Selbst bei einem „schuldhaften“ oder „böswilligen“ Scheitern der Tarifverhandlungen fehlt der Zwangsschlichtung als Fiktion eines solchen Tarifabschlusses damit die Grundlage[126].

Eine staatliche Zwangsschlichtung ist demzufolge immer mit Art. 9 Abs. 3 S. 1 GG unvereinbar. Denn sie würde die durch die Tarifautonomie garantierte Tarifvertragsabschlussfreiheit verletzen, die den Tarifvertragsparteien auch die Entscheidung über das „Ob“ eines Tarifvertragsabschlusses überlässt. Die Freiheit über das „Ob“ eines Tarifvertragsschlusses ist als unverzichtbare Voraussetzung der Entscheidung über das „Wie“, also den Tarifvertragsinhalt, vorgeschaltet.

3. Gesetzliche Tariföffnungsklauseln

Das Verhältnis von Tarifautonomie und Betriebsautonomie ist zwar kein unmittelbares Verhältnis zwischen Gesetz und Tarifvertrag. Jedoch könnte der Gesetzgeber durch gesetzliche Tariföffnungsklauseln die betrieblichen Regelungsmöglichkeiten - insbesondere die Betriebsvereinbarung - kraft Gesetzes stärken mit der Folge, dass Tarifverträge zugunsten der Betriebsvereinbarung dispositiv

[123] BVerfGE 20, S. 312 (320); BAGE 14, S. 282 (287 ff.); anders *Gamillscheg*, Arbeitsrecht I, S. 275 ff. m.w.N. zum Meinungsstand in der Literatur.
[124] *Gamillscheg*, Arbeitsrecht I, S. 276.
[125] *Gamillscheg*, Arbeitsrecht I, S. 277.
[126] So auch *Kemper*, Koalitionsfreiheit, S. 129.

werden[127]. Eine solche Stärkung der Betriebsautonomie gegenüber der Tarifautonomie durch den Gesetzgeber könnte mithin als mittelbarer Eingriff in die Tarifautonomie zu qualifizieren sein. Bei gesetzlichen Tariföffnungsklauseln handelt es sich um gesetzliche Bestimmungen, die im Verhältnis zu einem Tarifvertrag, der gerade keine Öffnungsklausel für betriebliche Regelungen im Sinne des § 77 Abs. 3 S. 2 BetrVG enthält, eine Öffnung für betriebliche Regelungen schafft[128]. Dabei wird eine Verlagung der Regelungsbefugnisse auf die Betriebspartner als ein Flexibilisierungsinstrumentarium angesehen, das eine kontrollierte Dezentralisierung der Gestaltung der Arbeitsbedingungen ermöglicht[129].

Denkbar sind hier zum einen inhaltlich begrenzte Öffnungsklauseln. Dabei dürften Öffnungsklauseln im Vordergrund stehen, die sich auf die Arbeitszeit beziehen. Sie könnten die Verlängerung oder Verkürzung der Arbeitszeit betreffen oder einen Korridor zugelassener Arbeitszeit definieren, der den erwarteten Schwankungen der betrieblichen Auftragslage Rechnung trägt. Weniger verbreitet sind Öffnungsklauseln, die sich auf die Arbeitsentgelte beziehen. In Betracht käme hier die Möglichkeit der Unterschreitung von Tariflöhnen, sofern dies Entlassungen verhindert. Zum anderen ist eine unbedingte Öffnung von Gesetzes wegen denkbar. So tritt der ***Wissenschaftliche Beirat beim Bundesministerium für Wirtschaft und Arbeit*** in seinem Gutachten „Tarifautonomie auf dem Prüfstand"[130] aus dem Jahre 2004 dafür ein, den Tarifvertrag von Gesetzes wegen für eine flexible Anwendung zu öffnen. Am Besten sei eine Öffnungsklausel, die inhaltlich nicht konditioniert sei. Für die Begründung einer Abweichung vom Tarifvertrag im konkreten Fall reiche dann aus, dass sie prinzipiell zulässig und in der vom Gesetz geforderten Form beschlossen worden sei[131]. Als dritte Alternative kommen Öffnungsklauseln in Betracht, deren Inanspruchnahme von bestimmten Bedingungen (zum Beispiel dem Überschreiten einer bestimmten Arbeitslosigkeitsgrenze im Gebiet des Tarifvertrages) abhängt. Die Einhaltung dieser Bedingungen als einengende gesetzliche Tatbestandsmerkmale unterlägen dann einer richterlichen Kontrolle. Gesetzliche Öffnungsklauseln könnten auch mit dem Günstigkeitsprinzip verknüpft werden, so dass eine Abweichung von tariflichen Regelungen durch betriebliche Vereinbarung zulässig wäre, wenn sie

[127] An dieser Stelle kann jedoch keine umfassende, dem komplexen Problem des Verhältnisses von Tarifautonomie und Betriebsautonomie gerecht werdende Behandlung erfolgen, vielmehr wird nur auf die Bezüge zum vorliegenden Thema eingegangen.

[128] *Kissel*, NZA 1995, S. 1 (5).

[129] *Döttger*, S. 17.

[130] Bundesministerium für Wirtschaft und Arbeit, Dokumentation Nr. 531, Download unter www.bmwi.bund.de/Redaktion/Inhalte/Downloads/doku531-tarifautonomie.property=pdf.pdf.

[131] Bundesministerium für Wirtschaft und Arbeit, Dokumentation Nr. 531, Tarifautonomie auf dem Prüfstand, S. 25.

eine Änderung zu Gunsten des Arbeitnehmers enthielte. Eine zurückhaltende Variante begrenzt mit einer gesetzlichen Ausnahmeklausel eine Öffnung von Tarifverträgen auf das Vorliegen einer konkret festzustellenden Notsituation[132]. Vor dem Hintergrund dieser vielfältigen Gestaltungsmöglichkeiten gesetzlicher Tariföffnungsklauseln stellt sich die Frage, ob solche Öffnungsklauseln im Hinblick auf die Tarifautonomie überhaupt zulässig sind.

Der Gesetzgeber ist - entgegen viel geäußerter Ansicht[133] - nicht durch die Tarifautonomie gehindert, diesen unbedingten Vorrang des Tarifvertrages gegenüber der Betriebsvereinbarung abzuschwächen oder aufzuheben[134]. Denn allein die Gewährleistung von Tarifautonomie durch die Koalitionsfreiheit bedeutet nicht die Pflicht des Gesetzgebers, die Tarifautonomie als den Bereich der Selbstregelung eigener Angelegenheiten zwischen den Tarifvertragsparteien gegenüber anderen Instituten im Sinne eines absoluten Vorrangs derselben absichern zu müssen. Eine solche Annahme lässt sich nicht aus Art. 9 Abs. 3 S. 1 GG ableiten, der nicht einmal die unmittelbare und zwingende Wirkung des Tarifvertrages beinhaltet und diese vor dem Hintergrund anderweitiger Ausgestaltungsmöglichkeiten des Tarifvertragssystems durch den Gesetzgeber auch nicht fordern kann[135]. Gesetzliche Öffnungsklauseln sind damit grundsätzlich zulässig, denn das Grundgesetz räumt den Koalitionen nicht einen unbegrenzten und unbegrenzbaren Handlungsspielraum ein[136]. Vor allem garantiert die Tarifautonomie nicht die Ausschließlichkeit ihrer selbst[137]. Dass die Tarifautonomie von Art. 9 Abs. 3 S. 1 GG geschützt ist, steht einer Erweiterung der Befugnisse der

---

[132]Vgl. *Junker*, ZfA 1996, S. 383 (396), der allein diese gesetzliche Öffnungsklausel für mit Art. 9 Abs. 3 S. 1 GG vereinbar hält; *Ruoff*, 169 ff., 181 ff.

[133]Vgl. *Junker*, ZfA 1996, S. 383 (394 ff.) m.w.N.

[134]*Ruoff*, S. 164 ff.; so auch der Wissenschaftliche Beirat des Bundesministeriums für Wirtschaft und Arbeit, Dokumentation Nr. 531, Tarifautonomie auf dem Prüfstand, S. 30 ff.; anderer Ansicht für eine allgemeine betriebliche Öffnungsklausel ohne tatbestandliche Einschränkung *Konzen*, NZA 1995, S. 913 (919).

[135]Anderer Auffassung ist *Volkmann*, S. 1 (27 f.): die Grenze der Zulässigkeit sei überschritten, wenn der Tarifvertrag um seine Normativität gebracht werde; eine allgemeine gesetzliche Öffnungsklausel zugunsten den Betriebsparteien sei insofern verfassungswidrig; ähnlich auch *Junker*, ZfA 1996, S. 383 (395): „Eine allgemeine betriebliche Öffnungsklausel ohne tatbestandliche Einschränkung wäre schlicht das Ende der Tarifautonomie".

[136]*Kissel*, NZA 1995, S. 1 (5).

[137]Ähnlich *Lambrich*, S. 175: „Zwar genießt die Tarifautonomie trotz fehlender expliziter Nennung im Verfassungstext als Ausfluss der individuellen Koalitionsfreiheit grundrechtlichen Schutz, doch führen zum einen die durch die negative Koalitionsfreiheit errichtete Schranke und zum anderen insbesondere die entwicklungspolitische Offenheit des Art. 9 Abs. 3 S. 1 GG dazu, dass ein verfassungsrechtlicher Primat der tariflichen gegenüber der betrieblichen Mitbestimmung gleichwohl nicht angenommen werden kann. Absoluten Schutz verlangt die Verfassung auf Grund der Wesensgehaltsgarantie gem. Art. 19 Abs. 2 i.V.m. Art. 9 Abs. 3 GG für die Tarifautonomie vielmehr lediglich insoweit, als die Gefahr besteht, dass diese durch die sachliche Reichweite betrieblicher Normsetzung faktisch überflüssig wird".

Betriebsparteien nicht entgegen, da diese an der grundsätzlichen Möglichkeit des Abschlusses von Tarifverträgen nichts ändert. Es wird weder auf die allein durch die Tarifautonomie geschützte grundsätzliche Tarifvertragsabschlussfreiheit, noch auf die Freiheit über die Entscheidung des Inhalts von Tarifverträgen Einfluss genommen. Die überbetrieblichen Kollektive von Arbeitnehmern und Arbeitgebern können Tariflöhne und Arbeitsbedingungen auch weiterhin vereinbaren. Durch gesetzliche Tariföffnungsklauseln werden lediglich bestimmte Inhalte von Tarifverträgen zur Disposition der Betriebspartner gestellt. Die Gewährleistung des Inhalts von Tarifverträgen fällt jedoch gerade nicht in den Schutzbereich der Koalitionsfreiheit, sondern allein in den Schutzbereich der allgemeinen Handlungsfreiheit.

Darüber hinaus besteht für die Betriebspartner im Normalfall auch kein Grund zur Abweichung durch Betriebsvereinbarung, wenn ein Tarifvertrag die den Tarifverträgen grundsätzlich immanente materielle Richtigkeitsgewähr tatsächlich bietet. Wenn dagegen ein Bedürfnis nach Abweichung von einem geltenden Tarifvertrag besteht, lässt sich daraus im Umkehrschluss folgern, dass für das betreffende Unternehmen die Richtigkeitsgewähr des Tarifvertrages wohl (momentan) nicht besteht und damit auch ein Abweichen vom Tarifvertrag gerechtfertigt ist.

Einschränkend ist vor dem Hintergrund dieser Überlegung jedoch zu fordern, dass im konkreten Fall nur durch eine freiwillige Vereinbarung im Sinne des Betriebsverfassungsgesetzes, nicht dagegen durch einen Spruch der Einigungsstelle, vom Tarifvertrag abgewichen werden kann. Ansonsten wäre die Lösung mangels Freiwilligkeit und Rückhalt in der Belegschaft und beim Arbeitgeber nicht sachgerecht. Des weiteren dürfen die auf Grund von Tariföffnungsklauseln getroffenen Betriebsvereinbarungen nicht bestehende Tarifverträge vollständig ersetzen, sondern müssen diese ergänzen oder von ihnen abweichen[138]. Denn wie der Name schon sagt, handelt es sich um Tarif*öffnungs*klauseln und nicht um Tarif*abschaffungs*klauseln.

[138] So auch der Wissenschaftliche Beirat des Bundesministeriums für Wirtschaft und Arbeit, Dokumentation Nr. 531, Tarifautonomie auf dem Prüfstand, S. 25.

Kapitel 6

Die Entscheidungen des BVerfG vor dem Hintergrund des eigenen Ansatzes

A. Zweitregisterentscheidung

Nach dem hier gefundenen Ansatz stellte die Regelung des § 21 Abs. 4 S. 1 bis 3 FlRG keinen Eingriff in das Grundrecht der Koalitionsfreiheit aus Art. 9 Abs. 3 S. 1 GG dar. Durch keinen der Sätze wurde die Tarifvertragsabschlussfreiheit der Gewerkschaften mit deutschen Reedern beeinträchtigt. Auch wenn Satz 3 eine automatische Erfassung ausländischer Gewerkschaftsmitglieder vom Tarifvertrag verhinderte und die deutschen Gewerkschaften daher gezwungen waren, in den Tarifverhandlungen eine Erstreckungsklausel gesondert durchzusetzen, um ihre eigenen Mitglieder unter den Seeleuten im Sinne des § 21 Abs. 4 S. 1 und 2 FlRG in den Genuss der im Tarifvertrag vereinbarten Leistung zu bringen, so stellte dies noch keinen Eingriff in den Schutzbereich des Art. 9 Abs. 3 S. 1 GG dar. Zwar ist der Abschluss von Tarifverträgen für alle in einer Gewerkschaft organisierten Arbeitnehmer zentraler Bestandteil der Koalitionsfreiheit dieser Gewerkschaft[1]. Das Gesetz verhinderte jedoch gerade nicht den Abschluss von Tarifverträgen für ausländische, gewerkschaftsangehörige Seeleute. Denn jedenfalls bestand mit der Vereinbarung einer Erstreckungsklausel weiterhin die Möglichkeit, auch solche Gewerkschaftsmitglieder in den Tarifvertrag mit einzubeziehen. Dies galt auch für solche ausländische Gewerkschaftsmitglieder, die auf Grund des

[1] BVerfGE 92, S. 26 (45).

§ 21 Abs. 4 S. 3 FlRG aus einem bereits abgeschlossenen Tarifvertrag „herausfielen“. Denn auch hier wurde nicht die grundsätzliche Freiheit zum Abschluss von Tarifverträgen für diese Gewerkschaftsmitglieder an sich beeinträchtigt. Vielmehr blieb auch für diese Seeleute der Abschluss von Tarifverträgen weiterhin zulässig, bedurfte jedoch der Vereinbarung einer Erstreckungsklausel. Demnach wurde weder die Freiheit des Abschlusses von Tarifverträgen noch die Entscheidungsfreiheit über den Inhalt von Tarifverträgen tangiert[2].

Dass die Verhandlungsposition der Gewerkschaften zur Durchsetzung einer solchen Erstreckungsklausel gegebenenfalls geschwächt war, weil sie zu diesem Zweck zusätzlichen Druck ausüben oder an anderer Stelle Entgegenkommen zeigen mussten, ändert an diesem Ergebnis nichts. Unter der Prämisse der Schwächung der Verhandlungsposition müsste dann bereits jedes tarifdispositive staatliche Gesetz einen Eingriff in die Tarifautonomie darstellen, da die belastete Tarifvertragspartei auch in solchen Fällen zur Abbedingung des Gesetzes in anderen Fragen des Tarifvertrages nachgeben müsste und die Verhandlungsposition dieser Partei dementsprechend geschwächt wäre. Der Gesetzgeber könnte bei einer solchen Argumentation also keinerlei Regelung mehr treffen, ohne seine staatliche Neutralitätspflicht zu verletzen und in die Tarifautonomie des Art. 9 Abs. 3 S. 1 GG einzugreifen.

In diesem Sinne bemerkte selbst das BVerfG, den deutschen Gewerkschaften werde durch die erwähnte Vorschrift nicht das Recht entzogen, ausländische Seeleute aufzunehmen oder zu vertreten[3]. Es erkannte also selbst an, dass in diesem Verfahren nur eine faktische Beeinträchtigung der Gewerkschaften zu beurteilen war. Die Argumentation, die das BVerfG wählte, setzt jedoch voraus, dass die Koalitionsfreiheit die deutschen Gewerkschaften überhaupt vor einer derartigen Erschwerung ihrer Betätigung infolge der Anwendung ausländischen Arbeits- und Tarifrechts schützen soll. Das Urteil ging dagegen auf den Schutzbereich der vorbehaltslos gewährleisteten Koalitionsfreiheit gar nicht erst ein, sondern wandte sich sofort der weiten Gestaltungsbefugnis des Gesetzgebers und den Schranken zu.

Da mithin der Schutzbereich des speziellen Freiheitsrechts der Koalitionsfreiheit nicht durch die Regelung des § 21 Abs. 4 S. 1 bis 3 FlRG berührt wurde, kam allein die Anwendung des als allgemeines Eingriffsfreiheitsrecht verstandenen Auffanggrundrechts aus Art. 2 Abs. 1, 19 Abs. 3 GG in Betracht. Dieses verbürgt den grundrechtlichen Anspruch, durch die Staatsgewalt nicht mit ei-

[2] Anderer Auffassung *Lagoni*, JZ 1995, S. 499 (501): Tatsächlich mache § 21 Abs. 4 S. 3 FlRG das Recht der Gewerkschaften zur Vertretung ihrer ausländischen Mitglieder im Zweifel von der Existenz einer entsprechenden Erstreckungsklausel abhängig; da dieses Recht unstreitig zum Schutzbereich der Koalitionsfreiheit gehöre, sei diese hier zweifellos berührt.

[3] BVerfGE 92, S. 26 (40).

nem Nachteil belastet zu werden, der nicht in der verfassungsmäßigen Ordnung begründet ist[4]. Ein solcher zu Lasten der beschwerdeführenden Gewerkschaften durch die Änderung des Flaggenrechtsgesetzes enstandener Nachteil war jedoch vorliegend auf Grund seiner Verhältnismäßigkeit gerade durch die verfassungsmäßige Ordnung begründet. Denn mit der Regelung wurde das legitime gesetzgeberische Ziel verfolgt, dem Ausflaggungstrend zu begegnen, indem ausländische Seeleute nicht mehr automatisch deutschem Tarifrecht unterfielen. Diese faktische Einschränkung von Gewerkschaftsrechten war verfassungsrechtlich nicht zu beanstanden. Im Rahmen der Beurteilung der Geeignetheit einer Regelung besteht eine erhebliche Einschätzungsprärogative des Gesetzgebers. Insofern erscheint die Regelung als insgesamt geeignet, auf Grund einer möglichen Senkung von Personalkosten den Ausflaggungstrend zumindest abzuschwächen. Hierzu ist auch kein weniger einschneidendes Mittel mit gleicher Wirkung ersichtlich. Die Regelung des § 21 Abs. 4 S. 1 bis 3 FlRG ist im Übrigen auch angemessen. Ohne die Sätze 1 und 2 und die damit geschaffene erleichterte Möglichkeit, Verträge auf Grundlage fremder Rechtsordnungen abzuschließen, würden die Reeder ihre Schiffe verstärkt ausflaggen. Der Einfluss der deutschen Gewerkschaften würde damit eher noch weiter zurückgehen. Das verfolgte Ziel steht mithin nicht außer Verhältnis zu der nur faktischen Beeinträchtigung der Gewerkschaften. Auch Satz 3 war entgegen der Auffassung des BVerfG angemessen. Die den Gewerkschaften auferlegten Beschränkungen standen nicht außer Verhältnis zum gesetzgeberisch verfolgten Ziel. Zwar wurde sowohl die Werbung neuer ausländischer Mitglieder als auch die Vertretung der schon gewerkschaftsangehörigen Mitglieder durch das Erfordernis einer ausdrücklichen Erstreckungsklausel im Tarifvertrag erschwert. Jedoch hätte sich diese mögliche Beeinträchtigung tatsächlich kaum ausgewirkt. Denn einerseits ist nicht bekannt, wie viele ausländische Seeleute die beschwerdeführenden Gewerkschaften vor Inkrafttreten des Flaggenrechtsgesetzes zu ihren Mitgliedern zählte. Andererseits ist es den Gewerkschaften ausnahmslos gelungen, eine solche Erstreckungsklausel im Sinne von § 21 Abs. 4 S. 3 FlRG durchzusetzen. Der bewirkte Eingriff in die allgemeine Handlungsfreiheit der Gewerkschaften war somit verhältnismäßig. Vor diesem Hintergrund hätte die gesamte zur Prüfung gestellte Regelung für verfassungsgemäß erklärt werden müssen.

B. Hochschulfristvertragsentscheidung

Nach dem vorliegenden Verständnis des Art. 9 Abs. 3 S. 1 GG stellt auch die gesetzgeberische Regelung der §§ 57 a ff. HRG keinen Eingriff in die Koalitionsfreiheit dar. Die insbesondere als problematisch angesehene Tarifsperre des

[4] BVerfGE 9, S. 83(88); 19, S. 253 (257); 42, S. 20 (27 f.).

§ 57 a S. 2 HRG greift nicht in die Tarifautonomie ein, da sie nicht grundsätzlich den Abschluss von Tarifverträgen, sondern nur von Tarifverträgen mit Befristungsmöglichkeiten verbietet, die von denen des Hochschulrahmengesetzes abweichen.

Die Regelung begründet auch keinen Eingriff in die durch die Tarifautonomie geschützte Entscheidungsfreiheit der Tarifvertragsparteien bezüglich des Inhalts des Tarifvertrages dar. Denn es wird nicht ein bestimmter Inhalt des Tarifvertrages vorgeschrieben, sondern es werden lediglich einzelne konkrete Regelungsmöglichkeiten ausgeschlossen. Der Gesetzgeber hat nur einen bestimmten Punkt, der im Tarifvertrag hätte geregelt werden können - die erleichterte Möglichkeit der Befristung von Arbeitsverträgen - selbst geregelt und zugleich eine Abweichung hiervon durch Tarifverträge untersagt. Dies ist jedoch nicht als positive Vorgabe für den Inhalt von Tarifverträgen anzusehen, denn sämtliche anderen möglichen Regelungsinhalte bleiben von dieser Vorgabe unberührt. Es erfolgt lediglich negativ der Ausschluss eines ganz bestimmten möglichen Regelungspunktes.

Ein lenkender Eingriff in den koalitionsmäßigen Einigungsprozess scheidet schon aus dem Grunde aus, dass der Gesetzgeber durch die gesetzliche Regelung von Befristungsmöglichkeiten nicht auf den tarifvertraglichen Einigungsprozess als solchen Einfluss genommen hat. Selbst, wenn die während der Tarifverhandlungen erfolgte Ankündigung der Bundesregierung, für den Fall einer Nichteinigung über erleichterte Befristungsmöglichkeiten einen Gesetzesentwurf in den Bundestag einzubringen, als Willen zur Einflussnahme in eine bestimmte Richtung (Einigung) auszulegen wäre, so nahm das Gesetz an sich nicht auf den tarifvertraglichen Einigungsprozess Einfluss. Denn das Gesetz wurde erst nach dem Scheitern der Tarifverhandlungen erlassen, also erst nach Beendigung des (Nicht-) Einigungsprozesses. Und letztlich hat die „Androhung" der Bundesregierung auch gerade nicht lenkend auf den Einigungsprozess der Tarifvertragsparteien Einfluss genommen: es wurde ja gerade trotz des Inaussichtstellens einer gesetzlichen Regelung auf Grund der Ablehnung durch die Gewerkschaften keine Einigung erzielt.

Auch die Tatsache, dass im Rahmen des BAT zunächst Tarifverhandlungen zwischen dem Staat als Arbeitgeber und den Gewerkschaften als Arbeitnehmerkoalitionen über eine Erleichterung von Befristungsmöglichkeiten von Arbeitsverträgen mit wissenschaftlichem Personal stattgefunden hatten und der Gesetzgeber nach entsprechender Ankündigung durch die Bundesregierung bei Nichterreichen einer Einigung diese Frage in den §§ 57 a ff. HRG unter Anordnung einer Tarifsperre regelte, führt nicht zur Qualifizierung des Gesetzes als Eingriff in die Tarifautnomie. Zum einen macht es einen bedeutenden Unterschied, ob „der Staat" einmal als Exekutive und einmal als Legislative tätig wird

- immerhin handelt es sich im Hinblick auf den Grundsatz der Gewaltenteilung um verschiedene staatliche Gewalten. Es wäre vielmehr eine Benachteiligung „des Staates" als Arbeitgeber, wenn der Gesetzgeber in Bereichen, in denen die Exekutive als Arbeitgeber fungiert, trotz erkannter Notwendigkeit nicht regelnd tätig werden dürfte. Umgekehrt dürfte der Gesetzgeber aber Regelungen vornehmen, nachdem Tarifverhandlungen zwischen einem nichtstaatlichen Arbeitgeber und einer Gewerkschaft gescheitert wären. Ein Grund für eine solche Ungleichbehandlung ist jedoch nicht ersichtlich. Insbesondere kann vor diesem Hintergrund nicht von einem „Rollenwechsel des öffentlichen Arbeitgebers" von der Tarifpartei zum Gesetzgeber gesprochen werden, der die „teilweise Abschaffung der Tarifautonomie" darstelle[5]. Zum anderen wurde durch ein solches gesetzgeberisches Vorgehen nicht gegen den der Tarifautonomie zugrundeliegenden Gedanken der staatlichen Neutralitätspflicht verstoßen. Dieser besagt lediglich, dass sich der Staat als Voraussetzung für Waffengleichheit zwischen den Tarifvertragsparteien nicht in Tarifverhandlungen einmischen darf.

Da die §§ 57 a ff. HRG nicht in den Schutzbereich der Koalitionsfreiheit eingreifen, verbleibt auch hier nur ein Eingriff in die allgemeine Handlungsfreiheit der Gewerkschaften aus Art. 2 Abs. 1, 19 Abs. 3 GG. Jedoch ist ein solcher im Hinblick auf die damit verfolgte Verwirklichung der gem. Art. 5 Abs. 3 S. 1 GG gewährleisteten Wissenschaftsfreiheit im Hochschulbereich verfassungsrechtlich gerechtfertigt. Die Regelung war auf Grund der Notwendigkeit erweiterter Befristungsmöglichkeiten in diesem Bereich verhältnismäßig. Bei der Beschäftigung wissenschaftlicher Mitarbeiter besteht im Gegensatz zu anderen Arbeitsverhältnissen die Besonderheit, dass die bloße wissenschaftliche Mitarbeit schon von ihrer Struktur her keine Daueraufgabe ist und daher im Gegensatz zu denjenigen sozusagen normalen Bereichen des öffentlichen Dienstes, in denen es für bestimmte Tätigkeitsfelder eigene Laufbahnen gibt, von denselben Personen nur vorübergehend ausgeübt werden kann. Für wissenschaftliche Mitarbeiter gibt es also von der Sache her nur die Möglichkeit, auf Grund entsprechender Qualifikation in den Kreis der Hochschullehrer aufzurücken oder aber nach angemessener Zeit auszuscheiden. Im Bereich der Hochschule ist demnach eine regelmäßige Auswechselung aller wissenschaftlicher Mitarbeiter der Sache nach erforderlich, um ihre Funktionsfähigkeit zu erhalten. Insofern stellt in diesem Bereich gerade die Dauerbeschäftigung wissenschaftlicher Mitarbeiter die rechtfertigungsbedürftige Ausnahme dar[6]. Zur Erreichung dieses legitimen Zieles war die Regelung der §§ 57 a ff. HRG ohne Zweifel geeignet, erforderlich und auch angemessen.

---

[5] So aber *Nagel*, RdA 1997, S. 351 (353); *Nagel*, Der Personalrat 1985, S. 42 (43).
[6] So auch *Lieb*, S. 409 (426).

C. Entscheidung zu Lohnabstandsklauseln

Auch das Aufstellen von Lohnabstandsklauseln durch den Gesetzgeber als Voraussetzung für die Gewährung staatlicher Zuschüsse zu Arbeitsbeschaffungsmaßnahmen ist im Hinblick auf den Schutzbereich der Koalitionsfreiheit, insbesondere der Tarifautonomie, neutral. Entgegen der Auffassung des BVerfG greifen solche Lohnabstandsklauseln schon nicht in den Schutzbereich der Tarifautonomie ein. Es wird weder die grundsätzliche Tarifvertragsabschlussfreiheit noch die unbeeinflusste Koalitionseinigung oder die Entscheidungsfreiheit über den Inhalt von Tarifnormen beeinträchtigt.

Zwar wird die Verhandlungsposition der Gewerkschaften bei Tarifverhandlungen über das Entgelt von Arbeitnehmern, die an Arbeitsbeschaffungsmaßnahmen teilnehmen, geschwächt. Maßgebliche Berechnungsgrundlage für die Gewährung staatlicher Zuschüsse soll nicht der Tariflohn, sondern ein angemessen niedrigeres Entgelt sein. Die Anknüpfung staatlicher Zuschüsse an ein niedrigeres Entgelt erschwert es den Gewerkschaften, für Arbeitnehmer bei Arbeitsbeschaffungsmaßnahmen den Tariflohn durchzusetzen. Jedoch stellt - wie auch schon im Rahmen der Zweitregisterentscheidung zu bemerken war - allein die Schwächung einer Verhandlungsposition durch eine gesetzgeberische Regelung noch keinen Eingriff in den Schutzbereich der Tarifautonomie dar. Im Ergebnis bemerkte auch das BVerfG - zwar erst im Rahmen der verfassungsrechtlichen Rechtfertigung des Eingriffs in die Koalitionsfreiheit, aber immerhin -, ohne die staatlichen Mittel würde der Arbeitgeber die Arbeitsbeschaffungsmaßnahme gar nicht oder erst zu einem späteren Zeitpunkt durchführen. Wenn dem so ist, kann die gesetzliche Fixierung von Lohnabstandsklauseln nicht in die Tarifautonomie eingreifen. Denn der Gesetzgeber greift nicht lenkend in den koalitionsmäßigen Einigungsprozess ein; vielmehr stellt die Gewährung von Zuschüssen in Verbindung mit der Normierung von Lohnabstandsklauseln erst den Anreiz für Arbeitgeber dar, überhaupt Arbeitsplätze zu schaffen und damit in Tarifverhandlungen über diese einzutreten. Auch hat der Gesetzgeber gerade keine zwingenden Tarifvertragsinhalte im Sinne von Lohnleitlinien vorgegeben. Es bleibt den Tarifvertragsparteien überlassen, ob sie den Lohnabstand als Voraussetzung für die volle Gewährung der staatlichen Zuschüsse einhalten oder ob sie auf diese Zuschüsse (teilweise) verzichten und den Tariflohn als Lohn vereinbaren. Dass faktisch für den Arbeitgeber nur die erste Alternative - oder gar keine - in Betracht kommt, ändert daran nichts. Von einem „Druck zur Tarifflucht" kann vor diesem Hintergrund jedoch nicht gesprochen werden. Denn für den Arbeitgeber einzige Alternative ist das Absehen von der Durchführung von Arbeitsbeschaffungsmaßnahmen.

Die Gewährung von staatlichen Zuschüssen von der Einhaltung eines Lohnabstandes gegenüber den Tariflöhnen für vergleichbare Tätigkeiten auf dem freien Arbeitsmarkt abhängig zu machen, greift nicht einmal in die allgemeine Handlungsfreiheit der Gewerkschaften aus Art. 2 Abs. 1, 19 Abs. 3 GG ein. Denn bei dieser Regelung handelt es sich um eine Regelung im Bereich der Leistungsverwaltung - Subventionsvergabe[7] - und nicht um den Bereich der klassischen Eingriffsverwaltung. Das Recht zur Statuierung der Voraussetzungen von Subventionsvergaben liegt jedoch unzweifelhaft ausschließlich beim Staat. Es kann damit keinen Eingriff in Art. 2 Abs. 1, 19 Abs. 3 GG darstellen, wenn staatliche Zuschüsse unter vom Staat im Einzelnen geregelten Voraussetzungen gewährt werden. Diese Voraussetzungen können für sich nicht als von der Zuschussgewährung unabhängig angesehen und angegriffen werden. Da die Zuschussgewährung insgesamt eine Erweiterung von Rechtspositionen (hier: der Gewerkschaften) beinhaltet, sind die statuierten Voraussetzungen für eine solche Gewährung (hier: Lohnabstand) gerade nicht als Minderung von bereits bestehenden Rechtspositionen anzusehen. Bei jedem anderen Ergebnis würde dem Staat zudem das Recht aberkannt, die Voraussetzungen für die Gewährung staatlicher Zuschüsse selbst zu bestimmen. Wollte man dem Gesetzgeber jedoch das Recht nehmen, die Voraussetzungen für staatliche Zuschüsse selbst zu bestimmen, so würde er im Zweifel gar keine Zuschüsse mehr gewähren und sich seiner Verantwortlichkeit für die Wirtschaft entziehen. Dieses Ergebnis wäre dann jedoch weder im Sinne des Sozialstaatsprinzips noch im Sinne der Tarifvertragsparteien.

Demzufolge ist dem BVerfG im Ergebnis zuzustimmen, dass eine Verletzung von Grundrechten der Gewerkschaften vorliegend nicht gegeben ist. Die Statuierung von Lohnabstandsklauseln als Instrumentarium des Gesetzgebers zur Senkung von Arbeitslosigkeit ist verfassungsgemäß.

D. Entscheidung zu § 10 BUrlG 1996

Die Entscheidung des BVerfG zu § 10 BUrlG 1996 macht die Probleme deutlich, die sich bei einer zu weiten Fassung des Schutzbereichs der Koalitionsfreiheit im Hinblick auf die dann notwendige verfassungsrechtliche Rechtfertigung ergeben. Das BVerfG bejahte recht kurz eine Schutzbereichsbeeinträchtigung durch die vom Gesetz dem Arbeitgeber eingeräumte Möglichkeit, auf den tariflichen Urlaubsanspruch des Arbeitnehmers einzuwirken. Im Rahmen der verfassungsrechtlichen Rechtfertigung kam es jedoch dann in Bedrängnis, und trotz starker Zweifel an der Verhältnismäßigkeit der Regelung erklärte es - offensichtlich ergebnisorientiert - unter Berufung auf in diesem Zusammenhang weit hergeholte verfassungsrechtlich begründete Gemeinwohlerwägungen die zu diesem Zeitpunkt bereits abgeschaffte Regelung für verfassungsmäßig.

[7] Vgl. ***Andelewski***, S. 306.

Ein dem vorbehaltslosen Schutz der Koalitionsfreiheit entsprechender Rückgriff auf verfassungsrechtlich begründete Rechtsgüter im Rahmen der verfassungsrechtlichen Rechtfertigung wird vom BVerfG jedoch dadurch verwässert, dass über den Umweg insbesondere des Sozialstaatsprinzips und der Grundrechte der Arbeitnehmer aus Art. 1 Abs. 1, 2 Abs. 1 und 12 GG sämtliche gesetzgeberischen Entscheidungen durch Verfassungsgüter legitimiert erscheinen. Die Entscheidung argumentierte offensichtlich vom Ergebnis her und lässt damit Zweifel an der Konsequenz des BVerfG berechtigt erscheinen.

Dabei ist die Annahme einer durch § 10 BUrlG 1996 erfolgten Schutzbereichsbeeinträchtigung der Tarifautonomie nicht unbedingt zwingend. Das tarifvertragliche Verhandlungsergebnis in Bezug auf den zu gewährenden Mindesturlaub wurde durch § 10 BUrlG 1996 nicht unmittelbar geändert. Auch nach Erlass des § 10 BUrlG 1996 hatte jeder tarifunterworfene Arbeitnehmer einen Anspruch auf den tariflichen Urlaub. Das Gesetz hatte auf den tariflichen Urlaubsanspruch nur unter zwei Bedingungen Auswirkung: Zunächst musste der Arbeitnehmer eine Maßnahme der medizinischen Vorsorge oder Rehabilitation in Anspruch nehmen und dann musste der Arbeitgeber von seiner Anrechnungsbefugnis Gebrauch machen. Erst dann konnte der Arbeitgeber den Urlaubsanspruch kürzen. Dies stellte jedoch keinen Eingriff in den Schutzbereich der Tarifautonomie dar. Wie bereits erwähnt, wird durch die Tarifautonomie lediglich die Tarifvertragsabschlussfreiheit gewährleistet, mithin also insbesondere neben der grundsätzlichen Möglichkeit des Abschlusses von Tarifverträgen die Entscheidungsbefugnis über den Tarifvertragsinhalt. Vorliegend wurde den Koalitionen jedoch die Entscheidungsbefugnis über den Tarifinhalt nicht genommen - sie konnten den Erholungsurlaub frei vereinbaren und hätten auch nach Erlass des § 10 BUrlG 1996 Tarifverträge mit von diesem Gesetz abweichendem Inhalt treffen können. Der allein betroffene Tarifvertragsinhalt an sich ist dagegen nicht durch die Tarifautonomie geschützt. Denn der Gesetzgeber darf grundsätzlich die ihm obliegende Regelungsbefugnis auf dem Gebiet des Arbeitsrechts wahrnehmen. Auch hat der Staat nicht lenkend in laufende Tarifverhandlungen eingegriffen, so dass die staatliche Neutralitätspflicht nicht verletzt ist. Der § 10 BUrlG 1996 wurde nämlich erst nach dem Abschluss der betroffenen Tarifverträge erlassen.

Da der Inhalt von Tarifverträgen grundsätzlich nicht durch die Tarifautonomie, sondern allein durch die allgemeine Handlungsfreiheit geschützt ist und das staatliche Gesetz vorliegend vom Inhalt des Tarifvertrages abwich, ist Prüfungsmaßstab wiederum Art. 2 Abs. 1, 19 Abs. 3 GG. Maßgebliche Schranke gesetzgeberischer Tätigkeit ist damit der Grundsatz der Verhältnismäßigkeit. Legitimer Zweck des Gesetzes war es, einen hohen Beschäftigungsstand zu sichern und zur finanziellen Stabilität des Sozialversicherungssystems beizutragen. Zur

Erreichung dieses Zwecks war die Regelung des § 10 BUrlG 1996 geeignet, erforderlich und angemessen. Es erscheint nicht ungeeignet, dass der Verlust von Urlaubstagen auf eine Zurückhaltung des Arbeitnehmers zur Inanspruchnahme von Maßnahmen der medizinischen Vorsorge oder Rehabilitation hinwirkte und damit zu einer Kostenentlastung der Sozialversicherungsträger führte. Insbesondere besteht bei der Frage der Geeignetheit eine große Einschätzungsprärogative des für die Arbeits- und Sozialordnung verantwortlichen Gesetzgebers. Auch war die vorliegende Regelung zur Erreichung dieses Zwecks erforderlich, da kein milderes, gleich geeignetes Mittel in Betracht kam. Der mit der Regelung verfolgte Zweck stand auch nicht außer Verhältnis zum eingesetzten Mittel. Zwar wurde in den Inhalt eines Tarifvertrages dergestalt eingegriffen, dass Teile zur Disposition des Arbeitgebers gestellt wurden. Jedoch war die praktische Bedeutung des § 10 Abs. 1 S. 1 BUrlG 1996 auf Grund des Ausnahmekatalogs in § 10 Abs. 1 S. 1 BUrlG 1996 und der Mindestsicherung des Urlaubs in § 10 Abs. 2 BUrlG 1996 gering. Darüber hinaus stand die Anrechnungsbefugnis des Arbeitgebers unter den - wohl selten erfüllten - Bedingungen, dass der Arbeitnehmer eine Maßnahme der medizinischen Vorsorge oder Rehabilitation in Anspruch nahm und der Arbeitgeber von seiner Anrechnungsbefugnis Gebrauch machte. Da insofern der Anwendungsbereich der Regelung eng begrenzt war, stand sie nicht außer Verhältnis zu dem vom Gesetzgeber verfolgten Zweck und war damit verfassungsmäßig.

Zusammenfassung

Bei der Koalitionsfreiheit, insbesondere der Tarifautonomie, handelt es sich um eines der erstrittensten und umstrittensten Grundrechte unseres Grundgesetzes. Ausgangspunkt der Untersuchung sind die verfassungsrechtlichen Vorgaben, die das BVerfG in seinen einschlägigen Entscheidungen formuliert. Dabei fällt auf, dass das Gericht sich wenig um eine Konkretisierung des Schutzbereichs der Tarifautonomie bemüht. Vielmehr versucht das BVerfG, viele wichtige Gemeinschaftsgüter vor dem Grundrecht und auf Kosten des Grundrechts zu schützen. Vor diesem Hintergrund wird versucht, eine den verfassungs- und arbeitsrechtlichen Anforderungen entsprechende dogmatische Lösung aufzuzeigen, die insbesondere dem freiheitlichen Charakter der Koalitionsfreiheit gerecht wird. Prämisse der Untersuchung ist, dass der Verfassungsgeber nicht hinter den Rechtszustand der Weimarer Zeit zurückfallen wollte. Damit wird die Tarifautonomie von vornherein vom Schutzbereich der Koalitionsfreiheit erfasst.

Tarifautonomie bedeutet nach dem vorliegend gefundenen Ergebnis allein das Recht zur eigenständigen, staatsfreien Regelung der Arbeits- und Wirtschaftsbedingungen durch die Tarifvertragsparteien. Dies muss nicht unbedingt durch die Statuierung von Sätzen objektiven Rechts erfolgen. Die Befugnis zur Rechtsetzung ist keine notwendige Bedingung der Autonomie, sondern eine von mehreren möglichen Erscheinungsformen. Auch aus der Begrifflichkeit der Tarif*autonomie* an sich folgt nicht unmittelbar das Recht zur Regelung eigener Angelegenheiten mittels eines dem staatlichen Gesetz entsprechendem Rechtssatzes. Denn die Tarifautonomie lässt sich nicht unter den Begriff der Autonomie, wie er normalerweise verstanden wird, subsumieren. In diesem Sinne bedeutet nämlich Autonomie die Rechtsetzung eines Verbandes für seine Verbandsmitglieder. Dagegen ist die Tarifautonomie als vertragliche Rechtsetzung ausgestaltet. Deren Merkmale sind gerade, dass ein einverständliches Zusammenwirken nötig ist, dass während der Vertragslaufzeit grundsätzlich eine Bindung an den Vertragsinhalt besteht, dass ein Moment der Fremdbestimmung im Verhältnis zu den Mitgliedern der anderen Seite gegeben ist und dass bei den Tarifvertragsschließenden kein geschlossener und einheitlicher Verband vorliegt.

Grundlage dieses Lösungsansatzes ist damit die sowohl begrifflich als auch inhaltlich strikte Trennung von Tarifautonomie und tarifvertraglicher Normsetzungsbefugnis. Denn die Herleitung von Normsetzungsbefugnis im Sinne einer Kompetenz zur Setzung objektiven Rechts aus der Tarifautonomie selbst lässt sich mit deren Eigenschaft als Freiheitsrecht nicht vereinbaren. Die Normsetzungsbefugnis der Tarifpartner beruht lediglich auf dem staatlichen Geltungsbefehl der §§ 1 Abs. 1, 4 Abs. 1 TVG, mithin auf einfach-gesetzlicher Grundlage. Insofern ist dem Gesetzgeber innerhalb der Grenzen des Freiheitsrechts aus Art. 9 Abs. 3 S. 1 GG grundsätzlich nicht verwehrt, diese angeordnete Normgeltung zu widerrufen. Kraft seiner aus Art. 74 Abs. 1 Nr. 12 GG folgenden formellen Überordnung ist er darüber hinaus umfassend zur Regelung der Arbeits- und Wirtschaftsbedingungen legitimiert. Inwieweit der Gesetzgeber von dieser Möglichkeit Gebrauch macht, ist eine politische Frage, die vorliegend nicht beantwortet werden kann und muss. Zumindest kommt den Tarifvertragsparteien keine Normsetzungsprärogative zu.

Die Grenzen gesetzgeberischer Regelungsbefugnisse ergeben sich aus dem abwehrrechtlichen Gehalt der Koalitionsfreiheit, insbesondere der Tarifautonomie. Diese schützt vor ihrem historischen Hintergrund mit ihrem abwehrrechtlichen Gehalt lediglich den koalitionsmäßigen Einigungsprozess als solchen. Damit ist die Tarifautonomie wesentlich enger auszulegen als sie bislang aufgefasst wird. Entgegen vieler Äußerungen kann die Tarifautonomie selbst im Falle des Bestehens eines Tarifvertrages nicht zur Abwehr gesetzgeberischer Regelungen mit abweichendem Inhalt herangezogen werden. Bei näherer Betrachtung gewährleistet die Koalitionsfreiheit mit der Tarifautonomie nämlich allein die grundsätzliche Tarifvertragsabschlussfreiheit sowie - im Hinblick auf die dem Gedanken der Tarifautonomie zugrunde liegende staatliche Neutralitätspflicht - die unbeeinflusste Koalitionseinigung, die auch die Entscheidungsfreiheit der Koalitionen über den Inhalt des Tarifvertrages umfasst.

Dagegen wird der Inhalt als solcher nicht absolut durch die Tarifautonomie geschützt. Vielmehr ergibt sich ein relativer Schutz von Tarifvertragsinhalten gegenüber dem staatlichen Gesetzgeber lediglich auf der Grundlage der allgemeinen Handlungsfreiheit aus Art. 2 Abs. 1, 19 Abs. 3 GG. Würde auch der Tarifvertragsinhalt über die Tarifautonomie vorbehaltslos geschützt, würde den Koalitionen die Macht zugesprochen, selbständig allein durch Regelung bestimmter Arbeits- und Wirtschaftsbedingungen den Gesetzgeber an die von ihnen festgelegten Inhalte zu binden. Zu einer Eingriffsrechtfertigung bedürfte es dann der hohen Hürde kollidierenden Verfassungsrechts. Gesetzgeberische Eingriffe in die allgemeine Handlungsfreiheit sind demgegenüber bereits dann zulässig, wenn sie durch formell und materiell verfassungsmäßiges Gesetz erfolgen, also insbesondere verhältnismäßig sind. Eines Rückgriffs auf kollidierendes Verfassungsrecht im Rahmen der Rechtfertigung von staatlichen Gesetzen bedarf es hierbei gerade nicht. Dagegen genügt die Verfolgung jedes legitimen Ziels, dessen Erreichung durch die Regelung als geeignet, erforderlich und angemessen erscheint. Ebenso werden auch sonstige Koalitionsbetätigungen - wie Zutrittsrechte oder Gewerkschaftsrechte auf Werbung im Betrieb - allein durch die allgemeine Handlungsfreiheit gewährleistet. Dies beugt der bisherigen Überfrachtung der Koalitionsfreiheit vor, wird ihrem ursprünglichen Sinn gerecht und vermeidet Einzelfallentscheidungen sowie Abgrenzungsprobleme. Und zuletzt geben die vorliegenden Erkenntnisse der praktizierten Rechtsprechung des BVerfG eine saubere dogmatische Grundlage, indem einerseits eine klare Schutzbereichsdefinition und -begrenzung ermöglicht wird und andererseits auf Rechtfertigungsebene nicht allgemeine Gemeinschaftsgüter zu besonderen verfassungsrechtlichen Gemeinwohlbelangen uminterpretiert werden müssen.

Literaturverzeichnis

Adomeit, Klaus: Zur Theorie des Tarifvertrages, RdA 1967, S. 297–305

Derselbe: Rechtsquellenfragen im Arbeitsrecht, München, 1969 (zugl. Habil., Köln, 1968)

Andelewski, Utz Aeneas: Staatliche Mindestarbeitsbedingungen: die Möglichkeit des Staates zur Setzung von Mindestarbeitsbedingungen unter besonderer Berücksichtigung des Falls der partiellen Machtlosigkeit von Arbeitnehmerkoalitionen, Berlin, 2001 (zugl. Diss., Berlin, 2000)

Badura, Peter: Arbeitsgesetzbuch, Koalitionsfreiheit und Tarifautonomie, RdA 1974, S. 129–138

Bähr, Johannes: Staatliche Schlichtung in der Weimarer Republik: Tarifpolitik, Korporatismus und industrieller Konflikt zwischen Inflation und Deflation 1919-1932, Berlin, 1989 (zugl. Diss., Freiburg, 1986)

Bauer, Hartmut: Kommentierung zu Art. 9 GG, in: **Dreier, Horst (Hrsg.):** Grundgesetz Kommentar, Band 1, Artikel 1-19, Tübingen, 1996

Baumann, Thomas: Die Delegation tariflicher Rechtsetzungsbefugnisse, Berlin, 1992 (zugl. Diss., Köln, 1992)

Belling, Detlev W.: Das Günstigkeitsprinzip im Arbeitsrecht, Berlin, 1984

Derselbe: Die Verantwortung des Staates für die Normsetzung durch die Tarifpartner - Zur Grundrechtstreue und Legalitätskontrolle von Tarifnormen -, ZfA 1999, S. 547–615

Bettermann, Karl August: Rechtssetzungsakt, Rechtssatz und Verwaltungsakt, in: **Dietz, Rolf/Hübner, Heinz (Hrsg.):** Festschrift für Hans Carl Nipperdey zum 70. Geburtstag, Band II, München und Berlin, 1965, S. 723–743

Beuthien, Volker: Mitbestimmung unternehmerischer Sachentscheidungen kraft Tarif- oder Betriebsautonomie? ZfA 1984, S. 1–30

Biberacher, Hansjörg: Betriebliche Rechtsetzungsmacht, Frankfurt a.M., 1983

Biedenkopf, Kurt H.: Grenzen der Tarifautonomie, Karlsruhe, 1964 (zugl. Habil., Frankfurt, 1964)

Derselbe: Sinn und Grenzen der Vereinbarungsbefugnis der Tarifvertragsparteien - Arbeitsrechtliches Gutachten, in: Verhandlungen des sechsundvierzigsten deutschen Juristentages, Band I (Gutachten) Teil 1, München und Berlin, 1966, S. 97–167

Bleckmann, Albert: Staatsrecht II - Die Grundrechte, 4. Auflage. Köln, Berlin, Bonn, München, 1997

Böckenförde, Ernst-Wolfgang: Grundrechtstheorie und Grundrechtsinterpretation, NJW 1974, S. 1529–1538

Derselbe: Die politische Funktion wirtschaftlich-sozialer Verbände und Interessenträger in der sozialstaatlichen Demokratie, Der Staat 1976, S. 457–483

Bogs, Walter: Autonomie und verbandliche Selbstverwaltung im modernen Arbeits- und Sozialrecht, RdA 1956, S. 1–9

Bötticher, Eduard: Gestaltungsrecht und Unterwerfung im Privatrecht, Berlin, 1964

Britz, Gabriele: Tarifautonomie in der Europäischen Union, in: **Britz, Gabriele/Volkmann, Uwe (Hrsg.):** Tarifautonomie in Deutschland und Europa, Tübingen, 2003, S. 34–64

Derselbe: Die Mitwirkung Privater an der Wahrnehmung öffentlicher Aufgaben durch Einrichtungen des öffentlichen Rechts, VerwArch 91 (2000), S. 418–437

Brock, Martin: Gewerkschaftliche Betätigung im Betrieb nach Aufgabe der Kernbereichslehre durch das Bundesverfassungsgericht, Berlin, 2002

Brox, Hans/Rüthers, Bernd: Arbeitsrecht, 15. Auflage. Stuttgart, 2002

Brunner, Ursula: Rechtsetzung durch Private, Zürich, 1982

Bucher, Eugen: Das subjektive Recht als Normsetzungsbefugnis, Tübingen, 1965 (zugl. Habil., Zürich, 1965)

Buchner, Herbert: Gesetzgeberische Entscheidung zum Zeitvertrag, MittHV 1984, S. 230–237

Buschmann, Rudolf: Gemeine Marktwirtschaft, AuR 1996, S. 285–291

Butzer, Hermann: Verfassungsrechtliche Grundlagen zum Verhältnis zwischen Gesetzgebungshoheit und Tarifautonomie, RdA 1994, S. 375–385

Coester, Michael: Vorrangprinzip des Tarifvertrages, Heidelberg, 1974 (zugl. Diss., Freiburg i.Br., 1973)

Dallinger, Peter: Neue Möglichkeiten für Zeitverträge mit wissenschaftlichen Angestellten, NZA 1985, S. 648–653

Däubler, Wolfgang/Hege, Hans: Koalitionsfreiheit: ein Kommentar, Baden-Baden, 1976

Derselbe: Tarifvertragsrecht, 2. Auflage. Baden-Baden, 1981

Däubler, Wolfgang: Das Grundrecht auf Mitbestimmung und seine Realisierung durch tarifvertragliche Begründung von Beteiligungsrechten, 4. Auflage. Baden-Baden, 1976

Derselbe: Tarifvertragsrecht, 3. Auflage. Baden-Baden, 1993

Degenhart, Christoph: Kommentierung zu Art. 74 GG, in: **Sachs, Michael (Hrsg.):** Grundgesetz Kommentar, 3. Auflage. München, 2003 ???

Dieterich, Thomas: Die Grundrechtsbindung von Tarifverträgen, in: **Schlachter, Monika/Ascheid, Reiner/Friedrich, Hans-Wolf (Hrsg.):** Tarifautonomie für ein neues Jahrhundert - Festschrift für Günter Schaub zum 65. Geburtstag, München, 1998, S. 117–134

Derselbe: Betriebliche Bündnisse für Arbeit und Tarifautonomie, DB 2001, S. 2398–2403

Derselbe: Flexibilisiertes Tarifrecht und Grundgesetz, RdA 2002, S. 1–17

Derselbe: Kommentierung zu Art. 9 GG, in: **Dieterich, Thomas/Hanau, Peter/Schaub, Günter (Hrsg.):** Erfurter Kommentar zum Arbeitsrecht, 3. Auflage. München, 2003

Derselbe: Tarifautonomie in Europa, RdA 2003, S. 317

Derselbe: Anmerkung zu BVerfG, Beschluss vom 27.4.1999, AR-Blattei ES 1650 Nr. 20, S. 8–9

Dieterich, Thomas: Anmerkung zu BVerfG, Beschluss vom 3.4.2001, AR-Blattei ES 1650, Nr. 21, S. 7–8

Dietz, Rolf: Koalitionsfreiheit und Arbeitskampfrecht, in: **Weber, Werner/Scheuner, Ulrich/Dietz, Rolf (Hrsg.):** Koalitionsfreiheit - Drei Rechtsgutachten, Berlin und Frankfurt a.M., 1961, S. 95–126

Derselbe: Die Koalitionsfreiheit, in: **Bettermann, Karl August/ Nipperdey, Hans Carl/Scheuner, Ulrich (Hrsg.):** Die Grundrechte - Handbuch der Theorie und Praxis der Grundrechte, Dritter Band, 1. Halbband, 2. Auflage. Berlin, 1972, S. 417–473

Doemming, Klaus-Berto von/Füßlein, Rudolf Werner/Matz, Werner: Entstehungsgeschichte der Artikel des Grundgesetzes, JöR NF 1 (1951), S. 1

Dörner, Hans-Jürgen: Die Anrechnungsbestimmungen des § 4 a I EFZG und des § 10 I BUrlG und die Tarifautonomie, NZA 1998, S. 561–567

Derselbe: Die Anrechnung von Krankheits- und Kurtagen auf den tarifvertraglich geregelten Erholungsurlaub nach § 4 a EFZG und § 10 I BUrlG, in: **Schlachter, Monika/Ascheid, Rainer/Friedrich, Hans-Wolf (Hrsg.):** Tarifautonomie für ein neues Jahrhundert - Festschrift für Günter Schaub zum 65. Geburtstag, München, 1998, S. 135–156

Döttger, Doreen: Der Schutz tariflicher Normsetzung, Berlin, 2003

Dreier, Horst: Kommentierung zu Art. 19 III GG, in: **Dreier, Horst (Hrsg.):** Grundgesetz Kommentar, Band 1, Artikel 1-19, Tübingen, 1996

Dürig, Günter: Verfassung und Verwaltung im Wohlfahrtsstaat, JZ 1953, S. 193–199

Düwell, Franz Josef: Das arbeitsrechtliche Gesetz zur Förderung von Wachstum und Beschäftigung, AiB 1996, S. 393–395

Engel, Christoph: Arbeitsmarkt und staatliche Lenkung, VVDStRL 59 (2000), S. 56–81

Erdmann, Gerhard: Koalitionsfreiheit und Tarifautonomie aus der Sicht der Arbeitgeberverbände, in: **Duvernell, Helmut (Hrsg.):** Koalitionsfreiheit und Tarifautonomie als Probleme der modernen Demokratie, Berlin, 1968, S. 93–100

Evers, Hans Ulrich: Die perfekte Notstandsverfassung, AöR 91 (1966), S. 1, 193

Farthmann, Friedhelm/Coen, Martin: § 19: Tarifautonomie, in: **Benda, Ernst (Hrsg.):** Handbuch des Verfassungsrechts der Bundesrepublik Deutschland, 2. Auflage. Berlin, 1994

Fechner, Erich: Sozialer Rechtsstaat und Arbeitsrecht, RdA 1955, S. 161–168

Fieberg, Christian: Tarifliche Altersgrenze 65 - erneut im Zwielicht? - Probleme der Kollision von Tarifvertrag und Gesetz -, ZTR 1995, S. 291–294

Fleiner, Fritz: Institutionen des Deutschen Verwaltungsrechts, 8. Auflage. Tübingen, 1928

Fratzky, Dietrich-Eckart: Die Gesetzgebungskompetenz des Bundes auf dem Gebiet des Arbeitsrechts, Diss. Würzburg, 1972

Friauf, Karl Heinrich: Die verfassungsrechtlichen Vorgaben einer gesetzlichen oder tarifvertraglichen Arbeitskampfordnung, RdA 1986, S. 188–196

Galperin, Hans: Die autonome Rechtsetzung im Arbeitsrecht, in: **Nipperdey, Hans Carl (Hrsg.):** Festschrift für Erich Molitor zum 75. Geburtstag, München, 1962, S. 143–160

Derselbe: Inhalt und Grenzen des kollektiven Koalitionsrechts, AuR 1965, S. 1–9

Gamillscheg, Franz: Die Differenzierung nach der Gewerkschaftszugehörigkeit, Berlin, 1966

Derselbe: Die Grundrechte im Arbeitsrecht, Schriften zum Sozial- und Arbeitsrecht, Band 100, Berlin, 1989

Derselbe: Kollektives Arbeitsrecht, Ein Lehrbuch, Band I: Grundlagen/Koalitionsfreiheit/Tarifvertrag/Arbeitskampf und Schlichtung, München, 1997

Geffken, Rolf: Soziale Grundrechte unter Vorbehalt?,, NZA 1995, S. 504–508

Gellermann, Martin: Grundrechte im einfachgesetzlichen Gewande, Tübingen, 2000 (zugl. Habil., Osnabrück, 1999/2000)

Giesen, Richard: Tarifvertragliche Rechtsgestaltung für den Betrieb, Tübingen, 2002 (zugl. Habil., Bonn, 2001)

Gitter, Wolfgang/Boerner, Dietmar: Altersgrenzen in Tarifverträgen, RdA 1990, S. 129–138

Häfele, Wolfgang: Die Zulassung befristeter Arbeitsverhältnisse durch § 1 BeschFG 1985, München, 1988 (zugl. Diss., Hohenheim, 1988)

Hamann, Andreas: Autonome Satzungen und Verfassungsrecht, Heidelberg, 1958

Hanau, Peter/Adomeit, Klaus: Arbeitsrecht, 12. Auflage. Neuwied, 2000

Hanau, Peter: Zum Kernbereich des Koalitionswesens, AuR 1983, S. 257–265

Derselbe: Tarifautonomie in der Bewährung, GMH 1994, S. 129–141

Hänlein, Andreas: Rechtsquellen im Sozialversicherungsrecht: System und Legitimation untergesetzlicher Rechtsquellen des deutschen Sozialversicherungsrechts, Heidelberg, 2001 (zugl. Habil., Freiburg i.Br., 2000)

Derselbe: Die Legitimation betrieblicher Rechtsetzung, RdA 2003, S. 26–32

Hartmann, Christian: Gleichbehandlung und Tarifautonomie: zur Ermittlung der Rechtsfolgen bei Gleichheitsverstößen in Tarifverträgen, Berlin, 1994 (zugl. Diss., Bonn, 1992/93)

Haug, Winfried: Autonomie im öffentlichen Recht (Geschichte und allgemeine Dogmatik), Diss. Heidelberg, 1961

Heilmann, Joachim: Koalitionsfreiheit als normales Grundrecht, AuR 1996, S. 121–123

Heise, Daniela: Die Zulässigkeit zweiseitig zwingender Normen im Arbeitsrecht unter besonderer Berücksichtigung des § 4 Abs. 1 EFZG, Frankfurt a.M., 2001 (zugl. Diss., Bonn, 2000)

Hellermann, Johannes: Die sogenannte negative Seite der Freiheitsrechte, Berlin, 1993 (zugl. Diss., Freiburg (Breisgau), 1992)

Henssler, Martin: Flexibilisierung der Arbeitsmarktordnung, ZfA 1994, S. 487–515

Derselbe: Tarifautonomie und Gesetzgebung, ZfA 1998, S. 1–40

Herschel, Wilhelm: Zur Rechtsnatur der Allgemeinverbindlicherklärung von Tarifverträgen, in: **Jantz, Kurt/Neumann-Duesberg, Horst/ Schewe, Dieter (Hrsg.):** Sozialreform und Sozialrecht: Beiträge zum Arbeits- und Sozialversicherungsrecht und zur Sozialpolitik, Festschrift für Walter Bogs, Berlin, 1959, S. 125–137

Derselbe: Staatsentlastende Tätigkeit im Arbeitsschutz, in: **Dietz, Rolf/ Hübner, Heinz (Hrsg.):** Festschrift für Hans Carl Nipperdey zum 70. Geburtstag, Band II, München und Berlin, 1965, S. 221–253

Derselbe: Betriebsbußen: ihre Voraussetzungen und Grenzen, Köln, 1967

Derselbe: Sinn und Grenzen der Vereinbarungsbefugnis der Tarifvertragsparteien, in: Sinn und Grenzen der Vereinbarungsbefugnis der Tarifvertragsparteien, Verhandlungen des sechsundvierzigsten deutschen Juristentages, Band II Teil D, München und Berlin, 1967, S. 7–34

Derselbe: Die tarifrechtliche Problematik, in: **Duvernell, Helmut (Hrsg.):** Koalitionsfreiheit und Tarifautonomie als Probleme der modernen Demokratie, Berlin, 1968, S. 33–43

Derselbe: Zur Entstehung des Tarifvertragsgesetzes, ZfA 1973, S. 183–200

Derselbe: Kernbereichslehre und Kodifikationsprinzip in der Tarifautonomie, AuR 1981, S. 265–269

Herzog, Roman: Subsidiaritätsprinzip und Staatsverfassung, Der Staat, Band 2 (1963), S. 399–423

Hiersemann, Walter: Bundesurlaubsgesetz und Urlaubstarife, BB 1963, S. 1301–1303

Hinz, Manfred O.: Tarifhoheit und Verfassungsrecht, Berlin, 1971 (zugl. Diss., Mainz, 1964)

Höfft, Wolfgang: Zweitregister oder Ausflaggen? NJW 1995, S. 2329–2331

Höfling, Wolfram: Grundelemente einer Bereichsdogmatik der Koalitionsfreiheit, in: **Wendt, Rudolf et al. (Hrsg.):** Festschrift für Karl Heinrich Friauf zum 65. Geburtstag, Heidelberg, 1996, S. 377–389

Derselbe: Kommentierung zu Art. 9 GG, in: **Sachs, Michael (Hrsg.):** Grundgesetz Kommentar, 3. Auflage. München, 2003

Hölters, Wolfgang: Harmonie normativer und schuldrechtlicher Abreden in Tarifverträgen, Berlin, 1973 (zugl. Diss., Köln, 1972)

Hönn, Günther: Kompensation gestörter Vertragsparität, München, 1982

Hromadka, Wolfgang: Gesetzliche Tariföffnungsklauseln - Unzulässige Einschränkung der Koalitionsfreiheit oder Funktionsbedingung der Berufsfreiheit? NJW 2003, S. 1273–1277

Huber, Ernst Rudolf: Wirtschaftsverwaltungsrecht, Band II. Band, 2. Auflage. Tübingen, 1954

Hueck, Alfred/Nipperdey, Hans Carl: Lehrbuch des Arbeitsrechts, Band 2, Kollektives Arbeitsrecht, Erster Halbband, 7. Auflage. Berlin, 1967

Hueck, Alfred: Erweiterung des Mitbestimmungsrechts durch Tarifvertrag, BB 1952, S. 925–928

Isensee, Josef: Die verfassungsrechtliche Verankerung der Tarifautonomie, in: Die Zukunft der sozialen Partnerschaft, Veröffentlichungen der Walter-Raymond-Stiftung, Band 24, Köln, 1986, S. 159–193

Derselbe: Subsidiarität und Verfassungsrecht: eine Studie über das Regulativ des Verhältnisses von Staat und Gesellschaft, 2. Auflage. Berlin, 2001

Jacobi, Erwin: Grundlehren des Arbeitsrechts, Leipzig, 1927

Jahnke, Volker: Tarifautonomie und Mitbestimmung, München, 1984

Jarass, Hans D.: Tarifverträge und Verfassungsrecht, NZA 1990, S. 505–510

Derselbe: Kommentierung zu Art. 9 GG, in: **Jarass, Hans D./Pieroth, Bodo (Hrsg.):** Grundgesetz für die Bundesrepublik Deutschland: Kommentar, 7. Auflage. München, 2004

Jellinek, Georg: Die Lehre von den Staatenverbindungen, Berlin, 1882

Junker, Abbo: Der Flächentarifvertrag im Spannungsverhältnis von Tarifautonomie und betrieblicher Regelung, ZfA 1996, S. 383–417

Kamanabrou, Subadeh: Die Auslegung tarifvertraglicher Entgeltfortzahlungsklauseln - zugleich ein Beitrag zum Verhältnis der Tarifautonomie zu zwingenden Gesetzen, RdA 1997, S. 22–34

Käppler, Renate: Tarifvertragliche Regelungsmacht, NZA 1991, S. 745–754

Katzer, Hans: Koalitionsfreiheit und Tarifautonomie als Probleme der modernen Demokratie, in: **Duvernell, Helmut (Hrsg.):** Koalitionsfreiheit und Tarifautonomie als Probleme der modernen Demokratie, Berlin, 1968, S. 11–18

Kempen, Otto Ernst/Zachert, Ulrich: Tarifvertragsgesetz: Kommentar für die Praxis, 3. Auflage. Köln, 1997

Kempen, Otto Ernst: Arbeitnehmerschutz, Tarifverträge und Beschäftigungsförderungsgesetz, AuR 1985, S. 374–386

Derselbe: Subsidiaritätsprinzip, europäisches Gemeinschaftsrecht und Tarifautonomie, KritV 1994, S. 13–56

Derselbe: Staatliche Schutzpflicht gegenüber der Tarifautonomie? in: **Heinze, Meinhard/Schmitt, Jochem (Hrsg.):** Festschrift für Wolfgang Gitter zum 65. Geburtstag, Wiesbaden, 1995, S. 427–445

Derselbe: Der verfassungsrechtliche Vorrang der TA im arbeitsrechtlichen Regelungsgefüge, AuR 1996, S. 336–344

Derselbe: Die Organisation der Betriebsverfassung durch Tarifvertrag (insbesondere nach § 3 BetrVG), in: **Schlachter, Monika/Ascheid, Reiner/Friedrich, Hans-Wolf (Hrsg.):** Tarifautonomie für ein neuses Jahrhundert: Festschrift für Günter Schaub zum 65. Geburtstag, München, 1998, S. 357–371

Kemper, Michael: Die Bestimmung des Schutzbereichs der Koalitionsfreiheit (Art. 9 Abs. 3 GG), Heidelberg, 1990

Derselbe: Kommentierung zu Art. 9 Abs. 3 GG, in: **Mangoldt, Hermann von/Klein, Friedrich/Starck, Christian (Hrsg.):** Das Bonner Grundgesetz: Kommentar, Band 1, Präambel, Artikel 1 bis 19, 4. Auflage. München, 1999

Kirchhof, Ferdinand: Private Rechtsetzung, Berlin, 1987

Kissel, Otto Rudolf: Kollektive Arbeitsbedingungen im Spannungsfeld zwischen Tarif- und Betriebsautonomie, NZA 1995, S. 1–5

Kittner, Michael/Schiek, Dagmar: Kommentierung zu Art. 9 Abs. 3 GG, in: **Denninger, Erhard et al. (Hrsg.):** Kommtentar zum Grundgesetz für die Bundesrepublik Deutschland (Reihe Alternativkommentare), Band 1, Loseblattsammlung, 3. Auflage. Neuwied, 2001

Klein, Friedrich: Die Übertragung rechtsetzender Gewalt nach deutschem Verfassungsrecht, in: **Genzer, Walter E./Einbeck, Wolfgang (Hrsg.):** Die Übertragung rechtsetzender Gewalt im Rechtsstaat, Frankfurt a.M., 1952, S. 79–117

Kluge, Friedrich: Etymologisches Wörterbuch der deutschen Sprache, 22. Auflage. Berlin, 1989

Konzen, Horst: Die Tarifautonomie zwischen Akzeptanz und Kritik, NZA 1995, S. 913–920

Krüger, Herbert: Staatliche Gesetzgebung und nichtstaatliche Rechtsetzung, RdA 1957, S. 201–206

Derselbe: Allgemeine Staatslehre, 2. Auflage. Stuttgart, Berlin, Köln, Mainz, 1966

Derselbe: Sinn und Grenzen der Vereinbarungsbefugnis der Tarifvertragsparteien - Verfassungsrechtliches Gutachten, in: Verhandlungen des sechsundvierzigsten deutschen Juristentages, Band I (Gutachten) Teil 1, München und Berlin, 1966, S. 7–96

Küchenhoff, Günther: Das Prinzip der staatlichen Subsidiarität im Arbeitsrecht, RdA 1959, S. 201–206

Kühling, Jürgen: Arbeitsrecht in der Rechtsprechung des Bundesverfassungsgerichts, AuR 1994, S. 126–132

Kunze, Otto: Koalitionsfreiheit und Tarifautonomie aus der Sicht der Gewerkschaften, in: **Duvernell, Helmut (Hrsg.):** Koalitionsfreiheit und Tarifautonomie als Probleme der modernen Demokratie, Berlin, 1968, S. 101–117

Lagoni, Rainer: Koalitionsfreiheit und Arbeitsverträge auf Seeschiffen, JZ 1995, S. 499–503

Lambrich, Thomas: Tarif- und Betriebsautonomie: ein Beitrag zu den Voraussetzungen und Grenzen des Tarifvorbehalts, insbesondere dem Erfordernis der Tarifbindung des Arbeitgebers, Berlin, 1999 (zugl. Diss., Trier, 1999)

Lee, Chong-Bock: Der Vorrang der Tarifautonomie gegenüber Gesetz, Richterrecht und Betriebsvereinbarung, Diss. Köln, 1982

Lehmann, Heinrich: Allgemeiner Teil des Bürgerlichen Gesetzbuches, Band Erster Band, 11. Auflage. Berlin, 1958

Leisner, Walter: Der Eigentümer als Organ der Wirtschaftsverfassung, DÖV 1975, S. 73–79

Derselbe: „Abwägung überall“ - Gefahr für den Rechtsstaat, NJW 1997, S. 636–639

Lenz, Helmut: Kommentierung zu Art. 9 GG, in: **Hamann, Andreas/Lenz, Helmut (Hrsg.):** Das Grundgesetz für die Bundesrepublik Deutschland vom 23. Mai 1949, 3. Auflage. Neuwied und Berlin, 1970

Lerche, Peter: Verfassungsrechtliche Zentralfragen des Arbeitskampfes, Bad Homburg, Berlin, Zürich, 1968

Lieb, Manfred: Zur Befristung von Beschäftigungsverhältnissen im Bereich der Rundfunkfreiheit, in: **Dietrich, Thomas (Hrsg.):** Festschrift für Marie Luise Hilger und Hermann Stumpf, München, 1983, S. 409–427

Lotmar, Philipp: Der Arbeitsvertrag nach dem Privatrecht des Deutschen Reiches, Band Bd. 1, Leipzig, 1902

Löwer, Wolfgang: Kommentierung zu Art. 9 GG, in: **Münch, Ingo von/ Kunig, Philip (Hrsg.):** Grundgesetz-Kommentar, Band 1 (Präambel bis Art. 20), 4. Auflage. München, 1992

Löwisch, Manfred/Rieble, Volker: Tarifvertragsgesetz: Kommentar, München, 1992

Löwisch, Manfred: Zulässigkeit und Grenzen des Eingriffs in Tarifverträge, ZIP 2001, S. 1565–1568

Derselbe: Arbeitsrecht, 6. Auflage. Düsseldorf, 2002

Matz, Werner: Bearbeitung des Art. 9 GG, in: **Doemming, Klaus-Berto/ Füßlein, Rudolf Werner/Matz, Werner (Hrsg.):** Entstehungsgeschichte der Artikel des Grundgesetzes, in: JöR n.F. Bd. 1(1951), S. 116 - 125,

Maunz, Theodor: Kommentierung zu Art. 74 GG, in: **Maunz, Theodor/ u.a., Günter Dürig (Hrsg.):** Grundgesetz: Kommentar, Band I, Loseblatt, Stand: 40. Ergänzungslieferung, Juni 2002, München

Mayer, Udo R.: ABM und tarifliche Entlohnung in den neuen Bundesländern, AuR 1993, S. 309–316

Meik, Frank Andreas: Der Kernbereich der Tarifautonomie, Berlin, 1987

Misera, Karlheinz: Tarifmacht und Individualbereich unter Berücksichtigung der Sparklausel, Berlin, 1969

Molitor, Erich: Kommentar zur Tarifvertragsverordnung vom 23. Dezember 1918/1. März 1928, Berlin, 1930

Müller, Gerhard: Die gesellschafts- und staatspolitische Problematik, in: **Duvernell, Helmut (Hrsg.):** Koalitionsfreiheit und Tarifautonomie als Probleme der modernen Demokratie, Berlin, 1968, S. 45–58

Derselbe: Der Arbeitskampf als Rechtsinstitut - Gedanken zum Arbeitskampfrecht in der Bundesrepublik Deutschland, AuR 1972, S. 1–9

Derselbe: Arbeitskampf und Recht: Grundsätze der Tarifvertragsautonomie, Frankfurt a.M., 1987

Derselbe: Die Tarifautonomie in der Bundesrepublik Deutschland, Berlin, 1990

Nagel, Bernhard: Die Verfassungswidrigkeit des Regierungsentwurfs zum Hochschulbefristungsgesetz, Der Personalrat 1985, S. 42–44

Derselbe: Wann darf der Staat in Tarifverträge eingreifen? RdA 1997, S. 351–355

Neumann, Volker: Normenvertrag, Rechtsverordnung oder Allgemeinverbindlicherklärung? Baden-Baden, 2002

Nikisch, Arthur: Arbeitsrecht, Band II. Band, Koalitionsrecht, Arbeitskampf und Tarifvertragsrecht, 2. Auflage. Tübingen, 1959

Oetker, Hartmut: Gesetz und Tarifvertrag als komplementäre Instrumente zur Regullierung des Arbeitsrechts, ZG 1998, S. 155–174

Olbersdorf, Gert: Sozialer Rechtsstaat und Arbeitsrecht, AuR 1955, S. 129–140

Oppolzer, Alfred/Zachert, Ulrich: Gesetzliche Karenztage und Tarifautonomie, BB 1993, S. 1353–1359

Ossenbühl, Fritz: Die Interpretation der Grundrechte in der Rechtsprechung des Bundesverfassungsgerichts, NJW 1976, S. 2100–2107

Otto, Hansjörg: Erleichterte Zulassung befristeter Arbeitsverträge, NJW 1985, S. 1807-1813

Derselbe: Tarifautonomie unter Gesetzes- oder Verfassungsvorbehalt, in: **Bettermann, Karl August/Zeuner, Albrecht (Hrsg.):** Festschrift für Albrecht Zeuner: zum siebzigsten Geburtstag, Tübingen, 1994, S. 121–145

Peiseler, Manfred: Probleme des befristeten Arbeitsverhältnisses, NZA 1985, S. 238–243

Peters, Hans/Ossenbühl, Fritz: Die Übertragung von öffentlich-rechtlichen Befugnissen auf die Sozialpartner unter besonderer Berücksichtigung des Arbeitszeitschutzes, Berlin und Frankfurt a.M., 1967

Picker, Eduard: Tarifmacht und tarifvertragliche Arbeitsmarktpolitik, ZfA 1998, S. 573–714

Derselbe: Tarifautonomie - Betriebsautonomie - Privatautonomie, NZA 2002, S. 761–770

Derselbe: Tarifautonomie - Betriebsautonomie - Privatautonomie - Zum Legitimationsgrund der arbeitsrechtlichen Regelungsmächte -, in: **Rüthers, Bernd (Hrsg.):** Der Konflikt zwischen Kollektivautonomie und Privatautonomie im Arbeitsleben, Baden-Baden, 2002, S. 11–31

Derselbe: Der Warnstreik und die Funktion des Arbeitskampfes in der Privatrechtsordnung,

Pieroth, Bodo/Schlink, Bernhard: Grundrechte, 17. Auflage. Heidelberg, 2001

Pieroth, Bodo: Koalitionsfreiheit, Tarifautonomie und Mitbestimmung, in: **Badura, Peter/Dreier, Horst (Hrsg.):** Festschrift 50 Jahre Bundesverfassungsgericht, Zweiter Band: Klärung und Fortbildung des Verfassungsrechts, Tübingen, 2001, S. 293–317

Plander, Harro: Gesetzliche Eingriffe öffentlicher Arbeitgeber in Tarifverträge und Tarifabschlußfreiheit als verfassungswidriger Angriff auf die Tarifautonomie, RiA 1985, S. 54–60

Derselbe: Gesetzliche Fixierung oder Beeinflussung des Inhalts von Tarifverträgen? DB 1986, S. 2180–2187

Derselbe: Der Staat als Hoheitsträger und Tarifvertragspartei im Rollenkonflikt, AuR 1986, S. 65–78

Preis, Bernd: Tarifdispositives Richterrecht, ZfA 1972, S. 271–303

Prost, G.: Über die Autonomie, NJW 1955, S. 1463–1465

Ramm, Thilo: Die Parteien des Tarifvertrages: Kritik und Neubegründung der Lehre vom Tarifvertrag, Stuttgart, 1961

Rehbinder, Manfred: Die Rechtsnatur des Tarifvertrages, JR 1968, S. 167–171

Reuss, Wilhelm: Die Stellung des kollektiven autonomen Arbeitsrechts im Rechtssystem, AuR 1958, S. 321–331

Reuter, Dieter: Die Grenzen des Streikrechts, ZfA 1990, S. 535–561

Derselbe: Betriebsverfassung und Tarifvertrag, RdA 1994, S. 152–168

Richardi, Reinhard/Wlotzke, Otfried (Hrsg.): Münchener Handbuch zum Arbeitsrecht, Band 3 Kollektives Arbeitsrecht, 2. Auflage. München, 2000

Derselbe: Münchener Handbuch zum Arbeitsrecht, Band 1 Individualarbeitsrecht I, 2. Auflage. München, 2000

Richardi, Reinhard: Kollektivgewalt und Individualwille bei der Gestaltung des Arbeitsverhältnisses, München, 1968 (zugl. Habil., München, 1966)

Derselbe: Das Ordnungsmodell des Tarifvertragssystems und der Arbeitskampf - Kritische Auseinandersetzung mit dem Warnstreikurteil des Bundesarbeitsgerichts vom 12.9.1984, JZ 1985, S. 410–421

Derselbe: Empfiehlt es sich, die Regelungsbefugnisse der Tarifparteien im Verhältnis zu den Betriebsparteien neu zu ordnen? NJW 1996 Beilage, S. 13*–16*

Rieble, Volker: Beschäftigungspolitik durch Tarifvertrag, ZTR 1993, S. 54–61

Derselbe: Die Einschränkung der gesetzlichen Entgeltfortzahlung im Krankheitsfall und ihre Auswirkung auf inhaltsgleiche Regelungen in Tarifverträgen, RdA 1997, S. 134–141

Rieth, Horst: Die Steuerung unternehmerischen Handelns durch Tarifvertrag, Ettlingen, 1980 (zugl. Diss., Konstanz, 1980)

Rüfner, Wolfgang: Verantwortung des Staates für die Parität der Sozialpartner? RdA 1997, S. 130–134

Ruoff, Axel: Die Flexibilisierung der Tarifverträge: tarifliche und gesetzliche Öffnungsklauseln unter besonderer Berücksichtigung des betrieblichen Notfalls, Konstanz, 1999 (zugl. Diss., Konstanz, 1999)

Rupp, Hans Heinrich: Methodenkritische Bemerkungen zum Verhältnis von tarifvertraglicher Rechtsetzung und parlamentarischer Gesetzgebungskompetenz, JZ 1998, S. 919–926

Rüthers, Bernd: Streik und Verfassung, Köln, 1960 (zugl. Diss., Münster, 1958)

Derselbe: Tarifautonomie und gerichtliche Zwangsschlichtung, Konstanz, 1973

Derselbe: Tarifmacht und Mitbestimmung in der Presse, Berlin, 1975

Derselbe: Konvergenzen, Divergenzen und Perspektiven, in: **Rüthers, Bernd (Hrsg.):** Der Konflikt zwischen Kollektivautonomie und Privatautonomie im Arbeitsleben, Baden-Baden, 2002, S. 107–110

Säcker, Franz Jürgen/Oetker, Hartmut: Grundlagen und Grenzen der Tarifautonomie, München, 1992

Säcker, Franz Jürgen: Grundprobleme der kollektiven Koalitionsfreiheit, Düsseldorf, 1969

Derselbe: Tarifvertrag und Dienstordnung der Angestellten der Sozialversicherungsträger, DB 1971, S. 1476–1477

Derselbe: Das neue Entgeltfortzahlungsgesetz und die individuelle und kollektive Vertragsfreiheit, AuR 1994, S. 1–12

Schäfer, Hans: Die lückenhafte Notstandsverfassung, AöR 93 (1968), S. 37–80

Schaub, Günter: Tarifautonomie in der Rechtsprechung, RdA 1995, S. 65–71

Schelp, Günther: Gemeinsame Einrichtungen der Tarifvertragsparteien, in: **Dietz, Rolf/Hübner, Heinz (Hrsg.):** Festschrift für Hans Carl Nipperdey zum 70. Geburtstag, Band II, München und Berlin, 1965, S. 579–607

Derselbe: Vermögenswirksame Leistungen auf Grund von Tarifverträgen, DB 1965, S. 1094–1104

Scheuner, Ulrich: Der Inhalt der Koalitionsfreiheit, in: **Weber, Werner/Scheuner, Ulrich/Dietz, Rolf (Hrsg.):** Koalitionsfreiheit - Drei Rechtsgutachten, Berlin und Frankfurt a.M., 1961, S. 29–91

Scheuner, Ulrich: Die Funktion der Grundrechte im Sozialstaat - Die Grundrechte als Richtlinie und Rahmen der Staatstätigkeit, DÖV 1971, S. 505–513

Derselbe: Verfassungsrechtliche Gesichtspunkte zu der Fortbildung des Arbeitskampfrechts im Beschluss des Großen Senats vom 21. April 1971, RdA 1971, S. 327–334

Schleusener, Axel Aino: Der Begriff der Arbeits- und Wirtschaftsbedingungen und das Tarifvertragsgesetz als Regelungsschranke der Tarifautonomie, ZTR 1998, S. 545–548

Schmid, Hans Dieter: Arbeitskampf und Notstand aus der Sicht des Art. 9 Abs. 3 S. 3 GG, Berlin, 1972 (zugl. Diss., München, 1971)

Schnorr, Gerhard: Inhalt und Grenzen der Tarifautonomie, JR 1966, S. 327–334

Scholz, Rupert: Das Wesen und die Entwicklung der gemeindlichen öffentlichen Einrichtungen, Berlin, 1967

Derselbe: Die Koalitionsfreiheit als Verfassungsproblem, München, 1971 (zugl. Habil., München, 1970)

Derselbe: Paritätische Mitbestimmung und Grundgesetz: verfassungsrechtliche Fragen zur gesetzlichen Einführung der paritätischen Unternehmensmitbestimmung, Berlin, 1974

Derselbe: Die Berufsfreiheit als Grundlage und Grenze arbeitsrechtlicher Regelungssysteme, ZfA 1981, S. 265–302

Derselbe: Koalitionsfreiheit, in: **Isensee, Josef/Kirchhof, Paul (Hrsg.):** Handbuch des Staatsrechts der Bundesrepublik Deutschland, Band VI Freiheitsrechte, Heidelberg, 1989

Derselbe: Tarifautonomie im Umbruch, in: **Westphalen, Friedrich Graf von/Sandrock, Otto (Hrsg.):** Lebendiges Recht - Von den Sumerern bis zur Gegenwart; Festschrift für Reinhold Trinkner zum 65. Geburtstag, Heidelberg, 1995, S. 377–397

Derselbe: Kommentierung zu Art. 9 GG, in: **Maunz, Theodor/u.a., Günter Dürig (Hrsg.):** Grundgesetz: Kommentar, Band I, Loseblatt, Stand: 40. Ergänzungslieferung, Juni 2002, München

Schüren, Peter: Die Legitimation der tariflichen Normsetzung, München, 1990 (zugl. Habil., Köln, 1987/88)

Schwarze, Roland: Die verfassungsrechtliche Garantie des Arbeitskampfes - BVerfGE 84, 212, JuS 1994, S. 653–659

Schwerdtner, Peter: Beschäftigungsförderungsgesetz, Tarifautonomie und Betriebsverfassung, NZA 1985, S. 577–585

Seiter, Hugo: Die Rechtsprechung des Bundesverfassungsgerichts zu Art. 9 Abs. 3 GG, AöR 109 (1984), S. 88–136

Sels, Benedikt: Zwingende gesetzliche Eingriffe in bestehende Tarifverträge und das gesetzliche Verbot zukünftiger tarifvertraglicher Regelungen, Diss. Köln, 2001

Siebert, Wolfgang: Kollektivnorm und Individualrecht im Arbeitsverhältnis, in: **Dietz, Rolf/Hueck, Alfred/Reinhardt, Rudolf (Hrsg.):** Festschrift für Hans Carl Nipperdey zum 60. Geburtstag, München und Berlin, 1955, S. 119–145

Singer, Reinhard: Tarifvertragliche Normenkontrolle am Maßstab der Grundrechte? ZfA 1995, S. 611–638

Sinzheimer, Hugo: Der korporative Arbeitsnormenvertrag, Leipzig, 1907, 1. Teil

Sodan, Helge: Verfassungsrechtliche Grenzen der Tarifautonomie, JZ 1998, S. 421–430

Söllner, Alfred: Zu Sinn und Grenzen der Vereinbarungsbefugnis der Tarifvertragsparteien, AuR 1966, S. 257–263

Derselbe: Grundriß des Arbeitsrechts, 8. Auflage. München, 1984

Derselbe: Das Begriffspaar der Arbeits- und Wirtschaftsbedingungen in Art. 9 Abs. 3 GG, in: **Söllner, Alfred (Hrsg.):** Arbeitsrecht in der Verfassungsordnung des Grundgesetzes, Goldbach, 1994, S. 199–214

Derselbe: Grenzen des Tarifvertrags, NZA 1996, S. 897–906

Stein, Axel: Tarifvertragsrecht, Stuttgart, Berlin, Köln, 1997

Derselbe: Die Konkurrenz von Gesetz und Tarifvertrag, AuR 1998, S. 1–14

Stern, Klaus/Sachs, Michael: Das Staatsrecht der Bundesrepublik Deutschland, Band III/2, Allgemeine Lehren der Grundrechte, München, 1994

Stern, Klaus: Das Staatsrecht der Bundesrepublik Deutschland, Band II, München, 1980

Triepel, Heinrich: Delegation und Mandat im öffentlichen Recht - Eine kritische Studie, Stuttgart, Berlin, 1942

Volkmann, Uwe: Tarifautonomie in der Bundesrepublik Deutschland, in: **Britz, Gabriele/Volkmann, Uwe (Hrsg.):** Tarifautonomie in Deutschland und Europa, Tübingen, 2003, S. 1–33

Wagner, Klaus-R.: Verfassungsrechtliche Grundlagen der Übertragung von Kompetenzen der Tarifparteien auf die Betriebsparteien, DB 1992, S. 2550–2554

Waltermann, Raimund: Beschäftigungspolitik durch Tarifvertrag? NZA 1991, S. 754–760

Derselbe: Rechtsetzung durch Betriebsvereinbarung zwischen Privatautonomie und Tarifautonomie, Tübingen, 1996 (zugl. Habil., Münster, 1993/94)

Derselbe: Zu den Grundlagen der Rechtsetzung durch Tarifvertrag, in: **Köbler, Gerhard/Heinze, Meinhard/Hromadka, Wolfgang (Hrsg.):** Europas universale rechtsordnungspolitische Aufgabe im Recht des dritten Jahrtausends - Festschrift für Alfred Söllner zum 70. Geburtstag, München, 2000, S. 1251–1277

Derselbe: Zu den Grundlagen der Tarifautonomie, ZfA 2000, S. 53–86

Weber, Werner: Die rechtliche Beurteilung der Verfassungsbeschwerde der IG Metall gegen das Urteil des Bundesarbeitsgerichts vom 31. Oktober 1958, in: **Weber, Werner/Scheuner, Ulrich/Dietz, Rolf (Hrsg.):** Koalitionsfreiheit - Drei Rechtsgutachten, Berlin und Frankfurt a.M., 1961, S. 3–25

Derselbe: Die Sozialpartner in der Verfassungsordnung, in: **Göttingen, Rechts und Staatswissenschaftliche Fakultät der Georg-AUgust-Universität zu (Hrsg.):** Göttinger Festschrift für das Oberlandesgericht Celle, Göttingen, 1961, S. 239–261

Derselbe: Koalitionsfreiheit und Tarifautonomie als Verfassungsproblem, Berlin, 1965

Weitbrecht, Hansjörg: Effektivität und Legitimität der Tarifautonomie: eine soziologische Untersuchung am Beispiel der deutschen Metallindustrie, Berlin, 1969

Wiedemann, Herbert/Stumpf, Hermann (Hrsg.): Tarifvertragsgestz, 5. Auflage. München, 1977

Wiedemann, Herbert: Tarifautonomie und staatliches Gesetz, in: **Farthmann et al. (Hrsg.):** Arbeitsgesetzgebung und Arbeitsrechtsprechung - Festschrift zum 70. Geburtstag von Eugen Stahlhacke, Neuwied, 1995, S. 675–692

Derselbe: Normsetzung durch Vertrag, in: **Hanau, Peter/Heither, Friedrich/Kühling, Jürgen (Hrsg.):** Richterliches Arbeitsrecht - Festschrift für Thomas Dieterich zum 65. Geburtstag, München, 1999, S. 661–682

Wiedemann, Herbert (Hrsg.): Tarifvertragsgesetz, 6. Auflage. München, 1999

Wißmann, Tim: Tarifvertragliche Gestaltung der betriebsverfassungsrechtlichen Organisation: Grundlagen und Grenzen der Anpassung gesetzlicher Organisation an veränderte betriebsverfassungsrechtliche Rahmenbedingungen durch Tarifvertrag, Berlin, 2000 (zugl. Diss., Bonn, 1999)

Wimmer, Norbert: Minderer Grundrechtsschutz bei internationalen Arbeitssachverhalten? NZA 1995, S. 250–256

Wlotzke, Otfried: Das Günstigkeitsprinzip, Göttingen, 1957

Derselbe: Entwicklungstendenzen im Arbeitsrecht, II. Teil, RdA 1963, S. 44–51

Wolff, Patrick: Kollision tarifvertraglicher Normsetzung und Gesetzgebung am Beispiel der verfassungskonformen Ausgestaltung einer gesetzlichen Härteklausel zugunsten der Betriebsparteien - Die Grenzen der Tarifautonomie in einem „Zwei-Stufen-Modell“, Diss. Bonn, 1999

Wolter, Henner: Standortsicherung, Beschäftigungssicherung, Unternehmensautonomie, Tarifautonomie, RdA 2002, S. 218–226

Zachert, Ulrich; Simmert, Diethard B. (Hrsg.): Tarifvertrag, Band Reihe „Problemorientierte Einführungen“ Band 10, Köln, 1979

Derselbe: Zur Zukunft der Koalitionsfreiheit, AuR 1985, S. 336–340

Zachert, Ulrich: Grenzen für eine gesetzliche Absenkung tariflicher Schutzstandards, NZA 1994, S. 529–534

Zechlin, Lothar: Beeinträchtigung der Koalitonsfreiheit durch Subventionsauflagen, NJW 1985, S. 585–592

Zöllner, Wolfgang/Seiter, Hugo: Paritätische Mitbestimmung und Artikel 9 Abs. 3 Grundgesetz, ZfA 1970, S. 97–158

Zöllner, Wolfgang: Das Wesen der Tarifnormen, RdA 1964, S. 443–450

Derselbe: Die Rechtsnatur der Tarifnormen nach deutschem Recht, Wien, 1966

Derselbe: Die Rechtsprechung des Bundesverfassungsgerichts zu Artikel 9 Abs. 3 GG, AöR 98 (1973), S. 71–102

Zuck, Rüdiger: Subsidiaritätsprinzip und Grundgesetz, München, 1968 (zugl. Diss., Tübingen, 1968)

Zuleger, Thomas: Karenztage im Krankheitsfall - Fragen statt Antworten, AuR 1992, S. 231–235

Stichwortverzeichnis

U

V

W

Z

Schriften zum Arbeitsrecht und Wirtschaftsrecht

Herausgegeben von Abbo Junker

Band 1 Christoph-N. Lerche: Der Europäische Betriebsrat und der deutsche Wirtschaftsausschuß. Eine vergleichende Analyse der betrieblichen Mitwirkung der Arbeitnehmer vor dem Hintergrund der Globalisierung der Märkte. 1997.

Band 2 Christian Walter Mecke: Zur rechtlichen Verbindlichkeit kollektiver Vereinbarungen in England. 1997.

Band 3 Katja Francke: Die betriebliche Mitwirkung der Arbeitnehmer in Belgien. Unter Berücksichtigung vergleichender Aspekte zum deutschen Betriebsverfassungsrecht. 1997.

Band 4 Christian Schulze: Die Zulässigkeit einstweiliger Verfügungen gegen Betriebsänderungen. 1998.

Band 5 Stefan Miersch: Die Rechtsfolgen mitbestimmungswidriger Maßnahmen für das Arbeitsverhältnis. Eine zivilrechtsdogmatische Untersuchung. 1998.

Band 6 Heike Wegner: Internationaler Verbraucherschutz beim Abschluß von Timesharingverträgen: § 8 Teilzeitwohnrechtegesetz. 1998.

Band 7 Julia Wichmann: Dienstleistungsfreiheit und grenzüberschreitende Entsendung von Arbeitnehmern. 1998.

Band 8 Johann-Volker Peter: Société par actions simplifiée (S.A.S.). Die Vereinfachte Aktiengesellschaft in Frankreich, eine Rechtsform für die Kooperation von Unternehmen. 1999.

Band 9 Sylvia Schnelle: Der Europäische Betriebsrat in Spanien. Zugleich eine Einführung in das spanische Recht der Arbeitnehmervertretung. 1999.

Band 10 Viktoria Bornhagen: Die Zumutbarkeit als Rechtsgedanke im Arbeitsrecht. 1999.

Band 11 Thorsten Schacht: Der Übereilungsschutz beim arbeitsrechtlichen Aufhebungsvertrag. Arbeitnehmerschutz bereits de lege lata? 2000.

Band 12 Marcus Hellmann: Immobilienkauf nach spanischem Recht. 1999.

Band 13 Nicolaus Johannes Ehinger: Die juristischen Personen des öffentlichen Rechts als herrschende Unternehmen. 2000.

Band 14 Alexander Lentz: Das kollektive Arbeitsrecht der Republik Südafrika. Eine Untersuchung mit Bezügen zum deutschen Recht. 2000.

Band 15 Michaela Brunssen: Der Arbeitgeberverbandswechsel. Tarifrechtliche und arbeitskampfrechtliche Konsequenzen. 2000.

Band 16 Morten Petersenn: Das Recht des Grundstückskaufs in Südafrika. 2000.

Band 17 Stefan Krüger: Die umwandlungsrechtliche Haftungsregelung bei der Betriebsaufspaltung und ihre Analogiefähigkeit. 2001.

Band 18 Jürgen Kitzinger: Der GmbH-Geschäftsführer zwischen Arbeits- und Gesellschaftsrecht. Im Blickpunkt: Zuständigkeit der Arbeitsgerichte. 2001.

Band 19 Anja Ruge: Die Lohnersatzansprüche ehemaliger Zwangsarbeiter gegen deutsche Industrieunternehmen. 2001.

Band 20 Michael Knoll: Die Sozialauswahl im Arbeitsrecht. 2001.

Band 21 Britta Albrecht: Mediation im Arbeitsrecht. Individualarbeitsrecht und Betriebsverfassungsrecht. 2001.

Band 22 Annusch Barten: Das System der Arbeitnehmervertretung in Frankreich. 2001.

Band 23 Diane Westera: Der Wiedereinstellungsanspruch nach wirksamer Kündigung. 2001.

www.peterlang.de

Peter Lang · Europäischer Verlag der Wissenschaften

Natascha Ahmad

Rechtsschutz für und durch Gewerkschaften bei tarifwidrigem Arbeitgeberverhalten in Deutschland und Frankreich

Frankfurt am Main, Berlin, Bern, Bruxelles, New York, Oxford, Wien, 2005. 258 S.
Studien zum Arbeitsrecht und zur Arbeitsrechtsvergleichung.
Herausgegeben von Manfred Weiss und Spiros Simitis. Bd. 13
ISBN 3-631-52531-1 · br. € 45.50*

Der Flächentarifvertrag wurde in der Vergangenheit häufig gezielt durch so genannte betriebliche Bündnisse für Arbeit unterlaufen. Effektiver gerichtlicher Rechtsschutz war für die tarifschließenden Gewerkschaften lange Zeit nicht zu erreichen. Das Anliegen dieser Arbeit ist es, bestehende Rechtsschutzmöglichkeiten für und durch Gewerkschaften bei tarifwidrigem Arbeitgeberverhalten zu untersuchen. Die so genannte *Burda-Entscheidung* des Bundesarbeitsgerichts stellt einen Wendepunkt innerhalb der Entwicklung gewerkschaftlichen Rechtsschutzes dar. Nach langem Zögern billigte das Bundesarbeitsgericht den Gewerkschaften einen Unterlassungsanspruch aus Art. 9 Abs. 3 GG i.V.m. §§ 1004 Abs. 1 S. 2, 823 Abs. 1 BGB zu. Die Aufnahme der Entscheidung war, wie nicht zu erwarten, uneinheitlich. Die Arbeit befasst sich mit den wichtigsten Fragen, die mit der Anerkennung des Anspruchs verbunden sind. Ausgehend von der französischen Rechtslage wird im Anschluss an den deutschen Teil ermittelt, ob den (Verbands-)Klagerechten französischer Gewerkschaften und der dort vorhandenen Arbeitsinspektion Vorbildfunktion für das deutsche Recht zukommen kann.

Aus dem Inhalt: Rechtslage in Deutschland bis zum 20.04.1999 · Der gewerkschaftliche Unterlassungsanspruch nach dem Urteil des Bundesarbeitsgerichts vom 20.04.1999 · Klagerechte französischer Gewerkschaften · Die Stellung der *Inspection du Travail* im französischen Arbeitsleben

Frankfurt am Main · Berlin · Bern · Bruxelles · New York · Oxford · Wien
Auslieferung: Verlag Peter Lang AG
Moosstr. 1, CH-2542 Pieterlen
Telefax 00 41 (0) 32 / 376 17 27

*inklusive der in Deutschland gültigen Mehrwertsteuer
Preisänderungen vorbehalten

Homepage http://www.peterlang.de

FSC
www.fsc.org
MIX
Papier | Fördert
gute Waldnutzung
FSC® C083411

Kolibri 360 GmbH
Ferdinand-Jühlke-Straße 7
99095 Erfurt, Deutschland
produktsicherheit@kolibri360.de

Druck:
CPI Druckdienstleistungen GmbH
im Auftrag der
Kolibri 360 GmbH
Ferdinand-Jühlke-Str. 7
99095 Erfurt